揚雄研究系列叢書

《揚子法言》今讀

紀國泰 著

巴蜀書社

目録

序

在巴蜀文化史上，最早的也是最有影響的學者是郫縣人揚雄。揚雄是西漢著名的哲學家、思想家、語言文字學家、文學家、歷史學家，不僅是巴蜀文化的巨星，也是中國文化史上的第一流大師。揚雄生活在西漢晚期的衰敗時期，早年在成都曾向道家學者嚴君平等人學習，後來進入中央王朝，與王莽、劉歆同爲黄門郎。他在仕途上一直没有什麽升遷，但潛心治學，好博覽默思，在學術上取得了巨大的成就，他著作的《太玄》、《法言》、《方言》等傳世之作，至今仍然是中國古代文化的珍貴文獻。東漢初年，張子侯就稱贊揚雄是西部孔子，著名學者桓譚説揚雄不衹是西部的孔子，也是全國的孔子。這是從文化上也包含從道德上對揚雄的最高評價。後來，有人對揚雄的人品發生了質疑，那不過是理學家的偏執。若揚雄真有獻媚王莽之舉，東漢初年的學者絶不敢也絶不可能將揚雄比作當代孔子。《法言》是揚雄仿《論語》而著，是以捍衛、宣揚孔子及其儒家倫理思想爲主題的一部著作。這是揚雄最爲重要的一部著作，不僅是研究揚雄，也是研討中國哲學史、思想史、倫理學史、儒學史的不可或缺的著作。《漢書》曾詳列《法言》的篇目，以致《四庫全書總目提要》說："凡所列漢人著述未有若是之詳者，蓋當時甚重雄書也。"自漢以後，歷代都有學者重視對《法言》的研究與整理，迄至宋代，注解過《法言》的學者先後有侯芭、宋衷、李軌、辛德源、柳宗元、宋咸、吴祕、司馬光等人，以司馬光的《法言集注》最爲可觀；清代王念孫、王引之、孫星衍、俞樾等人都對《法言》有所訂正與討論，而近代學者汪榮寶的《法言義疏》更是集歷代《法言》整理之大成。當代有韓敬教授所著的《法言全譯》一書，曾由中華書局出版。現在，又有西華大學紀國泰教授的《〈揚子法言〉今讀》殺青，即將由巴蜀書社出版。

紀教授知道我是國内研究揚雄甚爲勤奮的作者，故再三囑我爲他的大著作序。作序在古代是一件非常嚴肅的事，也非大手筆不可；現在作序，既得有學問，又非得有一點地位不可。我自知才疏學淺，又是最普通的老百姓，給人的著作作序是我斷斷不敢想的。但是，紀教授是年長於我的學者，讓我很難推却。序是不敢作，衹是我有幸在大家之先，讀到紀教授的這部著作，就不揣冒昧，講幾句體會，算是寫在前面的話。

與以往注解《法言》的人不同，紀教授是郫縣人，是揚雄家鄉的人。他自幼就在家鄉耳聞目睹了與揚雄相關的遺迹，與兩千年前的聖賢結下了不解之緣。雖然他的專業不是研究哲學史、思想史，但在他胸中一直有一種情愫與冲動。他從上世紀 90 年代就開始注意研究揚雄的動態，搜集相關的論著，從動手寫作此書到完成，竟達七年之久。僅此一點就可以看出紀教授此書非一時的應景之作，而是長期潛心研究的成果。這部書的前面有一篇《讀懂揚雄》，討論了有關揚雄及其《法言》的一些重大問題，紀教授公允地評價了歷史上的相關論説，并提出了有深刻見解的諸多新論，對正確認識揚雄及其《法言》很有參考價值。而本書主體部分，將《法言》各篇分章，其分章在參考前人成就的基礎上，多斷以自己的理解，雖然多异前人，但持之有據。“今讀”部分，既有注釋、譯文，還有一般古籍整理所没有的“按語”。我通讀了一遍，覺得紀教授的注釋精準，譯文通暢流利，對《法言》的思想有深刻的體悟。其“按語”更是能結合整個儒家的思想來發明其意義與價值。試舉 8・16 的“按語”爲例，此條按語説：“儒家將‘忠’、‘恕’作爲終身奉行的處世原則。孔子對‘恕’的解釋是‘己所不欲，勿施於人。’揚雄以‘見畏’與‘見侮’詮釋儒家的‘恕道’，與《孟子・離婁》所説‘敬人者，人恒敬之’是一個意思。‘恕’的理論基礎是‘仁’，‘仁’的表現就是‘己所不欲，勿施於人’。揚雄説‘見畏與見侮，無不由己’，更具警誡的作用。”由《法言》的“見畏與見侮，無不由己”，上溯到孔子、孟子的思想，不僅可以看出揚雄對孔子、孟子思想的繼承與發展，也能够看到揚雄思想的獨到價值。類似按語比比皆是。所以，毫不誇大的説，這是一部集學術性與通俗性雙重優點的讀本，值得向人們推薦。這是我個人的一點體會，供紀教授與讀者批評指正。

己丑年十月二十四日　黄開國於四川師範大學奇響屋

讀懂揚雄

——關於揚雄及其《法言》

在兩千年來的中國文化史上，揚雄這個名字，簡直就是一個“謎”！在他生前，不少人没有讀懂他；在他身後，仍然很少人把他讀懂。

於其人，崇拜者尊他爲“聖人”，貶抑者斥之爲“小人”；於其書，崇拜者“以爲過於五經”，貶抑者以爲衹配“用覆醬瓿”[①]。

同是一人，同爲一書，何以毁、譽如此懸殊？曰：其人難“懂”，其文亦難“懂”。

揚雄被“讀”了兩千年，時至今日，竟然連他的姓氏、籍貫尚且難以確定；至於他究竟是“古文家”還是“今文家”，是“醇儒”還是“雜儒”，研究者們衆説紛紜[②]，很難達成共識。豈不是“人難懂”麽？

《太玄》草成之日，連揚雄自己也説它“觀之者難知，學之者難成”，以至“難《玄》太深，衆人之不好”[③]。《法言》雖不及《太玄》難知，但有人從中“讀”出的揚雄是“聖人之徒”，有人“讀”出的揚雄却是欺世盗名的“小人”一個。這豈不是

“文亦難懂”嗎?

以其人難懂、文亦難懂，使揚雄生前、身後絶少知音，甚至枉背罵名。但是有一個現象很值得注意，這就是：推崇揚雄、給他以極高的評價甚至將他視爲“聖人”的，大多是中國歷史上著名的思想家或者政治家，如兩漢的桓譚、王充、張衡、班固，魏晋的陸績、常璩，唐宋的韓愈、柳宗元、王安石、司馬光、曾鞏、邵雍、李白、劉知幾，明代的楊升庵，清代的張問陶等。桓譚認爲揚雄“度越諸子”④，王充將揚雄與孔子相提并論⑤，張子侯稱揚雄是“西道孔子”⑥，陸績稱揚雄是“聖人”⑦，韓愈將揚雄歸入儒學道統譜系列在孟子、荀子之後⑧，司馬光則認爲揚雄在儒學道統譜系中的地位應在孟、荀之前⑨，王安石盛贊“儒者陵夷此道窮，千秋祇有一揚雄”⑩。

應當怎樣解釋這種現象呢？有學者撰文指出：

> 由於揚雄的學説，是他提煉了中國上古各家學説精華而自成體系的知識學問，他并不拘束於某家理論，而是承前啓後和繼往開來；所以，這在那些習慣於用某種固定的學派格式去套看所謂中國學術的人看來，就很不自在。這樣，中國歷史上就出現了這樣一種局面，即：真正讀懂了揚雄的人，無不推崇他并運用他的學説；但是，讀不懂揚雄的人，或者拘束於某一派理論之見的人，就要排斥他。⑪

此説雖然未必完全正確，但是肯定不無道理。

筆者認爲，所謂“讀懂揚雄”，就是要從他的著作中，弄清楚他究竟“提煉”了先秦各家學説的什麽“精華”，形成了他自己怎樣的知識體系；弄清楚他在中華文化傳承上做了哪些“承前啓後和繼往開來”的工作，有什麽突出的貢獻。

“没有讀懂”揚雄的人，往往是被《太玄》“艱深”的内容所蒙蔽，看不到它跟《法言》之間的關係，不能理解揚雄是“在爲人類社會的等級森嚴尋求形而上依據”⑫，其創作目的是在向世人證明儒家倫理及禮樂主張的合理性。“没有讀懂”揚雄的人，又往往是被《法言》“簡奥”的文字所干擾，看不到它推尊孔孟而小諸子的真正目的是爲了張揚儒家大一統的思想⑬；不能理解揚雄用近四分之一的篇幅來品藻歷史人物，是要將儒家倫理道德具體化，是在摹仿孔子著《春秋》以論定是非⑭。有學者撰文指出：

> 揚雄根據《太玄》所寫作的《法言》，則爲當時已經摇摇欲墜的儒家思想文化注入了活力，使儒家理論有了更新發展的可能性。……《易》和《太玄》這兩個玄學的主體文本，就像中國思想文化大厦中的兩根有生命活性的主棟梁，既支撑起了中國歷史思想文化大厦，而又不斷先導性地發現中國思想文化與動態歷史本身所帶來的不適應，從而爲中國思想文化不斷注入新的資源與活力，使中國文明文化長期保持了青春⑮。

如果此説不謬，那就不難理解自桓譚以下的那些著名思想家和政治家，爲什麽那樣地推崇揚雄，司馬光爲什麽認爲揚雄在儒學道統中的地位應該在孟子、荀子之上了。或許，他們正是“真正讀懂了揚雄”的人。

還有“讀不懂”揚雄和“不讀懂”揚雄的人。這就是那些“習慣於用某種固定的學派格式去套看所謂中國學術的人”。這類人視揚雄“仕莽美新”爲大逆不道，於是因人廢言，將揚雄及其著作説得一無是處，以此顯示衹有他們纔是忠臣義士，并且炫耀自己纔是儒學正宗。

揚雄仕王莽爲“莽大夫”，歌頌王莽而作“劇秦美新”文，在《法言》中大肆贊頌王莽，這些都是不争的事實。後世的揚雄研究者，在對待揚雄“仕莽美新”這個問題上，有過各種各樣的態度和説法，歸納起來，大致可以分爲以下四種情況：

一是貶斥派。

以朱熹、“二程”爲代表的南宋理學家，大多痛斥揚雄“仕莽美新”的行爲。朱熹説：“揚子雲仕莽賊，謂之旁燭、無疆。可乎？隱可也，仕不可也。”（《二程外書》卷十）朱熹在其《通鑑綱目》中，採用春秋筆法，寫下“莽大夫揚雄死”的判詞。學宗程朱的南宋官吏黄震説：“揚子終篇稱王莽之勤勞過於阿衡，是豈可齒善類？……迹其言議，况多粗淺，不過掇拾（孔孟）餘緒以盗名爾。”[16]

二是否認派。

晋人李軌注《法言》，處處爲揚雄頌莽之語開脱，於“周公以來，未有漢公之懿也”句注云：“或以此爲媚莽之言，或以爲言遜之謂也。吾以爲箴規之深切者也。”[17]意思説，這不過是揚雄對王莽的告誡和鼓勵。清代的川籍儒生，以及曾在四川講學的晚清大學者劉師培等，爲了維護揚雄的名譽，竭力尋找各種證據和理由，企圖否認揚雄“仕莽美新”的行爲。請參看下文。

三是理解派。

現當代不少學者，認爲揚雄“仕莽美新”的行爲是可以理解的，與政治品質無關。例如，有學者指出：

> 站在歷史的制高點來看，歷史上王莽的篡漢自立和托古改制，乃是一次失敗了的政治改良。在王莽篡漢之前，西漢王朝已經極端腐敗，社會矛盾已經極端尖銳，老百姓的生活極端痛苦，大厦將傾，人心思變，已是不可阻擋的趨勢。王莽看到了這種趨勢，掌權之後，即通過示人節儉、獻錢獻地分給貧民、救濟灾民、增加太學生名額、嚴懲殺死奴婢的親生兒子等手段，竭力籠絡人心；代漢自立後，又禁止買賣土地奴婢，企圖緩和社會矛盾。因此，王莽稱帝前後，受到士大夫的普遍擁護，也得到部分百姓的好感，許多人把社會改良的希望寄托在他的身上。在這種情况下，揚雄寫作《劇秦美新論》，以暴虐的秦朝爲鑒戒，期望王莽建立一種清平的政治，實在并不奇怪。這不過表達了一個善良書生的幻想，絶非什麽獻媚投靠；若要獻媚投靠，炮製幾個宣揚王莽受命於天、理應代漢稱帝的符命，豈不是更能討得王莽的歡心嗎？但他却没有這樣做。⑱

此説立論平實、説理充分，能够爲多數人所接受，是正確理解揚雄"仕莽美新"行爲的重要參考資料。

四是肯定派。

所謂"肯定"，就是認爲揚雄"仕莽美新"的行爲，不僅不是什麽耻辱的政治失節行爲，恰恰相反，這正好表現了揚雄偉大的人本主義思想和超越前人的進步的歷史發展觀，是他"因循革化"的哲學思想的具體體現。筆者就是持這種觀點，具體内容請參看下文。

由於"仕莽美新"給揚雄身後造成的負面影響非常巨大，不僅影響到對這位文化巨人的正確評價，也直接影響到後世讀者對揚雄著作的正確理解，所以筆者擬就這個問題作專門的討論。

揚雄彷彿是一個“謎”。不僅他一生的行事令人費解，就連他的姓氏和籍貫也讓人捉摸不定。而要“讀懂”揚雄，這也是不應該回避的問題。要全面了解揚雄，還應該知道他一生最大的“幸運”與“不幸”。至於揚雄的著作，遭受非議最大最多的是《法言》；諸如《法言》的主題、結構、語言等，前人和今人都有過不少的訾議和批評。所以亦擬對此談談筆者的看法，以期有助於《法言》的讀者。下面按照“人”和“文”來作分類介紹。

一、關於揚雄的幾個問題

（一）揚雄的姓氏和籍貫

先説揚雄的姓氏之争。

由於漢以後的歷代文獻上，“揚雄”或作“楊雄”，於是引發揚雄究竟姓“揚”還是姓“楊”的争論。對揚雄姓氏的用字問題，主要有以下四種分歧意見：

“字誤説”。以清人段玉裁、王念孫爲代表的一派認爲，揚雄姓“楊”，“揚”是誤用了同音字。其主要理由是：《廣韵》對“揚”字的解説，不言爲姓氏用字，而對“楊”字的解説中有姓氏用字之説。按：此説斷難成立。遍稽姓氏用字，不見於字書解説爲姓氏用字者夥，豈獨一個“揚”字？

“通用説”。清人汪榮寶在其《法言義疏》中説：“同聲通用，古書常例，托名幖幟，尤無正假可言。謂雄姓從手，與‘楊’不同，斯爲妄論；必以作‘揚’爲謬，亦乖通義。”按：此説難以服人。“同聲通用”固爲“古書常例”，但姓氏用字不在此例；否則，“紀、季、計”三氏無别矣。若自姓氏血緣考之，“揚”氏與

“楊”氏均爲伯僑之後，則二氏同；但伯僑數子，食采於“揚”地者曰“揚氏”，食采於他邑者曰“楊氏”，二氏貴賤有别，則不爲一氏一姓矣。

“改姓説”。現代著名學者徐復觀先生在其《兩漢思想史》一書中説，揚雄祖先本姓“楊”，後爲避仇家追殺而改姓“揚”；既然已經改姓，故當以“揚”爲正字。按：據揚雄《反離騷》自述，避仇改姓説不太可信。

“揚姓説”。問永寧博士在其《試論揚雄的姓》一文中説，揚雄字子雲，其姓、名、字“揚、雄、雲”三字包含了漢高祖劉邦《大風歌》的全部内容，并且説西漢末“流行這種姓、名、字相互關聯的起名方式”。還進一步針對學術界有人認爲“揚姓少見”的説法，舉例説明“姓揚者代不乏人”。於是論定揚雄姓“揚”不姓“楊”。按：此説結論足資參考，其根據不免牽强之嫌。

關於揚雄姓氏的用字問題，郭君銘博士的説法最有參考價值，他説：

> 既然從手“揚”早出，《漢書》本傳中揚雄對祖先“以地爲氏”的交代非常清楚，又揚雄字“子雲”與“揚”互映，揚雄之姓爲從手“揚”無疑。至於史籍中的紛亂，是因爲西漢以後，從手“揚”較之從木“楊”爲小姓，不爲世人廣知，所以著書與刊刻者多有誤將“揚”字作“楊”者，故起紛亂。⑲

郭説堅持“揚”爲正姓，理由充足且簡明扼要，可靠可信。總之，“揚雄”不得寫作“楊雄”。

再説揚雄的籍貫之争。

在關於揚雄籍貫的介紹中，主要有三種説法：成都，郫縣，成都郫縣。一般的讀者，對文獻上的這三種説法都可能表示“理解”，因爲他們不知道漢代的“成都”和“郫縣”都是當時“蜀郡”下轄的縣，根本没有隸屬關係。而在知道漢代成都、郫縣不存在隸屬關係的人看來，這樣的説法是難以理解的。

分歧的産生緣於《漢書·揚雄傳》。《漢書》既説“揚雄字子雲，蜀郡成都人也”，後面又説揚雄五世祖揚季“漢元鼎間避仇復溯江上，處岷山之陽曰郫，有田一壥，有宅一區，世世以農桑爲業”。

《漢書》記述上的這種矛盾，早在宋代就引起了人們的關注。宋人高維幾著《揚子雲宅辯記》，採用揚雄“成都人”説，於是找了兩個主要的所謂“理由”：一是“郫不在岷山之陽”，二是根據《蜀記》所載揚雄宅地址與《成都縣志》所載廢址相符合，於是論定“是知季五世傳一子，世世爲成都人也”。

高氏的説法顯然站不住脚。所謂“岷山之陽”是指“岷山之東”，則成都、郫縣均在“岷山之陽”。宋代隱士張俞（《蠶婦詩》“昨日入城市，歸來泪滿襟”作者）在家鄉郫縣創辦“少愚書院”，後人改稱“子雲書院”，清代乾隆年間郫令任履素又改稱“岷陽書院”（今郫縣一中）。這是“岷山之陽曰郫”的鐵證。至於成都“揚雄宅”，有兩種可能：一是揚雄求學成都時確有其宅，一是《蜀記》和《成都縣志》附會杜撰。

又有現代學者撰文支持“成都人説”[20]，其理由是：漢代郫縣的知名度不在成都之下，如果揚雄是郫縣人，他就没有必要在《自序》（《漢書·揚雄傳》“贊曰”之前的文字爲揚雄自述）中説自己是“蜀郡成都人”。於是作者提出，“處岷山之陽曰郫”中的“郫”不是指郫縣，而是指流經成都境内的“郫江”，并且確指，這個“郫”就是成都少城石牛門外市橋畔的郫江之濱。

這樣的説法同樣是站不住脚、也是很難令人信服的。指稱蜀地地名，凡言“郫”者，莫不是指“郫縣”。《説文》：“郫，蜀縣也。”《漢書·地理志》：“蜀郡，縣十五：成都，郫，廣都……”揚雄《蜀王本紀》：“望帝治汶山下邑曰郫，積百餘歲。”言“水”，則謂之“郫水”、“郫江”或“郫别江”，概無單言“郫”而謂水名的例子。如《華陽國志·蜀志》：“冰乃壅江作堋，穿郫江、檢江，别支流雙過郡下。”《水經注·江水》：“江入郫江、檢江以行舟。”因此，揚雄和班固絶不會以邑代水，用“郫”代指“郫江”。况且，郫江從灌縣到成都，迤邐七八十里，如果“郫”可指“郫江”，則郫江沿岸何處不可曰“郫”？爲什麽就一定是指“成都少城石牛門外市橋畔的郫江之濱”？

筆者認爲，揚雄是“郫縣人”的説法最接近歷史的真實。理由如下：

第一，《漢書》説自從揚雄五世祖揚季避難來到郫縣以後，“世世以農桑爲業”，可見揚家從來没有因爲經商或其他原因離開過郫縣，那麽，揚雄就一定出生在郫縣。

第二，即使是在揚雄的名聲被搞得很臭的明、清兩代，郫縣人仍然認同揚雄是自己的鄉賢。例如清嘉慶十七年所修《重修郫縣志·序》説：“閲舊《志》，始知江、漢炳靈，爲何君公之所棲宅，揚子雲之所釣游。”嘉慶十八年所修《郫縣志·序》説：“郫爲成都屬邑……井絡會昌，英哲如揚子雲之文學，何君公之風節。”道光二十四年《補刊郫縣志·序》説：“郫之爲縣，吉都上古……降至西京，揚子雲、何氾鄉文章忠節，彪炳岷峨。”光緒二十四年所修《郫縣鄉土志·序》説：“望帝故都，揚雄遺宅，憑吊者猶能確指其處。”

第三，郫縣有不少與揚雄有關的歷史掌故。傳説今郫縣友愛鎮子雲村就是揚雄故宅所在地，子雲墳亦在附近（“子雲墳”見於歷代《郫縣志》）。據老輩人説，民國年間尚有“子雲亭”、“吐鳳橋”（清《郫縣志》有載）。郫縣新民場境内有“子雲橋”。郫縣唐昌鎮的“平樂山”（亦名“環山子”），傳説爲揚雄向嚴君平學《易》的舊址。

第四，現代不少著名學者認同揚雄是郫縣人。已故著名語言學家和古典文學專家、《文史哲》編委、山東省社科聯副主席、山東大學教授殷孟倫先生是郫縣人，他將自己的一部著作命名爲《子雲鄉人稿》，并且自號“子雲鄉人”。四川省文史館館員、著名巴蜀史專家馮廣宏先生，在著文涉及揚雄籍貫時，一直堅持説揚雄是“郫縣人”，如：“在落下閎完成治曆的100多年後，成都出了一位百科全書式的人才，他就是出生在郫縣的揚雄。”又：“嚴君平的高足揚雄（前53－18年），字子雲，祖居郫縣，務農爲業。”[21]四川省社科院文研所所長沈伯俊研究員在其《在矛盾中追求超越的揚雄》一文中説：“《漢書·揚雄傳》説他是蜀郡成都（今四川成都）人，具體而言，則是今成都郫縣人。”[22]

第五，關於《漢書》爲什麽會出現這樣矛盾的記述，筆者試作這樣的假設：因爲郫縣、成都是先後的“蜀都”，唐人羅泌《路史·餘論》卷一載：“開明子孫八代都郫，九世至開明尚，始去帝號稱王，治成都。”揚雄在“自序”家世時，既不説自己是“郫縣人”，也没有説自己是“成都人”，而説是“蜀都人”，因爲後文有“處岷山之陽曰郫……世世以農桑爲業”的記述，讀者應該明白這“蜀都”是指郫縣（《法言》中就有不少這樣的筆法）。班氏父子在編著《漢書》時，衹是感到“蜀都”不合地名規範，而没有理解揚雄的用心，於是隨手將“蜀都”改爲“蜀郡成都”。

古代文獻上類似的錯訛原因并非鮮見。當否，謹供參考。

總之，在揚雄籍貫的爭論中，“郫縣”說是最可信的。一般的揚雄研究者慮不及此，往往徑採《漢書·揚雄傳》而謂之“成都人”，非川籍學者尤其是這樣。

（二）揚雄的“幸運”與“不幸”

在四川籍的古代學者中，就其學術成就和影響而論，以揚雄類比蘇軾，應當是一點也不爲過的。揚雄的學術成就是多方面的。他以《太玄》奠定了自己在中國古代哲學史上的一席地位，更以《法言》使自己贏得在中國儒家道統中的“大儒”之尊，他又是世界上從事方言研究的第一人，他還是“西漢末年最著名的辭賦家”㉓。除此之外，他在文字學、天文學等方面的成就也是頗令世人矚目的。據說，“他有非常豐富的音樂知識，曾著有《琴清音》一書”㉔。因此，有人說揚雄是“一位百科全書式的人才”㉕。如果僅就揚雄“欲求文章成名於後世”㉖的個人志向來說，他的志向實現了，可能還遠遠超過了他的預期。

在揚雄所有的著述中，成就最高、影響最大的是《太玄》和《法言》。有學者認爲，“《太玄》的創作目的在於解說儒家倫理……爲人類社會的等級森嚴尋求形而上依據。……而《法言》一書是揚雄表述其成聖志向、闡述其内聖外王思想之作。”㉗漢至唐宋的諸多儒學大師，不僅盛贊揚雄捍衛儒道的偉大功績，而且將其納入儒家道統譜系，將他視爲繼孟子之後的一代大儒和聖賢。例如：

北宋殿中侍御史柳開說：

> 吾之道，孔子、孟軻、揚雄、韓愈之道。㉘

北宋國子監直講石介説：

孔子殁，楊、墨作，道大壞也，荀况存之；漢祚微，王莽篡，道大壞也，揚雄存之。㉙

北宋殿中丞孫復亦説：

吾之所謂道者，堯、舜、禹、湯、文、武、周公、孔子之道也，孟軻、荀卿、揚雄、韓愈之道也。㉚

在衆多的揚雄崇拜者中，以司馬光爲最。司馬光在其《揚子法言集注·序》中，對韓愈在儒學道統譜系中將揚雄列在孟軻、荀卿之後不以爲然，他説：

韓文公稱荀子，以爲在軻、雄之間。又曰："孟子醇乎醇者也，荀與揚大醇而小疵。"三子皆大賢，祖六藝而師孔子。孟子好《詩》、《書》，荀子好《禮》，揚子好《易》。古今之人，共所宗仰。如光之愚，固不敢議其等差。然揚子生最後，監於二子而折衷於聖人，潛心以求道之極致，至於白首然後著書，故其所得爲多。後之立言者，莫能加也。雖未能無小疵，然其所潛最深矣。恐文公所云，亦未可以爲定論也。㉛

在司馬光心目中，揚雄對儒家經學發展的貢獻超過孟子、荀子，因此他在儒學道統中的地位也應該在二人之上。

司馬光所説的"揚子好《易》"而且"所潛最深"，主要是針對《太玄》而言。可見《太玄》代表了揚雄的最高學術成就。關於《太玄》，有學者解讀説：

> 這是一部奇書，《四庫全書》列入術數類。全書由經與傳組成，經部分爲八十一首，每首四重，稱爲方、州、部、家；每首九贊，爲七二九贊，加踦、羸兩贊，共爲七三一贊；兩贊爲一日，計爲三六五日又二分之一日，相當於一年的時間；關於八十一首的解釋，爲“玄首都序”。“玄”是最高哲學範疇，包涵了天地人及萬物之本源，其演繹以複雜的數序和諧排列，又具有高深微妙的哲理思辨。[32]

《太玄》是將自然科學和社會科學綜合在一起的哲學著作。其寫作動機，一是爲支持“渾天説”推翻“蓋天説”提供理論依據，所以《漢書·揚雄傳》説“而大潭思渾天，參摹而四分之，極於八十一……其用，自天元推一晝一夜、陰陽數度律曆之紀，九九大運，與天終始”；一是在於解説儒家倫理，爲儒家禮樂治國的主張提供理論根據，所以《傳》又説：“綈之以三策，關之以休咎，擹之以象類，播之以人事，文之以五行，擬之以道德仁義禮智。無主無名，要合五經，苟非其事，文不虛生。”所以有學者説，《太玄》“構建了一個包括時間與空間，包容天、地、人的世界圖式”[33]。

《太玄》的科學思維和哲學思辨，非一般人所能理解，故《傳》説“觀之者難知，學之者難成”，以至於連劉歆那樣博學而且是揚雄朋友和同僚的人，也竟然發出“空自苦”和“恐後人用覆醬瓿”[34]的慨嘆。但是，揚雄也不乏知音，其中首推桓譚。

桓譚是我國古代杰出的思想家，其突出貢獻是反對以讖諱經學爲代表的神學目的論，促進了我國唯物主義哲學和無神論思想的發展。他在王莽居攝時爲大夫，與揚雄是同僚而位在揚雄之上。他在“諸儒或譏以爲雄非聖人而作經”[35]時，公開宣傳説：

> 凡人賤近而貴遠，親見揚子雲禄位容貌不能動人，故輕其書。……今揚子之書文義至深，而論不詭於聖人，若使遭遇時君，更閲賢知，爲所稱善，則必度越諸子矣。[36]

受《太玄》啓發，桓譚著《新論》二十九卷，繼續宣傳“渾天説”。

王充是桓譚的學生，也是繼桓譚之後我國古代又一位偉大的唯物主義哲學家。王充對揚雄推崇備至，將揚雄與孔子相提并論，他説：

> 身與草木俱朽，聲與日月并彰；行與孔子比窮，文與揚雄爲雙。吾榮之[37]。

又説：

> 王公子問於桓君山以揚子雲，君山對曰："漢興以來，未有此人。"君山差才，可謂得高下之實矣。[38]

有學者指出：

> 王充關於反對天命、反對讖諱迷信、反對人可以成仙不死、主張天道自然無爲等思想，就是直接繼承了《法言》中

有關的思想，而又有所發展。[39]

在兩漢衆多的知名學者中，揚雄的知音主要有四人。除桓譚、王充之外，還有《漢書》的作者班固和偉大的思想家和科學家張衡。班固對揚雄的推崇，主要表現在以下幾個方面：

第一，班固不惜用大量篇幅保存揚雄的著作與言行。在《漢書》記載人物言事的“紀”、“傳”中，占篇幅最多的是“王莽傳”，其次是“高帝紀”，第三是“揚雄傳”。《漢書·揚雄傳》不僅全文收録了揚雄的《反離騷》、《甘泉賦》、《羽獵賦》、《河東賦》、《長楊賦》、《解難》、《解嘲》和《答客難》等主要的辭賦作品，還著録了《太玄》、《法言》兩書的寫作緣起，以及《法言》各卷的序和篇名。以致紀曉嵐在《四庫全書總目提要》中不無感慨地説：“雄本傳具列其目曰：學行第一，吾子第二……。凡所列漢人著述，未有若是之詳者。蓋當時甚重雄書也。”[40]

第二，《漢書》對有些人物進行直接評價的“贊曰”，竟然直接引用揚雄《法言》對該人物的議論或評價。如《東方朔傳》“贊曰”中的“朔言不純師，行不純德，其流風遺書蔑如也。……應諧似優，不窮似智，正諫似直，穢德似隱。非夷齊而是柳下惠，戒其子以上容：‘首陽爲拙，柱下爲工；飽食安步，以仕易農；依隱玩世，詭世不逢。’其滑稽之雄乎”這段話，全文照録自《法言·淵騫》。類似情況還見於其他人物的傳贊。這充分説明，揚雄在評價歷史人物時所堅持的道德標準和歷史觀點，班固是完全認同的。甚至揚雄在《法言·孝至》中公開歌頌王莽時所説的“周公以來，未有漢公之懿也，勤勞則過於阿衡”，我們也不難在《漢書·王莽傳》的“贊曰”中找到一些“根據”：

贊曰：王莽始起外戚，折節力行，以要（邀）名譽，宗族稱孝，師友歸仁。及其居位輔政，成、哀之際，勤勞國家，直道而行，動見稱述……

按：如果去掉這段話中帶感情色彩的“以要名譽”，人們所見到的，難道不是一位道德美好、勤勞國事的“忠臣”王莽的形象？

第三，班固對揚雄的才能和道德推崇備至，對揚雄一生的遭際充滿了同情。請看下面幾段《漢書·揚雄傳》中的文字：

雄少而好學，不爲章句，訓詁通而已，博覽無所不見。爲人簡易佚蕩，口吃不能劇談，默而好深湛之思。清静無爲，少嗜欲，不汲汲於富貴，不戚戚於貧賤，不修廉隅以徼（邀）名當世。家産不過十金，乏無儋石之儲，晏如也。自有大度，非聖哲之書不好也；非其意，雖富貴不事也。

按：與俗儒志向不同，故“不爲章句”；“博覽”而“好深湛之思”，故才智殊异；有大德，故“不汲汲於富貴，不戚戚於貧賤”；有大志，故“非其意，雖富貴不事也”。在班固心目中，揚雄確乎是一位才智殊异、有大德、有大志的人。

大智、大德、大志的揚雄“三代不徙官”的遭遇，激起班固極大的同情。班固在“贊曰”中爲揚雄鳴不平説：

（雄）除爲郎，給事黄門，與王莽、劉歆并。哀帝之初，又與董賢同官。當成、哀、平間，莽、賢皆爲三公，權傾人主，所薦莫不拔擢，而雄三世不徙官。及莽簒位，談説之士用符命稱功德獲封爵者甚衆，雄復不侯，以耆老久次轉爲大夫，恬於勢利乃如是。

按："三公"秩二千石以上，黄門郎秩僅"比四百石"。位次之懸殊，猶如宰相與縣丞。揚雄在黄門郎這個位置上一幹就是二十年[41]。王莽篡漢以後，實在過意不去了，也纔憑揚雄的資歷很老將他"轉爲大夫"。這個"大夫"是個虚銜，秩不過六百石，尚不及縣令的級别且没有實權，王莽給他的職務是到天禄閣校書。按照常理，"郎"的官位雖低，却是皇帝近臣，是最容易平步青雲的，所舉王莽、劉歆、董賢便是。所以班固衹好用"恬於勢利"（自己淡泊名利）來解釋揚雄的"三世不徙官"。

在世人訾議揚雄的譏誚聲中，偉大的思想家和科學家張衡對人説："吾觀《太玄》，方知子雲妙極道數，乃與五經相擬。"（《後漢書·張衡傳》）張衡對揚雄的推崇，絶非純粹受其老師王充的影響，而是出於他對揚雄的深刻理解。

儘管揚雄官當得很小，但他能够受到像桓譚、王充、班固、張衡這樣的漢代大名士、大學者的如此推崇，已經是他的幸運了；而在他身後一千年左右的唐、宋兩代，竟又有韓愈、司馬光等人給他以極高的評價，并且將他歸入儒學道統譜系，奉爲僅次於孔、孟的一代聖賢，甚至在宋代神宗朝享受到與孟子一樣被請入文廟配享孔子的最高待遇。命運能如揚雄者，能有幾人？

古人云："人生得一知己足矣。"又云："太上有立德，其次有立功，其次有立言。"[42]揚雄身後，得天下衆多名儒爲知己，德配孔、孟，功在儒學，言垂萬世，其榮何極！

應當説，揚雄是非常幸運的。

然而，縱觀揚雄的生前與身後，揚雄又是非常不幸的。其最大的不幸有三：

一是屈身隱忍的痛苦。

揚雄以三十餘歲的盛年離蜀入京求仕，而且不願以“章句訓詁”之學爲手段步入仕途，可見，他是企圖幹一番大事業的。有學者撰文指出：

> 從史籍文獻反映出的人生經歷看，揚雄玄默外表的深處，激蕩着昂揚上進的雄心；透過艱深晦澀的文句，我們能感覺到他立言成聖的冲動。所以説，揚子不是一個滿足於“朝隱”的“智者”，而是一位自覺捍衛儒學正統、以接續聖人之道爲己任的鴻儒。[43]

然而，殘酷的現實擊碎了他的夢想。由於揚雄不走一般儒生以爲經典作注而入仕途的“章句訓詁”之路，又不願主動巴結投靠權勢者，儼然一副“待價而沽”的模樣，所以僅靠權勢者“奇其文雅”而被人看重，做了一個官卑職小的黄門侍郎。然而，揚雄始終堅持“君子仕則欲行其義，居則欲彰其道”[44]的處世原則，從來不以個人的榮辱進退爲意，這就决定了他“三世不徙官”的命運。

揚雄的内心是非常痛苦的。他羡慕“解縛而相”的管仲、“釋褐而傅”的寧戚、“倚夷門而笑”的侯嬴，因爲這些人“頗得信其舌而奮其筆，窒隙蹈瑕而無所詘也”，甚至“或立談間而封侯，或枉千乘於陋巷”[45]。换言之，他羡慕先秦之士能够憑着自己的才能被人君重用而施展其才能和實現自己人生的抱負。他也羡慕漢初的蕭何、曹參、張良、陳平，甚至霍去病、公孫弘、叔孫通等人，因爲這些人都能“會其時之可爲”[46]而被人君重用。

對於他自己所處的時代，揚雄是有清醒認識的，并且因此而痛心疾首。他不無憤怒地說：

> 當今縣令不請士，郡守不迎師，群卿不揖客，將相不俯眉；言奇者見疑，行殊者得辟，是以欲談者宛舌而固聲，欲行者擬足而投迹。向使上世之士處乎今，策非甲科，行非孝廉，舉非方正，獨可抗疏，時道是非，高得待詔，下觸聞罷，又安得青紫？[47]

揚雄知道自己是“言奇者”、“行殊者”，也知道自己的行爲是“抗疏”和“時道是非”，并且深知這是自己不得“青紫”的原因。但是，他仍然堅持“詘身將以信道也。如詘道而信身，雖天下，不爲也”[48]的處世原則，絕不做爲了個人的榮華富貴（“信身”）而有損道義（“詘道”）的事情，這就注定了他一生悲劇的命運。尤其使揚雄痛苦的，是既不能伸展大志於天下，又不能做一個徹底的隱者而退隱江湖，因爲他不僅需要朝廷那一份賴以生存的菲薄的俸禄，而且他還需要朝廷秘閣豐富的藏書以使自己“欲求文章成名於後世”，從而實現自己“捍衛儒學正統、以接續聖人之道”的另一番人生理想。這樣，他就不得不“隱忍苟活”，其痛苦是可想而知的。

二是貧窮喪子的悲慘。

揚雄的一生是在貧窮中度過的。《漢書·揚雄傳》説他“家産不過十金，乏無儋石之儲”，有學者考證説：“漢代黄金一斤爲一金，值萬錢。所以十金就是十萬錢。”[49]初看上去，這“十金”的家産也應當算是富裕的了，但是根據“用馬五匹值二萬，牛車二輛值四千”[50]的漢代物價來看，揚雄的全部家産，也就衹能購買 25 匹“用馬”，或者 50 輛“牛車”。又《漢書・文帝紀》說：“百金，中民十家之産。”可見，以家産論，揚雄也就是一個“中民”，實際上是個小地主的經濟條件。揚雄官階低，薪俸少，又不善理財治家，而一生“嗜酒”，故班固說他“家素貧”。“貧”到什麼程度呢？據《漢書》記載，已經作了王莽“大夫”的揚雄，竟然很少有人到他家去。偶爾有喜歡揚雄學問的人上門討教，也就衹需自己帶着酒和菜去作爲贄禮。或許有人會說：“揚雄好歹也是個朝廷的大夫，何至於窮到這樣的地步呢？”要知道，揚雄的“中散大夫”是虛銜，衹是個榮譽稱號，是不漲薪俸的。而黄門侍郎一職是個閑官，既無職權，又無衙署，住房也有可能是租用的，家裏如果還有一兩個童僕，再加上自己的家屬，揚雄又嗜酒如命，豈能不“入不敷出”？長期的入不敷出，以致“乏無儋石之儲”，也就是説，有時窮到連一兩百斤糧食的儲備都没有。對此，有學者有不同看法，認爲：

> 關於揚雄的家庭情況，《漢書・揚雄傳》說“家産不過十金”，雖然接近真實，終不免有些縮小；而說“乏無儋石之儲”，就更是爲了强調揚雄的“不戚戚於貧賤”，而故意夸張其詞了。[51]

果真是“夸張其詞”嗎？筆者認爲，班固的記載完全是據實言之，如我上文所分析的那樣。之所以有此分歧，主要在於對“家産”一詞的理解。這位學者所理解的“家産”，相當於今天所說的“家庭儲蓄”，没有包括家庭的其他財産。因爲傳載揚雄“有田一壥，有宅一區”，“一壥”在漢代爲“晁錯所說的二百四十畝”甚或更多[52]。如果真是這樣，那麽“家産不過十金”、“乏無儋石之儲”就確實是“故意夸張其詞”了。然而，無論古今，“家産”都應當是指一個家庭的全部財産，絶不會衹指家庭的現金儲蓄。至於揚雄在郫縣的田産，我的理解是這樣的：揚雄在離蜀進京前的三十年中，或延師受教，或四處游學，這必然是一筆不小的花費；離蜀進京需要一筆數額不菲的盤纏，“世世以農桑爲業”的揚雄，衹有靠變賣田地房産來湊足這筆資費；加之離開故鄉時，家裏已經没有了父母和其他親人（古訓“父母在，不遠游”，既能離蜀進京，足見父母已不在；傳謂“自季至雄，五世而傳一子”，足見已無其他親人），揚雄必定會將所剩不多的蜀地家産變賣一空以充作入京的資費。因此，“家産不過十金”應當是揚雄的全部財産。

晚年喪子以致絶嗣的遭遇，給揚雄的打擊尤爲沉重。揚雄有一個兒子，而且是個神童。《法言·問神》説：“育而不苗者，吾家之童烏乎？九齡而與我《玄》文。”《太平御覽》卷三八五引《劉向别傳》載：“揚信，字子烏，雄第二子。幼而聰慧，雄算《玄經》不會，子烏令作九數而得之。雄又擬《易》‘羝羊觸藩’，彌日不就，子烏曰：‘大人何不云荷戟入榛？’”[53]可見揚雄的這個兒子確實是個少見的神童。可是這樣一個神童竟然“育而不苗”，没有長大成人就夭折了。古訓：“不孝有三，無後爲大。”無論就倫理責任而言，還是就個人感情而言，五世單傳的揚雄在五十多歲的暮年失去這樣一個神童兒子，其精神痛苦之巨大是可想而知的。晚年的揚雄，純粹成了一個形單影隻的孤寡老人。再加上因爲“投閣事件”摔斷了腿，他讓我們很自然地聯想到魯迅筆下的“孔乙己”。晚年的揚雄，與孔乙己所不同的，就衹有他頭上還罩着一頂“中散大夫”的帽子而已。但正是因爲這頂“帽子”，連累他身後蒙受了千年的不白之冤。揚雄在貧病交加和孤獨無助中死去時，王莽朝廷竟連殯葬的優撫都不給，幸虧有侯芭這樣的孝義弟子代盡孝子之誼，爲他“起墳，喪之三年”[54]，不然，揚雄的一把老骨頭連安葬之所也找不到，其結局就更加慘不忍睹了。

三是身後蒙冤的遺恨。

揚雄的一生，都是在不被人理解中度過的。揚雄最不能被人理解的，主要有三件事：一是“非聖人而作經，猶春秋吴、楚之君僭號稱王，蓋誅絶之罪也”[55]；二是王莽篡漢以後，揚雄竟然接受了王莽授予他的“中散大夫”，心甘情願地做起了漢家天子的“逆子貳臣”；第三個最不能被人理解和原諒的，是他竟然冒天下之大不韙，撰寫了一篇爲王莽新朝歌功頌德的《劇秦美新》文。

不過，直到朱熹在《通鑑綱目》中給揚雄以“莽大夫揚雄死”的判詞以前，如前文所述，揚雄在絶大多數漢代以來的大學者心目中的形象都是很崇高的。尤其是像班固這樣歷史觀傾向於封建正統和相對保守而且與揚雄爲同時代人的歷史學家，不僅没有因爲揚雄仕莽而將他視爲“逆子貳臣”，也没有把揚雄撰《劇秦美新》視爲媚事王莽或者政治節操問題。

但是，自從朱熹“莽大夫揚雄死”的判詞出現以後，揚雄及其著作便不斷遭到貶斥，揚雄也因此由“聖人”[56]而成了“小人”。揚雄在明代的名聲最壞，攻訐之聲甚囂塵上。明朝洪武二十九年，大臣楊砥建言：“黜揚雄從祀。”[57]即要求將揚雄神主從各地文廟中撤除，其理由是“臣事賤莽”[58]。清嘉慶二十一年重修之《新都縣志》尚載“罷祀揚雄”。明、清兩代的大學者，大多對揚雄持否定態度，甚至像顧炎武這樣思想激進、卓有成就的大學問家，也難免受其影響，請看下面這段文字：

> 揚子有云："多聞則守之以約，多見則守之以卓，少聞則無約也，少見則無卓也。"此其語有所自來，不可以其出於子雲而廢之也。[59]

按：中國有"以人廢言"的傳統，顧炎武引用《法言·吾子》語録時，專門强調不要因爲這話出自揚雄之口而不重視它。由此不難想象，這時候揚雄的名聲"臭"到什麽程度了。

近人蔡東藩（1877－1945）著歷史演義，在涉及揚雄"事莽"、"美新"的問題時，發揮想象，附會情節，使揚雄成爲一個貪生怕死的諂媚小人。蔡氏不僅在回末點評中説："揚雄甘爲莽大夫，投閣不死，反爲美新之文以諂媚之。老而不死是爲賊，區區文名，何足道乎？揭而出之，亦維持廉耻之一端也。"而且還作詩一首譏諷揚雄，詩曰：

> 才高依馬算文豪，一落塵污便失操。
> 赢得頭銜三字在，千秋筆伐總難逃。[60]

揚雄的不被人理解，在蔡東藩筆下達於極點。如果揚雄泉下有知，其痛苦何堪？

然而，就在揚雄遭到貶斥的同時，學術界爲揚雄辯誣的鬥争也從來没有停止過。這場鬥争從宋代開始，由宋而明，由明而清，一直持續到現在。揚雄爲"莽大夫"和撰《劇秦美新》的"歷史問題"，已經成爲中國學術界近千年來的一樁歷史公案。

（三）揚雄"仕莽美新"的原因

從古至今，無論是尊崇揚雄的學者，還是貶抑揚雄的學者，無不把《劇秦美新》視爲揚雄喪失人臣節操、敗壞文人道德的重大“歷史問題”。衹是在對待揚雄這一“歷史問題”的態度上截然相反而已。

尊雄派大多矢口否認并竭力爲揚雄開脱。或者以《漢書·揚雄傳》不載《劇秦美新》爲理由，如冉瑞岱《書揚子雲傳後》詩云：“揚子文章載《漢書》，美新一帙本來無。”[61]或者以有可能是“張冠李戴”爲理由，如田世醇《讀范淶平反子雲一記書後》詩云：“美新一頌從何起，忘却當年兩子雲。”[62]（按：王莽集團成員谷永亦字“子雲”。）或者以《漢書》載揚雄“恬於勢利”爲理由，如劉師培詩云：“雄本淡泊志，何至工獻諛？”[63]

貶雄派則對揚雄仕莽“美新”的行爲大張撻伐，確有“必欲置之死地而後快”的氣勢。朱熹在其《通鑑綱目》中留下“莽大夫揚雄死”的判詞。以朱熹在儒學史上崇高的地位和影響，其判詞使揚雄在儒學史上的地位一落千丈。近人蔡東藩在其《後漢通俗演義》第一回中，不僅編造了揚雄撰寫《劇秦美新》的動機和情節，把揚雄醜化成一個靠出賣靈魂苟全性命的無耻文人，還在第一回的評語中寫道：“揚雄甘爲莽大夫，投閣不死，反爲美新之文以諂媚之。老而不死是爲賊，區區文名，何足道乎？揭而出之，亦維持廉耻之一端也。”

其實，尊雄派企圖用否認揚雄曾撰《劇秦美新》來爲揚雄開脱，這完全是徒勞的。揚雄撰《劇秦美新》不僅完全有可能（請參看拙文《揚雄“莽大夫”身份考論》[64]），而且還有完全可靠的文獻記載。《劇秦美新》雖不見載於《漢書·揚雄傳》，班固却在其《典引·序》中有過“《劇秦》典而不實”的評價。劉勰《文心雕龍·封禪》亦有“及揚雄《劇秦》，班固《典引》，事非鐫石，而體因紀禪”的論述。不過，班固、劉勰都衹是就文論文，并未將文章與揚雄的人品操守聯繫起來。最早將《劇秦美新》與揚雄的政治操守聯繫起來的是顔之推，顔之推在其《顔氏家訓·文章篇》中説："揚雄德敗美新，李陵降辱夷虜。"由此可見，揚雄撰寫《劇秦美新》，應當是一個不争的事實。近來有學者考證指出，揚雄"於始建國四年作《劇秦美新》"[65]。

然而，是否如貶雄派所説，揚雄因爲撰寫《劇秦美新》歌頌王莽，就是"德敗"、就是"諂媚"，甚至十惡不赦呢？

筆者的回答是否定的，并且認爲：揚雄撰寫《劇秦美新》，有其特殊的歷史背景。如果認真分析揚雄生活時代的特殊歷史背景，認真探討揚雄"美新"的主客觀原因，結合揚雄一生的行事原則和表現，再運用歷史唯物主義的理論來評斷是非的話，那麽揚雄的"美新"之舉，不僅不是什麽喪失人臣節操的"德敗"行爲，相反，它正好表現了揚雄一心關注民生疾苦而不計較個人進退的高尚人格，正好反映了揚雄"因循革化"的哲學思想和進步的歷史發展觀。

1. "美新"出於揚雄對"聖王"政治理想的追求。

儒家道統思想的特徵之一，就是對"聖王"價值的認同。孔子主張"祖述堯舜，憲章文武"（《禮記·中庸》）。孟子説"五百年必有王者興，其間必有名世者"（《孟子·公孫丑下》），其歷史間隔是堯舜禹至湯，湯至文、武、周公，文、武、周公至孔子。有學者指出："儒家之所以極力贊揚三代政治，視堯舜禹時代爲理想政治的範體，原因之一在於那是一個聖、王一體，師、道合一的時代，現實政治中的君王同時是道德領域的聖人。"[66]對此，筆者認爲還應當作如下補充：先秦儒家之所以視"聖"與"王"爲一體，是因爲他們把能使國家安定、百姓安樂的人視爲"聖人"和"王者"，這樣，就不難解釋爲什麽周公攝行王事，踐履文武之道，故被視爲"王者"。而孔子以布衣之身遠紹諸聖，爲傳播治國安民的聖王之道奔走呼號，故後世謂之“素王”。孔子之所以爲“聖人”，主要是因爲他奠定了以“仁”爲核心、以“禮”爲手段的儒家政治理論的基礎。這就不難理解爲什麽被儒家視爲“聖王”的堯、舜、禹、湯、文、武無一不是“仁君”，因爲勤政愛民、禮樂治國是衡量“仁君”的重要標準。

因此，揚雄特别强調“適堯、舜、文王者爲正道，非堯、舜、文王者爲它道。君子正而不它。”（《法言·問道》）這裏的“君子”絶非泛指，應當是專指擔有治國責任的君王和公卿大臣。揚雄還爲“君子”怎樣“適正道”提出了具體的要求，他説：“君子爲國，張其綱紀，議其教化。導之以仁，則下不相殘；莅之以廉，則下不相盗；臨之以正，則下不相詐；修之以禮義，則下多德讓。”（《法言·先知》）揚雄在這裏將儒家“内聖外王”的理論作了具體的詮釋。“仁”、“廉”、“正”和“修禮義”，是對君子“内聖”（個人修養）的要求；“張其綱紀，議其教化”，是對君子“外王”（治國方法）的建議。

然而，殘酷的社會現實擊碎了揚雄的政治理想，使他對劉漢政權完全絶望了。

西漢中後期，皇帝昏庸，政治黑暗，民生凋敝。漢成帝“自爲太子時，以好色聞”[67]，即位之後，先是寵幸許皇后，繼而寵幸趙飛燕而廢許后，後又寵幸趙昭儀（飛燕妹）而疏遠趙飛燕。趙飛燕以皇后之尊與宫中“侍郎、宫奴多子者”私通，上演了一幕幕淫亂宫闈的醜劇；而成帝拒絶接受群臣對趙飛燕醜行的檢舉，“有白后奸狀者，帝輒殺之”[68]，其昏庸可想而知。成帝好游獵，僅一年多時間，便有甘泉、河東、長楊、羽獵等大規模的游獵活動。因其耗費巨大，傷民甚劇，揚雄曾作“四賦”予以諷諫，成帝均置若罔聞。太中大夫谷永上疏指出：

> 六月之間，大異四發，二二而同月。三代之末、春秋之亂，未嘗有也。臣聞三代所以隕社稷、喪宗廟者，皆由婦人與群惡沉湎於酒；秦所以二世、十六年而亡者，養生泰奢、奉終泰厚也。二者，陛下兼而有之。……今陛下輕奪民財，不愛民力，聽邪臣之計……百姓愁恨感天，饑饉仍臻，流散冗食，餓死於道，以百萬數。[69]

但成帝仍然我行我素，毫無修明政治的打算。

漢哀帝之昏庸，比漢成帝有過之而無不及。哀帝是個同性戀者，對董賢的寵幸，竟至於“出則參乘，入御左右，賞賜累巨萬，貴震朝廷。常與上卧起”[70]。成帝還將董賢妻子和妹妹召進宫中，有時自己竟“止賢廬”（在董賢家留宿）。後來“又召賢女弟爲昭儀，位次皇后”[71]，并且詔命爲董賢在皇宫北闕下建造了一座與皇宫規模相似的府第，還授董賢父親董恭少府官職并賜爵關内侯。更爲荒唐的是，成帝竟把掌管軍國大事、位同丞相的“大司馬衛將軍”一職授予年僅二十二歲、對軍政大事毫不知曉的董賢。大臣鄭崇“以賢貴寵過度諫上”，竟被下獄問罪、榜掠而死。哀帝一朝的政治黑暗、民生凋敝狀况，見於諫大夫鮑宣的“上書”中。鮑宣指出，其時民有“七亡”、“七死”。其中有“水旱爲灾”而“縣官重責更賦租税”、“豪强大姓，蠶食無厭”、“苛吏徭役，失農桑時”、“酷吏毆殺，冤陷無辜”、“盗賊劫略，取民財物”、“歲惡饑餓”而“時氣疾疫”等[72]。簡直活脱脱的一座人間地獄的恐怖景象！

漢平帝即位時年僅九歲，“太皇太后臨朝，大司馬莽秉政，百官總己以聽於莽”[73]。王莽秉政，始於哀帝元壽二年（公元前 1 年），至揚雄撰《劇秦美新》（公元 12 年）已有十三年之久。要探討揚雄“美新”的原因，就必須考察王莽在這十三年間主要幹了些什麽事情，結合王莽一貫的表現及臣民的反映，再摒除封建史家所受封建正統觀念的局限，一個近於歷史真實的王莽便不難被世人所了解，揚雄因爲“美新”而蒙受的不白之冤也就有望得以昭雪了。

《漢書》和《資治通鑑》所記載的王莽事迹，讓人感受到王莽應當是一位符合儒家“内聖外王”要求的“君子”。

請看王莽的“内聖”修養：

> 莽因折節爲恭儉，勤身博學，被服如儒生；事母及寡嫂，養孤兄子，行甚敕備；又外交英俊，内事諸父，曲有禮意。大將軍鳳病，莽侍疾，親嘗藥，亂首垢面，不解衣帶連月。……爵位益尊，節操愈謙。散輿馬、衣裘振施賓客，家無所餘。[74]

按：王莽生活節儉、勤奮博學、事親孝悌、位尊不驕、廣交才俊、散財濟貧，可謂集傳統美德於一身。

> 初，王莽既就國，杜門自守。其中子獲殺奴，莽切責獲，令自殺。在國三歲，吏民上書冤訟莽者百數。至是，賢良周護、宋崇等對策，復深頌莽功德。[75]

按：兒子王獲所殺，家奴而已，“切責”已屬嚴厲，何况迫“令自殺”！吏民感其執法公正，故能向王莽上書伸冤。

類似的記載，在《漢書》、《資治通鑑》中還有不少。儘管撰述人是以突出王莽的“詐僞”爲出發點來記載的，但是假如王莽姓“劉”，或者假如王莽没有“簒漢”，其事又當何説？

讓我們再看王莽的“外王”表現。

王莽秉政以後，首先誅戮了董賢及其黨羽，罷免了一大批成帝、哀帝后黨的官吏，有力地打擊了丁、傅等豪强大姓的勢力。王莽在拒絶接受朝廷“二萬八千户”的封賞時説：“願須百姓家給，然後加賞。”他一方面拒絶接受朝廷封邑賞賜，一方面却“建言褒賞群臣……下及庶民鰥寡。恩澤之政，無所不施。”[76]

王莽執政時期，堅持“導之以仁”、“莅之以廉”的德政措施，例如：

> 郡國大旱，蝗，青州尤甚，民流亡。王莽白太后：“宜衣繒練，頗損膳，以示天下。”莽因上書：願出錢百萬，獻田三十頃，付大司農助給貧民。於是公卿皆慕效焉。……每有水旱，莽輒素食。[77]

按：獻田捐錢、節食以賑民困，堪稱仁君風範！致公卿敬慕而效仿，何“詐僞”之有？

王莽“簒漢”以後，首先“張其綱紀，議其教化”，大刀闊斧地實行了一系列改革措施。針對原來朝廷官署職掌不明的情况，他在簒位後頒布的第一道“策群司”詔中説：

> 月刑元股左，司馬典致武應，考方法矩，主司天文，欽若昊天，敬授民時，力來農事，以豐年穀。日德元肱右，司徒典致文瑞，考圜合規，主司人道，五教是輔，帥民承上，宣美風俗，五品乃訓。斗平元心中，司空典致物圖，考度以繩，主司地理，平治水土，掌名山川，衆殖鳥獸，蕃茂

草木。[78]

按：明確司馬、司徒、司空三公職份，以張揚朝廷綱紀，收“豐年穀”、“美風俗”之政績。

王莽又針對秦、漢弊政虐民的問題，企圖實行“井田”制度以抑制豪强對土地的兼并，落實“三十而税一”的賦税制度以減輕百姓的負擔，并且禁止買賣人口，他在詔書中説：

> 秦爲無道，厚賦税以自供奉，罷民力以極欲，壞聖制，廢井田，是以兼并起，貪鄙生，强者規田以千數，弱者曾無立錐之居。又置奴婢之市，與牛馬同欄，制於民臣，專斷其命。奸虐之人因緣爲利，至掠賣人妻子，逆天心，悖人倫。……漢氏減輕田租……厥名三十税一，實什税五一。父子夫婦終年耕耘，所得不足以自存。故富者犬馬餘菽粟，驕而爲邪；貧者不厭糟糠，窮而爲奸。……今更名天下田曰“王田”，奴婢曰“私屬”，皆不得買賣。其男口不盈八，而田過一井者，分餘田予九族鄰里鄉黨。[79]

按：王莽的新政措施，無不關注民生問題，與劉漢成、哀兩朝相比，怎能不令揚雄歡欣鼓舞？

上引王莽的每一條新政措施，都正好符合揚雄對社會改革的願望。揚雄主張用井田制來抑制豪强對土地的兼并，他説：“井田之田，田也；肉刑之刑，刑也。田也者，與衆田之；刑也者，與衆棄之。”（《法言·先知》）揚雄主張減輕百姓租税負擔，他説：“什一，天下之正也。多則桀，寡則貉。”（《法言·先知》）揚雄竭力反對統治者的窮奢極侈，他痛恨“禽獸食人之食，土木衣人之帛，穀人不足於晝，絲人不足於夜”的“惡政”（《法言·先知》），提倡“罪不孥，宮不女，館不新，陵不壙”的“德政”（《法言·重黎》）。

王莽素來以儒者自居，他不僅尊重儒家的道統，也尊五帝三王爲“聖王”，而且自稱是舜帝後裔。在做“安漢公”攝政於平帝朝的時候，王莽就向朝廷“奏起明堂、辟雍、靈臺，爲學者築舍萬區；作市、常滿倉”[80]，又“奏車服制度，吏民養生、送終、嫁娶、奴婢、田宅、器械之品，立官稷及學官”[81]。王莽在推行禮樂教化方面的這些表現，毫無疑問的，也更增加了揚雄對他的推崇和贊賞。

晚年的揚雄，把實現儒家“聖王”政治的理想完全寄托在了王莽身上，從他以盛贊王莽的話作爲《法言》全書的結尾，就可以體會到他的這種心情和良苦用心。他說：

> 周公以來，未有漢公之懿也，勤勞則過於阿衡。漢興二百一十載而中天，其庶矣乎！辟雍以本之，校學以教之，禮樂以容之，輿服以表之，復其井刑，勉人役。唐矣夫！（《法言·孝至》）

按：成、哀兩朝的亂政之後，王莽新政無疑給人以“撥亂反正”的感受。這就難怪揚雄盛贊王莽（“漢公”）之美德勝過周公、王莽之勤勞勝過伊尹（“阿衡”）了。

因此筆者認爲，“美新”出於揚雄對“聖王”政治理想的追求，既不是“諂媚”王莽，更不是什麼“德敗”的行爲。

2.“美新”符合揚雄“因循革化”的哲學思想。

《法言》結尾對王莽功德的贊美，是把王莽作爲賢臣來贊美的；而《劇秦美新》對王莽功德的贊美，是把王莽作爲明君來歌頌的。

這樣一來，問題就鬧大了。因爲根據封建社會帝王相續的所謂“治統”，王莽是竊國大盜。按照中國傳統道德，趨附權貴尚且爲人所不齒，何况揚雄趨附的是“竊國大盜”王莽呢?

班固明知揚雄撰《劇秦美新》，却非但没有指責他“諂媚”權貴，反而再三褒贊他“澹泊”、“恬於勢利”，尤其是贊譽他“非其意，雖富貴不事也”。可見，揚雄“美新”，完全是符合他心意的自覺自願的行爲，根本不帶任何功利的個人企圖。

研究揚雄的哲學思想便不難發現，揚雄“美新”的原因，除了出於他對“聖王”政治理想的追求之外，還有一個不容忽視的重要原因，這就是他的“因循革化”的哲學思想。

“因循革化”是揚雄哲學思想的重要内容。他説：

> 夫道有因有循，有革有化。因而循之，與道神之；革而化之，與時宜之。故因而能革，天道乃得；革而能因，天道乃馴。夫物不因不生，不革不成。故知因而不知革，物失其則；知革而不知因，物失其均。革之匪時，物失其基；因之匪理，物喪其紀。因革乎因革，國家之矩範也。矩範之動，成敗之效也。(《太玄·玄瑩》)

按:“因循”，猶言“繼承、傳承”；“革化”，猶言“革除、變化”。“道”是一個内涵非常豐富的概念。這段話告訴人們以下幾個基本道理：第一，對待“道”的態度。不能將“道”視爲一成不變的死教條，應當有“因”有“革”，即所謂“有批判地繼承”。第二，明確“因循革化”的道理。有“因”有“革”是爲了“得天道”和“馴（順）天道”。但“得天道”才是目的，“馴天道”衹是手段，故“革化”比“因循”更重要。第三，掌握“因循革化”的原則。“因革”關乎國家治理的成敗，因此必須掌握好“因”要合理、“革”要適時的基本原則。揚雄“因循革化”的思想也表現在他的《法言》一書中，而且闡述得更爲具體。例如，“或問：道有因無因乎？曰：可則因，否則革。”（《問道》）在揚雄看來，當“法度彰”、“禮樂著”時，人們就衹需“因循”守道；而“法度廢”、“禮樂虧”時，人們就應當“革化”圖新。“因循”也不是墨守成規，而是“新則襲之，敝則益損之”（《問道》）。儘管揚雄對孔子和以孔子爲代表的“聖人之法”推崇備至，但他仍然反對把“聖人之法”看做教條，反對固守或機械地照搬“聖人之法”，他説：“如獨守仲尼之道，是漆也。”又説：“以往聖人之法治將來，譬猶膠柱而調瑟。”并且强調“聖人之法，未嘗不關盛衰”（《先知》）。因爲世道有盛衰變化，運用“聖人之法”自然就應當視其盛衰而“因循革化”。

不難看出，揚雄“因循革化”的思想，具有樸素唯物辯證法的合理因素，是一種進步的歷史發展觀。

雖然揚雄爲了全身遠禍不得不採取“爰清爰静”、“惟寂惟寞”的人生態度并時有離俗遁世的思想流露，但是，作爲一個篤信孔子并且胸懷“成聖之志”[82]的儒者，他從來没有忘記過自己的社會責任，也始終没有放棄對儒家“聖王”政治理想的渴望與追求。因此，他公開宣示自己“不遁於世，不離於群”（《先知》），憧憬着“老人老，孤人孤，病者養，死者葬，男子田，婦人桑”（《先知》）的理想社會。

揚雄是皇帝的文學侍從，而且在成、哀、平三朝幹了近二十年之久。皇帝的昏庸、政治的黑暗，揚雄是比誰都看得清楚的。

他說他之所以“默然獨守吾《太玄》”而不求政治上進，是因爲“爲不可爲於不可爲之時，則凶”（《解嘲》）。可見他已經清醒地看到自己生活在一個“不可爲”的時代。對於這個“法度廢”、“禮樂虧”、“不可爲”的時代，揚雄一定會依據他“因循革化”的理論，希望將它“革”而“化”之的。

如前文所述，王莽既給人以“内聖”的印象，其新政又具有“張綱紀”、“修禮樂”的“外王”特點，在揚雄心目中，王莽就是實現他“聖王”政治理想的“明君”。應當說，《劇秦美新》就是揚雄在這種心理支配之下撰寫出來的。

3. 從“美新”看揚雄的“异端”思想。

揚雄是一位以思維奇特獨步古今的大學者。他不僅在學術思想上好發“异端”之想，其一生行事亦多“异端”行爲。這既是他學術上獲得巨大成功的根本原因，也是造成他悲劇人生的根源所在。

揚雄思想的不同凡俗，不僅今人難以理解，即使他的同時代人也很難理解和認同。《太玄》書成之初，劉歆說“吾恐後人用覆醬瓿”，而桓譚却說它“必度越諸子”。時至今日，關於揚雄思想的研究，尚有“醇儒”、“變儒”、“非儒”之争。

揚雄一生，始終走着與别人完全不同的道路。漢儒多以訓釋經典作爲謀取仕途的手段，揚雄却“不爲章句，訓詁通而已”。漢代讀書人靠權勢者的舉薦進入仕途，即所謂“察舉”、“徵辟”，而揚雄以三十餘歲的年紀進京之後，明知自己的郫縣同鄉何武時爲“三公”之一的大司空，却不拜門求人，儼然一副“待價而沽”的模樣。與揚雄同時作黄門侍郎的王莽、劉歆、董賢，後來無不位極人臣，而他却在“黄門侍郎”這個位子上原地踏步了二十多年，可謂創造了中國仕宦史上另類的奇迹！揚雄在皇帝身邊當差，竟然官没有升過一級，錢没有撈到一文，以致“家素貧，嗜酒，時有好事者載酒肴從游學”[83]。揚雄名爲王莽“大夫”，臨死時，竟然無錢安葬，又膝下無子，多虧其名義上的學生“侯芭爲起墳，喪之三年”。

“美新”是揚雄一生最大的“异端”行爲。如果説其他的“异端”行爲造成了他生前的不幸的話，那麽，“美新”一事鑄成了他身後的悲劇。

依照儒學傳統，揚雄有兩大“异端”行爲：一是頌揚竊天子位的王莽，一是“非聖人而作經”。前者指撰《劇秦美新》，後者指撰《法言》、《太玄》。王夫之説：“天下所極重而不可竊者二：天子之位也，是謂治統；聖人之教也，是謂道統。”[84]準此，揚雄是既違“治統”，又違“道統”。又因“治統”係國脉，所以“美新”是揚雄被人詬病的根本原因。

然而，中國歷史上真正的學術通人和偉大的政治家，如漢代的班固、桓譚，唐代的韓愈、柳宗元，宋代的司馬光、王安石、曾鞏等，雖然他們無一不是封建治統和儒學道統的忠實維護者，但是他們在揚雄仕莽、“美新”問題上，竟然無不表示理解和同情，不僅没有給揚雄以絲毫的責難，相反，他們都是竭力爲揚雄辯解，并且給揚雄以極高的評價。這是一個非常值得注意和研究的歷史現象。筆者認爲，上述學者和政治家之所以能對揚雄“美新”的行爲表示理解和同情，最主要的原因就是他們都能理解揚雄追求“聖王”政治的理想，也能理解揚雄“因循革化”的哲學思想。

按理説，朱熹和揚雄同是有功於孔子之學的大儒，爲什麽朱熹會對揚雄大張撻伐呢？有學者認爲：“朱子評論歷史人物，一向喜用道德判斷，忽略了時代和處境的因素，對人缺乏同情的了解，實不足爲訓。”[85]這個説法是有道理的。理學家的“道德”評判標準最大的謬誤就是“存天理，絶人欲”。揚雄所關注的是老百姓的生計問題，而朱熹所關注的是君臣道德標準問題。揚雄認爲，王莽新政能够改變民不聊生的社會現實，所以應當取代劉漢政權；朱熹認爲，以臣代君，是爲竊位，揚雄爲“竊天子位”者歌功頌德，罪大惡極。朱熹大概忘記了，同樣被他奉爲“聖人”的周文、武，不亦是“以臣代君”嗎？令他“誠惶誠恐”的皇帝的祖宗趙匡胤，甚至是“弑君而代”呢！因此，朱熹對揚雄的評價，實在是“不足爲訓”的。至於其他那些以“美新”爲口實貶抑揚雄的言論，就更不在話下了。

相反地，筆者認爲：揚雄的“异端”行爲，正是他胸懷博大、思想精深、人格高尚的具體表現。

揚雄摹仿《易經》體例而作的《太玄》，不僅奠定了他在儒家道統中的崇高地位，也奠定了他在中國古代哲學史上的崇高地位。揚雄在回答有人問“《玄》何爲”時説：“爲仁義。”（《法言·問神》）故司馬光認爲，《易》、《玄》“殊途而同歸，百慮而一致。皆本於太極、兩儀、三才、四時、五行，而歸於道德仁義禮也”[86]。有學者指出：“玄，是最高哲學範疇，包涵了天地人及萬物之本源，其演繹以複雜的數序和諧排列，又具有高深微妙的哲理思辯……其占卜方法、數理邏輯結構及所含藴的玄妙哲理，學者們至今難以理解。”[87]揚雄思想的博大精深，豈是一般的俗儒所能理解得了的？

揚雄撰《劇秦美新》，是他堅持儒家積極入世、務求有補於世的觀念的曲折表現。這跟他作“四賦”以諷勸成帝勤政恤民，撰《太玄》、《法言》倡導道德仁義期望統治者修明政治的動機，是完全一致的。説它是“曲折表現”，無非是强調它是同一動機支配下的不同形式而已。

儘管班固是以漢臣撰寫漢史，必然要受到時代和歷史的極大局限，在對“漢賊”王莽的評價上根本不可能做到客觀和公正，但他在《漢書·王莽傳贊》中仍給我們留下了極具參考價值的文字，他對王莽的評價是：

> 王莽始起外戚，折節力行，以要名譽，宗族稱孝，師友歸仁。及其居位輔政，成、哀之際，勤勞國家，直道而行，動見稱述，豈所謂“在家必聞，在國必聞”、“色取仁而行違”者耶？

按：如果將這段文字中的“以要名譽”、“色取仁而行違”這種帶感情色彩的話去掉，班固豈不是也在“美新”頌莽嗎？

筆者無意於爲王莽翻案，無非是想强調指出：揚雄一輩子不在意個人的榮辱進退，一心關注着國家的治亂和百姓的疾苦，無愧於司馬温公給他以“大賢”的評價，豈一般俗儒可匹？

（四）揚雄恪守“中和”的行事原則

近年來，研究揚雄的學者們在揚雄經學師承和思想特徵的問題上争論不休。争論的核心問題無非是兩個：揚雄是“古文經學家”還是“今文經學家”，揚雄是“醇儒”還是“雜儒”。不少論争者，總是從揚雄所習是“古文經書”還是“今文經書”入手去考察其經學師承，看似科學客觀，其實不然。大概這些學者忘記了揚雄是一個“博覽無所不見”、“自有大度，非聖哲之書不好”的人，衹要是“聖哲之書”，他又哪裏會像一般俗儒那樣，爲了“發策决科”的需要而不得不選擇“今文”或者“古文”呢？至於“雜儒”論者，多以“儒主道輔，本道兼儒”概括揚雄思想的特徵[8]。持此論者，無非强調嚴君平對揚雄思想的影響、《太玄》的“玄”與《老子》的“道”具有相似性、揚雄尚“隱”和主張“無爲”等。“雜儒”論也是看似論據充分，其實未必正確。如果所謂“本道”中的“道”，是指“儒家之道”，尚可説得過去，但是其“兼儒”之説，就斷難成立了。

在筆者看來，研究揚雄的經學師承和思想特徵這一類問題，當然很有必要也很有價值，但是，如果方法不對頭或者先入爲主，就難免會將枝葉當做樹榦、把假相看成本質，很難得出符合實際的結論。

筆者認爲，了解揚雄恪守“中和”的行事原則，是我們研究揚雄經學師承、思想特徵和其他相關問題的前提，也不失爲重要的思想方法。

“中和”即“中庸”，這是儒家最高的道德標準。《禮記·中庸》第一章説：“中也者，天下之大本也；和也者，天下之達道也。致中和，天地位焉，萬物育焉。”所謂“中和”，就是一個人内心要澹泊虚静、處事要不偏不倚。孔子將“中和”視爲最高的道德標準，而且認爲一般人是做不到的，他説：“中庸，其至矣乎！民鮮能久矣。”（《中庸》第三章）孔子把“中庸”作爲區别“君子”和“小人”的重要標準，他説：“君子中庸，小人反中庸。”（《中庸》第二章）

揚雄一生，恪守“中和”的行事原則，并因此犧牲了很多他本來可以得到的東西，雖然實現了自己道德的完美，然而却根本不爲人所理解，甚至後世的不少揚雄研究者也没有注意到這一點。

《法言》中有不少關於“中”的論述，説明揚雄對“中庸”的高度關注，例如：“龍之潜亢，不獲其中矣。是以過中則惕，不及中則躍。其近於中乎?”(《先知》)這是説,“過中”與“不及中”都不行,“龍”總是要努力使自己達到“中”的最佳境界。又:“聖人之道,譬猶日之中矣。不及則未,過則昃。”(《先知》)揚雄把“聖人之道”比做中午的太陽,不僅强調堅持聖人之道,做事就應當不偏不倚;而且告訴人們,“中庸”的立場和態度是最具有威力的。

綜觀揚雄的一生,“中庸”之道是被他貫徹始終的。這主要表現在以下幾個方面:

第一,在處理與王莽的關係上,揚雄雖然積極支持王莽篡漢前後的一系列改良措施,但絶不參與編造“符命”向王莽邀功的活動。因此,有學者指出,“揚雄與王氏家族的關係并不一般”,“但揚雄不是王莽的直接親信”[89]。歌頌支持王莽,是因爲王莽的爲人與改良措施符合“聖人之道”;編造符命邀功請賞,則是“詘道而信身”的小人行爲。揚雄恪守“中和”,把握住一個“度”,這個“度”就是寧肯“詘身將以信道”,絶不“詘道而信身”(《五百》)。

第二,在對待皇權問題上,揚雄强調人君的重要性,并且深知“聖君少而庸君多”(《先知》);所以强調人君也要“修身”,學習聖人之道是使庸君成爲聖君的唯一途徑。如果庸君而不修身,以至完全不能發揮人君作用的時候,就成了“象龍”(似龍而非龍)。“象龍”是不能“致帝者之用”的,故云“象龍之致雨也,艱矣哉”(《先知》)。揚雄認爲,政權的核心問題是要防止真僞莫辨的局面,“象龍”就是有其名而無其實的“僞龍”,故云“如真不真,僞不僞,則政不核”(《先知》)。揚雄在《太玄》和《法言》中都表述了自己一個非常重要的哲學思想——“因循革化”。這個“因循革化”理論的思想基礎仍然是“中和”。人君在其位而不謀其政或者不能謀其政的時候，就是“不及中”的“龍”。這“不及中”的龍，就是所謂“象龍”。對“象龍”應該“革”而“化”之，這是揚雄的歷史發展觀。可是，無論推崇揚雄還是貶抑揚雄的人，很多都没有認識到這一點。

第三，在評論歷史人物和歷史事件的時候，揚雄更是恪守“中和”，堅持實事求是的科學態度，對所評論的人物和事件，絶大多數都做到了公正客觀。揚雄把不能實事求是地贊揚別人（“妄譽”）和批評別人（“妄毀”）提高到損害“仁義”的原則高度，他説：“妄譽，仁之賊也；妄毀，義之賊也。賊仁近鄉原，賊義近鄉訕。”（《淵騫》）因此，無論是對被他所鄙視的“諸子”，還是對他所尊崇的孔、孟，他都能堅持不偏不倚的“中庸”立場，做出客觀公正的評價。揚雄“小諸子”，他在評論莊、鄒、申、韓等數家時説：“莊（周）、楊（朱）蕩而不法，墨（翟）、晏（嬰）儉而廢禮，申（不害）、韓（非）險而無化，鄒衍迂而不信。”（《五百》）這些批評大都一語中的。但當有人問到“諸子”有無可取之處時，揚雄以“少欲”評莊周、“自持”評鄒衍（《問道》）。儘管他非常反感“申、韓”，説“申、韓之術，不仁之至矣”，但是，他同時指出，如果莊周、申、韓不違背儒家聖人之道，單就才能和影響而言，即使是最爲孔子所稱道的顔淵、閔子騫，也是比不過莊周、申、韓的，他説：“莊周、申、韓不乖寡聖人而漸諸篇，則顔氏之子、閔氏之孫，其如台?”（《問道》）我們姑且不論其評價是否公允，但其態度是非常客觀的。論者都説揚雄深受老子影響，但揚雄對老子的評價仍然是不偏不倚的，他説：“老子之言道德，吾有取焉耳；及搥提仁義、絶滅禮學，吾無取焉耳。”（《問道》）揚雄推崇孟子，甚至“竊自比於孟子”，但是他不僅不盲從孟子的“性善論”而提出了“善惡混”

新説，而且對孟子“五百年必有王者興”的歷史觀提出批評。揚雄雖然竭力提倡以聖人之道爲論定是非的唯一標準，但是他没有把聖人之道當成僵死的教條，他同意“以往聖人之法治將來，譬猶膠柱而調瑟”（《先知》）的説法，這跟他“因循革化”的哲學思想是完全一致的。揚雄品評歷史人物所堅持的“中和”原則和立場，直接影響了《漢書》的作者，班氏父子在其《漢書》品評人物的“贊曰”中，很多地方就直接或間接地引用了揚雄對該人物的評價；唐人劉知幾著《史通》，以“品藻”名篇，宣稱以“實録直書”爲貴，可見揚雄史學觀念影響之深遠。

在研究揚雄經學師承和思想特徵的時候，如果没有注意到揚雄“恪守中和”這一原則立場，就可能僅憑其著作中的隻言片語去論定是非，從而得出并不合乎實際的結論。筆者很同意有位學者的説法，他説：

> 康有爲在《新學僞經考》中將揚雄歸入古文經學派，而詆斥其爲諂媚攀附王莽的小人，今人遂多以揚雄反對讖緯迷信也把他與桓譚同歸入古文經學派。其實揚雄并非經師，而是所謂“通人”，博通諸子之説，融會今古文經學，上承《淮南子》、司馬遷兼採百家的傳統，下開桓譚、王充述而有作的風氣。[90]

按：單就關於揚雄的評論而言，這位先生是把揚雄“讀懂”了的。但是他後文説：“揚雄贊譽《齊論》（齊《論語》）名家，而不提及傳《魯論》（魯《論語》）者，也可見他更重《齊論》之説，仿今文《齊論》而作《法言》。”很顯然，這又犯了僅憑揚雄隻言片語而論定是非的毛病。他不知道，另外一位學者討論揚雄經學師承的文章，所得出的結論與他恰恰相反[91]。

二、關於《法言》的幾個問題

《法言》是揚雄的代表作，是研究揚雄思想最重要的根據，爲歷代揚雄研究者所重視。古今研究《法言》的人很多，在字詞解讀、句意解析上的分歧之多實難盡述，見仁見智，可以不必深究。但是，對《法言》主題的理解分歧，對《法言》的結構和語言的批評意見，却是不能不加以解釋和説明的。

（一）《法言》的主題與貢獻

古人直接探討《法言》主題思想的文章不多，偶有論及者，也是多以《漢書》揚雄“自序”所述爲據，如唐人劉知幾説：“仲尼既没，微言不行。史公著書，是非多謬。由是百家諸子，詭説异辭，務爲小辨，破彼大道。故揚雄《法言》生焉。”[92]劉知幾認爲，《法言》就是揚雄爲了糾正《史記》的謬誤和批評諸子的“詭説异辭”而著的一部書。這是把寫作緣由當成了《法言》的主題，自然是不準確的。

現代學者，有的認爲，“揚雄是想通過此書的創作爲世人樹立可資效法的典範”，并且指出：“《法言》的基調和主旨還是很清晰的，正如揚雄自己所云，此書是針對當時思想界‘各以其知舛馳’的混亂局面，意欲以聖人之道爲標準，重建價值體系之作。”[93]另有學者認爲，“《法言》是用正統的儒學觀點駁難諸子之説及有悖於‘聖人’之教的一切言行，來維護儒教之至尊，其目的是解時惑、答人疑”[94]。還有學者指出：“‘法言’就是作爲準則而對事情的是非給以評判之言。……他（揚雄）是根據當時的社會條件，按照自己的需要來理解和審查過去的各派學説，然後套用來褒貶當時的社會現象。”⑮

以上三家關於《法言》主題的解説，可以分別概括爲“重建儒家價值體系説”、“維護儒家至尊説”、“褒貶社會現象説”。

筆者認爲，將這三種説法歸并起來，應當就是《法言》一書的主題，即：《法言》通過褒貶各種歷史人物和歷史事件以維護孔子及其儒學的至尊地位，從而建構了新的儒家價值體系。

這個“新的儒家價值體系”，就是以封建倫常爲核心的思想體系。這個思想體系，在儒學發展史上具有相當重要的作用。説它的作用“相當重要”，主要基於以下三個方面的原因：

第一，它爲兩漢之際已經摇摇欲墜的儒家思想文化注入了新的活力，使正在遭到各種質疑的儒學理論又有了繼續向前發展的力量。

第二，它第一次向世人公開宣示，祇有孔子之道纔是封建倫常的核心内容，鞏固了孔子在儒學道統中獨尊的地位。

第三，它塑造了孔子這個封建倫理的代表形象，以至於在後來長達兩千年的封建社會中，孔子作爲中國傳統文化的代表的地位從來没有動摇過。

這是《法言》的歷史貢獻，也是揚雄的歷史貢獻。明乎此，也就不難理解桓譚、王充、張衡等揚雄的同時代人爲什麽會認爲揚雄是“西道孔子”，也就不難理解唐宋那些偉大的政治家和思想家爲什麽會那樣推崇揚雄，也就不難理解司馬光爲什麽會認爲揚雄在儒學道統中的地位應該在孟子、荀子之上了。

（二）《法言》的結構特點

唐人袁準説：“《法言》雜錯而無主。”⑯所謂“雜錯”，是説結構雜亂，篇章之間缺乏邏輯聯繫；所謂“無主”，是説一篇或一章的主題很難把握，仿佛没有主題。

客觀地説，《法言》語言“簡奥艱深”，加之仿《論語》一問一答的語録體形式，這就難免給人以結構散亂（“雜錯”）的印象。由於《法言》的結構“雜錯”，使不少研究《法言》、爲《法言》作注釋的人，總是難免給人留下遺憾以至遭到批評和責難，如唐人柳宗元爲《法言》所作的注釋，就遭到明人趙秉文的嚴厲批評，趙秉文説：“唐柳元删定，雖釋二三而不能盡補其亡誤。故中有義易决者反疏之，理尚秘者則虚焉，闕文者弗能正，訛字者乃無辯。至於言不詁而事不屬，議失旨而舉失類，已什其手。是使揚氏之意尚有所晦，學子不能無冗豫也。”[57]簡而言之，趙秉文批評柳宗元避重就輕，該注釋的没有注釋，不必注釋的却作了注釋，以致讀者無法正確理解《法言》文意。究其緣由，都是因爲《法言》結構“雜錯”所致。

《法言》的結構果真“雜錯無主”嗎？

應當説，衹要肯下功夫細繹原文，《法言》的行文脉絡和全書結構，還是可以理出一個頭緒，還是可以發現十三篇之間其實是有邏輯聯繫的，貫穿全書的行文脉絡就是對“聖人”和“聖人之道”的高度贊賞。

《法言》以《學行》始，以《孝至》終，各篇主題大致可以歸納如下：

《學行》：概述關於學習的幾個原則問題，强調必須以聖人和聖人之道爲學習對象。

《吾子》：論述學習對象，强調必須辨别聖人之道的真僞。

《修身》：論述學習目的，强調應該樹立“修身以成聖”的志向。

《問道》：論述學習方法，强調堅持聖道原則，抵制諸子邪説。

《問神》：論述聖人的思想體系，强調聖人之道的博大精深。

《問明》：論述聖人的行事原則，强調聖人“尚智”以明哲保身。

《寡見》：論述聖人的治國理念，强調聖人“尚德”以治理天下。

《五百》：論述聖人的卓越道德，强調聖人“詘身信道”的處世原則。

《先知》：論述聖人的政治理想，强調聖人希望建成一個“中和”的太平盛世。

《重黎》、《淵騫》：品評歷史人物和歷史事件，爲世人學習仁義禮樂提供正面和反面的典型。

《君子》：論述聖人的人才標準，强調“進退以禮”、“自愛自敬”和“以德益壽”。

《孝至》：論述孝道的標準和表現，强調“致帝者之用，成天地之化”是人君最大的孝道。

以上的歸納肯定是不全面的，但是它也大致勾畫出了儒家封建倫常的核心内容，也能讓人看到揚雄所構建的新的儒家價值體系。所以批評《法言》“雜錯而無主”是不客觀也不公允的。

至於《法言》全書的結構爲什麽會給人“雜錯無主”的印象，宋人宋咸在其《重廣注揚子法言·序》中的解釋是正確的，他説：“群經之文，支離寡要者也。非夫孔傳衆氏之解，則章趣之會，無乃隱焉，欲辨綱常，不可得也。”“支離”謂結構散亂，“寡要”謂文意難明。各種經典都是如此，故《五百》有“何五經之支離”一問。《法言》既然是“擬經”之作，其“雜錯”、“支離”的結構特點，也就不難理解。

（三）《法言》的語言特點

從古至今，學者無不以“艱深簡奥”概括《太玄》、《法言》在語言上的特點。

《法言》的“艱深簡奥”主要表現在兩個方面：一是句子過於簡略，一是句子之間的邏輯關係很不明顯。句子過於簡略，勢必句意難明，甚或可以有多種理解；句子間缺乏邏輯關係，一章旨趣必然費解。

《法言》的“艱深簡奥”，使揚雄的推崇者褒贊它説：“惟彼《法言》，凖夫《論語》，文高而絶，義秘而淵。”[98]貶抑者則批評它説：“《論語》無意爲文而自燦然成文。乃《法言》故爲艱險，至不可屬讀。自識者觀之，不獨《太玄》可覆瓿矣。”[99]

至於《法言》“艱深簡奥”的原因，前人大多認爲是揚雄故意爲之，如有人説：“揚子雲擬《論語》作《法言》，其言曰‘聖人之經不可使易知’，其意以爲聖經亦祇是欲使人難知爾。殊不知聖經明白易簡，初豈有意爲艱深之辭哉!”[100]還有人説：“雄《長楊》諸賦，文章殊絶；《訓纂》諸書，於小學亦深。惟此書摹仿《論語》，徒爲貌似。”[101]應當説，這兩種説法都不無道理，因爲除《太玄》、《法言》之外，揚雄的其他文章，都不是這種行文風格，也都不像這樣“艱深簡奥”。

揚雄爲什麽要把《太玄》、《法言》故意寫得“艱深簡奥”呢?

其根本原因就在於他是在“擬經”。原來，儒家六經，都是經孔子删削過的。删削，就是要去掉繁文以明經義，故經文都從簡。對此，王守仁有過詳細的論述，他説：

> 《書》自《典》、《謨》以後，《詩》自二《南》以降，如

《九丘》、《八索》，一切淫哇逸蕩之詞，蓋不知幾千篇；《禮》、《樂》之名物度數，至是亦不可勝窮。孔子皆删削而述正之，然後其説始廢。如《詩》、《書》、《禮》、《樂》中，孔子何嘗加一語……至於《春秋》，雖稱孔子所作，其實皆魯史舊文。所謂筆者，筆其舊；所謂削者，削其繁。是有減無增。

孔子述六經，懼繁文之亂天下，惟簡之而不得，使天下務去其文，以求其實[102]。

按：王守仁認爲，孔子著述尚簡略，故删訂六經時，文字有減無增。原因是“懼繁文之亂天下”。

孔子著經尚簡略，當然没有錯，一切文章都應當以簡明扼要爲上。但是，簡略不等於“簡奥”晦澀。揚雄爲了“擬經”而故意使《太玄》、《法言》的文字“簡奥”晦澀，確實是不可取的，也就難怪别人説他“徒爲貌似”了。

信筆寫來，有關揚雄的話竟然説了這麽多。本來是希望有助於讀者“讀懂”揚雄的，焉知會不會事與願違?

所論可取無多，權當引玉之磚。

紀國泰

乙丑歲白露節於彭州管蠡齋

注釋

①③④㉖㉞㉟㊱㊺㊻㊼54 55 83班固《漢書·揚雄傳》，中華書局2002年11月版。

②許結《論揚雄融合儒道對其文論的影響》，載《學術月刊》1986年

第 4 期。

⑤㊲王充《論衡·自紀篇》。

⑥㊳桓譚《新論》。

⑦㊻常璩《華陽國志·蜀志·先賢士女總贊（上）》。

⑧⑨㉛《司馬温公注揚子序》，見韓敬《法言全譯》附録二。

⑩王安石《臨川文集》卷三三。

⑪⑮江天聖《揚雄與〈太玄〉》，天下論文網 2004 年 6 月 3 日 22 時 30 分發布。

⑫⑲㉔㉗㉘㉙㉚㉝㊸㊼㊽㊿㊷㊾郭君銘《揚雄〈法言〉思想研究》，巴蜀書社 2006 年 12 月版。

⑬譚繼和《“西道孔子”揚雄的大一統觀與儒風在巴蜀的流布》。

⑭鄭萬耕《揚雄的史學思想》，載《史學史研究》1998 年第 2 期。

⑯㊾㊻㊼㊾⑩⓪朱彝尊《經義考》，見韓敬《法言全譯》附録一。

⑰揚雄《法言·孝至》，《諸子集成》〈七〉。

⑱㉒沈伯俊《在矛盾中追求超越的揚雄》，載《巴蜀文化研究通訊》2003 年第 4 期。

⑳孫琪華《揚雄故里問題之我見》，載《文史雜志》2002 年第 2 期。

㉑㉕馮廣宏《天府哲學面面觀》，巴蜀書社 2003 年 9 月版。

㉓游國恩等《中國文學史》，人民文學出版社 1981 年 7 月版，第 142 頁。

㉜㊼謝桃坊《論蜀學的特徵》，載《蜀學》第二輯。

㊴㊵㊾㊿㊱㊲㊾韓敬《法言全譯》，巴蜀書社 1999 年 9 月版。

㊶對揚雄進京、除郎的年代問題，學術界尚有争論。謹據《漢書·揚雄傳》，揚雄進京約在漢成帝陽朔四年（公元前 21 年），任待詔十年，除郎似在元延二年（前 11 年）。迄王莽始建國元年（公元 9 年），揚雄任黄門侍郎約 20 年。

㊷《左傳·哀公二十四年》。

㊹㊽揚雄《法言·五百》。

㊽劉琳《華陽國志校注》，巴蜀書社 1984 年版，第 708 頁。

㊾顧炎武《亭林文集》卷六，《答友人論學書》。

㊿蔡東藩《後漢通俗演義》（上）第一回。

㉑㉒㉓張紹誠《試論文記詩聯對鄉賢揚雄的評論》，載《蜀學》第一輯。

㉔紀國泰《揚雄"莽大夫"身份考論》，載《蜀學》第二輯。

㉕陳朝輝《揚雄思想淺析》，載《成都師專學報》2002 年第 1 期。

㉗㉘㉙㉚㉛㉜㉝㉞㉟㊱司馬光《資治通鑑・漢紀 22－28》，中華書局 1980 年版。

㊲㊳㊴㊵㊶班固《漢書・王莽傳》，中華書局 2002 年 11 月版。

㊹王夫之《讀通鑑論》卷十三。

㊺韋政通《中國思想史》，上海書店 2003 年 12 月版，第 341 頁。

㊻司馬光《太玄集注》，中華書局 1998 年版。

㊽張兵《儒主道輔，本道兼儒——論揚雄〈法言〉的思想特徵》，載《管子學刊》2005 年第 1 期。

㊾㊿王青《揚雄的政治傾向與經學師承》，見王青《揚雄評傳》，南京大學出版社 2000 年 12 月版。

⑽束景南《〈法言〉仿〈齊論語〉辨》，載《古籍整理研究學刊》1993 年第 3 期。

⑼⑽黃開國《國學與巴蜀哲學》，巴蜀書社 2008 年 5 月版。

⑼宋咸《進重廣注〈揚子法言〉表》，見韓敬《法言全譯》附録二。

⑽永瑢等《四庫全書簡明目録》，見韓敬《法言全譯》附録一。

例　言

一、本書《法言》原文，以《諸子集成》（中華書局 1986 年 5 月版）所輯之清人秦恩復重刻治平監本《揚子法言》爲底本，即所謂“李軌注十三卷本”。原書所附《法言音義》一卷，本書未收録。原書將《法言・序》置於十三卷末，本書則將各卷序文分别移置各卷卷首。這樣做的目的，主要是考慮到現代書序的排列習慣，其根據則是司馬光、宋咸《法言》注本，亦曾將各卷序文移置卷首。原書常用字中的异體字今改用正體字，均不再加注説明。本書凡云“李軌注”者，均不另注明出處。

二、將《法言》文字作分章解讀，始於明人趙秉文《法言微旨》，其後注家多從之。因爲各家對文意的理解不盡相同甚或分歧很大，故其分章之起迄、數量亦不盡相同。本書所分各章，在參考他書的基礎上，主要按照個人對原著文意的理解來進行，故較多不與他書相同者。每卷各章原文之前，均標示番號，以便查考。

三、本書對《法言》原文，全部採用規範的新式標點符號。問答部分的内容，分别加上引號。

四、本書正文内容，除《法言》原文外，由注釋、譯文、按語三部分構成。注釋力求簡明扼要，凡是不存在歧義或對理解原文不產生影響的詞語，一般不引出處、不作辨析，但是，對理解原文思想内容關係極大或可能產生歧義的詞語或人物、事件，則盡可能詳贍。譯文力求信、達、雅，由於原文語言過於簡略，爲使一句話的語意通暢連貫而增加的文字，均不標示符號，但是，爲了使句子之間的語意連貫而增補的文字，均用括號標示出來；原文“或曰”和“曰”字後的内容爲提問或表示疑問的，一般用“有人問”、“有人説”或“再問”、“又問”等對譯；原文“曰”字後内容爲正面回答問題的，均用“揚子説”或“揚子又説”等對譯。按語，主要是爲了幫助讀者理解原文意思，如果本章文字與理解揚雄思想或者儒家學説關係密切，則按語内容可能有所引伸。《法言》“艱深簡奥”，揚雄思想博大精深，所加“按語”權當一家之言，僅供參考而已。

五、《讀懂揚雄——關於揚雄及其〈法言〉》一文，重在解析揚雄研究中頗有争議的問題，意在爲讀者認識揚雄、解讀《法言》提供一點參考意見，没有對揚雄的家世、生平、學術成就等基本情況作系統介紹，主要是考慮到本書讀者大多是對揚雄基本情況有一定了解的文化人，而且揚雄的有關情況亦大多散見於文中。

《學行》卷第一

序

天降生民，倥侗顓蒙[①]，恣乎情性，聰明不開[②]。訓諸理，撰《學行》。

〔注釋〕

①倥侗（kōng tóng）顓（zhuān）蒙：蒙昧無知。

②聰明：善聽爲“聰”，善視爲“明”。“聰明”猶言“智力”。

〔譯文〕

被老天降生到世上的人，原本蒙昧無知，放縱天性，智力没有得到開發。爲了用道理訓導他們，撰《學行》一卷。

〔按語〕

蒙昧無知，則是非不明；放縱天性，則無惡不作。故李軌注云：“夫學者，所以仁其性命之本。本立而道生，是故冠乎衆篇之首也。”“仁其性命之本”者，使人改惡從善以獲得做人的基本素質。學習之用大焉，故列於全書之首。

1.1

學[①]，行之，上也；言之[②]，次也；教人，又其次也；咸無焉，爲衆人。

［注釋］

①學：謂“所學”，即聖人之道。

②言之：謂著書立説來闡述它。

［譯文］

對所學習的聖人之道，能够身體力行的，是最好的；能够著書立説闡述它的，是比較好的；衹能教人理解其道理的，就要差一些了；以上三點都做不到的，就是一般的人了。

［按語］

揚雄“學行統一”的思想，來源於先秦儒學聖賢。孔子提倡“君子欲訥於言而敏於行”（《論語・里仁》），荀子更强調“學至於行之而至矣。行之，明也；明之，爲聖人”（《荀子・儒效》）。

强調理論學習要注重身體力行，這是很有現實意義的。

1.2

或曰：“人羡久生[①]，將以學也，可謂好學已乎[②]？”曰：“未之好也，學不羡。”

［注釋］

①羡：希望得到。《説文》：“羡，貪欲也。”貪欲，即“貪圖”。《淮南子・説林訓》：“臨河而羡魚，不如歸家織網。”

②已：通“矣”。

［譯文］

有人説："人都希望長壽，并且將爲此而學習，可以説得上是好學了嗎？"揚子説："這不能説是好學，因爲學習是不能摻雜個人貪欲的。"

［按語］

揚雄視學習爲使人向善的重要途徑，因此反對將學習作爲達到個人目的的手段。

1.3

"天之道①，不在仲尼乎？""仲尼，駕説者也②。""不在兹儒乎？""如將復駕其所説，則莫若使諸儒金口而木舌③。"

［注釋］

①天之道：即"聖人之道"。儒家宣揚聖人是"代天立言"，聖王則是"替天行道"。

②駕説：傳承聖人學説。李軌注："駕，傳也。"

③金口而木舌：形容"説話小心謹慎"。這是告誡諸儒切莫信口雌黄。李軌注："金寶其口，木質其舌。傳言如此，則是仲尼常在矣。"

［譯文］

有人説："聖人之道，不是都掌握在孔子手中的嗎？"揚子説："孔子，衹是傳承聖人學説的人。"又問："聖人的學説不就在那些儒者們的議論中嗎？"揚子説："如果將由這些儒者來傳承孔子所論述的聖人之道，就莫如使儒者們説話時小心謹慎。"

［按語］

這是揚雄針對漢儒假孔子之名隨意解經、各逞臆説的現象所發的議論，意在告誡諸儒不可信口雌黃，也是提醒學者要警惕和分辨所學的内容。

1.4

或曰："學無益也，如質何[①]？"曰："未之思矣。夫有刀者礲諸[②]？有玉者錯諸[③]？不礲、不錯，焉攸用[④]？礲而錯諸，質在其中矣。否，則輟[⑤]。"

［注釋］

①質：本質，指人的天性。

②礲（lóng）：磨礪。

③錯：通"厝"，磨刀石，此處謂"打磨"。

④攸：猶"所"。

⑤輟：止。此處指"學習所具有的改變本性的作用就表現不出來"。

［譯文］

有人説："學習是毫無用處的，它對改變人的天性有什麽作用呢？"揚子説："這是没有動腦筋思考過問題的。有刀的人磨礪過刀嗎？有玉的人琢磨過玉嗎？刀不經磨礪、玉不經琢磨，哪裏會有用處呢？就像刀的磨礪、玉的琢磨一樣，學習改變人天性的作用也就在這個過程中表現出來了。否則，學習的作用就表現不出來。"

［按語］

强調學習是一個磨礪意志、琢磨問題的過程。一個人的成才，不經過長期艱苦的努力，不克服一切影響成長的因素，那是不可能的。古人云"玉不琢，不成器；人不學，不知義"，就是這個道理。

1.5

螟蛉之子[①]，殪而逢蜾蠃祝之曰[②]："類我，類我！"久則肖之矣。速哉！

［注釋］

①螟蛉：一種綠色的小蟲。

②殪（yì）：通"翳"，義爲"隱蔽"。《詩經·大雅·皇矣》："作之屏之，其菑其翳。"《釋文》引《韓詩》，"翳"作"殪"。《説文》："翳，華蓋也。"華蓋作遮蔽之用，此處是"隱蔽"的意思。蜾蠃（guǒ luǒ）：細腰蜂。蜾蠃是一種寄生蜂，産卵於螟蛉體内，吸取其養料。蜾蠃幼蟲從螟蛉體内産出，使人誤以爲蜾蠃不産子，故《詩經·小雅·小宛》云："螟蛉有子，蜾蠃負之。"後以螟蛉爲義子之稱。螟蛉之子，實爲蜾蠃之子，故"久則肖之"。祝：祈禱。

［譯文］

螟蛉的幼子，在隱藏的時候遇到蜾蠃向着它祈禱説："像我吧！像我吧！"時間一久，螟蛉幼子就果然像蜾蠃了。這樣的變化真快啊！

［按語］

揚雄以螟蛉肖蜾蠃爲喻，其寓意是很深刻的。學習要改變的，是人的天性中不善的東西，使人發生質的變化，因此它需要艱苦的付出和長久的磨煉。螟蛉肖蜾蠃，僅僅是形貌的變化，而且是一種自然的發展變化，變化速度雖快，但實際上什麽也没有改變。

1.6

七十子之肖仲尼也[①]，學以治之，思以精之，朋友以磨之，名譽以崇之②，不倦以終之。可謂好學也已矣。

［注釋］

①七十子：《史記·仲尼弟子列傳》載："孔子曰：'受業身通者七十有七人'，皆异能之士也。"傳末"太史公曰"取其成數，謂"學者多稱七十子之徒"，後世多以"七十子"代稱孔門優秀弟子，如顔淵、閔子騫、公西華等。

②名譽以崇之：從名譽上極力推崇它。本章後面的五個"之"字，都是指代"孔子之學"，即儒家之道或聖人之道。

［譯文］

孔門七十弟子之所以那樣像孔子，因爲他們對孔子的學説，總是努力學習并且認真研究它，認真思考并且努力精通它，朋友之間相互切磋它，從名譽上極力推崇它，孜孜不倦地探究它。他們可以稱得上好學的了。

［按語］

揚雄認爲，孔子學説博大精深，要得其旨趣，就得調動一切學習手段、竭盡全力地去學習和探討。

1.7

孔子，習周公者也①；顔淵，習孔子者也②。羿、逢蒙分其弓③，良舍其策④，般投其斧而習諸⑤，孰曰非也？或曰："此名也，彼名也，處一焉而已矣。"曰："川有瀆，山有岳⑥，衆人所不能逾也。"

［注釋］

①孔子：名丘，字仲尼（前551—前479年），春秋魯國人。據古文經學家説，孔子删訂《詩經》、《尚書》，製定《禮》、《樂》，贊《周易》，修

《春秋》。孔子學説，以“仁”爲核心、“禮”爲手段，“祖述堯、舜，憲章文、武”，政治上主張内行“仁政”、外行“王道”。自漢武帝“罷黜百家，獨尊儒術”以來，孔子學説經歷代儒生補充、修正和改造，成爲中國封建社會的統治思想，孔子其人則被漢武帝以來的歷代封建統治者尊爲“聖人”。周公：姓姬名旦，文王子、武王弟，助武王滅商，建立周朝。武王分封，周公封於魯，由其子伯禽爲魯君，周公留在王廷輔政。武王死，成王幼，周公攝政。周公平武庚、管、蔡之亂，建成周洛邑，使西周王朝日漸鞏固，傳説周代的禮樂制度都爲周公所訂。周公以其功績和德行，被以孔子爲代表的儒家學派尊爲“聖人”。

②顔淵：名回，字子淵（約前 521—前 489 年），魯國人。顔淵以其勤奮好學、樂道安貧的精神，最受孔子器重。

③羿（yì）、逢（páng）蒙：兩人都是古代傳説中的善射者。分：通“焚”。

④良：王良，古代善於駕車的人。《楚辭》：“當世豈無騏驥兮，誠無王良之善御。”策：馬鞭。

⑤般：公輸般，魯國人，後世通稱“魯班”，古代善製器械者。

⑥瀆：大河。《爾雅・釋水》：“江、河、淮、濟爲四瀆。”岳：山之高而大者。《六書故》：“岳，山之崇大者也。”

［**譯文**］

孔子學習的目標是周公，顔淵學習的目標是孔子。讓羿和逢蒙燒掉他們的良弓，王良丢棄他的馬鞭，公輸班拋棄他的斧頭，都來學習周公、孔子的儒道，誰説這樣不好呢？有人説：“精通儒道是一種名譽，精通技藝也是一種名譽，二者能居其一就行了嘛。”揚子説：“如同河流有溝渠和四瀆之别、山巒有丘陵和五岳之分一樣，周公、孔子是衆人所不能超越的。”

［**按語**］

“聖人”是《法言》重點討論的一個概念，《法言》充分表現了揚雄“宗儒崇聖”的思想。其實，“聖人”的初始意義與“智者”、“通人”爲同義語。《説文》：“聖，通也。”段注：“聖從耳者，謂其耳順……言聞聲知情。……凡一事精通，亦得謂之聖。”故有“詩聖”、“茶聖”、“酒聖”之稱。但是，自《論語》始，就完全賦予“聖人”以倫理的内涵并將其推到極崇高的地位，以至連孔子也説：“若聖與仁，則吾豈敢?”（《論語·述而》）張岱年先生説：“聖并非一德，而是完全人格之稱。德無不備，明哲絶倫，而能拯救生民，乃稱爲聖。聖是最高人格之名稱，而非生活的準則。”（《張岱年全集》第二卷，河北人民出版社，1996年12月版，第291頁）揚雄筆下的“聖人”，就是一個被理想化了的涵蓋衆德且能救民於水火的人物。在揚雄看來，周公助武王滅商，平管、蔡之亂，是解民於倒懸的大德；製訂禮、樂，使西周政治昌明、百姓安樂，是“仁政”的典範；功大而不居，還政於成王，是優秀人格的楷模。至於孔子，編訂六經，首創儒家學派；周游列國，傳播“王道”理想；提倡“仁政”，惠及天下萬民；創辦私塾，普及文化教育；學問道德，堪稱萬世師表。基於這樣的認識，揚雄視周公、孔子爲聖人。揚雄的“聖人觀”，具有鮮明的理性主義和道德理想主義色彩。

1.8

或問：“世言鑄金①，金可鑄與?”曰：“吾聞覿君子者問鑄人②，不問鑄金。”或曰：“人可鑄與?”曰：“孔子鑄顔淵矣。”或人踧爾曰③：“旨哉④！問鑄金，得鑄人。”

［注釋］

①鑄金：煉石成金。“鑄”謂銷熔，《説文》：“鑄，銷金也。”桂馥注：“凡金鐵銷冶而成者謂之鑄。”其引申義即鍛煉、培養。

②覿（dí）：相見，拜見。

③踧（cù）爾：即“踧然”，驚懼貌。

④旨：食物甘美，這裏指“美好”。

［譯文］

有人問：“社會上有煉石成金的説法，金子真的可以從石頭熔煉而成嗎?”揚子説：“我聽説君子相見問的是怎樣鍛煉人，不會問煉石成金的事。”問者説：“人是可以鍛煉的嗎?”揚子説：“孔子鍛煉了顔淵。”問者驚异地説：“太好啦！詢問煉石成金的事情，懂得了鍛煉人的道理。”

［按語］

看重金錢還是看重個人道德修養，從來都是衡量一個人思想素質的根本標準。揚雄教育那些關心“鑄金”術的人，應當把對黄金的嚮往轉變爲對個人道德修養的重視。

1.9

學者，所以修性也①。視、聽、言、貌、思，性所有也；學則正，否則邪。

［注釋］

①性：天性。揚雄認爲，人的天性中“善惡混”，必須“修”而使之“正”。

［譯文］

學習是改造人們天性的手段。視物、聽聲、説話、表情、思維，是人所具有的天性。學習，這些天性就能正常發展；不學習，這些天性就會誤入歧途。

［按語］

“視、聽”關乎辨別是非，“言、貌”關乎待人接物，“思”則關乎趨從去取。此五者，不僅關乎人的道德修養，亦關乎人生事業之成功與失敗。因其“正”、“邪”事關重大，故必“學”而使之“正”。

1.10

師哉，師哉！桐子之命也①。務學不如務求師。師者，人之模範也②。模不模，範不範，爲不少矣。

［注釋］

①桐子：即“童子”。“桐”通“僮”，《説文》：“僮，未冠也。”《廣雅釋言》：“僮，稚也。”僮，亦作“童”。

②模範：模具與鐵範。《説文》以“法”釋“模”釋“範”，段注曰：“以木曰模，以金曰鎔，以土曰型，以竹曰範，皆法也。”所謂“法”，猶言“模具”，即鑄造器具時所用的模型。

［譯文］

老師呀老師呀！他們是關係到孩子們命運的人。一心致力於學習莫如一心致力於選擇老師。老師是鑄造人才的木模鐵範。木模不像木模，鐵範不像鐵範，這樣的老師實在爲數不少。

［按語］

前一章强調學習的重要性，本章强調老師的重要作用。不合格的老師爲數不少，所以慎重地選擇老師就顯得尤爲重要了。

1. 11

一閧之市[①]，不勝异意焉；一卷之書[②]，不勝异説焉。一閧之市，必立之平[③]；一卷之書，必立之師。

［注釋］

①閧（xiàng）：同“巷”。

②書：謂傳、箋之類的解釋經典的書。

③平：謂官方規定的物價標準。

［譯文］

在一條街巷的市場上，會出現難以盡數的不同價格；在對一卷經典的解釋中，會出現難以盡數的分歧説法。因此，一條街巷的市場，必須給它規定一個物價的標準；一卷經典的解釋，必須給它確定一個解釋的權威。

［按語］

老師的重要作用，必然表現在能否正確理解和認真講授經典的涵義上。對經典的理解异説紛呈，學生就會無所適從；因此需要確立一種解讀經典的權威。漢朝設五經博士，就是要給當時的讀書人確立解讀經典的權威。但揚雄認爲，不少經師或者五經“博士”隨意解經，給學習者造成思想混亂，因此應當像平準物價的標準一樣，確立真正的解經權威。

1. 12

習乎習[①]，以習非之勝是，况習是之勝非乎？於戲！學者，審其是而已矣[②]。或曰：“焉知是而習之？”曰：

“視日月而知衆星之蔑也[③]，仰聖人而知衆説之小也。”

［注釋］

①習乎習：習慣於所習見（經常見到）的東西。意思是：因爲習見而容易成爲習慣。

②審其是：審察自己所學的知識是否正確。

③蔑：小貌，猶言“渺小”。

［譯文］

人總是習慣於經常見到的事物，因爲經常見到錯誤的東西尚且能戰勝正確的東西，何况經常見到正確的東西能不戰勝錯誤的東西嗎？唉！學習，就是要審察自己所學的東西是否正確罷了。有人説：“怎樣才知道是正確的東西從而學習它呢？”揚子説：“望見太陽、月亮就會知道群星的十分渺小，仰觀聖人形象就會了解各家學説的微不足道。”

［按語］

漢代的經學研究，除了今、古文之争外，“析辯詭辭，以撓世事”而“是非頗謬於經”（《漢書·揚雄傳》）的現象非常嚴重。學習固然重要，但是學習的内容和學習的對象更爲重要。因爲習慣而形成的思維定勢對人的影響很大，所以揚雄特别强調“學者審其是”。在評價“是”與“非”的標準問題上，揚雄認爲聖人的言行是唯一正確的標準。

1. 13

學之爲王者事[①]，其已久矣。堯、舜、禹、湯、文、武汲汲[②]，仲尼皇皇[③]，其已久矣。

［注釋］

①王者：孔子雖然不擁有天下，但儒者認爲孔子雖無王者之名而有王者之德，故與諸工並稱。

②汲汲：急忙。此謂“抓得很緊”。《廣雅釋訓》：“汲汲，劇也。又欲速也。”

③皇皇：同“遑遑”，匆忙。此謂“非常着急”。

［譯文］

學習是帝王非常關注的大事，大概這是由來已久的現象了。堯、舜、禹、湯和周文王、周武王，都把學習的事情抓得很緊；孔子爲學習的事情，更是非常着急，大概這也是由來已久的事情了。

［按語］

堯、舜、禹、湯、文、武和孔子，都是儒家最爲尊奉的“聖人”。强調聖人都是非常關注學習的，意在爲後文所論及的學習內容張本。

1.14

或問：“進？”[①] 曰：“水。”或曰：“爲其不舍晝夜與？”曰：“有是哉！滿而後漸者[②]，其水乎？”或問：“鴻漸？”曰：“非其往不往，非其居不居，漸猶水乎？”請問：“木漸？”曰：“止於下而漸於上者，其木也哉！亦猶水而已矣。”

［注釋］

①進：謂學習時的進取方式。或説謂“仕進”（見汪榮寶《法言義疏》卷二）。

②漸：前進。《玉篇》："漸，進也。"

［譯文］

有人問："學習怎樣才能上進?"揚子說："像水一樣。"問者說："就因爲它晝夜不停地流動嗎?"揚子說："是有這個道理啊！此外，注滿低窪之處以後還能繼續前進的，大概就衹有水吧?"又問："大雁的飛行有什麽特點?"揚子說："不該它去的地方它不會飛去，不該它栖息的地方它不會栖息。大雁的飛行不就像水的流動一樣嗎?"又問："樹木的生長有什麽特點?"揚子說："把根子牢牢地扎在地下而又不斷地向上生長的，大概就衹有樹木吧！不過它也如同水的流動就是了。"

［按語］

本章主要論述學習的態度問題。"水"之喻，重在强調不斷進取和永不自滿的精神。"鴻"之喻，除了强調"水"的精神之外，還强調了學習應當專注和專一的問題。"木"之喻，除了包含"水"的精神之外，還强調了學習應當持之以恒和基礎扎實的問題。

1.15

吾未見好斧藻其德①，若斧藻其楶者也②。

［注釋］

①斧藻：修飾，即"使美好"。《文心雕龍·原道》："剬《詩》緝《頌》，斧藻群言。"《爾雅·釋器》"斧謂之黼"郭注："黼文，畫斧形，因名云。"據考證，此句中"好"字爲衍文。

②楶（jié）：斗拱，即房柱上方承接大梁的方木。中式房屋建築多在斗拱上刻繪圖畫。

［譯文］

我還從來没有見過修飾自己的道德，像修飾自己房屋上的斗拱那樣認真的人。

［按語］

這句話有兩種理解。一種理解是，揚雄感嘆和批評世人對自己道德修養的關注程度，遠遠不及對自己感官享受的關注程度，爲後面關於道德禮義的論述作鋪墊。另一種理解是，認爲“揚雄把道德修養和房屋的修飾相類比，反映出他對道德修養的理解是停留在關注外在表現的層面上”（郭君銘《揚雄〈法言〉思想研究》）。似以前一種理解爲妥。

1.16

鳥獸觸其情者也[①]，衆人則异乎？賢人則异衆人矣，聖人則异賢人矣。禮義之作，有以矣夫[②]！人而不學，雖無憂，如禽何？

［注釋］

①觸其情：謂鳥獸雌雄接觸就會産生情欲。

②有以：“有所以”的省略形式，意爲“有作用”。

［譯文］

鳥獸是雌雄接觸就會産生情欲的動物，一般的人同鳥獸會有差异嗎？但是賢人就跟一般人不同了，而聖人跟賢人又會有所不同。禮義的製訂，是有用處的呀！作人而不學禮義，雖然没有什麽憂患，但是跟禽獸有什麽區别呢？

［按語］

本章論述禮義存在的合理性和必要性問題。以動物與人的情欲爲例，説明如果没有禮義的約束，人和禽獸是不會有區别的。柳下惠坐懷不亂，故爲“大賢”；武松怒斥潘金蓮的勾引，是爲“大義”。作爲道德規範，禮義是維持社會正常秩序的重要工具。孟子也認爲，人與禽獸之分就在道德禮義。

1.17

學者，所以求爲君子也①。求而不得者有矣夫，未有不求而得之者也。

［注釋］

①君子：可以有兩種理解，一指“賢人”（才德杰出者），一指“權勢者”（官吏）。從上文言“禮義之作”和下文言“顔之徒”來看，當以“賢人”理解“君子”爲妥。

［譯文］

學習是追求成爲君子的重要途徑。有過追求而没有達到目的的情况是有的，但是絶對不會有不曾追求過而達到目的的。

［按語］

使自己成爲君子，這是人們普遍的人生追求。學習是實現這一追求的重要途徑和手段。但是，能否成爲君子要受諸多因素和條件的影響和制約。因此揚雄强調：雖然學習不一定能够使你成爲君子，但是不學習便絶對成不了君子。

1.18

睎驥之馬①，亦驥之乘也②；睎顔之人，亦顔之徒也③。或曰：“顔徒易乎？”曰：“睎之則是。”曰：“昔顔嘗睎夫子矣，正考甫嘗睎尹吉甫矣④，公子奚斯嘗睎正考甫矣⑤。不欲睎則已矣，如欲睎，孰禦焉⑥？”

［注釋］

①睎（xī）：仰慕；希望（成爲）。《説文》：“睎，望也。”今作“希”。驥，良馬。

②乘（shèng）：古代一車曰“一乘”。一車三馬或四馬，故“驥之乘”猶言“驥之同類”。

③顔之徒：“顔”謂顔淵，見前注。“徒”猶言“同類”。

④正考甫：春秋時宋襄公的大夫。相傳正考甫很仰慕周宣王重臣尹吉甫，受尹吉甫作《崧高》、《烝民》、《韓奕》（均收入《詩經・大雅》）等篇以贊美宣王中興之德的啓發，作《商頌》（《詩經》篇名）以效之。

⑤公子奚斯：春秋時魯僖公的大夫。相傳公子奚斯因仰慕正考父作《商頌》，遂作《魯頌》以效之。《詩經・魯頌・閟宫》：“新廟奕奕，奚斯所作。”

⑥禦：抵禦。猶言“阻攔”、“禁止”。

［譯文］

希望成爲良馬的馬，也就是良馬的同類；希望成爲顔淵那樣的人，也就是顔淵一類的人。有人説：“成爲顔淵一類的人容易嗎？”揚子説：“希望那樣也就是那一類的人了。”接着又説：“從前顔淵曾經希望自己成爲孔子那樣的人，正考甫曾經希望自己成爲尹吉甫那樣的人，公子奚斯也曾經希望自己成爲正考甫那樣的人。不希望自己成爲君子也就罷了，如果希望自己成爲君子，誰能阻攔得了他呢？”

［按語］

無論是從理論上説還是從實踐上説，人人都成爲聖人、賢人或者君子是不可能的。但是，一個人最終能够成爲什麼樣的人，一定是首先取決於他的志向，然後纔是努力的程度和結果。揚雄非常推崇聖人、賢人，但是他絶不神化聖人、賢人，而是鼓勵人們都應當樹立“睎聖”之志并且爲“成聖”而不斷努力。這是對孔子“見賢思齊”思想的繼承和發展。宋儒周敦頤又發揮了揚雄的這一思想，提出：“聖希天，賢希聖，士希賢。”（《通書·志學》）

1.19

或曰：“書與經同而世不尚①，治之，可乎？”曰：“可。”或人啞爾笑曰②：“須以發策决科③。”曰：“大人之學也爲道④，小人之學也爲利。子爲道乎？爲利乎？”或曰：“耕不獲，獵不饗⑤，耕獵乎？”曰：“耕道而得道，獵德而得德，是獲饗已。吾不睹參、辰之相比也⑥，是以君子貴遷善⑦。遷善者，聖人之徒與？百川學海而至於海，丘陵學山不至於山。是故惡乎畫也⑧。”

［注釋］

①書與經同：與經典同樣有價值的其他書籍。漢代被立於學官的經典是《周易》、《尚書》、《詩經》、《禮》和《春秋》。

②啞（è）爾：啞然，笑貌。

③發策决科：解答策問的問題、决出考試的等級。策問，亦叫“對策”，是漢代朝廷選拔官吏的一種考試方式。“科”指考試結果，猶名次。

④大人：謂道德意義上的“君子”，與下句中的“小人”意義相對。

⑤饗（xiǎng）：指“獵物”（捕獵所得）。《説文》：“饗，鄉人飲酒也。”段注：“《傳》曰：‘鄉人飲酒也，其牲，鄉人以狗，大夫加以羔羊。’”因“饗”必有“牲”（肉食），引申之，指捕獵所得的獵物。

⑥參、辰：參、商二星。參在東，商在西，出没各不相見，古人常用

以比喻雙方隔絶或冰炭不容。如杜甫《贈衛八處士》："人生不相見，動如參與商。"相比：相并立，謂"相親"。

⑦遷善：猶言"向善"，即改惡從善。

⑧惡（wù）乎畫：猶言"討厭固步自封"。《説文》："畫，界也，象田四界。"爲四界所囿，則止步不前。《論語・雍也》："今汝畫。"朱熹注："畫者，如畫地以自限也。"

［**譯文**］

有人説："與經典同樣有價值却不被世人看重的書籍，有人要研究它，可以嗎？"揚子説："當然可以。"那個人笑嘻嘻地説："必須是能够用來解答策問的問題、决出考試名次的書籍才值得研究啊。"揚子説："君子的學習是爲了追求道義，小人的學習是爲了追逐名利。你是爲道義學習呢，還是爲名利學習呢？"那人説："如果耕種得不到收獲，打獵得不到獵物，還會有人去耕種和打獵嗎？"揚子説："耕耘道而得到道，獵取德而得到德，這就是得到了收獲和獵物嘛。我從來没有見過參、商二星互相親密地在一起的景象，因此君子非常看重能够改惡從善的人。能改惡從善的人，也算是聖人那一類的人吧？大大小小的河流學習大海而最終融入大海，而大大小小的丘陵學習高山却始終成不了高山，因此我最惡恨固步自封。"

［**按語**］

本章採用設喻和對比的方法來論述學習目的和學習態度的問題。揚雄認爲，學什麼固然重要，但爲什麼學更重要；故有"大人之學"和"小人之學"的區分。揚雄一方面視"爲利"而學的"小人"與"爲道"而學的"大人"爲冰炭不容的"參、辰"，但又提倡"君子貴遷善"，并且把能"遷善者"視爲"聖人之徒"。這是對"過而能改，善莫大焉"的聖人思想的繼承和發展，其目的則是爲了讓更多的人“爲道”而學。揚雄反對學習上的自滿情緒和固步自封的態度，“百川學海”與“丘陵學山”之喻，再次解讀了他所提倡的“水”的精神。

1. 20

頻頻之黨[①]，甚於鷽斯[②]，亦賊夫糧食而已矣[③]。朋而不心[④]，面朋也；友而不心，面友也。

［注釋］

①頻頻：猶“比比”，謂處處。黨：謂“朋黨”，爲一己私利而勾結在一起的同伙。

②鷽斯：烏鴉。《説文》：“雅，楚烏也，一名鷽，一名卑居。”《爾雅·釋鳥》：“鷽斯，鵯鶋。”郭注：“鴉烏也。小而多群。”

③賊：傷害，猶言“糟蹋”。李軌注：“斯群行啄穀，喻人黨比游宴，賊害糧食，有損無益也。”

④朋：同門，即同學。《論語·學而》：“與朋友交而不信乎。”鄭注：“同門曰朋，同志曰友。”

［譯文］

到處都會遇到的那些朋黨，比烏鴉還要可惡，他們也就是一些糟蹋糧食的家伙而已。是同學却不能推心置腹，這衹是名義上的同學；是同志却不能同心同德，這衹是名義上的同志。

［按語］

朋友是“五倫”之一，歷來爲儒家所重視，交友之道也成爲歷代儒家學者們所關注的話題。同學、同志之間應當互相團結和友愛，但不能像朋黨那樣爲一己私利而沆瀣一氣，所以孔子説：“君子周而不比，小人比而不周。”（《論語·爲政》）朋黨中人相互之間勾心鬥角、心存芥蒂，是不可能推心置腹、同心同德的。而真正的同學、同志之間是應當真誠相待的，故曾子“日三省乎己”中便有“與朋友交而不信乎”的反躬自問。古往今來，朋友對人一生的影響是巨大的，所謂“近朱者赤，近墨者黑”。《禮記·學記》一方面强調學習不能“無友”，指出“獨學而無友，則孤陋而寡聞”；另一方面又反對“燕朋”（酒肉朋友），指出“燕朋逆其師，燕辟廢其學”。這也是古人把朋友區别爲“益友”和“損友”的道理。朋黨即是損友，故揚雄説他們比糟蹋糧食的烏鴉還可惡。

1.21

或謂：“子之治産，不如丹圭之富①。”曰：“吾聞先生相與言②，則以仁與義；市井相與言③，則以財與利。如其富④！如其富！”或曰：“先生生無以養也，死無以葬也，如之何?”曰：“以其所以養⑤，養之至也；以其所以葬⑥，葬之至也。”

［注釋］

①丹圭：疑即白圭。白圭，戰國時期周人，與魏文侯同時，以經商“樂觀時變”致富。其事見《史記·貨殖列傳》。

②先生．猶言“有德之人”。

③市井：謂“市井之人”。到集市上買賣貨物的人，談及價錢必然涉及財與利。這裏指商人。

④如其富：猶“乃其富”，意思説：這是“先生”與“市井”不同的兩種財富觀念。“如”通“乃”，《經傳釋詞》卷七：“如，猶‘乃’也。”

⑤所以養：養身之道。謂君子以追求道德完美爲樂事，這樣的養身之

道是“養之至”（養身的極致）。

⑥所以葬：葬身之禮。謂君子葬身講究禮義，這樣的葬身之禮是葬身形式的極致（“葬之至”）。

［譯文］

有人對揚子説：“先生治理的家産遠遠不如丹圭的富有。”揚子説：“我聽説有德之人相互談論的時候，總是以仁和義爲話題；市井小人相互談論的時候，總是以財和利爲話題。這是他們不同的財富觀念！這是他們不同的財富觀念！”那人又説：“像先生們那樣，活着的時候没有足以養身的衣食，死了的時候没有足以葬身的錢財，將怎麽辦啊？”揚子説：“用他們自己的養身之道來養身，這是最好的養身辦法；用他們所欣賞的葬身之禮來葬身，這是最好的葬身方式。”

［按語］

能否做到“安貧樂道”，是儒家衡量一個人是否道德完美的重要標準。孔子十分贊賞顔淵，就因爲顔淵“一簞食，一瓢飲，在陋巷，人不堪其憂，回也不改其樂”（《論語·雍也》）。但真正要做到“安貧樂道”又談何容易！古往今來，能“安貧樂道”者又有幾人？而揚雄是真正做到了“安貧樂道”的。《漢書》説他“少嗜欲，不汲汲於富貴，不戚戚於貧賤，不修廉隅以徼名於當世。家産不過十金，乏無儋石之儲，晏如也”。然而揚雄又是最富有的，他以其《太玄》、《法言》，不僅贏得了他在儒學道統中頗爲崇高的地位，而且奠定了他在中國古代哲學史上很受重視的一席地位；其《輶軒使者語釋别國方言》，首開方言研究先例，使他成爲中國甚至全世界從事方言研究的第一人；所作辭賦，儘管數量不多，但仍以其獨特的藝術魅力和關注國計民生的思想性，使他在中國文學史上赢得一席地位，被稱爲“西漢末年最著名的辭賦家”。可是，“丹圭之富”何在？

1. 22

或曰：“猗頓之富以爲孝[①]，不亦至乎？顏其餒矣[②]。”曰：“彼以其粗，顏以其精；彼以其回[③]，顏以其貞[④]。顏其劣乎？顏其劣乎？”

［注釋］

①猗頓：春秋時魯國人，以經營鹽業致富，富擬王侯。見《史記・貨殖列傳》。

②顏其餒：意思是説，顏淵樂道安貧固然是一種美德，但父母難免會跟着他挨餓受凍，哪裏還談得上盡孝心呢？

③回：猶言“邪道”。“回”謂迂回，商人使貨物反復轉手以牟利，故謂之“回”。

④貞：謂”正道”。《易經・師卦》：“彖曰：師，衆也；貞，正也。”

［譯文］

有人説：“用猗頓那樣巨額的財富來孝敬父母，不是再孝敬不過了嗎？像顏淵那樣恐怕就難免會使自己的父母餓肚子了。”揚子説：“猗頓那種人是用他粗俗的財物來盡孝，顏淵是用他高尚的道德來盡孝；猗頓那種人用的是邪道獲取的錢財，顏淵用的是堅持正道的精神。顏淵的孝敬難道比他差嗎？顏淵的孝敬難道比他差嗎？”

［按語］

父母固然需要兒女物質的贍養，但是更需要兒女精神上的安慰。如果兒女爲了斂取錢財而貪贓枉法、違法犯罪，一旦鋃鐺入獄甚至掉了腦袋，父母遭受的就是巨大痛苦和沉重打擊。從這個意義上説，作兒女的走正道、堂堂正正地做人，是對父母最大的盡孝。

1. 23

或曰："使我紆朱懷金[①]，其樂不可量已。"曰："紆朱懷金之樂，不如顏氏子之樂[②]。顏氏子之樂也内，紆朱懷金者之樂也外。"或曰："請問屢空之内[③]?"曰："顏不孔，雖得天下不足以爲樂。""然亦有苦乎?"曰："顏苦孔之卓之至也。"或人瞿然曰[④]："兹苦也，祇其所以爲樂也與[⑤]?"

［注釋］

①紆（yū）朱懷金：意爲"做大官"。"紆朱"，身佩赤色綬帶；"懷金"，懷揣金印。這是品級很高的大官纔能享受的服飾。

②顏氏子：指顏淵。

③屢空：指經常處於困乏境地。句中代指顏淵。《論語·先進》："回也其庶乎，屢空。"

④瞿然：驚异貌。《説文》："瞿，鷹隼之視也。"

⑤祇（zhǐ）：正好。《集韵》："祇，適也。""適"猶言"正好"、"恰好"。

［譯文］

有人説："假如我能够身佩朱綬、懷揣金印，那真是其樂無窮啊!"揚子説："身佩朱綬、懷揣金印者的歡樂，遠不如顏淵的歡樂。顏淵的歡樂在内心深處，身佩朱綬、懷揣金印者的歡樂僅在表面。"那個人説："請問顏淵的内心深處會把什麽視爲歡樂?"揚子説："在顏淵内心深處，如果得不到孔子的教誨，即使讓他得到天下，也不值得他快樂。”又問：“然而他也有苦惱嗎?”揚子説：“顔淵苦惱的是，孔子卓越到了極點（自己實在無法趕上他）。”那個人驚异地説：“這樣的苦惱，大概正是他内心歡樂的原因吧?”

［按語］

不同的苦樂觀和榮辱觀，最足以反映一個人道德品質的崇高與卑微、精神世界的博大與褊狹。顔淵追求道德的完美，把聖人作爲學習的對象，爲道而學，視道德上的成就爲最大的歡樂。其實，顔淵的苦樂觀、榮辱觀，正是揚雄自己的真實寫照。所以班固贊其“恬於勢利”、“實好古而樂道”。揚雄不僅自己學習顔淵，而且要求所有爲“道”而學的人，都應該像顔淵那樣，不以物質上的匱乏爲苦，而以達不到聖人的境界爲苦。

1.24

曰：“有教立道①，無心仲尼②；有學術業③，無心顔淵。”或曰：“立道仲尼④，不可爲思矣；術業顔淵⑤，不可爲力矣。”曰：“未之思也，孰御焉?”

［注釋］

①有教：謂“有所以教”，即“有教人成才的方法”。立道：建立學説，即提出自己新的見解。

②無心：疑爲“無止”之訛。《法言音義》曰：“天復本并作‘無止’。”李軌注：“孔子習周公，顔回習孔子，無止之者。”汪榮寶《法言義疏》曰：“心、止，隸形相近而誤。”“止”謂“拘泥”。

③有學：謂“有所以學”，即“有值得學習的地方”。術業：猶“述業”。“術”通“述”。

④立道仲尼：意爲“像孔子那樣創立學説。”

⑤術業顏淵：意爲“像顏淵那樣傳述孔子。”

［譯文］

揚子説：“有了教人成才的方法，就可以建立自己的育人之道，不必拘泥於孔子；有了值得學習的榜樣，就可以傳述孔子的偉大事業，不必拘泥於顏淵。”有人説：“像孔子那樣建立自己的學説，我是不可以作這樣的打算了；像顏淵那樣傳述孔子的事業，我是不具有他那樣的能力了。”揚子説：“這是不動腦筋的説法；（如果志向遠大、不斷努力）誰能阻攔你實現自己的目標呢？”

［按語］

本章明確表達了自己的“成聖”志向。儘管揚雄非常推崇孔子、贊賞顏淵，并且明確指出聖人、賢人與普通人（“衆人”）的本質區别，但是他并不神化聖人、賢人，不把他們視爲不可企及的對象；相反，他强調每個人衹要從生活的小事做起，既有高遠的志向，又能堅持努力，“成聖”并不是不可能的事情。揚雄思想的可貴就在於，他没有把“聖人”、“賢人”看做一個僵死的概念要求人們去模仿，而是提出“無止”於聖人、賢人，并且認爲“晞之則是”。這是揚雄“因循革化”的哲學思想在人才觀上的具體體現。

《吾子》卷第二

序

降周迄孔①，成於王道②。然後誕章乖離③，諸子圖徽④。撰《吾子》。

［注釋］

①降周迄孔：自周公以來直到孔子。《漢書·揚雄傳》顔師古注："周，周公旦也。迄，至也。孔，孔子也。"

②成於王道：完成了帝王治國之道。顔師古注："言自周公以降至於孔子，設教垂法，皆帝王之道。"

③然後：《漢書》作"終後"，《法言音義》據《漢書》作"終後"，今從之。誕章乖離：荒誕之説明顯違背聖人旨趣。顔師古注："言其後澆末，虚誕益章，乖於七十弟子所謀微妙之言。"

④諸子：指先秦以來迄至漢代的諸子。圖徽：企圖各樹旗號，自成一家。

［譯文］

周公以來直到孔子，聖人製訂完成了供帝王設教垂法的治國之道。但是孔子死後各種荒誕的説法明顯地違背聖人的旨趣，諸子更是企圖各樹旗號以逞异説。（爲了不致是非混淆，）撰《吾子》一卷。

2. 1

或問："吾子少而好賦？"曰："然。童子雕蟲篆刻①。"俄而曰："壯夫不爲也！"或曰："賦可以諷乎？②"曰："諷乎？諷則已。不已，吾恐不免於勸也③。"或曰："霧縠之組麗④。"曰："女工之蠹矣⑤。""《劍客論》曰：劍可以愛身⑥。"曰："狴犴使人多禮乎⑦？"

［**注釋**］

①雕蟲篆刻：意爲"書寫古文字的功夫"。"蟲"謂鳥蟲書，"篆"謂大、小篆，"刻"謂刻符，皆古文字體。古文字須"雕"（刻寫）。

②諷：諷諫，專指對帝王含蓄地批評勸阻。

③勸：鼓勵，此處猶言"助長"。

④霧縠（hú）之組：用縐紗編織的如雲霧般飄曳的綬帶。"縠"是縐紗，"霧縠"是指如雲霧般飄曳的縐紗綬帶。《説文》："組，綬屬也。"此處用以比喻辭賦文辭的恣肆與華美。

⑤女工之蠹（dù）：殘害女工身體的蠹蟲。喻指辭賦是摧殘人才的東西。

⑥愛：通"薆"。薆，蔽也，引伸爲"保護"。

⑦狴犴（bì àn）：傳説中的一種野獸，古代牢獄門上常繪其圖形，故以代稱牢獄。

［**譯文**］

有人問："聽説先生年輕時喜歡辭賦？"揚子説："是的。那不過是孩子們書寫古文字的書法練習。"過了一會兒揚子又説：

“大丈夫不能做這樣的事!”那個人説:“辭賦不是可以用來諷諫皇上嗎?”揚子説:“真可以諷諫嗎?真可以諷諫,就會使皇上停止做錯事。辭賦不僅没有使皇上停止做錯事,我擔心還難免會助長他的錯誤行爲。”那個人又説:“像雲霧般飄曳的縐紗綬帶是很華美的。”揚子説:“但它是殘害女工身體的蠹蟲。”那人又説:“《劍客論》上説:刀劍(可以殺人,但是也)可以防身。”揚子説:“難道牢獄還能使人講究禮儀嗎?”

[按語]

受司馬相如辭賦影響,年輕時的揚雄“嘗好辭賦”。揚雄一生所作辭賦,以任黄門侍郎隨漢成帝出游時所作“四賦”爲最。漢成帝“好文辭”,這應該是揚雄投其所好以求飛黄騰達的絶好機會。然而,揚雄偏偏要執著地堅持“賦者,將以風(諷)也”的創作原則,針對漢成帝好游好色過分奢侈的行爲,分别用賦予以諷諫。如漢成帝寵幸趙飛燕姊妹以致趙飛燕淫亂宫闈,揚雄在《甘泉賦》中諷諫成帝“屏玉女,却宓妃”;針對成帝不思進取以致王氏集團長期把持朝政,揚雄在《河東賦》中鼓勵成帝“軼五帝,躡三皇”;針對成帝好游歷講排場而糜費錢財的行爲,揚雄在《羽獵賦》中諷諫成帝“輟觀游,弘仁惠”;針對成帝長楊觀獵嚴重擾民的行爲,揚雄在《長楊賦》中提醒成帝“平不肆險,安不忘危”。然而揚雄苦口婆心的諷諫,不僅没有使皇帝有絲毫的醒悟和改變,反而使自己的仕途受阻——在皇帝身邊一幹二十年,以“黄門侍郎”終其一生。揚雄因此得出“賦勸而不止”的結論,并且認爲它“非法度所存”,於是“輟不復爲”。辭賦以鋪張揚厲爲特點,“極麗靡之辭,閎侈鉅衍,競於使人不能加也”,因此説它像“霧縠之組麗”,但是也如同編織“霧縠”傷害女工身體一樣,創作辭賦無异於摧殘人才。在揚雄看來,如果説

“劍”還有它殺人和防身的雙重性的話，那麼辭賦是一點用處都沒有的。當然，這是揚雄憤激之言。

2.2

或問：“景差、唐勒、宋玉、枚乘之賦也[①]，益乎?”曰：“必也，淫[②]。”“淫，則奈何?”曰：“詩人之賦麗以則[③]，辭人之賦麗以淫。如孔氏之門用賦也，則賈誼升堂、相如入室矣[④]。如其不用何?”

［**注釋**］

①景差、唐勒、宋玉：三人與屈原同時，而且都是楚國人，又都是著名的辭賦家。《史記·屈原賈生列傳》云：“楚有宋玉、唐勒、景差之徒者，皆好辭而以賦見稱。”枚乘（? —前140年）：西漢淮陰人，著名辭賦家，《七發》是其代表作。

②淫：指文辭過於鋪張艷麗。

③則：謂有度，猶言“不過分”。

④賈誼升堂、相如入室：賈誼（前200—前168年），西漢著名政論家和辭賦家。《新書》十卷爲其政論著作，辭賦以《鵩鳥賦》和《吊屈原賦》爲其代表作。賈誼的賦，大多很有興寄，但是多以抒發個人被貶黜的憂憤爲内容，故謂之“升堂”。“相如”即司馬相如（前179—前117年），蜀郡成都人，是漢賦的代表作家，《子虛賦》、《上林賦》是其代表作。司馬相如的賦，其興寄大多關乎國家大事，故謂之“入室”。“升堂”、“入室”比喻造詣或成就在程度上的差别，“入室”爲最高境界，首見於《論語·先進》：“由也升堂矣，未入於室也。”

［**譯文**］

有人問：“景差、唐勒、宋玉、枚乘的賦，有特點嗎?”揚子説：“如果一定要有個評價的話，那就是過於鋪張華麗。”又問：

“過於鋪張華麗是什麽意思?”揚子説：“詩人的賦華麗而有度，辭人的賦華麗而無度。如果説到孔子門派用賦的話，那麽賈誼可算是登堂，司馬相如堪稱入室了。但是他們的諷諫仍然不被採用，有什麽辦法呢?”

［**按語**］

賦與詩的最大區别就在於“淫”(過於鋪張華麗)。而儒家聖人在論及文章寫作時，堅决反對“淫”，提倡“言以足志，文以足言”(《左傳·襄公二十五年》)、“情欲信，辭欲巧”(《禮記·表記》)。所以《文心雕龍·徵聖》明確指出：“志足而言文，情信而辭巧，乃含章之玉牒，秉文之金科矣。”總之，儒家主張爲文要有感而發，要表達真實思想，語言講究含蓄美(“巧”)，作詩則講究“興寄”，這就是孔子所説的“文質彬彬”。所謂“詩人之賦”，如屈原的《離騷》便是典型。淮南王劉安説：“《國風》好色而不淫，《小雅》怨而不亂。若《離騷》者，可謂兼之。”(見班固《離騷序》)劉勰也説：“《離騷》之文，依經立義”、“體同《詩·雅》”(《文心雕龍·辨騷》)。儘管揚雄在主觀上是要作“詩人之賦”，但客觀效果仍是“勸而不止”。揚雄在分析其原因時，也是歸結到“淫”頭上，他説：“賦者，將以風(諷)也，必推類而言，極麗靡之辭，閎侈鉅衍，競於使人不能加也，既乃歸之於正，然覽者已過矣。”過分的鋪張、過多的華麗辭藻往往掩蓋了作賦者的真實意圖，這就是“淫”的後果。

2.3

或問：“蒼蠅紅、紫①?”曰：“明視②。”問：“鄭、衛之似③?”曰：“聰聽④。”或曰：“朱、曠不世⑤，如之何?”曰:“亦精之而已矣。”

［注釋］

①蒼蠅紅、紫:是說“怎樣分辨蒼蠅的頭部是紅色的還是紫色的”。紅、紫色近,故難分辨。或說“蒼蠅”是用《詩經·小雅·青蠅》的典故,“紅紫”是用《論語·鄉黨》“紅紫不以爲褻服”的典故。

②明:善視爲“明”。此處指眼力很好的人。

③鄭、衛之似:是說“怎樣分辨鄭國和衛國的音樂”。鄭、衛之聲都是“淫聲”,故言“似”。或說是謂怎樣區别鄭衛之聲與雅樂。

④聰:善聽爲“聰”。此處指聽力很好的人。

⑤朱、曠不世:“朱”謂離朱,傳説離朱是黄帝時人,能在百步之外辨察秋毫之末。“曠”謂師曠,師曠是春秋時人,晋平公的樂師,傳説能在八音齊奏時辨别出雅、邪之聲。“不世”是説“像離朱、師曠那樣的人不是每個時代都會出現的”。

［譯文］

有人問:“怎樣纔能分辨蒼蠅的頭部是紅色還是紫色?”揚子說:“讓眼力最好的人來看。”又問:“怎樣纔能分辨非常相似的鄭國音樂和衛國音樂?”揚子說:“讓聽力最好的人來聽。”那個人又問:“像離朱那樣眼力最好、師曠那樣聽力最好的人并不是每個時代都會出現,怎麽辦?”揚子說:“也就祇有自己去精通善視善聽的本領了。”

［按語］

揚雄生活的時代,古文經學與今文經學的分歧已經産生,對經典的解讀“不與聖人同,是非頗謬於經”的現象相當嚴重。針對這種情況,揚雄提出了“辨似”的問題。揚雄認爲,辨似的方法有兩個:一是借助於“聖人”(離朱是善視的聖人,師曠是善聽的聖人),一是努力使自己也成爲“聖人”。

2. 4

或問："交五聲、十二律也①，或雅或鄭②，何也?"曰："中正則雅③，多哇則鄭④。""請問本?"曰："黄鐘以生之⑤，中正以平之。確乎⑥，鄭、衛不能入也。"

［注釋］

①五聲：宫、商、角、徵（zhǐ）、羽五種音階。十二律：古樂十二調，陰、陽各六，陰曰"律"、陽曰"吕"，合稱"律吕"。詳見《漢書·律曆志》。

②雅：謂"雅樂"。"雅"，正也，猶言合乎標準。鄭：鄭國音樂。"鄭聲淫"，故以"鄭"代"淫聲"。

③中正：謂"正直"，即不存邪念。

④多哇：多諂諛之氣。《説文》："哇，諂聲也。"段注："淫哇也。"淫哇，猶今語所謂"嗲聲嗲氣"。

⑤黄鐘：古樂十二律之一，聲音最洪大響亮。黄鐘爲十二律之始，《禮·月令》仲冬之月："其日壬癸……其音羽，律中黄鐘。"注："黄鐘者，律之始也。"仲冬之月，冬至所在，陰氣盡陽氣生，故黄鐘爲陽律之首。

⑥確：本爲"堅實"，此言"堅守"。

［譯文］

有人問："同樣是用五聲、十二律配合組成的音樂，有的是雅樂，有的是鄭聲，這是什麽原因?"揚子説："保持中正平和氣韵的就成爲雅樂，充滿諂諛媚俗之氣的就成爲鄭聲。"又問："請問防止鄭聲的關鍵是什麽?"揚子説："以黄鐘之律爲基調配五聲，以中正之氣爲原則來平衡氣韵。能堅守這樣的作曲原則，鄭、衛的淫聲就不可能混入其中了。"

［按語］

禮、樂互爲表裏，樂是推行政治教化的重要工具，故爲儒家所重視。“雅樂”可以移風易俗、補救時弊、鼓舞士氣，有助於政令教化的推行；“鄭聲”則助長淫邪、瓦解鬥志，阻礙政令教化的推行。揚雄强調，保持“中正”之氣是防止“鄭聲”的關鍵。在儒家的哲學理論中，“中正”與“中和”、“中庸”是相同的概念。《中庸》説：“中也者，天下之大本也；和也者，天下之達道也。致中和，天地位焉，萬物育焉。”朱熹注：“中爲道之體，和爲道之用。”可見，所謂“中正以平之”，就是要用儒家的“道”來衡量，這樣就可以防止“淫聲”。

2.5

或曰：“女有色①，書亦有色乎②？”曰：“有。女惡華丹之亂窈窕也③，書惡淫辭之淈法度也④。”

［注釋］

①色：謂“修飾”。

②書：寫作。

③華丹：“華”謂鉛華，一種用來敷面的白色顔料，猶言“脂粉”。“丹”指用作涂唇的紅色顔料，如“蔻丹”。

④淈（gǔ）：濁，猶言“混淆”。《説文》：“淈，濁也。”

［譯文］

有人説：“女人有容貌修飾的習慣，寫作也有文辭修飾的講究嗎？”揚子説：“有的。女人的修飾忌諱脂粉蔻丹過重而破壞了窈窕的本色，寫作的修飾忌諱詞藻華麗鋪陳而混淆了文章的主題。”

［按語］

辭賦尚且忌諱“淫辭”，何况其他？孔子説：“過，猶不及也。”故凡事取其“中”。程頤序《中庸》説：“中者，天下之正道；庸者，天下之定理。”“書”豈能無“色”？孔子曰：“言之無文，行而不遠。”但“文”不可“過”，孔子曰：“質勝文則野，文勝質則史。文質彬彬，然後君子。”故君子之文不“淫”。

2.6

或問：“屈原智乎①？”曰：“如玉如瑩②，變丹青③。如其智？如其智？”

［注釋］

①屈原：名平，字原（約前340—前278年），戰國楚人。楚懷王時，屈原任左徒、三閭大夫，力主聯齊抗秦，後遭誣陷被放逐。頃襄王時，再遭讒毁，被流放汨羅江一帶。秦將白起攻陷郢都，屈原徹底失望，遂自沉汨羅江以身殉國。屈原將自己的愛國熱情和無限憂憤寫成詩歌，主要作品有《離騷》、《九歌》、《天問》、《九章》等。屈原的詩歌，思想深沉、文辭優美，開中國浪漫主義詩風，對後世文學産生巨大影響。

②如玉如瑩：“玉”喻人格之美，“瑩”喻文采之美。《説文》：“瑩，玉色也。”

③丹青：本來是指丹砂、空青兩種顔料，由於用丹砂、空青所繪圖畫或所寫文字不易褪色，故言“丹青”以喻屈原精神和文章之不朽。

［譯文］

有人問：“屈原明智嗎？”揚子説：“屈原將自己美玉般純潔的人格、玉色般璀燦的才華，變化爲千古流傳的美麗詩篇。有誰像他這樣的明智？有誰像他這樣的明智？”

［按語］

其實揚雄并不贊許屈原以身殉國的行爲，他“以爲君子得時則大行，不得時則龍蛇，遇不遇命也，何必沉身哉!”但是他又非常欽佩屈原的人格和文采，對其遭遇也惺惺相惜，故有《反離騷》之作，并且“自岷山投諸江流以吊屈原”。揚雄之所以認爲屈原明智，完全是從屈原偉大的文學成就方面來説的，甚至可以説是屈原的行爲啓發了他，所以他纔會在政治抱負不得施展的情况下，寧肯隱忍苟活，也要“欲求文章成名於後世”。

2.7

或問：“君子尚辭乎①？”曰：“君子事之爲尚②。事勝辭則伉③，辭勝事則賦④，事辭稱則經⑤。足言足容⑥，德之藻矣。”

［注釋］

①辭：修辭，即語言修飾。

②事之爲尚：即“尚事”。“尚”謂崇尚與追求，“事”謂内容的表達。

③伉（kàng）：過於直白。

④賦：謂“過於夸張”。《文心雕龍·詮賦》：“賦者，鋪也，鋪采摛文，體物寫志也。”

⑤經：謂“典範”。

⑥足言足容：即“足言足用”，意爲“足以表達思想足以發揮作用”。《釋名·釋姿容》：“容，用也。”

［譯文］

有人問：“君子崇尚語言的修飾嗎?”揚子説：“君子崇尚内容的表達。内容表達勝過語言修飾，就會顯得過於直露；語言修飾勝過内容表達，就會顯得過於夸張；内容表達與語言修飾相稱，纔是堪稱典範的文章。足以表達思想又足以發揮作用的語言，纔是最具有道德力量的語言。”

［按語］

“事”與“辭”的關係，也就是内容與形式的關係。形式一定是爲内容服務的，故曰“君子事之爲尚”。形式與内容，即孔子所謂之“質”與“文”，因此一準於“文質彬彬”的原則。

2.8

或問：“公孫龍詭辭數萬以爲法①，法與?”曰：“斷木爲棋，捖革爲鞠②，亦皆有法焉。不合乎先王之法者，君子不法也。”

［注釋］

①公孫龍：字子秉（約前320—前250年），趙國人，戰國時期名家的代表人物。所著《白馬》、《堅白》、《指物》、《名實》、《通變》、《迹府》等，被後人輯爲《公孫龍子》一書。《公孫龍子》主要論述名實關係，其著名論題“白馬非馬”被不少學者視爲“詭辭”，其實具有樸素的辯證法思想。

②捖（wán）革：刮磨曰“捖”；去毛之獸皮曰“革”。革須刮除渣滓、磨之使平，纔能製“鞠”。“鞠”是古代“蹴鞠”所用道具，類似現代的足球。

［譯文］

有人問：“公孫龍將數萬字的詭辯言辭作爲名家的法則，應當將它奉爲法則嗎?”揚子説：“截斷木頭製作棋子，刮磨皮革製成鞠球，也都是有法則需要遵循的。但是不合乎先王之法的其他法則，君子是不會將它奉爲法則的。”

［按語］

揚雄認爲，世間萬事萬物各自有所師法，但以先王之法爲根本，凡不合乎先王之法者，皆不足以效法。名家乃詭辯之學，多作僞之辭，故不當效法。

2. 9

觀書者，譬諸觀山及水：升東岳而知衆山之岃巃也①，况介丘乎②！浮滄海而知江河之惡沱也③，况枯澤乎！捨舟航而濟乎瀆者④，末矣；捨五經而濟乎道者⑤，末矣。棄常珍而嗜乎异饌者⑥，惡睹其識味也？委大聖而好乎諸子者⑦，惡睹其識道也？

［注釋］

①東岳：泰山。《爾雅·釋山》："泰山爲東岳。"岃巃（lǐyǐ）：低矮而連綿不絶貌。《廣韵》："岃巃，沙丘狀。"

②介丘：猶"孤丘"。《莊子·庚桑楚》："夫函車之獸，介而離山，則不免於網罟之患。""介"謂孤獨無助。

③惡沱："惡"謂水質渾濁，"沱"謂水道分歧。《説文》："沱，江别流也。"或説"惡沱"是聯綿詞，謂水流細緩貌。

④舟航：猶言"小船大船"。"航"謂兩船相并。《淮南子·氾論》："古者大川名谷冲絶道路，不通往來也，乃爲窬木方板以爲舟航。"注："舟相連爲航。"濟：渡河。即"横渡"。瀆：指"大河"。

⑤五經：漢代以《易經》、《尚書》、《詩經》、《禮經》、《春秋》爲"五經"。

⑥常珍：常見的美味。异饌：怪异的菜肴。

⑦委：放棄。

［譯文］

看書學習，就如同觀看山水：登上泰山，便知道群山連綿起伏而且是那樣的低矮，何况那形影相吊的孤丘呢！浮游大海，便知道江河泥沙俱下而且是那樣的分歧，何况那水源枯竭的湖澤呢！放棄舟楫去橫渡大河的人，是再愚昧不過的了；放棄五經去探求聖道的人，也是再愚昧不過的了。對常見的珍饈不屑一顧却對怪异的菜肴情有獨鍾，哪見得他是能够辨識味道的人呢？對大聖的孔子毫不理睬却對諸子之學特别喜愛，哪見得他是認識大道的人呢？

［按語］

在揚雄看來，孔子如同泰山，儒學如同滄海；諸子不過是群山，諸子之學不過是江河。二者之間，不僅有高下、大小之分，而且有專精與歧异之别。不學“五經”，猶如不辨五味；不尚孔子，猶如不識道路。

2.10

山硁之蹊[①]，不可勝由矣；向墻之户，不可勝入矣。曰：“惡由入[②]？”曰：“孔氏。孔氏者，户也。”曰：“子户乎？”曰：“户哉！户哉！吾獨有不户者矣？[③]”

［注釋］

①山硁之蹊：從山脚登山的小路。“硁”通“脛”，脛猶“足”（脚）。《説文》：“蹊，徯或字。”段注：“凡始行之以待後行之徑曰蹊。”段注的意思是：“蹊”是由人自己踩踏出來的道路。從山脚登山，人們可以任意選擇一條路綫踩踏前進，故下文云“不可勝由”。

②惡（wū）：同“何”。

③獨：猶言“豈”。矣：通“耶”，表反詰語氣。

［**譯文**］

從山脚登山的蹊徑有無數條，不知道應該走哪一條；面對墻壁的門有無數道，不知道應該進哪一道。有人問：“我該從哪道門進入呢?”揚子説：“孔氏之門。孔氏，就是我們入學的門啊。”那人説：“先生也是門嗎?”揚子説：“門啊！門啊！我豈有不做門的道理呢?”

［**按語**］

聖人是洞察幽微、通達事理的智者，因此能够引領人們探索大道獲得真理。在异説紛呈、真假莫辨的情况下，衹有聖人纔是引領人們進入真理殿堂的門户。孔子是這樣的門户，揚雄公然宣稱，自己也是這樣的門户。這就是有些《法言》研究者所説的，“《法言》全書貫穿着一條‘成聖’的主綫。三百三十餘條正文，逐次展現了揚雄的成聖之志和以當代聖人自居爲人世建中立極的邏輯進程”(郭君銘《〈法言〉思想研究》71—72頁)。研究揚雄思想，研究其《法言》，“成聖之志”確乎是一個不容忽視的重要方面。

2.11

或欲學《倉頡》、《史篇》[①]。曰：“史乎[②]？史乎？愈於妄闕也[③]。”

［**注釋**］

①《倉頡》、《史篇》：《倉頡》本來是秦相李斯編著的字書，但漢代人所謂的“《倉頡》”，還包括了趙高所編的《爰歷篇》、胡毋敬所編的《博學篇》，俗稱“三蒼”。“三蒼”所收漢字爲秦篆，即小篆。《史篇》即《史籀

篇》，傳説爲周宣王太史籀所編著的字書，所收漢字爲籀文，即大篆。漢代通行隸書，漢代人大多不識大篆、小篆，稱大篆、小篆爲“古文奇字”。揚雄精通“古文奇字”，曾仿《倉頡》體例撰《訓纂》一書，故時人常從揚雄學習“古文奇字”。

②史：“古文奇字”圖畫性强，能比較真實地反映造字時代的許多歷史情況，因此這類字書大多具有史料價值，故謂之“史”。

③妄闕：“妄”指虚妄不實之詞，“闕”指缺乏文字記載的史實。

［譯文］

有人想跟從揚子學習《倉頡》、《史篇》。揚子説：“不就是要學習歷史嗎？不就是要學習歷史嗎？這也比無稽之談和抱殘守闕要好得多啊。”

［按語］

在揚雄看來，探求聖道應該以學習儒家經典（五經）爲首要。但由於今文經學家常常以今文字（隸書）解經，便不免虚妄不實之詞，或者對經典所缺妄加增補；“古文奇字”具有原始的史料價值，可以糾正某些“妄闕”之詞。因此，退而求其次，不先學經而學記載着“古文奇字”的《倉頡》、《史篇》，也不失爲一種可取的選擇。

2. 12

或曰：“有人焉，自云姓孔而字仲尼。入其門，升其堂，伏其几，襲其裳①，則可謂仲尼乎？”曰：“其文是也②，其質非也。”“敢問質？”曰：“羊質而虎皮，見草而説③，見豺而戰④，忘其皮之虎矣。”

［注釋］

①襲：謂“穿衣”。

②文：謂“外表”。

③説：同“悦”。

④戰：謂“戰慄”。

［譯文］

有人説：“有個人在那裏説自己姓孔字仲尼。難道走進孔子的家門，登上孔子的大廳，伏在孔子的几案上，穿着孔子的衣服，就可以説自己是孔子嗎?”揚子説：“論其外表，很像是孔子；究其本質，就完全不是了。”那人説：“請問怎樣辨别其本質?”揚子説：“例如本質是羊却披着虎皮，見了牧草就會高興，見了豺狼就會戰慄，因爲它已經忘記自己披着的是虎皮了。”

［按語］

漢代尊儒宗孔，難免會有假孔子旗號者。揚雄認爲，假的就是假的，倚仗僞裝騙人的，無論如何改變不了自己的本質，也就一定會露出馬脚來。

2.13

聖人虎别①，其文炳也②；君子豹别，其文蔚也③；辯人貍别④，其文萃也⑤。貍變則豹，豹變則虎。

［注釋］

①虎别：謂“猶如虎類”。“别”，類别。

②文：謂“皮毛”。炳：光明，此處猶言“閃耀着光輝”。

③蔚：茂盛，此處猶言“色彩鮮艷”。

④辯人：明辨事理的人。“辯”通“辨”。貍：指貍猫，一種類似猫的

野獸，蜀人謂之“野猫子”。貍猫皮毛細密柔軟，富有光澤。

⑤萃：叢聚，此處猶言“細密光鮮”。

［譯文］

聖人猶如虎類，其皮毛光輝閃耀；君子猶如豹類，其皮毛色彩鮮艷；明辨事理者猶如貍猫，其皮毛細密光鮮。貍經變化就成爲豹，豹經變化就成爲虎。

［按語］

本章純粹是用比喻來説明聖人、君子、辯人三者之間的差别與關係。揚雄用虎、豹、貍喻聖人、君子、辯人，這跟他的聖人觀是一致的。因爲上一章論述的是聖人的本質，所以這裏着重討論聖人的外表。在有人問到“聖人表裏”時，揚雄説：“威儀文辭，表也；德行忠信，裏也。”（《法言·重黎》）威嚴的儀容和優美的言辭，是聖人的外在表現。老虎儀容威嚴、皮毛優美，故以喻聖人外表。以儀容、皮毛而論，次於虎者豹，次於豹者貍，故以喻君子、辯人。揚雄所謂“貍變則豹，豹變則虎”，是他“人人皆可成聖”思想的反映。先秦儒學大師即不乏“聖人可成”的論述，孟子曰“聖人與我同類”（《孟子·告子上》），荀子曰“始乎爲士，終乎爲聖人”（《荀子·勸學篇》）。揚雄繼承并發揚了先秦儒學大師的“成聖”思想，其《法言》貫穿了這一思想主題。

2.14

好書而不要諸仲尼①，書肆也；好説而不要諸仲尼②，説鈴也③。

［注釋］

①好書：喜歡讀書。要諸仲尼：用孔子思想來得其要領。

②好説：喜歡辨説。包括書面辨説（著書）。

③説鈴：會説話的銅鈴。意謂有聲而無思想。

［譯文］

喜歡讀書而不能用孔子思想來尋繹書中的要點，那就像一家售書的店鋪；喜歡辨説而不能用孔子思想來指導辨説的要點，那就像一個會説話的銅鈴。

［按語］

本章强調讀書、著書都應當以孔子學説爲指導。應當注意的是，揚雄主張讀書要廣泛涉獵，他自己便是“博覽無所不見”；但是對所讀之書的内容一定要加以分辨，他自己是“非聖哲之書不好也”。“不好”并非“不讀”。著書立論與人辨説，必當確定分辨是非的標準；揚雄認爲，這個標準就是孔子的儒家學説。

2.15

君子言也無擇①，聽也無淫②。擇則亂，淫則辟③。述正道而稍邪哆者有矣④，未有述邪哆而稍正也。

［注釋］

①無擇：謂“無可擇”，猶言“無可挑剔”。“擇”謂揀選，揀選則有所挑剔。李軌注：“非法不言，何所擇乎？”或説“擇同敗亂”。

②無淫：謂“無偏邪”，猶言“無偏頗”。《禮記·儒行》：“其居處不淫”。注：“淫，傾邪也。”

③辟：同“僻”，謂“邪僻”。

④邪哆（chǐ）：即“邪侈”，謂偏離正道。

［譯文］

君子説話應當無可挑剔，聽話應當無偏無頗。可挑剔就會造成混亂，有偏頗就會助長邪僻。口頭上講述正道而行動上稍微偏離正道的人是有的，但不會有口頭上鼓吹偏離正道而行動上稍微接近正道的。

［按語］

本章論述對“君子”言行的要求。這裏的“君子”，應當主要是指入仕爲官的人。揚雄强調“君子”説話、聽話都應當非常謹慎，因爲説話有漏洞，别人就會鑽空子而産生混亂；聽話有偏向，也會被人利用而仗勢放縱。因此，君子既要“慎言”，莫亂發號令；也要“兼聽”，莫亂表態。但是，揚雄深知人無完人的道理，“君子”也有言行不一致的時候。所以，他認爲行動上稍微偏離正道，這無損於“君子”形象；如果公開鼓吹偏離正道，那就不是“君子”不“君子”的問題，而是异端邪説或者犯罪的問題了。揚雄的這種認識是難能可貴的，因爲人都難免有説錯話、做錯事的時候，也有不得已而做違心的事情的時候。這些都要在“述正道”這個前提之下，就是可以理解和原諒的；如果公然“述邪哆”，那就絶對不行了。揚雄要維護和捍衛的是“正道”，是孔子學説的原則。所謂“不可以一眚掩大德”，就是這個道理。

2.16

孔子之道，其較且易也①。或曰：“童而習之，白②，紛如也③。何其較且易？”曰：“謂其不奸奸④，不詐詐也⑤。如奸奸而詐詐，雖有耳目，焉得而正諸？”

［注釋］

①較：謂“簡明”。《廣雅·釋詁》：“較，明也。”疏證：“較之言皎

皎也。”

②白：謂“皓首”。

③紛如：紛然。雜亂貌。

④奸奸：是説“用奸道對付奸道”。李軌注：“奸奸者，以奸欺奸；詐詐者，以詐欺詐。”

⑤詐詐：是説“用詐術對付詐術”。

［譯文］

孔子的學説，大概是既簡明又平易的。有人説：“不少人從孩童時就開始學習它，直到頭髮都白了，還是亂紛紛地没有個頭緒，爲什麽還説它既簡明又平易呢？”揚子説：“（説它簡明平易）是説它不用奸道對付奸道、不用詐術對付詐術，如果它是用奸道對付奸道、用詐術對付詐術，雖然有人願意聽他的議論、有人願意看他的文章，又哪裏能够學有所得并且修正錯誤呢？”

［按語］

本章重在論述孔子學説的“不奸”、“不詐”。何謂“奸”？《廣雅·釋言》：“奸，僞也。”“不奸”即“不僞”。何謂“詐”？《吕氏春秋·務本》：“無功伐而求榮富，詐也。”“不詐”即“不騙人”。孔子學説的核心是“仁”，孔子歷來反對虚僞、反對欺詐，孔子曾經痛心疾首地説：“巧言令色，鮮矣仁！”（《論語·學而》）從《論語》所記述的孔子言論看，他要提倡什麽，反對什麽，從來都是旗幟鮮明的，毫不含糊。他甚至痛恨模棱兩可、兩面三刀的好好先生（“鄉願”）。他對學生的缺點錯誤也毫不姑息，總是直言不諱地給予嚴厲的批評，宰我“晝寢”，被孔子指責説“朽木不可雕也，糞土之墻不可圬也”。僅小他八歲的子路，因爲好出風頭，也常常受到孔子的批評。“奸”必須僞裝，“詐”得弄手段，一切僞學術總是故弄玄虚以售其奸、以掩其詐。孔子學説旗幟鮮明地宣布“仁”，宣講“禮”，不奸不詐，故揚雄謂之“較且易也”。由於聖人之道是無所不通的，因爲博大思精、非常深奥，即使是孔子的弟子們也往往是知其然而不知其所以然：“子游、子夏得其書矣，未得其所以書也；宰我、子貢得其言矣，未得其所以言也；顔淵、閔子騫得其行矣，未得其所以行也。”（《法言·君子》）所以揚雄對“童而習之，白，紛如也”的説法不置一詞。

2. 17

多聞則守之以約①，多見則守之以卓②。寡聞則無約也，寡見則無卓也。

［注釋］

①守之以約：以約守之。“約”謂所聞之精要，《孟子·公孫丑下》“又不如曾子之守約也”注：“約，要也。”“之”謂孔子之道。

②卓：謂所見之卓識。所聞甚多，加以比較就能抽繹出其中的精要。所見甚多，加以歸納自能發現其中的卓識。

［譯文］

聽到的東西愈多，愈能用所聞的精要觀點來捍衛孔子之道；看到的東西愈多，愈能用所見的卓越見解來捍衛孔子之道。聽到的東西太少，就不會有精要的觀點；看到的東西太少，就不會有卓越的見解。

［按語］

本章論述學習應當“多聞”、“多見”的道理。古人歷來反對孤陋寡聞，《學記》説：“獨學而無友，則孤陋而寡聞。”但揚雄强調“多聞”、“多見”的目的是最值得注意的。他告訴人們：

“多聞”要善於比較，這樣纔能抓住其中精要的東西；“多見”要善於歸納，這樣纔能發現其中的遠見卓識。揚雄爲什麽要作這樣的强調？因爲他發現漢代“諸子各以其知舛馳，大氐詆訾聖人”（《漢書·揚雄傳》），所以强調“多聞”、“多見”的目的是要捍衛孔子之道。不如此，學習者就會“溺於所聞而不自知其非也”（《漢書·揚雄傳》）。

2.18

緑衣三百①，色如之何矣；紵絮三千②，寒如之何矣。

［注釋］

①緑衣：緑色衣服。秦漢有“正色”、“間色”之分，“正色”指青、赤、黄、白、黑五色，“間色”指緑、紅、碧、紫、騮黄五色。按照古禮，穿“間色”衣服不能進入宗廟參加祭祀。

②紵（zhù）絮：用紵麻做的衣、被填充物。紵麻粗糙，保暖性極差，紵絮難以禦寒。

［譯文］

雖然緑色衣服有三百件，無奈穿着它們不能進入宗廟；雖然紵絮被蓋有三千床，無奈蓋着它們不能抵禦嚴寒。

［按語］

“緑衣”、“紵絮”喻諸子之説。諸子各家雖衆，猶如“緑衣”之非“正色”而不能進入宗廟；而孔子儒學爲天下正宗之學，正、邪自判，豈可同日而語？孔子儒學爲聖道，聖道無所不通，猶如狐裘可以禦嚴寒；諸子各家雖衆，猶如“紵絮”之不能禦寒，雖衆無益。“緑衣”之喻，意在比較孔子之説與諸子之説在地位上的懸殊；“紵絮”之喻，意在比較二者在功能上的大小。

2. 19

君子之道有四易①：簡而易用也，要而易守也，炳而易見也，法而易言也。

［注釋］

①君子：此處是指“治理政事的人”，猶言“統治者”。“君子之道”謂君子治理政事的措施。四易：“四易”中的“簡”謂形式簡明，“要”謂内容扼要，“炳”謂主旨顯明，“法”謂語言規範。

［譯文］

君子的政治措施應當具有“四易”的特點：形式簡明而易於操作，内容扼要而易於遵守，主旨明顯而易於理解，語言規範而易於講述。

［按語］

君王以其施政綱領治官，百官以其治事措施治民。對其綱領和措施，揚雄提出了“四易”的要求。雖然揚雄并未真正從政，但其“四易”所述的内容却表現了揚雄優秀的政治素質。

2. 20

震風陵雨①，然後知夏屋之爲帡幪也②；虐政虐世，然後知聖人之爲郛郭也③。

［注釋］

①震風陵雨：狂風暴雨。八卦中，“震”謂雷電，狂風之使人震恐與雷電同，故謂之“震風”。大山曰陵，故以“陵”喻大，故暴雨曰“陵雨”。

②夏屋：大屋，即“大厦”。《方言》：“夏，大也。自關而西，秦晋之間，凡物之壯大者而愛偉之，謂之夏。”帲幪（bǐng méng）：帳蓬。喻遮蔽作用。

③郛（fú）郭：“郛”與“郭”同，均指外城墻，古代抵禦敵人進攻的防禦工事。喻保護作用。

［**譯文**］

遭遇過狂風暴雨的襲擊，然後纔能體會到大屋廣厦的遮蔽作用；遭受過暴政亂世的折磨，然後纔能理解到聖人學説的保護作用。

［**按語**］

本章强調儒家聖人之道的社會功能。孔子儒學以“仁”爲核心，以“禮”爲手段。爲什麽要以“仁”爲核心？在孔子看來，天下的禍亂起於人君之“不仁”，君“仁”則天下安。所以儒學一派總是以宣揚“仁”道爲己任。“仁”是什麽？“仁”的本質就是對與自己無血緣關係無利害關係的人的親愛之心，是對人的一種普遍的尊重，所以孔子説“仁者，愛人”。這種仁愛之心是怎麽産生的？儒家學派認爲，“仁”産生於“孝悌”，是把對自己父母兄弟的愛敬之心推廣開去，從而愛敬天下一切人。有若説“孝悌也者，其爲仁之本與！”（《論語·學而》）孟子説：“親親，仁也。”（《孟子·離婁上》）應當説，儒家極力宣揚孝道，其實際用心仍在於“仁”。《禮記大傳》把這個關係闡述得最爲清楚：“自仁率親，等而上之到於祖；自義率祖，順而下之至於禰。是故人道親親也。親親故尊祖，尊祖故敬宗，敬宗故收族，收族故宗廟嚴，宗廟嚴故重社稷，重社稷故愛百姓。”可見統治者由孝而仁，最終惠及百姓。禍亂起於私欲。國君的私欲導致戰爭，百姓的私欲導致鬥毆、欺詐等罪惡行爲。故孔子從消弭戰爭和消除罪惡的願望出發，提出“克己復禮爲仁”。“克己復禮爲仁”是什麽意思？郭沫若先生認爲，“孔子仁的含義是克己爲人的一種利他的行爲。他要人們除掉一切自私自利的心機，而養成爲大衆獻身的犧牲精神。”（郭沫若《十批判書》）如果人人都能“克己”、都能“爲仁”，不僅不會有戰争、鬥毆、欺詐等禍亂和罪惡發生，還必然會形成“老吾老，以及人之老；幼吾幼，以及人之幼”的良好社會風尚。果真如此，天下百姓自然就會安居樂業，生活得非常幸福。這就是揚雄贊美孔子儒學，説“聖人之爲郛郭”的根本原因。

2. 21

古者楊、墨塞路①，孟子辭而闢之②，廓如也。後之塞路者有矣，竊自比於孟子。

［注釋］

①楊、墨：楊朱、墨翟。楊朱，戰國時魏國人，前於孟軻、後於墨翟。其學説，主張“重在愛己，不以物累，不拔一毛以利天下”，與儒學“仁者愛人，舍一身以利天下”尖鋭對立。墨翟，春秋戰國之際的思想家，魯國人。其學説，主張“兼愛、非攻，尚賢、尚同”，但是反對儒家“繁禮厚葬”，提倡“薄葬、非樂”。

②孟子（前372—前289年）：名軻，字子輿，戰國時鄒國人，受業於孔子之孫子思，是孔子學説的忠實繼承者，後世尊爲“亞聖”。辭：謂“著書立説”。

［譯文］

古時候楊朱、墨翟的异端邪説堵塞了儒學發展的道路，孟子著書立説掃清了這些障礙，儒學的發展纔又出現了一條寬闊的發展道路。孟子之後又出現了塞路者，我便私下裏將自己比做孟子。

［**按語**］

本章表明自己誓作儒學捍衛者和忠實繼承人的決心。先秦時期“百家争鳴”，儒學發展的道路是不平坦的。孟子不僅忠實地捍衛了孔子的學説，而且深刻地闡述了儒家“仁”和“禮”的實質，還大膽地提出了“民爲貴，君爲輕，社稷次之”和“民，水也；君，舟也。水能載舟，亦能覆舟”的命題，爲儒學發展作出了傑出的貢獻。揚雄生活的時代，儒學已定於一尊，諸子之學對儒學的批評和否定，不再是以堂而皇之的面貌出現，而是假儒學之名以攻擊儒學即所謂“即爲怪迂，析辯詭辭，以撓世事”(《漢書·揚雄傳》)。因此，揚雄對儒學的捍衛與繼承，不再是像孟子、荀子那樣有明確的反駁對象；揚雄所要作的，主要是辨僞、辨似以引導人們正確認識和理解儒學的精髓。揚雄宣稱“自比於孟子”，也是他“成聖之志”的公開坦露。

2.22

或曰：“人各是其所是①，而非其所非②，將誰使止之?”曰：“萬物紛錯則懸諸天③，衆言淆亂則折諸聖④。”或曰：“惡睹乎聖而折諸?”曰：“在則人，亡則書，其統一也⑤。”

［**注釋**］

①是：正確。用作意動，“所是”猶言“認爲正確的”。

②非：錯誤。用作意動，“所非”猶言“認爲錯誤的”。

③懸：物懸則直，直則位正，故引伸爲“糾正”。

④折：折而斷之，猶言“判斷”、“評定”。

⑤統：根本。《易經·乾卦》“乃統天”注：“統，本也。”

［譯文］

有人問：“人們各自堅持自己認爲正確的就是正確的，自己認爲錯誤的就是錯誤的，將由誰來糾正這種情况呢？”揚子説：“萬物紛亂錯雜就讓上天來糾正，衆説混淆雜亂就由聖人來評判。”那個人説：“哪裏見得到聖人而能由他來評判呢？”揚子説：“聖人在世就由聖人親自評判，不在世就根據他的書來評判。聖人和他的書所講的根本問題是完全一致的。”

［按語］

本章强調聖人之道是評判是非的唯一標準。在揚雄看來，聖人不僅是儒者們心目中的偶像，而且是評判思想是非的主審法官；聖人之道不僅是儒者們爲之奮鬥的最高理想，而且是評判思想是非的唯一標準。在關於揚雄思想的研究中，有“醇儒”、“雜儒”、“非儒”幾種觀點。爲什麼會有如此之大的分歧？似乎應當從觀察問題的方法和評判是非的標準兩個方面去找找原因。

《修身》卷第三

序

事有本真[①]，陳施於意[②]，動不克咸[③]，本諸身[④]。撰《修身》。

［注釋］

①本真：本源和真相。

②陳施：分布和表現。意：通“億”。《漢書·揚雄傳》作“億”，李奇注：“布陳於億萬事也。”

③動：是指人們從事的各種活動。

④本：謂“根本原因”。

［譯文］

事物都有各自的本源和真相，這些本源和真相就分布和表現在億萬事物之中。人們所從事的活動不能都做得很好，其根本原因就在自己身上。（爲了提高人們認識事物本源和真相的能力，）撰《修身》一卷。

3. 1

修身以爲弓①，矯思以爲矢②，立義以爲的③，奠而後發④，發必中矣。

［注釋］

①修身：使自己道德美好。即提高自己的道德修養。

②矯思：猶"正心"。即端正自己的思想。

③立義：確立正確的人生目標。《禮記·中庸》："義者，宜也。"《釋名·釋言語》："義，宜也；裁制事物使合宜也。"所謂"裁制事物使合宜"，即作出正確的選擇；於人生即確立正確的人生目標。的：鵠的，即箭靶。

④奠：定，謂"定神"，猶言"全神貫注"。

［譯文］

把提高道德修養作爲弓，把糾正錯誤思想作爲箭，把確定正確目標作爲靶，全神貫注之後再射出去，就一定能百發百中了。

［按語］

本章以射箭爲喻，闡述"修身"（道德修養）、"矯思"（端正思想）、"立義"（人生目標）三者之間的關係，旨在强調"修身"的重要性，爲《修身》一卷内容張目。古語云"挽弓當挽强，擒賊先擒王"，足見射藝中"弓"是最重要的。弓良則矢速，矢速則易中的。

儒家把"明德於天下"作爲人生奮鬥的最高目標，"修身"是實現這一最高目標的基本條件。《禮記·大學》"經文章"云："古之欲明明德於天下者，先治其國；欲治其國者，先齊其家；欲齊其家者，先修其身。"揚雄以"弓"喻"修身"，以"的"喻"明德於天下"。

怎樣纔能“修身”?“矯思”（正心）是修身的第一步，也是必不可少的基本功夫。故《大學》云：“欲修其身者，先正其心。”《大學》解釋“心不得其正”的表現是：有所憤怒，有所恐懼，有所好樂，有所憂患。因此“君子”的修養表現爲“温、良、恭、儉、讓”，是不會爲憤怒、恐懼、歡樂、憂患所動的。揚雄以“矢”喻“矯思”，以“弓”喻“修身”，正好説明二者之間必須緊密配合方能致用，而“修身”是前提，也最重要。

“奠而後發”中的“奠”，僅從字面上理解爲“定神”是不够的。應當如《大學》所云：“知止而後有定，定而後能静，静而後能安，安而後能慮，慮而後能得。”原來，“奠”是静下來認真思考，思考成熟而有所得。具備了完美的道德，端正了進取的目標，深思熟慮之後纔決定行動，自然是“發必中矣”。

3.2

人之性也善惡混①。修其善則爲善人，修其惡則爲惡人。氣也者②，所以適善惡之馬也與?

［注釋］

①性：天性。天性是人與生俱來的品質。孟子主張“性善”，荀子主張“性惡”，揚雄則認爲“善惡混”（兼有善、惡兩種傾向）。

②氣：“氣”在中國古代哲學中是一個分歧較大的概念，今人對它的解説仍然很不統一。爲了便於稱説，我們姑取“志氣”一説（參見黄開國《揚雄思想初探》，巴蜀書社1989年11月版，第151頁）。

［譯文］

人的天性中混雜着善的成分和惡的成分。培養其中的善性就可能成爲善人，發展其中的惡性就可能成爲惡人。“志氣”這個東西，猶如載着人朝着善的方向或者朝着惡的方向奔跑的馬吧？

［按語］

本章旨在强調“氣”（立志）的重要性。按照黄開國先生的説法，揚雄此處所説的“氣”，并非中醫理論上所謂的精氣、元氣之類的物質性的東西，而是類似現代人所説的“志氣”、“志向”之類的功能性的東西，即人的主觀精神意向。照此理解，“氣”就是支配一個人向善或者向惡的主觀意志。

此處的“善惡”，并非一般道德意義上的善惡，而是以是否符合儒家聖人確立的道德規範爲標準來衡量的。

“氣”之所以重要，因爲人的主觀意向性在人的事業發展過程中（包括道德修養過程中）往往起着决定性的作用，立志是一個人達到目的獲得成功的必要條件。故揚雄在前面的《學行》中就説：“學者，所以求爲君子也。求而不得者有矣夫，未有不求而得之者也。”本卷後面又再次强調：“有意哉？孟子曰：‘夫有意而不至者有矣，未有無意而至者也。’”

3.3

或曰：“孔子之事多矣①，不用，則亦勤且憂乎②？”曰：“聖人樂天知命③。樂天則不勤，知命則不憂。”

［注釋］

①事：同“仕”，爲官。據《史記·孔子世家》記載，孔子爲了實現自己的政治理想，除了在魯國“嘗爲季氏史”、“司職吏”等小官外，還做過“中都宰”、“司空”、“大司寇”等大官；後來離開魯國十四年，先後奔走於齊、宋、衛、陳、鄭、蔡等國求仕，楚國也曾“使人聘孔子”。故云“孔子之事多矣”。

②勤：謂“苦惱”。

③樂天知命：樂於接受上天對自己命運的安排。《易經·繫辭上》：“樂天知命，故不憂。”

［譯文］

有人問：“孔子擔任過很多的職務，但是都没有機會施展自己的才能和抱負，那麽他也會苦惱和憂慮吧?”揚子説：“聖人樂於接受上天對自己命運的安排。樂於順從天意就不會苦惱，了解命運安排就不會憂慮。”

［按語］

孔子在魯國，作過小吏，也做過大官，甚至“攝行相事”；離開魯國的十四年間，周游列國，奔走於權勢者門下，雖屢遭拒絶，但也非無人禮聘。因此，文中“不用”，似不當理解爲“不被任用”，應當是指其“王道”學説不爲各國諸侯所採用。孔子之仕，并非爲了干求禄位，而是爲了實現“王道”政治的理想，不能則去。孔子任魯國大司寇攝行相事期間，齊國上下皆恐，於是獻了一批美女給魯國，魯國君臣沉溺於聲色，孔子諫而魯君不聽，遂去職不仕於魯。

“樂天安命”是儒家的處世哲學之一，揚雄奉行不悖，并且因此認爲屈原之以身殉楚爲不可取，他説：“君子得時則大行，不得時則龍蛇，遇不遇，命也，何必湛（沉）身哉!”

3.4

或問銘,①曰：“銘哉！銘哉！有意於慎也②，聖人之辭可爲也③。使人信之④，所不可爲也⑤。是以君子强學而力行⑥。”

［注釋］

①銘：刻於器物之上，用以稱述功德或者使人自警的文辭。

②慎：禁戒，猶言“謹記不忘”。《史記·吴王濞世家》“慎無反”注：“慎，禁戒也。”《説文》：“慎，謹也。”段注：“未有不誠而能謹者，故其字從真。”

③可爲：意爲“可爲銘文”。

④信之：意爲“完全信守銘文所云”。

⑤所不可爲：意爲“是不可以這樣想的”。

⑥君子强學而力行：意思是説，立志向善的人（君子）是不會注重“銘”這樣的形式的，他們總是發奮學習并且努力實踐聖人的學説。

［譯文］

有人問應當怎樣對待銘文，揚子説：“銘文啊，銘文啊！其用意是要人謹記莫忘，衹有聖人的言論可以用作銘文。但是要使人完全信守銘文，那也是辦不到的。因此君子總是發奮學習并且努力實踐聖人的學説。”

［按語］

本章文字費解，有人將它分爲兩章。我認爲這是以“銘”爲話題，表現了揚雄注重實際、反對形式主義的可貴思想，應當是一章。

揚雄認爲，“銘”是讓人用以自警并且永記莫忘的文字，那就衹有聖人的言論纔配製作“銘”的内容；并且指出，即使製作了各式各樣的“銘”，要使人們完全信守銘文也是不太可能的。不難看出，揚雄其實是不太贊賞“銘”這種自律形式的。他認爲，真正的“君子”一定是認認真真地學習和踏踏實實地實踐聖人的學説，何必一定要用“銘”這種形式來做樣子呢？其“銘哉！銘哉”一語，其實就是這種感情的表達。

3. 5

珍其貨而後市①，修其身而後交②，善其謀而後動③，成道也④。

［注釋］

①珍其貨：使自己的貨物珍貴。市：出售。這句話的字面意思是“待價而沽”，實際意思是“被人重視的時候纔應當出面求仕”。

②修其身：使自己才能道德都很美好。

③善其謀：使自己的行動計劃很完善。

④成道：成功之道。

［譯文］

使自己的貨物珍貴之後纔拿去出售，使自己才德美好之後纔與人交往，使自己的計劃完善之後纔開始行動，這是謀事獲得成功的道理。

［按語］

揚雄歷來認爲，一個人的事業能否成功，時機往往起着至關重要的作用。他在《解嘲》中列舉範睢、蔡澤、婁敬、叔孫通、蕭何等人成功的事例後，總結説：“故爲可爲於可爲之時，則從；爲不可爲於不可爲之時，則凶。”這就是他爲什麽把“珍其貨而後市”置於首要位置的原因。什麽是“人才”？他説：“蔡澤，山東之匹夫也……西揖强秦之相，扼其咽，炕其氣，附其背而奪其位，時也。”所以要想事業成功，首先應當像商人一樣“待價而沽”，善於抓住“推銷”自己的機會。

抓住了“商機”，還必須要是“好貨”纔能賣得出去，“修其身”就是爲了使自己成爲别人争相購買的“好貨”。因此接着强調“修其身而後交”。

一個德才兼備的人才，在面臨大好機遇的時候，還必須要善於運作、使自己的考慮很周密，纔能獲得最大的成功。因此揚雄還强調“善其謀而後動”。

3.6

君子之所慎：言，禮，書①。

［注釋］

①言，禮，書："言"謂與人交談，"禮"謂與人交往，"書"謂著書立説。

［譯文］

君子所應當謹慎的是：與人交談，與人交往，著書立説。

［按語］

孔子歷來就告誡弟子要“慎言”。針對愛説大話的人，孔子説：“古者言之不出，耻躬之不逮也。”（《論語·里仁》）針對愛説假話的人，孔子説：“巧言令色，鮮矣仁。”（《論語·陽貨》）針對愛説奉承話的人，孔子説：“巧言，令色，足恭，左丘明耻之，丘也耻之。”（《論語·公冶長》）因此，孔子主張“君子欲訥於言而敏於行”（《論語·里仁》）。孔子與人交往，最忌“失禮”，哪怕是對他所討厭的人，也絶不失禮，例如“子見南子”和陽虎“歸孔子豚”的故事，就是所謂“禮尚往來”、“來而不往，非禮也”。儒家提倡“述而不作”，認爲著書立説是聖人的事，一般學者祇需踏實地傳承聖人的學説，這就是所謂“慎書”。

揚雄在這裏所説的“慎言”、“慎禮”、“慎書”，儘管都是在轉述孔子的主張，但他是有現實針對性的，所以將它們作爲君子

“修身”的内容。

3.7

上交不諂[①]，下交不驕，則可以有爲矣。或曰：“君子自守，奚其交?”曰：“天地交[②]，萬物生；人道交，功勛成。奚其守?”

［注釋］

①諂：不以正道追求個人目的。《論語·學而》“貧而無諂”皇侃疏：“非分横求曰諂。”

②天地交：猶言“陰陽交”。

［譯文］

與地位高於自己的人交往不諂媚，與地位不如自己的人交往不驕横，這樣就可以有所作爲了。有人説：“君子衹需守住自己的節操，何必要與人交往?”揚子説：“天與地相交合，萬物纔得以生成；人與道相交融，功勛纔得以建立。哪能够衹是自守節操呢?”

［按語］

自有人類以來，人與人之間的交往便不可避免地産生了。所謂社會性，就是指人與人交往時的關係。進入階級社會以後，人有尊卑、貧富之别，於是有社會地位的高下。人與人之間應當怎樣交往，尤其是社會地位懸殊的人之間應當怎樣交往，就受到人們的普遍關注。

《中庸》就提出：“在上位，不陵（凌）下；在下位，不援上。”意思與“上交不諂，下交不驕”相近。但是，《中庸》僅僅是從個人道德修養的角度來討論問題的，所以接着説：“正己而不求於人，則無怨。上不怨天，下不尤人。故君子居易以俟命，小人行險以徼幸。”强調“正己”的目的是爲了“居易”(平安)。

揚雄的可貴之處在於，他揭示了“上諂下驕”行爲的危害性，即妨礙人們“可以有爲”。“上諂”的人，巧言令色、溜鬚拍馬，陪笑臉、裝孫子，爲了什麼？不就是爲了從上位者那裏得到本來不應該得到的好處嗎？而“下驕”的人，飛揚跋扈，獨斷專横，順我者昌、逆我者亡，又是爲了什麼？不就是一方面爲了滿足自己對權力的欲望，一方面爲了讓下屬行賄巴結自己嗎？“上諂”是一種鑽營投機的行爲，即“無所作爲”而獲得名譽和地位。上位者的“下驕”，必然導致下位者的“上諂”，因此它們都是妨礙人們“可以有爲”的惡劣行爲。社會進步需要人人奮發有爲，而“上諂”、“下驕”不僅敗壞了官風民風，更成爲阻礙社會進步的障礙。

3.8

好大而不爲①，大不大矣；好高而不爲②，高不高矣。

［注釋］

①大：似就事業而言。

②高：似就地位而言。

［譯文］

嚮往成就偉大的事業却不能踏實做事，這偉大的理想是偉大不了的；追求享有崇高的地位却不願努力奮鬥，這崇高的理想是崇高不了的。

［按語］

本章强調人應當奮發有爲。“上諂”、“下驕”是歪門邪道，斷不可行。人人都有追求事業成功、地位崇高的權利，但是必須通過艱苦努力來實現自己的理想。

3.9

仰天庭而知天下之居卑也哉①！

［注釋］

①天庭：星垣名。亦作“天廷”，《史記·天官書》：“三能三衡者，天廷也。”星垣爲星辰之居，與人類居住的“天下之居”相對。

［譯文］

仰望天上星辰的居處，便知道天下人類的居處，實在是太卑下了啊！

［按語］

揚雄以“天庭”喻聖人之道，以“天下之居”喻諸子之學；與《學行》篇以“日月”喻聖人之道，以“衆星”喻諸子之學句意相同。所不同的是，“天庭”之喻强調聖人之道地位的崇高，“日月”之喻强調聖人之道影響之廣泛。

3.10

公儀子、董仲舒之才之邵也①。使見善不明，用心不剛，儔克爾②？

［注釋］

①公儀子：戰國時魯穆公宰相公儀休。據《史記·循吏列傳》記載，

公儀休“奉法循理”，主張“食禄者不得與下民争利”。董仲舒（前179—前104年）：西漢著名思想家，諫武帝“罷黜百家，獨尊儒術”，幫助漢武帝開創了中國兩千多年來封建社會以儒學爲正統的局面。董仲舒是專治《春秋公羊傳》的今文經學家，并以儒學爲宗，兼採陰陽五行和法家各派思想，建立了以“天人感應”爲核心理論的神學唯心主義體系，在中國思想文化史上具有重大的影響。其主要著作是《春秋繁露》，其事迹見《史記·儒林列傳》和《漢書·董仲舒傳》。邵：美好。《爾雅·釋詁》：“邵，美也。”

②儔（chóu）：通“疇”，《爾雅·釋詁》：“疇，誰也。”克：能够。

［譯文］

公儀休、董仲舒的才能是非常卓越的。假如他們認識問題是非不明，處理事情優柔寡斷，哪裏能够表現出如此卓越的才能？

［按語］

揚雄之所以贊賞公儀休，原因主要有兩點：公儀休在戰國“百家争鳴”的學術環境之下，能够堅持儒道，“奉法循理”，此其一；身爲魯相，能够主張“食禄者不得與下民争利”，此其二。董仲舒的受到揚雄贊賞，則主要是因爲他能够在篤信黄老之術的竇太後把持朝政的情况下，主張“罷黜百家，獨尊儒術”，并且“爲人廉直”，敢於揭發丞相公孫宏是阿諛奉承的小人。所以揚雄認爲這兩個人的共同特點是是非明確、剛强堅毅。

3.11

或問：“仁、義、禮、智、信之用?”曰：“仁，宅也；義，路也；禮，服也；智，燭也；信，符也。處宅，由路①，正服，明燭，執符②。君子不動③，動斯得矣。”

［注釋］

①由：猶言“遵循”。

②符：符節、券契、印章等表示信用的東西。

③不動：“不動則已”的省略。

［譯文］

有人問：“仁、義、禮、智、信的作用是什麽?”揚子説：“仁好比住宅，義好比道路，禮好比衣服，智好比蠟燭，信好比符節。君子總是安居住宅，順着路行，穿正衣服，點亮蠟燭，掌握符節。因此，君子不行動則已，衹要行動，就一定會有收獲了。”

［按語］

“仁、義、禮、智、信”被稱做“五常”。“五常”是儒家傳統道德中最主要的内容，它是儒家關於個人道德修養的基本規範，它要求我們應當怎樣做人。

揚雄關於“五常”的作用所作的比喻是很有深意、也是非常貼切的。

“仁”不僅是儒學理論的核心，也是“五常”的核心内容。孔子、墨子等先秦思想家，認爲社會動亂的原因是人的私欲，爲了滿足一己的私欲，人是什麽事都幹得出來的；克服私欲的唯一途徑就是提倡人人發揚“仁愛”之心。因此，孔子説“仁者，愛人”，又説“克己復禮爲仁”（《論語·顔淵》）；墨子提倡“兼愛”。孟子更把“仁”的範圍擴大開去，希望形成一種“老吾老，以及人之老；幼吾幼，以及人之幼”（《孟子·梁惠王上》）的社會風氣。郭沫若先生認爲，“仁”是一種“利他”的獻身精神，他説：“孔子仁的含義是克己爲人的一種利他的行爲，他要人們除掉一切自私自利的心機，而養成爲大衆獻身的犧牲精神。”

(《十批判書》)揚雄把“仁”比作“宅”，住宅是人生活所必須有的而且是安身之所，這就意味着“仁”是每個人都必須具有的、也是一個人得以安身立命的品質，捨此便不成其爲人。難怪孔子説“仁者，人也”。“仁”是以孔子爲代表的儒家學派改造社會的最主要的手段。

“義”有二義：一是給人恩惠，即“利物”，《易・乾》：“利物足以和義。”今之“義賣”、“義演”即用此義。一是適宜，即做應該做的事情，《中庸》：“義，宜也。”《釋名・釋言語》：“義，宜也；裁制事物使合宜也。”見了該做的事就大膽去做，這就叫做“見義勇爲”。反之，貪圖一己之私利而做不應該做的事，就叫做“見利忘義”。可見，“義”要求人們明是非，知道什麽該做、什麽不該做。揚雄把“義”比作“路”，走路就得擇路，什麽路該走、什麽路不該走，都得有正確的選擇，否則，就會“一失足成千古恨”。

“禮”是一個涵義廣泛的概念。作爲道德規範的“禮”，主要是指禮節和禮讓。禮節、禮讓都是在與人交往時表現出來的行爲，是形諸外的言談舉止，所以揚雄將“禮”比作“服”。有子論述“禮”的時候説：“禮之用，和爲貴。”又説：“知和而和，不以禮節之，亦不可行也。”(《論語・學而》)禮是用來增進感情、加强團結的，但不能過多過濫，應該有所節制。區別禮物和賄賂的辦法有兩個：一是“禮尚往來”，有來有往的財物爲禮物；二是所送財物的數量，數量不大的財物爲禮物，所謂“禮輕人意重”。衣、食、住、行、言語都有“禮數”，按禮數待人叫做“講禮”，按禮數讓人佔先叫做“禮讓”。禮讓是衡量一個人的教養和社會文明程度的標準之一。

作爲個人道德修養的“智”，主要是指能够正確認識自己，能够正確認識形勢。《荀子·正名》："知有所合謂之智。"注："知有所合，謂所知能合於物也。"所謂"所知能合於物"，即自己的主觀認識能够與客觀實際相符合。對自己、對別人、對社會形勢，都能如此，那就叫做"智"了。"智"就是能把一切都看得清楚，所以揚雄將它比作"燭"。孔子强調人要能够正確認識自己，所以他説："不患莫己知，求爲可知也。"(《論語·里仁》)所以有"人貴有自知之明"的説法。人在社會上生活，需要作出選擇的事情很多，讀書時需要選擇學校、選擇專業、選擇朋友，畢業後需要選擇職業、選擇婚姻等等。"智"就是能作出正確的選擇。影響正確選擇的因素很多，但主要是"利"，故有"利令智昏"的説法。

"信"就是誠實，主要表現爲講真話、做實事、信守承諾、説話算數。孔子對"信"非常重視，他説："言忠信，行篤敬，雖蠻貊之邦，行矣。言不忠信，行不篤敬，雖州里，行乎哉?"(《論語·衛靈公》)又説："人而無信，不知其可也。"在爲政之道的三要素中，孔子寧肯同意"去兵"、"去食"，也要保留"民信"，理由是"民無信不立"(《論語·顔淵》)。揚雄認爲對別人的承諾，如同在契約上蓋上了自己的印章一樣，是必須算數的；所以將"信"比作"符"。

"五常"是中華民族優秀的傳統道德。一個人人有愛心、明是非、懂禮節、知進退、講誠信的社會，必然是非常和諧的社會。

將"三綱"連同"五常"一起批判，國人還有幾個知道"五常"是什麽東西？依我看，繼承優秀傳統文化，"五常"必當居其首。新加坡一直把儒家傳統道德列入中學德育課程，"希望通過孔子學説與儒家倫理的灌輸，能幫助下一代在品德與性格方面有健全的發展”（新加坡吴慶瑞《在孔子2540周年誕辰與學術討論會上的致詞》）。這是值得我們今天建設“和諧社會”重視和借鑒的，它比那些空洞的政治説教管用得多。

3.12

有意哉[①]？孟子曰：“夫有意而不至者有矣，未有無意而至者也。”

［注釋］

①有意哉：這句話頗費解。有人認爲它是贊美後面所引的孟子那句話，并將“有意”譯爲“有味道”；有人認爲“有意”是指“有志”。這兩種理解都欠妥貼，因爲所引“孟子曰”的内容，與《學行》篇第15章“求而不得者有矣夫，未有不求而得之者也”意思雷同。故不當單列一章，應當屬上。我們認爲，“有意”是“有意於仁義禮智信”的省略。

［譯文］

有意於努力追求仁、義、禮、智、信的美德嗎？孟子説：“有意要做什麽事而没有達到目的的情況是有的，但不會有無意做什麽事却能達到目的的。”

［按語］

“五常”是君子的美德。一般人立志向善，必須經過長期的努力修養纔有可能達到君子的道德境界。揚雄引“孟子曰”來鼓勵人們修身以達到君子的道德境界。

3.13

或問治己[①]，曰：“治己以仲尼。”或曰：“治己以仲尼，仲尼奚寡也?”曰:“率馬以驥，不亦可乎?”

［注釋］

①治己:修正自己的錯誤，意爲“提高自己的修養”。

［譯文］

有人問怎樣纔能提高自己的修養，揚子説:“以孔子爲榜樣來修正自己的錯誤。”那人説:“如果都是在以孔子爲榜樣來修正自己，爲什麽像孔子那樣的人却很少呢?”揚子説:“讓駿馬帶領着群馬前進不是也可以嗎?”

［按語］

揚雄强調學習要有榜樣，而且要用高標準來要求自己。

3.14

或曰:“田圃田者莠喬喬①，思遠人者心忉忉②。”曰:“日有光，月有明。三年不目日，視必盲；三年不目月，精必矇③。熒魂曠枯④，糟莩曠沉⑤，擿埴索塗⑥，冥行而已矣⑦。”

［注釋］

①田圃田:耕種大片田地。第一個“田”同“畋”，耕種。“圃”通“甫”，“甫”同“父”，大也。莠喬喬:雜草長得很高。“喬”，高貌。

②遠人:實指“情人”、“戀人”。忉忉（dāo dāo）:憂傷。“或曰”所説的兩句，係化用《詩經·齊風·甫田》中的句子。舊注認爲，《甫田》是譏刺齊襄公好大喜功、所求非道。揚雄則借以摹擬提問者口吻，對自己所説“治己以仲尼”表示反詰。

③精必矇:眼珠必然會失去視力。“精”通“睛”。《説文》“矇”字段注:“有眸子而無見曰矇。”《説文》:“盲，目無牟（眸）子。”“矇”是所謂

“睁眼瞎”，“盲”是不見眼珠的“全瞎子”。

④熒（yíng）魂曠枯：“熒魂”指眼睛的光亮和神氣。“曠”謂久廢。“枯”謂枯竭。

⑤糟莩曠沉：“糟”爲“精”之訛文，“精”通“睛”（眼珠）。“莩”通“孚”，《集韵》：“孚，玉采也。”“沉”，没於水也，意爲“消失”。

⑥擿埴（zhìzhí）索塗：意爲“用手杖點戳地面探尋道路”。《説文》：“擿，搔也。”“埴”的本義爲“粘土”（見《説文》），引伸之，則“埴”亦土亦地，這裹指“地面”。盲人用手杖探路，猶如用手杖給地面搔癢，故謂之“擿埴索塗”。“塗”同“途”。

⑦冥行：夜行。在黑暗中走路。

［譯文］

有人説：“耕種大片田地的，雜草必然長得很高；思念遠方戀人的，心中一定充滿憂傷。”揚子説：“太陽閃耀着光芒，月亮顯示着明光。一個人三年不看太陽，雙眼必然失去眸子；三年不看月亮，眸子必然不見亮光。當眼睛的神氣因長久不用而枯竭、雙目的神采因長久不用而消失之後，就祇有用手杖戳着地面探路，永遠在黑暗中行走罷了。”

［按語］

本章解釋“治己以仲尼”的原因。問者認爲，以孔子爲榜様來修正錯誤是把目標定得太高，會徒然給自己增加煩惱。揚雄則認爲，孔子如同日月，人長久不見日月視力必然衰退，學習不以孔子爲榜様就會迷失方向。

3.15

或問：“何如斯謂之人？”曰：“取四重[①]，去四輕，則可謂之人。”曰：“何謂四重？”曰：“重言，重行，重貌，重好。言重則有法②，行重則有德③，貌重則有威，好重則有觀。”“敢問四輕？”曰：“言輕則招憂，行輕則招辜④，貌輕則招辱，好輕則招淫⑤。”

［注釋］

①重：《論語·學而》：“君子不重則不威，學則不固。”皇侃疏：“重爲輕根，静爲躁本。君子之體，不可輕薄也。”視對象之不同，“重”有慎重、鄭重、莊重、穩重之别。“輕”亦如此。

②有法：謂“有值得效法的地方”。

③德：猶言“收獲”。《廣雅·釋詁》：“德，得也。”《莊子·德充符》：“事得以和，謂之德也。”

④辜：罪過。

⑤好（hào）：嗜好。

［譯文］

有人問：“怎樣做纔算是一個真正的人？”揚子説：“採取四重，避免四輕，就可算是真正的人。”問者説：“什麽叫四重？”揚子説：“説話要慎重，做事要穩重，儀容要莊重，嗜好要鄭重。説話慎重，就會有可效法；做事穩重，就會有所收獲；儀容莊重，就會顯得威嚴；嗜好鄭重，就會大有可觀。”問者又説：“請問爲什麽要避免四輕？”揚子説：“説話輕率，就會招致憂患；行爲輕浮，就會招致罪過；儀容輕慢，就會招致侮辱；嗜好輕忽，就會招致淫邪。”

［按語］

本章介紹基本的修身方法。“四重”爲正，“四輕”爲邪。正、邪對舉，取捨分明。言語、行爲、儀容、嗜好，都是一個人道德修養的外飾，是源於内而形諸外的東西。在這幾方面的表現，不僅關乎一個人的榮辱吉凶，而且可以作爲衡量一個人道德修養優劣的補充標準。在揚雄看來，這祇是作爲一個真正意義上的"人"所應當具備的基本素養；如果連這些都做不到，那就不是一個够格的"人"。因此，"四重"可以被看作一般人修身的基本功夫。

3.16

《禮》多儀①。或曰："日昃不食肉②，肉必乾；日昃不飲酒，酒必酸。賓主百拜而酒三行③，不已華乎④？"曰："實無華則野，華無實則賈⑤，華實副則禮。"

［注釋］

①《禮》：指《儀禮》，俗稱"禮經"。秦漢時儒家"三禮"包括《周禮》、《儀禮》、《禮記》，既云"多儀"，當指《儀禮》。儀：指禮節、儀式。

②昃：太陽偏西，即"午後"。

③酒三行：行了三遍酒禮。一套酒禮包括獻、酢（zuò）、酬三種禮節。主人給客人斟酒曰"獻"，客人斟酒回敬主人曰"酢"，主人自飲之後再給客人斟酒曰"酬"。

④已：通"亦"。華：猶言"形式"，謂太多禮數。

⑤實：與"華"相對，猶言"内容"。賈（gǔ）：猶言"虚僞"。"賈"本指商人，商人多以欺詐手段獲利，故引伸爲"虚僞"。

［譯文］

《禮經》記載了很多的禮儀。有人説："過了中午還不把酒席上的肉吃下，肉一定會變乾；過了中午還不把酒杯裏的酒喝完，酒一定會變酸。客人和主人互相拜謝了無數次纔酒過三巡，這喝酒不就成了形式嗎？"揚子説："祇有喝酒的實際内容而不講究禮儀的形式，就會顯得粗野；祇是講究禮儀的形式而没有喝酒的實際内容，就會顯得虚僞。形式與内容相符合纔是真正的禮儀。”

［按語］

“華實副則禮”不是揚雄的創見。《論語·學而》記載有若説：“禮之用，和爲貴。”這裏的“和”，是“恰到好處”的意思，即“華實副”。司馬遷在《史記·禮書》中把禮儀的講究分爲“隆”、“殺”、“中”三種情況，“文貌繁”謂之“隆”、“文貌省”謂之“殺”，“文貌情欲相爲内外表裏”謂之“中”，他説：“君子上致其隆，下盡其殺，而中處其中。”君子行禮取其“中”，也就是“華實副”。

“華實副”與“文質彬彬”都强調内容與形式的統一，都是着眼於“度”，主張不偏不倚，追求“恰到好處”。這就是所謂“中庸”。“中庸”是中國古代哲學的重要命題，也是儒家學説的理論基礎。孔子説：“中庸之爲德也，其至矣乎！”（《論語·雍也》）程頤對“中庸”的解釋是：“不偏之謂中，不易之謂庸。中者，天下之正道；庸者，天下之定理。”（《中庸解題》）

無論哪種社交場合，不能不講禮節，衹是不要講究得太過分。“過猶不及”。過分講究禮節，不僅難免給人以虚僞的感覺，還常常讓人感到不自在。大家喜歡同學聚會，其原因之一，就是同學聚會極少客套禮數的束縛，彼此都很率真自由。

3.17

山雌之肥①，其意得乎？或曰：“回之簞、瓢②，臞如之何③？”曰：“明明在上④，百官牛羊⑤，亦山雌也。暗暗在上，簞瓢捽茹⑥，亦山雌也。何其臞？千鈞之輕⑦，烏獲力也⑧；簞瓢之樂，顔氏德也。”

［注釋］

①山雌：謂“山梁雌雉”，語出《論語·鄉黨》：“曰：‘山梁雌雉，時哉時哉！’”有人認爲，“山雌”指避世隱居的君子。肥：謂“隱居得時”，《周易·遯卦·爻辭》：“上九：肥遯，無不利。”

②回：顔回。見前注。簞、瓢：即“一簞食，一瓢飲”，語見前注所引《論語·雍也》。“簞”（dān），盛飯竹器；“瓢”，舀水用具。孔子所説顔回“一簞食，一瓢飲”，是説顔回生活上極端貧困。

③臞：瘦。與“肥”相對。

④明明：謂“明君”。“明明在上”指世道清平的時代。與“暗暗”謂昏君相對。

⑤百官牛羊：語出《孟子·萬章上》：“帝使其子九男二女，百官牛羊、倉廩，備以事舜於畎畝之中。”堯非常賞識舜，讓兒子們給舜當學生，把兩個女兒嫁給舜作妻子，命百官侍奉舜的生活，供給他牛羊和米粟。“明明在上”一段話的意思是説：明君在位的時候，君子受到器重，物質上得到極大的滿足，自然如“山雌之肥”。

⑥簞瓢捽茹：當理解爲“簞茹瓢捽”，義同“一簞食，一瓢飲”，即生活非常貧困。“捽”（zuó）通“啐”（cuì），義爲“小飲”。“茹”猶“食”。

⑦鈞：重量單位，一鈞爲30斤。

⑧烏獲：秦國大力士。《史記·秦本紀》：“武王有力好戲，力士任鄙、烏獲、孟悦皆至大夫。”

［譯文］

孔子説“山梁雌雉”隱居得時，都懂得他説這話的含意嗎？有人説：“顔回過着‘一簞食，一瓢飲’的貧困生活，不知瘦成什麼樣子了？”揚子説：“明君在位，君子過着像虞舜受唐堯器重那樣的優裕生活，自然有如‘山梁雌雉’一樣的快樂。昏君在位，君子過着‘一簞食、一瓢飲’的貧困生活，也同樣會像‘山梁雌雉’那樣地快樂。顏回怎麽會瘦得不成樣子呢？舉千鈞之重如鴻毛之輕，是因爲烏獲大力士的臂力；視‘簞瓢’之貧爲‘山雌’之樂，是因爲顏回真君子的道德。”

［**按語**］

《法言》屢贊顏回“簞瓢之樂”，是揚雄以顏回自況以明志。揚雄“家産不過十金，乏無儋石之儲，晏如也”，與顏回相伯仲。

朱熹注《論語》引“程子”曰：“顏子之樂，非樂簞瓢陋巷也，不以貧窶累其心而改其所樂也，故夫子稱其賢。……簞瓢陋巷非可樂，蓋自有其樂爾。其字當玩味，自有深意。”

“其”字深意何在？不同思想境界、不同人生目標、不同道德觀念的人，其“苦”、“樂”標準完全不同。世人大多追求權、錢、色，以擁有極高的權勢、極多的金錢、衆多的美色爲樂。而顏回以有孔子這樣的聖哲作自己的老師、以自己有人生最崇高最完美的道德追求爲歡樂。揚雄爲什麽“恬於勢利”？班固認爲是因爲揚雄“實好古而樂道，其意欲求文章成名於後世”。

不少權勢者和商界大亨未必快樂，西方發達國家居民的幸福指數未必有某些發展中國家居民的幸福指數高。這種現象雖然未必是道德的因素使然，但確實可以説明物質享受未必是使人快樂的决定因素。

必須强調指出的是，孔子和揚雄之所以贊賞顏回，絶不僅僅是因爲顏回不貪圖物質享受，最主要的是顏回能够真正做到不因爲貧窮而改變自己的志向和追求。這就是孔子所説的：“君子固窮；小人窮，斯濫矣。”（《論語·衛靈公》）

3.18

或問："犂牛之鞹與玄骍之鞹①，有以异乎？"曰："同。""然則何以不犂也？"曰："將致孝乎鬼神，不敢以其犂也。如刲羊刺豕②，罷賓犒師③，惡在犂不犂也？"

［注釋］

①犂牛：毛色不純的牛，即"雜色的牛"。鞹（kuò）：去毛之皮。玄、骍："玄"指純黑色的牛，"骍"（xīng）指純赤色的牛。它們是古代祭祀時用作犧牲的牛。

②刲（kuī）：宰殺。

③罷賓：款待客人。

［譯文］

有人問："毛色不純的牛去毛之後，跟去毛之後的純黑色牛和純赤色牛，會有什麼不同嗎？"揚子說："完全相同。"問者説："既然相同，那麼爲什麼不用毛色不純的牛來祭祀呢？"揚子說："爲了向鬼神表示真誠的愛敬，所以不敢用毛色不純的牛來祭祀。如果是殺猪宰羊款待客人、犒勞軍隊，哪裏會在乎牛的毛色純還是不純呢？"

［按語］

本章是關於禮樂教化中祭祀問題的論述。祭祀的對象是"鬼神"，"鬼"是已故祖先的亡靈，"神"是包括天地在内的大自然的主宰。因此，對"鬼"的祭祀是出於對祖宗的孝心，對"神"的祭祀是出於對大自然的敬畏。"孝"的本質是愛敬，敬畏天地就得竭盡忠誠。選擇"玄骍"作爲祭祀時的"犧牲"，就是爲了表達對祖先的愛敬之心和對大自然的一片忠誠，以此區别於一般的款待客人和犒勞軍隊。禮儀雖然衹是一種形式，但它所表示的却是孝敬祖宗、敬畏天地的實際内容。在這裏，揚雄既充分肯定禮儀這種外在形式的必要性，又强調了祭祀所必需的忠誠愛敬之心。

3. 19

有德者好問聖人。或曰：“魯人鮮德①，奚其好問仲尼也?”曰：“魯未能好問仲尼故也。如好問仲尼，則魯作東周矣②。”

［注釋］

①魯人：指魯國的執政者。除魯君之外，還有如季氏三桓、陽虎等。

②魯作東周：魯國將成爲東方的西周。意爲“魯國將像周朝興起於西方一樣振興於東方”。語出《論語·陽貨》：“子曰：夫召我者，而豈徒哉?如有用我者，吾其爲東周乎?”

［譯文］

有道德的人喜歡向聖人請教。有人説：“魯國的執政者很少道德，爲什麽也喜歡向孔子請教呢?”揚子説：“就因爲魯國的執政者没有能够真正喜歡向孔子請教的緣故。如果他們真正喜歡向孔子請教，那麽魯國已經像周朝興起於西方那樣崛起在東方了。”

［按語］

魯國自周公受封立國，迄魯頃公爲楚所滅，凡三十四代，有所作爲的國君和大臣很少。孔子生活的魯定公、魯哀公兩代，“三桓專權”、“陽虎擅政”，朝廷篡弑不絶，故曰“魯人鮮德”。據《論語》、《禮記》、《史記》等書記載，魯定公、哀公、季康子、陽貨等，都曾向孔子“問政”或問其他事情，故云“好問仲尼”。孔子及其不少杰出的弟子是魯國人，孔子長期得不到重用，其弟子冉求、子貢等人也衹是多爲魯大夫家臣。魯定公、哀公和季氏所問孔子之事，要麽是亂政該如何收拾，要麽是非關國事的逸聞趣事，如定公五年“季桓子穿井得土缶，中若羊，問仲尼云‘得狗’”（《史記·孔子世家》）。故揚雄認爲魯人之“好問仲尼”，是“魯未能好問仲尼故也”，意思是説：如果魯國執政者真正重用孔子，就不會出現亂政，就不會問那些本不該問的問題了。定公十四年，孔子 56 歲，“由大司寇行攝相事”（以司法長官代行宰相職權），“齊人聞而懼，曰：‘孔子爲政必霸。’”於是齊國選美女八十人、文馬三十駟送給魯君。定公和季桓子等人接受美女和音樂舞蹈之後，三日不聽政，於是孔子辭官。後來季桓子臨死時，喟然嘆曰：“昔此國幾興矣，以吾獲罪於孔子，故不興也。”（以上引文均見《史記·孔子世家》）故揚雄認爲，“如好問仲尼，則魯作東周矣”。揚雄以孔子和魯國政事爲例，强調有道德的執政者，都應該實行孔子的儒家之道。

3.20

或問：“人有倚孔子之墻，弦鄭、衛之聲①，誦韓、莊之書②，則引諸門乎？”曰：“在夷貉③，則引之；倚門墻，則麾之④。惜乎⑤！衣未成而轉爲裳也⑥。”

［注釋］

①弦：猶言“彈奏”。鄭、衛之聲：謂“淫聲”或所謂“亂世之音”。孔子説：“鄭聲淫。”（《論語·衛靈公》）《禮記·樂記》：“鄭衛之音，亂世之音也。”

②韓、莊之書：韓非、莊周的書。代指儒學之外的“諸子之學”。韓非

（前 280—前 233 年），先秦法家代表人物，與李斯同爲荀子學生，著有《韓非子》五十五篇。莊周（前 369—前 286 年），先秦道家代表人物之一，學宗老子，對孔子及其儒學甚多否定之辭，著有《莊子》一書。

③夷貉（mò）："夷"指東方少數民族，"貉"指北方少數民族。"夷貉"泛指中原地區各國之外的少數民族地區。"貉"又作"貊"。

④麾：義同"揮"，猶言"驅趕"。

⑤惜：猶言"痛心"。《說文》："惜，痛也。"

⑥衣：穿在身體上部的服裝，即今語"上裝"，喻孔子之學。"裳"：繫在腰間遮蔽下體的服裝，猶今語"圍裙"，喻諸子之學。

［譯文］

有人問："有人倚靠着孔子的門墻，彈奏着鄭國和衛國的音樂，吟誦着韓非和莊周的書籍，就該將他引進孔子的門來嗎？"揚子說："如果是在東夷北貉地區，就可以將這樣的人引進孔子之門；（如果不是）就該將這個倚靠着孔子門墻的人趕走。真令人痛心啊！（讓這種人學習孔子之道，）就像想縫製上衣没有做成反而做成了裙裳一樣。"

［按語］

本章有幾個問題很值得注意。

同樣是對孔子儒學持异端思想的人，爲什麼"在夷貉則引之，倚門墻則麾之"？揚雄把崇尚法家和道家思想、欣賞鄭衛之音的人一律視爲异端，但是又將他們區別爲兩種情況：一種是身處中原禮儀之邦却崇尚諸子之學的"倚門墻"者，一種是身"在夷貉"僻遠地區莫辨儒學與諸子之學的人。對於前者，揚雄認爲，他們熟知孔子儒學主張，却仍然崇尚諸子之學，可見是無法接受儒學改造的了，如果讓這些人進入孔子之門，很可能會破壞了儒學的純潔性（"衣未成而轉爲裳"）。而對於後者，揚雄認爲，這些人由於缺乏對孔子儒學的了解而暫時相信了諸子之學，應當引導他們認識和了解孔子儒學的“禮義”，使他們接受以儒學爲正統的中原文化。不難看出，這是揚雄對儒家“華夷之辨”思想的忠實繼承和發展。對於未受到儒家文化影響的“遠人”，孔子主張“修文德以來之，既來之，則安之”（《論語・季氏》）。儒家的這種民族觀念和民族政策是符合中華民族演進過程的需要的，它的實質是主張用文化影響去實現各民族的統一。揚雄“在夷貉則引之”的民族思想是一貫的。漢哀帝建平四年，匈奴單于“上書願朝”，有人主張拒絶匈奴的朝拜，於是揚雄上《諫不許單于朝書》，陳述拒絶匈奴單于朝拜的隱患和後果。一方面指出：“匈奴本五帝所不能臣，三王所不能制，其不可使隙明甚。”就是説匈奴是不容易被武力征服的。另一方面指出，接受匈奴單于朝拜的最大益處是“兵革不用而憂患不生”（以上引文見《資治通鑒・漢紀・哀帝建平四年》）。總之，揚雄從來不主張朝廷用中原百姓的生命和糜費大量錢財去發動對少數民族地區的戰爭。

在關於揚雄思想的研究中，有所謂“醇儒説”、“變儒説”，其中最值得注意的是“變儒説”。“變儒説”認爲，揚雄思想雜儒、道兩家，其主要根據有三：其一是桓譚曾以揚雄譬老子，其二是揚雄盛贊嚴遵，其三是揚雄的“澹泊”和“朝隱”。其實，桓譚曾説“子雲亦東道孔子也”（《新論・啓寤》）。即以本章而論，如果揚雄雜有道家思想，應該不會將莊周之書視爲异端。有學者指出：“‘醇儒説’庶幾接近揚雄思想實質，然於揚雄思想在兩漢之際的特出地位估計不足；‘變儒説’與‘非儒説’則夸大了揚雄思想的‘特殊’成分，未能闡明揚雄思想的實質。”（陳朝輝《揚雄思想淺析》，載《成都師專學報》2002 年第 1 期）綜觀《法言》全書，陳説不謬。

3. 21

聖人耳不順乎非，口不肄乎善①。賢者耳擇、口擇②，衆人無擇焉。或問："衆人?"曰："富、貴、生③。""賢者?"曰："義④。""聖人?"曰："神⑤。"觀乎賢人，則見衆人；觀乎聖人，則見賢人；觀乎天地，則見聖人。天下有三好⑥：衆人好己從⑦，賢人好己正，聖人好己師。天下有三檢⑧：衆人用家檢，賢人用國檢，聖人用天下檢。天下有三門⑨：由於情欲，入自禽門；由於禮義，入自人門；由於獨智⑩，入自聖門。

［**注釋**］

①肄（yì）：有人認爲係"違"字訛文。今從此説。

②耳擇、口擇：聽話有所選擇（非禮勿聽），説話有所選擇（非禮勿言）。

③富、貴、生：意爲"以錢財、權勢、壽命爲人生最高追求"。

④義：猶言"以道義爲人生的最高追求"。《禮記·中庸》："義，宜也。"所謂"宜"，即做自己應該做的事情。《太平御覽》卷四二一《人事部》引《尸子》："曰：'賢者之於義也，貴乎、義乎?'曰：'義。是故子罕不以玉爲寶。'曰：'生乎、義乎?'曰：'義。是故務光投水而殪。'三者之所重，而不足以易義。"在揚雄看來，"賢者"與"衆人"的根本區别，就在於賢者爲了追求道義而寧可捨棄錢財、權勢、生命。

⑤神：意爲"具有超凡智慧而出神入化"。《説文》："神，天神，引出萬物者也。"《易經·説卦》："神也者，妙萬物而爲言者也。"《孟子·盡心上》："聖而不可知之謂神。"《淮南子·俶真》："神者，智之淵也。"

⑥三好（hào）：三種人的不同喜好。

⑦己從：即“從己”，順從自己。後面的“己正”、“己師”結構同此，分別是“修正自己”、“學習自己”。

⑧三檢：三種人的不同檢驗標準。衆人、賢人、聖人，各自的追求目標不同，故檢驗其事業成功或失敗的標準也不相同。

⑨三門：即“三類”，指三類不同的人。禽獸也有“情欲”，故將唯追求情欲享受（金錢、名利等物欲享受）的人歸入“禽門”。講究“禮義”，是人區别於禽獸的根本標準（孔子説“仁者，人也”），故將追求禮義的人歸入“人門”。達到“神”的境界（“獨智”）的人，自然應當歸入“聖門”。

⑩獨智：獨特的智慧，即所謂“神”。揚雄《法言》中所謂的“神”，主要有兩方面的涵義：一是指自然界的主宰，一是認識論意義上的心智之神。這裏指後者，即超凡卓絶、出神入化的智慧。

［**譯文**］

聖人耳朵不聽不合道義的言論，嘴巴不説違背道德的話語。賢者聽話、説話是有選擇的，衆人聽話、説話都不會有選擇。

有人問：“衆人的主要特點是什麼?”揚子説：“以錢財、地位、壽命爲最高追求。”再問：“賢者的主要特點是什麼?”揚子説：“以道義爲最高追求。”又問：“聖人的主要特點呢?”揚子説：“智慧非凡乃至出神入化。”因此，觀察賢人，就能看出衆人的差距；觀察聖人，就看出賢人的差距；觀察天地，就能看出聖人的差距。

天下有三種人的不同喜好：衆人喜好别人服從自己的安排，賢人喜好努力糾正自己的錯誤，聖人喜好世人學習自己的道義。

天下有三種人的不同檢驗標準：衆人用治家檢驗自己的成就，賢人用治國檢驗自己的成就，聖人用治天下檢驗自己的成就。

天下有三種類型的人：其志向出於對情欲的追求的，應該將他們歸入到禽獸類；其志向出於對禮義的追求的，應該將他們歸入到衆人這一類；其志向出於對非凡智慧的追求的，應該將他們歸入到聖人這一類。

［按語］

本章介紹了衆人、賢人、聖人在道德修養、事業目標、人生追求等方面的主要差异。其中“三好”是道德修養上的差异，“三檢”是事業目標上的差异，“三門”是人生追求上的差异。

關於道德修養，孔子特别强調“慎言”，他説：“君子欲訥於言而敏於行。”又説：“古者言之不出，耻躬之不逮也。”（均見《論語·里仁》）孔子甚至認爲“剛、毅、木、訥，近仁”（《論語·子路》），他主張“不語怪、力、亂、神”（《論語·述而》）。揚雄則將孔子的“慎言”概括爲“耳不順乎非，口不肄乎善”，主張“耳擇、口擇”；於“慎言”之外，還加上了“審聽”這一要求。没有是非標準的“好己從”，勢必形成跋扈、專斷的作風，勢必給阿諛奉承的小人以鑽營的機會。“過而能改，善莫大焉”，人須“日新”，“日新”必須“日進”，“日進”就是一個不斷修正錯誤的過程，故云“賢人好己正”。聖人擔負着“平天下”的責任，“平天下”包括讓天下人接受禮義教化，故云“聖人好己師”。聖人的“好己師”與一般人的“好爲人師”不同。聖人是真理的化身，又是真理的傳播者。一般人的“好爲人師”與“好己從”類似，衹不過所“師”於人者，未必是應該學習的東西。

揚雄“三檢”所介紹的三類人的差异，可以視爲一個人的“成聖”過程。所謂“聖人”，即《禮記·大學》所説的“古之欲明明德於天下者”。怎樣纔能成爲一個“欲明明德於天下者”呢？《大學》由“先治其國”、“先齊其家”、“先修其身”、“先正其心”、“先誠其意”一直倒推下去，最後是“先致其知”（必須使自己有知識有智慧）。怎樣纔能“先致其知”呢？“致知在格物”

（獲得知識的途徑是推究事物的原理，即認真研究學習事物發展的規律）。“修身”就是使自己成爲一個有大智慧、明大道理的人，其最高目標是成爲“聖人”。

值得注意的是揚雄關於“三門”的論述。一個以追求物質享受爲人生最高追求的人，哪裏會顧及禮義廉耻？哪裏會顧及他人的利益和生死？時下的某些“事業成功人士”，要麽“由於貪污”，要麽“由於受賄”，要麽“由於製假販假”，要麽“由於卷款潜逃”，要麽“由於不顧工人死活”，總之，他們爲了“暴富”以滿足自己的“情欲”，哪裏還有一點人的味道？將這些人“入自禽門”，實在是再恰當不過了。而“由於禮義”者，則要不惜承擔一切犧牲，不僅連天下也可以拱手讓給别人，還要不惜“捨生以取義，殺身以成仁”。在儒家看來，這樣的人纔是真正的“人”，故揚雄將他們“入自人門”。

3.22

或問：“士何如斯可以禔身①？”曰：“其爲中也弘深②，其爲外也肅括③，則可以禔身矣。”

［注釋］

①禔（zhī）：平安幸福。《説文》：“禔，安也。”王筠注：“《玉篇》：‘禔，福也，安也。’以爲兩義，許君則云‘禔也者，安也’、‘安也者，福也’，以爲一義。”

②中：謂“内心”，猶言“志向”。

③外：謂“外表”。肅括：嚴肅、檢點。《説文》：“括，絜也。”段注：“絜，麻一端也。引伸爲絜束之絜。”絜束，猶約束；自我約束，即“檢點”。

［譯文］

有人問："士怎樣纔能使自己平安幸福?"揚子説："他的內心要有宏偉的志向和深沉的思考，他的外表要有嚴肅的態度和檢點的行爲，這樣就能使自己平安幸福了。"

［按語］

宏偉的志向使人確立奮鬥的方向。一個人有了自己的奮鬥方向，就不會斤斤計較一時的得失，就會少受外物的影響，自然就會感到幸福。揚雄之所以"不汲汲於富貴，不戚戚於貧賤"，就因爲他有堅定的志向——"欲求文章成名於後世"，更有宏偉的目標——"成聖"。

行爲檢點、謹言慎行是最好的自我保護。孔子説："恭則不侮，寬則得衆。"（《論語·陽貨》）又説："躬自厚而薄責於人，則遠怨矣。"（《論語·衛靈公》）還説："君子惡稱人之惡者，惡居下流而訕上者，惡勇而無禮者。"（《論語·陽貨》）孔子所説的待人恭敬、爲人寬厚、不稱人之惡，與揚雄所説的"肅括"意思相近。"肅括"不僅是君子的外表，而且是一般人自我保護——"遠怨"（遠離仇恨）的最佳方法。

3.23

君子微慎厥德①，悔吝不至②，何元憞之有③？

［注釋］

①微慎：即"慎微"，對細小的事情也很謹慎。厥：他的。

②悔吝：小過失。《周易·繫辭》："悔吝者，言乎其小疵也。"

③元憞（duì）：大惡，即"罪過"。

［譯文］

君子對與他品德有關的小事情也非常謹慎，因此連小小的過錯也不會發生，哪裏還會有大的罪過産生呢？

［按語］

“防微”可以“杜漸”，所以儒家在個人道德修養上提倡“慎微”，主張“莫以善小而不爲，莫以惡小而爲之”。

3.24

上士之耳訓乎德①，下士之耳順乎己。

［注釋］

①上士：上士、中士、下士，本爲古代官爵名；又用作對學問和修養高低的讀書人的區別性稱呼。訓：同“順”，猶言“聽得進去”。

［譯文］

上士的耳朵聽得進所有合乎道德的話，下士的耳朵衹聽得進自己樂意聽的話。

［按語］

前面介紹“耳擇”是賢人的修養之一，這裏再次加以强調，足見“耳擇”、“審聽”的重要性。能不能聽得進合乎德義、却又是自己不願意聽的話，對任何人來説，都是一種考驗，尤其是手握權柄的領導者。古人云“一言可以興邦，一言可以喪邦”，這“可以興邦”的話如果不是掌權者樂意聽的話，那將怎樣？俗諺云“良藥苦口利於病，忠言逆耳利於行”，足見“忠言”大多是不順耳的話。對一般人來説，聽得進“忠言”的人是有道德有修養的君子；而對君王來説，是否聽得進“忠言”，往往成爲明君和昏君的主要區別標準。《鄒忌諷齊王納諫》的故事和魏徵上給唐太宗的《十漸不克終疏》，都是正面歌頌聽得進“忠言”的君王的典型例子。古往今來，因爲君王拒聽“忠言”而致“讒諂以蔽明”，最終禍亂國家乃至亡國滅族的例子豈少矣哉？看來，揚雄對“耳擇”、“審聽”的强調，絶不是多餘的。

3. 25

言不慚、行不耻者①，孔子憚焉②。

［注釋］

①言不慚、行不耻：可以有兩種理解：一種理解是，“説話没有值得慚愧的地方（從不説大話、錯話），做事没有值得羞耻的地方（從不做錯事、壞事）”；另一種理解是，“説大話從來不會知道慚愧（大言不慚），做錯事從來不會感到羞耻（恬不知耻）”。譯文從前一種理解。

②憚：懼怕。這裏猶言“敬畏”。

［譯文］

説話没有值得慚愧的地方、做事没有值得羞耻的地方的人，連孔子也會對他表示敬畏。

［按語］

一輩子不説錯話、不做錯事的人實在太少了，甚至是不會有的。如果有，就連孔子也會感到自愧不如。揚雄的意思是説，儘管一個人難免會説錯話、做錯事，但是人們仍然應該儘量不説錯話、不做錯事。

照第二種理解，一個説話大言不慚、做事恬不知耻的人，就連孔子也會感到懼怕。這是對毫無自知之明者的警告。四川俗語有“人不要臉，鬼都害怕”的説法，所指就是這種情況。

《問道》卷第四

序

芒芒天道①，昔在聖考②，過則失中③，不及則不至，不可奸罔④。撰《問道》。

［注釋］

①芒芒：猶“皇皇”，美盛通達貌。天道：謂自然之道，猶今語“自然規律”。

②聖考：古聖、先聖。指自堯、舜迄孔子的所有聖王、聖人。《説文》：“考，老也。”

③中：無過與無不及，即不偏不倚。《中庸》：“中也者，天下之大本也。”是説“中”是天道的根本。

④奸罔：虛假不實。《廣雅·釋言》：“奸，僞也。”《漢書·揚雄傳》蘇林注：“罔，誣也。”

［譯文］

純美通達的天道，從前是在古代聖人掌握之中的。（對天道的理解，）言過其實就會失其根本，認識不足就達不到極致，絶對不可以有虛假誣罔的成分。（爲了讓人們了解和掌握不可失

“中”的原則，）撰《問道》一卷。

4.1

或問：“道[①]？”曰：“道也者，通也，無不通也。”或曰：“可以適它與[②]？”曰：“適堯、舜、文王者爲正道[③]，非堯、舜、文王者爲它道。君子正而不它。”

［注釋］

①道：本義爲“道路”。作爲古代哲學概念的“道”，其内涵和外延都可以有許多不同的解釋。在這段文字中，其字面意思爲“道路”，但實際内涵却是指聖人的主張或方法，即“聖道”。

②適：到……去，猶言“通往”。它：猶言“其他地方”。

③堯、舜、文王：“堯、舜”是中國上古傳説中的“聖王”，“文王”即周文王姬昌。堯、舜以禪讓而德垂後世，周文王以興禮治國垂範後世，他們都是儒家宣揚的聖王的典型。

［譯文］

有人問：“道是什麽啊？”揚子説：“道就是讓人通行的道路，而且是無所不通的道路。”又問：“可以通往任何地方去嗎？”揚子説：“通往堯、舜、文王那裏的是正道，不是通往堯、舜、文王那裏的是邪道。君子衹會走正道而不會走邪道的。”

［按語］

强調衹有儒家宣揚的聖人之道是天下“正道”，其他的諸子學説都是“它道”（邪道），表明“宗儒”的鮮明態度和立場。

4.2

或問：“道[①]？”曰：“道若途若川，車航混混[②]，不舍晝夜③。”或曰：“焉得直道而由諸④？”曰：“途雖曲，而通諸夏則由諸⑤；川雖曲，而通諸海則由諸。”或曰⑥：“事雖曲而通諸聖，則由諸乎？”

［注釋］

①道：上一章問“道是什麽”，這一章問“道是怎樣讓人通往目的地的”。

②航：大船。混混：意爲“來來往往”。《廣雅·釋訓》：“混混，轉也、流也。”

③舍：停止。

④諸：代詞兼語氣詞，猶“之乎”。

⑤通諸：猶“通乎”（通於）。由諸：猶“由之”（遵循着它）。後面兩句中的“通諸”、“由諸”同此。

⑥或曰：司馬光《法言集注》云：“揚子設爲或人意寤（悟），以結上意耳。”

［譯文］

有人問：“道是怎樣使人通往目的地的呢？”揚子説：“道好比道路好比河流，讓車船在上面來來往往，晝夜不停地通行。”再問：“怎樣纔能找到一條筆直的路來讓人順着它前進呢？”揚子説：“道路雖然曲曲折折，但衹要是能通向華夏的就應當順着它走；河流雖然彎彎曲曲，但衹要是能通向大海的就應當順着它行。”問者若有所悟地説：“（先生的意思，不就是）事物雖然複雜紛繁，但衹要是能通向聖道的就應當遵循它前進嗎？”

［按語］

上一章論“道的正邪”，是關於學習目標的問題；本章論“道的曲直”，是關於學習態度的問題。揚雄强調，學習目標確定之後，就不要懼怕學習上的各種困難和曲折。

4.3

道、德、仁、義、禮，譬諸身乎①？夫道以導之②，德以得之③，仁以人之④，義以宜之⑤，禮以體之⑥，天也⑦。合則渾，離則散；一人而兼統四體者⑧，其身全乎？

［注釋］

①身：謂一人之身，指“一個人的各種需要”。

②道：《釋名·釋言語》：“道，導也，所以通導萬物也。”之：代指“身”（一個人）的需要，作“導”的賓語，以下四個“之”字的用法同此。

③德：《禮記·樂記》：“德者，得也。”

④仁：《禮記·中庸》：“仁者，人也。”

⑤義：《禮記·中庸》：“義者，宜也。”

⑥禮：《禮記·禮器》：“禮也者，猶體也。”“體”謂使人做事得體。

⑦天：天性，即自然本能。

⑧四體：指首、身、手、足四部分。此處的“身”是與“頭、手、足”并列的概念。

［譯文］

道、德、仁、義、禮，不就好比一個人的各種需要嗎？“道”是用來指導一個人行動方向的，“德”是用來使一個人獲得益處的，“仁”是用來教育一個人怎樣做人的，“義”是用來指導一個人正確取捨的，“禮”是用來指導一個人行爲得體的。五者是人本能的需要。它們合起來是渾然一體的，分開來便五離四散了；不正像一個人必須兼備頭、身、手、足，他的身體纔是完整的一樣嗎?

［按語］

本章介紹“道的内容”，即關於學習内容的問題。儒家之道，在個人修養方面强調所謂“五常”。“五常”包括仁、義、禮、智、信，與揚雄所説略有出入，但可視爲一致。因爲“道”的内涵是“智”而且是“聖智”，“德”的主要表現是“信”。

揚雄在這裏主要强調了兩個問題。一方面，强調對於儒家的道德規範，應該從總體上把握其精神内涵，應將“仁、義、禮、智、信”視爲一個不可割裂開來的整體。這是强調儒家道德的系統性。另一方面，强調儒家的道德規範是“天”，是人的天性所必需的，并非强加於人的。這是宣揚儒家道德的合理性。

4.4

或問德表①，曰：“莫知作，上作下②。”“請問禮莫知③?”曰：“行禮於彼，而民得於此。奚其知?”或曰：“孰若無禮而德④?”曰：“禮，體也⑤。人而無禮，焉以爲德?”

［注釋］

①德表：謂“德政的標志”。

②莫知作，上作下：這句話費解，有幾種標點形式。根據下句“請問禮莫知”，“作”的賓語應當是“禮”。據此，這句話是説：“没有人知道在實行禮治，其實當政者已經對民衆實行了禮治。”這裏的“禮”，主要是指各種政治措施和規章制度。儒家主張“治國以禮”，“德政”的主要特點就是“禮治”。當“禮”已經成爲每個人的需要和自覺行爲的時候，便不會有人感覺到“禮”對自己的約束，故云“莫知作，上作下”。

③禮莫知：是問“禮不被人知”的原因。

④孰若無禮而德：猶“何如無禮而德”，意爲“莫如不要禮而直接以德化民”。

⑤體：猶言“治國的根本措施”。

［譯文］

有人問德政的主要表現是什麼，揚子説：“没有人知道在實行禮治，其實當政者已經對民衆實行了禮治。”再問：“請問爲什麼禮會不被人知曉呢？”揚子説：“當政者在上邊實行德政，而老百姓在下邊得到實惠，他們哪裏會感覺到禮的約束呢？”那人説：“何不放棄禮治而直接實行德政呢？”揚子説：“禮是治國的根本措施，治人却不用禮，還能用什麼來推行德政呢？”

［按語］

本章論述“禮”與“德”的關係，説明“禮”是手段，“德”是表現，即“德”是通過“禮”來實現的，强調了“禮”的重要作用。關於“禮，體也。人而無禮，焉以爲德”這段話，還有另外一種解讀。李軌注：“禮如體，無體何得爲人？無禮何能立德？”如果我們把“德”理解爲精神，“禮”理解爲身體來看它們之間的關系，没有身體，精神就没有了依傍；没有精神，身體就只是一具行尸走肉。但從根本上説，“禮”畢竟是“德”存在和表現的基礎，所以最值得强調和重視的仍然是“禮”。

4.5

或問天，曰：“吾於天與，見無爲之爲矣[①]。”或問：“雕刻衆形者[②]，匪天與？”曰：“以其不雕刻也。如物刻而雕之，焉得力而給諸[③]？”

［注釋］

① 無爲之爲矣：什麼都没有做却什麼都做了。這就是所謂“自然天成”。《禮記・哀公問》：“無爲而物成，是天道也。”

② 雕刻衆形：見《莊子・天道》：“覆載天地，刻雕衆形而不爲巧。此之謂天樂。”意思是説，自然界的萬事萬物，都是“天”着意雕刻而成。

③ 給（jǐ）：供給。諸：代詞兼語氣詞，即“之乎”的合音。“之”代指“天”。

［譯文］

有人問天是什麼，揚子説：“我對於天的理解麼，没有見它做什麼却什麼都是它做的。”又問：“《莊子》所説的‘刻雕衆形’的，不就是天嗎？”揚子説：“因爲萬物不是雕刻而成的。如果萬物需要一個一個地刻削雕飾，那麼哪來的力量供給天雕刻萬物呢？”

［按語］

揚雄雖然未能給“天”以科學的界定，但是他對“天”的現象的解釋是近乎科學的。用現代人的觀點看，古人所謂的“天”，就是“自然規律”。自然界的萬事萬物，都是受自然規律的支配而發展變化的，如春、夏、秋、冬四季的交替，白晝與黑夜的更迭，花開花落的變化，日月星辰的出没，等等。因此，揚雄認爲萬物不是由天“雕刻”出來的，而是自然形成的。什麼都没有做却什麼都是它做成的，這就是“天”。

4.6

《老子》之言道德[①]，吾有取焉耳；及搥提仁義[②]，絶滅禮學，吾無取焉耳。

［注釋］

①《老子》：亦名《道德經》，被先秦道家奉爲經典，也是後來道教的經典。道家的學術主張多見於《老子》。《史記・太史公自序》說："道家無爲，又曰無不爲。其實易行，其辭難知，其術以虛無爲本，以因循爲用。"《漢書・藝文志》說："道家者流，……清虛以自守，卑弱以自持。"關於《老子》一書的作者，一般認爲姓李，名耳，字聃，春秋末期楚國苦縣（今河南鹿邑一帶）人，俗稱"老子"或"老聃"，與孔子爲同時代人。

②搥（duī）提：抛棄。《廣雅・釋詁》："搥，擿也。"《說文》："投，擿也。"擿，"擲"之古字。《中華大字典》："提，棄也。"

［譯文］

《老子》關於道德問題的論述，我是有所吸取的；至於它那些抛棄仁義、絶滅禮學的主張，我是絶不贊同的。

［按語］

本來儒、道兩家尖鋭對立，互相貶抑，所謂"世之學老子者則絀儒學，儒學亦絀老子"（《史記・老子韓非列傳》），但是揚雄却能對《老子》及其道家之學作客觀的分析與比較，吸取其符合儒學精神的部分，批判其違背儒學精神的東西，這種科學的批判精神和治學態度，與那種囿於門户之見的虛無主義態度相比，實在是難能可貴的。有的揚雄研究者據此認爲揚雄是雜有儒、道兩家思想的所謂"雜儒"，這是很不客觀的，也是不符合揚雄思想實際的。

4.7

吾焉開明哉[①]？惟聖人爲可以開明，它則苓[②]。大哉，聖人！言之至也。開之，廓然見四海[③]；閉之，闇然不睹墻之裏[④]。

［注釋］

① 開明．謂“啓發蒙昧使見光明”。

② 苓：通“笭”，“笭”是横在車前以避風塵的竹簾。故以“苓”（笭）喻障蔽視綫。

③ 廓然：視野開闊貌，猶言“豁然開朗”。

④閛（pēng）然：有的版本作“闇然”。“閛”爲關門聲，“閛然不睹墻之裏”難以理解，故譯文從他本作“闇然”。“闇”音義均同“暗”，“闇然”猶言“一片漆黑”。

［譯文］

我哪裏能够啓發蒙昧使人得見光明啊？衹有聖人纔可以做到啓發蒙昧使人得見光明，其他的人衹會障蔽人們的視野。聖人是多麽偉大啊！聖人的言論是盡善盡美的真理。打開這真理的大門，使人豁然開朗看得見四海；關閉這真理的大門，便一片漆黑連墻的内壁也看不清。

［按語］

儘管揚雄有“成聖之志”，但他從來不敢以“聖人”自詡，故云“吾焉開明哉”。但是兩漢時期許多杰出的思想家，如桓譚、張衡、王充等人是非常推崇揚雄的，他們常將揚雄與孔子相提并論，將揚雄視爲“聖人”。例見本書緒言，此不贅述。

本章極力贊美“聖人”，認爲“惟聖人爲可以開明”，雖然不免溢美之嫌，但其宗儒尊孔的用心是可以理解的。

4.8

聖人之言，似於水火。或問：“水火？”曰：“水，測之而益深，窮之而益遠[1]；火，用之而彌明，宿之而彌壯[2]。”

［注釋］

①窮：謂“窮盡探求”，即“窮究”。

②宿：積藏，積蓄。壯：猶“旺”。

［譯文］

聖人的言論，與水和火非常相似。有人問：“爲什麽説它與水、火相似?”揚子説：“水，要測其深度會愈測愈深，要探其源頭會愈探愈遠；火，在使用它的時候便愈用愈明，在蓄藏它的時候便愈蓄愈旺。”

［按語］

“聖人之言”即孔子關於政治、哲學、禮儀、人倫等方面的言論，這些言論主要見於《論語》、《禮記》等儒家經典。謂“聖人之言”似“水”，是説“聖人之言”道理非常深奥，當盡畢生之力探究其源方能有大成就。謂之似“火”，是贊“聖人之言”威力巨大，雖盡畢生之力以探究它也是值得的。

4.9

允治天下[1]，不待禮文與五教[2]，則吾以黄帝、堯、舜爲疣贅[3]。或曰：“太上無法而治[4]，法非所以爲治也。”曰：“鴻荒之世，聖人惡之，是以法始乎伏羲而成乎堯[5]。匪伏匪堯，禮義哨哨[6]。聖人不取也。”

［注釋］

①允：信，誠，假設連詞，猶言“果真”。《説文》：“允，信也。”

②禮文：謂行禮的儀式，即禮的外在表現。五教：儒家關於家庭倫理

的五點内容，即“父義，母慈，兄友，弟恭，子孝”。《尚書·堯典》：“敬敷五教。”

③ 黄帝，指軒轅黄帝，傳説中的中國上古聖王。傳説中國古代的蠶桑、醫藥、宫室、舟車、文字、音律、算術、星相等各種文化藝術都始於黄帝時代，故謂之“人文初祖”。《尚書·大傳》説：“黄帝始製冠冕，垂衣裳，上棟下宇以避風雨。禮文法度，興事創業。”

④太上：與“鴻荒”一樣，都是指“遠古之世”，即所謂“盤古開天”之後，大致是原始社會後期，私有制出現之前的一段時期。故《千字文》叙史以“天地玄黄，宇宙洪荒”爲人類之始，“鴻荒”即“洪荒”。法：謂以禮樂爲核心的聖人之法。

⑤ 伏羲：亦作“庖羲”，傳説中的中國遠古聖王。傳説伏羲創製八卦以代文字，《周易·繫辭》：“古者伏羲氏之王天下也，仰則觀象於天，俯則觀法於地，視鳥獸之文與地之宜，近取諸身，遠取諸物，於是始作八卦，以通神明之德，以類萬物之情。”《説文解字·叙》引這段文字，説明漢字始於伏羲八卦。

⑥哨哨（xiāo xiāo）：意爲“歪曲”。《集韵·蕭韵》：“哨，口不正也。”

［**譯文**］

果真治理好了天下，却又没有採用禮儀與“五教”，那麽我衹有把黄帝、堯、舜都視爲身上的肉瘤了。有人説：“遠古時候没有法度而天下依然太平安定，可見法度并非使天下太平安定的東西。”揚子説：“遠古時候，聖人憂慮其原始野蠻，因此法度纔由伏羲始訂而形成於唐堯。如果不是伏羲、唐堯製訂了法度，那麽禮制的意義將會完全被歪曲。這是聖人所不贊同的。”

［**按語**］

儒學理論的核心之一是禮樂，而墨子、晏子等諸子之學有一個共同點，那就是“小禮樂”。《鹽鐵論·論誹》説：“晏子有言，儒者華於言而寡於實，繁於樂而舒於民，久喪以害生，厚葬以傷業，禮煩而難行，道迂而難遵，稱往古而言訾當世，賤所見而貴所聞。”故揚雄批評“墨、晏儉而廢禮”（《法言・五百》）。

揚雄爲了捍衛儒學正統，於是追溯禮樂産生的緣起，説明儒學所宣揚的禮樂制度，緣於上古聖王爲了改變原始先民野蠻的狀況而製訂出來，又經後世歷代聖君和聖人不斷豐富完善纔確定下來的。揚雄特别强調，要治理好天下，必須堅持“禮文與五教”這些禮義倫常原則。所以他對於企圖否定禮樂價值的論調，表示絶不能容忍。

4. 10

或問：“八荒之禮[①]，禮也、樂也，孰是?”曰：“殷之以中國[②]。”或曰：“孰爲中國?”曰：“五政之所加[③]，七賦之所養[④]，中於天地者爲中國。過此而往者，人也哉?”

［注釋］

① 八荒：八方荒遠之地，猶言“海外”。劉向《説苑・辨物》：“八荒之内有四海，四海之内有九洲。”

② 殷：猶“正”。《尚書・堯典》“以殷仲春”傳：“殷，正也。以正春秋之氣節。”中國：中國古代文獻上的“中國”，主要是指“中原各國”（黄河中下游一帶地區）。因爲華夏民族自以爲居天下之中（“中於天地”），故稱“中國”，并以“戎、狄、夷、貉”或者“蠻夷”指稱“中國”以外的其他地區。揚雄在地理意義之外，還賦予“中國”以禮樂文化的意義，即“五政之所加，七賦之所養”。這是很值得注意的，它表現了揚雄進步的民族觀和大一統的思想。

③ 五政：有“五行之政”、“五官之政”、“五常之政”等分歧説法，今

從李軌注："五政，五常之政也。""五常"指"仁、義、禮、智、信"五種道德規範。

④ 七賦：謂"五穀桑麻"七種農作物的賦税，即"稻、粱、菽、麥、黍、桑、麻"的賦税。賦税政策是重要的統治手段，故作爲區别是否"中國"的標準之一。

［譯文］

有人問："説到海外的禮，他們的那些禮呀、樂呀的，哪些是正確的？"揚子説："都應該用中國的禮樂去糾正它。"問者説："什麽是中國啊？"揚子説："實行五常禮教、執行七賦税制、居於天地中間位置上的那個區域就是中國。超過這個區域以外的，還能算是真正的人嗎？"

［按語］

揚雄痛恨諸子"小禮樂"甚至"非禮"、"非樂"，於是把禮樂作爲是否文明進步的唯一標準。在揚雄看來，"中國"之外的"八荒之禮"，都應當以孔子的禮樂爲標準去修正它；否則，那裏就不是文明開化之區，那裏的人也就不算是真正意義上的"人"。因爲廣義的"禮"，除了禮節、禮儀的内容之外，還包括朝廷一系列的典章制度，税賦也在其中，故"五政""七賦"也是衡量是否"中國"的標準。

4. 11

聖人之治天下也，礙諸以禮樂①。無則禽②，异則貉③。吾見諸子之小禮樂也④，不見聖人之小禮樂也。孰有書不由筆、言不由舌？吾見天常爲帝王之筆、舌也⑤。

［注釋］

①礙：阻礙，猶言“防止”。諸：猶代詞“之”，指代天下人。

②禽：包括禽與獸，言非人類。《説文》：“禽，走獸總名。”段注：“《白虎通》曰：禽者何？鳥獸之總名。”

③貉：本指東北少數民族，這裏泛指所有少數民族地區。《説文》：“貉，北方貉豸種也。”段注：“此與西方羌從羊、北方狄從犬、南方蠻從蟲、東南閩越從蟲、東方夷從大參合觀之。”貉亦作“貊”，并音mò。

④諸子：除儒家之外的先秦諸子，如道家、法家、墨家、兵家、名家、陰陽家等。小：猶言“蔑視”。

⑤天常：自然的倫常，這裏指“五常”。見前“五政”注。

［譯文］

聖人治理天下的時候，總是用禮樂來防止人們邪惡的行爲。没有禮樂的地方就是禽獸活動的區域，异於中國禮樂的地方就是蠻夷生活的區域。我發現衹有諸子纔會蔑視禮樂，没有見過聖人會蔑視禮樂。哪裏會有不用筆來書寫的書籍、不用舌頭來表達的語言呢？在我看來，“五常”就是帝王用來宣揚禮樂教化的筆和舌頭。

［按語］

“禮”的原始意義，衹是敬神祈福或祭祀祖先的儀式，《説文》：“禮，履也，所以事神致福也。”“樂”的原始意義，也衹是“娛人”（使人快樂）的一種手段而已。但是，自從周公製訂周禮，對原始禮儀進行改造使之系統和規範以後，“禮”就逐步成爲後世帝王用以治理百官百姓、維護統治地位的重要手段，其表現形式就是朝廷一系列的典章制度、禮節儀式和一整套的行爲規範。“樂”也隨之成爲推行“禮”的工具，并合稱“禮樂”。後來，“禮樂”與“征伐”一起成爲天子權力的象徵，被賦予極其莊重和神聖的色彩，如“天下有道，則禮樂征伐自天子出；天下無道，則禮樂征伐自諸侯出”（《論語·季氏》）。“禮樂”與天下治亂也發生了緊密的聯繫，周失綱紀，孔子謂之“禮崩樂壞”。

揚雄爲了駁斥諸子“小禮樂”的言論，强調指出“禮樂”既是衡量進步與文明的唯一標準，也是聖人治理國家的重要手段。由於“五常”是關於人倫和道德規範的重要内容，故舉“五常”以代“禮樂”。

4.12

智也者，知也。夫智，用不用①，益不益②，則不贅虧矣③。深知器械、舟車、宫室之爲④，則禮由已⑤。

［注釋］

①用不用：謂“利用别人所不用的”。

②益不益：謂“將無益的變爲有益的”。

③不贅虧：既不會多也不會少。

④爲：謂“製作的原理和規範”。古代器械、舟車、宫室的製造和修建，都必須根據使用者地位的尊卑來確定其大小和裝飾的規格，這就是《史記·禮書》所説的：“禮者，養也。……君子既得其養，又好其辨也。所謂辨者，貴賤有等，長少有差，貧富輕重皆有稱也。”

⑤由：行，謂“通行”。《廣雅·釋詁》：“由，行也。”已：通“矣”。

［譯文］

智慧這個東西，是用來認知事物本質的。智慧，可以讓人利用别人所不用的東西，可以使人將無益的東西變成有益的，這樣就不會覺得禮是多餘的或者有缺陷的東西了。能够深刻理解聖人關於器械、車船、宫室的建造規格，那麽禮就可以通行無阻了。

［按語］

揚雄認爲，諸子“小禮樂”的主要原因是認知能力問題，是因爲没有認識到“禮”可以使事物增加其表現作用（即：“用不用，益不益”）。衹要認識到了這一點，就不會認爲“禮”是多餘的或者是有缺陷的東西了。如果讓諸子再深刻體會聖人爲什麽要利用器械、車船、宫室的不同規格來體現地位的尊卑，那麽他們就不會再堅持反對儒家的禮樂主張了。

“禮”的主要作用是“别貴賤”，但行禮必須遵從“貴本而親用”的原則。怎樣“貴本而親用”呢？《史記·禮書》説：“故大路越席，皮弁布裳，朱弦洞越，大羹玄酒，所以防其淫侈，救其雕敝。”按照禮儀的規定，天子祭天時坐的車子（“大路”），坐席是蒲草編的（“越席”），戴的是鹿皮帽子，穿的是麻布衣裳；天子祭宗廟時，演奏用的琴瑟是紅絲弦但讓底部開孔（“朱弦洞越”），祭奠時獻的是不調五味的肉羹和以水代酒（“大羹玄酒”）。這樣規定的目的是“防其淫侈，救其雕敝”。祭天祭祖是“貴本”，防止奢侈浪費是“親用”。所以揚雄認爲，“禮”是充分發揮智慧的作用，利用别人不用的東西，變無益的東西爲有益（“用不用，益不益”）。道家和墨家攻擊“禮樂”的原因之一，就是認爲禮樂“糜財”。

4.13

或問：“大聲？”曰：“非雷非霆①。隱隱耾耾②，久而愈盈，尸諸聖③。”

［注釋］

①霆：大雷，即所謂“霹靂”。《爾雅·釋天》：“疾雷謂之霆。”

②accent（hóng hóng）：巨響，猶："轟轟"。宋玉《風賦》："accent雷聲。"

③尸諸聖：謂"主之於聖"，是説"愈久愈大的轟轟巨響掌握在聖人手中"。李軌注："尸，主也。雷霆之聲聞當時，聖人之言傳無窮。"

［譯文］

有人問："什麽是最大的聲音？"揚子説："（振聾發聵的聲音），既不是一般的雷聲也不是霹靂的巨響，而是那隱約可聞但時間愈久愈能充滿宇宙空間的轟轟之聲，這聲音是由聖人來主宰的。"

［按語］

雷霆的巨響，轉瞬即逝；聖人的言論，歷千載而意味彌深。《老子》説"大音希聲"，與揚雄認爲"大聲""非雷非霆"的觀點不謀而合。許多看似矛盾的現象，其實都符合樸素的辯證思維邏輯。

4.14

或問："道有因無因乎①？"曰："可則因，否則革②。"

［注釋］

①道：指"聖人之道"，即儒家學説。因：因循，繼承。

②革：改革，摒棄。

［譯文］

有人問："道是因循呢還是不因循？"揚子説："可行的就因循傳承，不可行的就改革摒棄。"

［按語］

揚雄一方面極力推崇“道”的神聖，認爲它是“無不通也”的普遍真理；但是他同時認爲，即使是代表普遍真理的“道”，也必須要適應不斷發展變化的時代特點纔能因襲繼承，否則，就得進行改革或者揚棄其不適應時代需要的部分。

“因循與革化”是揚雄一貫的思想。無論是對古代聖人的理論，還是對當代帝王的政治措施，揚雄都主張：適應時代發展需要的就繼承，不能適應時代發展需要的就要加以變革或者揚棄。他在《太玄·玄瑩》中系統地闡述了他的這一重要觀點。他說，“道有因有循，有革有化”，是說“因循革化”是事物發展的普遍規律。又說“因而能革，天道乃得；革而能因，天道乃馴”，是説祇有堅持“因循革化”，纔能合乎自然規律，纔能順乎事物的發展。又説：“物不因不生，不革不成”，是説新事物都是從舊事物産生出來的，如果祇有“因循”，新事物就産生不了，也違反了事物新舊交替的規律；如果祇有“革化”也不行，因爲没有“因循”繼承，事物將失去發展的基礎和連續性。揚雄還特別强調了改革要合時宜，否則就會失去改革的基礎；同時强調因循要有道理，否則就會違背變化的規律，所以他説“革之匪時，物失其基；因之匪理，物喪其紀”。揚雄認爲，“因循革化”是否合時有理，關係到國家政治統治的成敗，絶不可掉以輕心，他説“因革乎因革，國家之矩範也。矩範之功，成敗之效也。”

揚雄的“因循革化”思想是難能可貴的。揚雄一生的行事，往往不能被人理解，常常被人視爲“异端”，其原因之一，就是很少有人能够理解他所堅持的這一進步的哲學思想。事例請參考本書緒言。

4.15

或問無爲①，曰："奚爲哉？在昔虞、夏襲堯之爵②，行堯之道，法度彰，禮樂著，垂拱而視天下民之阜也③，無爲矣。紹桀之後④，纂紂之餘⑤，法度廢，禮樂虧，安坐而視天下民之死無爲乎？"

［注釋］

①無爲：即"無爲而治"。"無爲而治"是道家重要的學術主張，其内涵是順應自然，不求有所作爲。《老子》："是以聖人處無爲之事，行不言之教，……使夫知者不敢爲也，爲無爲，則無不治。"儒家也有"無爲而治"之説，但其内涵是指以德政感化民衆，不施行刑治。《論語·衛靈公》："無爲而治者，其舜也與？夫何爲哉？恭己正南面而已矣。"

②虞、夏襲堯之爵：堯禪位給舜，舜又禪位給禹。"襲"，承襲、繼承。"爵"指天子位。

③垂拱：垂手拱手，猶言"無爲"。阜：謂"富足康樂"。

④紹桀之後：李軌注："紹桀者，成湯也。"成湯取夏桀而代之，故云"紹桀"。紹猶"繼"也。

⑤纂紂之餘：李軌注："纂紂者，周武也。"周武王取商紂而代之，故云"纂紂"。纂猶"繼"也。

［譯文］

有人問應當怎樣理解無爲而治，揚子説："爲什麽要有所作爲呢？從前虞舜和夏禹先後繼承唐堯君位而有天下的時候，他們祇須忠實執行堯的聖道，使法度彰明、禮樂顯著，不用做什麽事情就能看着天下百姓過上富足安樂的生活，這算得上是無爲而治了。但是當商湯王取代夏桀、周武王取代商紂之後，都曾經面臨着法度被廢棄、禮樂遭破壞的局面，他們怎能坐視天下百姓死於非命而無所作爲呢?”

［按語］

針對道家的“無爲而治”，揚雄舉例説明不可“一切順其自然”而“無爲”，應當視具體情况來决定“無爲”和“有爲”。

舜、禹乃“守成”之君，繼聖王之位，多“因循”而少“革化”，故“無爲”而天下大治。湯、武是“革命”創業之君，取暴君而代之，百廢待興，需改革弊政以安天下百姓，豈能“無爲”?

4.16

或問：“太古塗民耳目①，惟其見也聞也②。見則難蔽，聞則難塞。”曰：“天之肇降生民③，使其目見耳聞，是以視之禮，聽之樂④。如視不禮，聽不樂，雖有民，焉得而塗諸?”

［注釋］

①太古：遠古，謂儒家禮樂産生之前。塗：通“杜”，猶言“堵塞”、“蒙住”。

②惟：猶言“顧慮”、“擔心”。《説文》：“惟，凡思也。”思猶慮也。

③肇（zhào）：始。生民：猶“初民”，謂早期人類。

④視之禮，聽之樂：謂“視之以禮，聽之以樂”。這裏是説“應該讓生民看到的是禮，聽到的是樂”。

［譯文］

有人問：“遠古時候堵住民衆耳朵、蒙住民衆眼睛，是擔心民衆有所見和有所聞。因爲見到了的東西就難以遮掩，聽到了的東西就難以堵塞。（這是怎麼回事啊?）”揚子説：“老天當初降生人類，就是要使他們眼睛能看、耳朵能聽；因此應當讓他們看到禮儀，聽到音樂。但是如果他們看到的不是禮儀，聽到的不是雅樂，即使擁有很多民衆，君王又怎麽能够得到他們而將他們的耳朵堵住、眼睛蒙住呢？”

［**按語**］

“塗民耳目”是一種愚民政策，是道家的政治主張。《老子·道德經》上篇説：“五色令人目盲，五音令人耳聾，五味令人口爽，馳騁畋獵令人心發狂……是以聖人爲腹不爲目，故去彼取此。”道家主張“爲腹不爲目”，故“五色”、“五音”這些“目見耳聞”的東西都在“去”的範圍，這就是所謂“塗民耳目”。

揚雄反對“塗民耳目”，指出老天讓人降生，就是要使人們眼睛能看、耳朵能聽；因此，“塗民耳目”是反人性的，也是絶對行不通的。揚雄認爲，爲了讓民衆順從統治者的意願，唯一的辦法是“視之禮，聽之樂”，就是讓民衆接受儒家禮樂的教育，也就是孔子所説的“修文德以來之”。

4. 17

或問新敝①，曰：“新則襲之②，敝則益損之③。”

［**注釋**］

①敝：破舊，猶言“過時的”。

②襲：因襲，繼承。

③益損：增加和減少，意爲“改革”。

［**譯文**］

有人問應當怎樣對待新生的和過時的事物，揚子説：“新生的事物，就應當繼承它；過時的事物，就應當改革它。”

[按語]

揚雄對待新、舊事物的態度非常鮮明。這是他的“因循革化”理論在實踐中的運用。

4.18

或問：“太古德懷不禮懷①，嬰兒慕②，駒犢從③，焉以禮?”曰：“嬰犢乎？嬰犢母懷不父懷④。母懷，愛也；父懷，敬也。獨母而不父，未若父母之懿也⑤。”

[注釋]

①德懷：謂“以德使懷”，意爲“因爲德政而使人懷念”。禮懷：謂“以禮使懷”，即“因爲禮治而使人懷念”。

②嬰兒慕：意爲“像嬰兒依戀母親一樣依戀（君王)”。

③駒犢從：意爲“像馬駒牛犢追隨它們的母親一樣追隨（君王)”。

④母懷：依戀母親。父懷：依戀父親。

⑤父母：“父懷母懷”的省略。懿：美好。

[譯文]

有人問：“遠古時候的明君因爲實行德政而使人懷念，不是因爲實行禮治而使人懷念；百姓就像嬰兒依戀母親一樣依戀着君王，像馬駒牛犢追隨它們的母親一樣追隨着君王。(由此看來)，哪裏用得着禮呢?”揚子説：“要説像嬰兒、牛犢依戀母親那樣的情况嗎？嬰兒、牛犢依戀母親不依戀父親。依戀母親，是出於對愛撫的需要；依戀父親，則是禮所要求的敬重。衹依戀母親而不敬重父親，是不如既敬重父親又依戀母親的效果美好的。”

[按語]

本章有兩點最值得注意。一是關於“母懷”與“父懷”的實質的論述。“母懷”是母子之間基於血緣關係的自然親情，其本質是愛，而且這種愛是人和動物共同具有的。“父懷”則是宗法制度下子女對父親的倫理親情，其特質是敬，是衹有人類纔可能具有的。揚雄將德政所産生的效果比做“母懷”，既説明仁愛之心應當是人的本性（“仁者，人也”），也説明光靠德政來維繫的政治是不健全的，還得有“父懷”。“父懷”即“禮懷”。“禮”的精神實質是自然情感與倫理情感的統一，屬於倫理規範系統的東西。從作用上説，“父懷”是“母懷”的保障，因爲衹有在倫理規範下的愛敬之心，纔不會因爲自身强大以後不再需要母愛而自行消失。换句話説，禮治是德政的保障。因此揚雄强調“獨母而不父，未若父母之懿也”。

另一個值得注意的，是揚雄對“母懷”所代表的血緣親情和“父懷”所代表的倫理親情的區分，凸現了“禮”的人性本質和禮治的社會功能，對批駁“小禮樂”的諸子學説具有很强的説服力。因此，這是揚雄對儒家倫理學説的重要貢獻。

4.19

狙詐之家曰①：“狙詐之計，不戰而屈人兵②，堯舜也。”曰：“不戰而屈人兵，堯舜也；沾項漸襟③，堯舜乎？衒玉而賈石者④，其狙詐乎？”或問：“狙詐與亡⑤，孰愈？”曰：“亡愈。”或曰：“子將六師⑥，則誰使？”曰：“御得其道⑦，則天下狙詐咸作使；御失其道，則天下狙詐咸作敵。故有天下者，審其御而已矣⑧。”或問：“威震諸侯，須於征與狙詐之力也⑨，如其亡⑩？”曰：

“威震諸侯，須於狙詐，可也；未若威震諸侯而不須狙詐也。”或曰：“無狙詐，將何以征乎？”曰：“縱不得不征，不有《司馬法》乎⑪？何必狙詐乎？”

［注釋］

①狙（jū）詐：狙擊和詭詐。作戰多用“狙詐”，故以言“兵”，“狙詐之家”即兵家。

②不戰而屈人兵：語見《孫子·謀攻》：“不戰而屈人之兵，善之善者也。”

③沾項漸（jiān）襟：謂“鮮血浸濕頸項、浸染衣衫”，意爲死傷甚多。“沾”本作“霑”，浸濕。“漸”謂“浸染”。

④衒（xuàn）玉而賈（gǔ）石：吆喝着賣玉却賣的是石頭。這是針對“不戰而屈人之兵”的説法來的。衒：沿街叫賣。

⑤亡：同“無”，謂“不用狙詐”。

⑥六師：即“六軍”，天子有六軍，泛指全國的軍隊。《周禮·夏官·司馬》：“王六軍，大國三軍，次國二軍，小國一軍。”

⑦御得其道：字面意思是“駕車人走的是正確的道路”，實際意思是“所發動的戰爭是正義的”。“御”指車御，即駕車人。《説文》：“御，使馬也。”使馬者即車御。

⑧審其御：審察自己戰車的方向，意爲“慎重地對待戰爭”。

⑨須：等待。《詩經·邶風·匏有苦葉》：“人涉否，須我友。”注：“須，待也。”

⑩如其亡：猶“如何其無”，意爲“怎麽能够不用狙詐呢”。

⑪《司馬法》：春秋齊國名將司馬穰苴的兵法著作。該書雖爲兵法著作，所言兵事却與《周禮》相出入，故《漢書·藝文志》將其列入經部禮類，并且稱之爲《軍禮司馬法》，又云：“下及湯、武受命，以師克亂而濟百姓，動之以仁義，行之以禮讓，《司馬法》是其遺事也。”

［譯文］

兵家宣稱：“善用詭詐的計謀，不用作戰就能使對手屈服，也就跟堯、舜一樣了。”揚子説：“不用作戰就能使對手屈服，是跟堯、舜差不多；但是詭詐的計謀弄得血濺頭頸、血染衣襟，還能説跟堯、舜一樣嗎？那些嘴上吆喝着賣玉其實是賣石頭的人，大概就是善用詭詐的人吧？”有人問：“用詭詐與不用詭詐，哪一個好？”揚子説：“不用詭詐好。”問者説：“如果讓先生統率全國的軍隊，那麼你會使用哪一種人呢？”揚子説：“如果進行的是一場符合道義的戰争，那麼天下善用詭詐計謀的人都能爲我所用；如果進行的是一場不符合道義的戰争，那麼天下善用詭詐計謀的人都是我的敵人。所以擁有天下的人，衹要慎重地對待自己所進行的戰争就行了。”又問：“威震諸侯，有待於征伐與詭詐的力量，怎麼能够不用詭詐呢？”揚子説：“威震諸侯，有待於詭詐的作用，這是可以理解的；但是畢竟不如威震諸侯而不必依靠詭詐的作用。”那人又問：“不用詭詐的計謀，將用什麼辦法來進行戰争呢？”揚子説：“縱然是不得不進行征戰的話，不是還有《司馬法》嗎？爲什麼一定要用詭詐的計謀呢？”

［按語］

揚雄并不一概地反對戰争，也不完全否定兵家在戰争中的作用。“湯、武革命”是戰争，伊尹、吕尚迹近兵家，他們不僅没有被儒家否定，反而被尊爲聖人、賢人。關鍵是“御得其道”，是戰争的性質。所以揚雄説“御得其道，則天下狙詐咸作使”。

揚雄爲什麼對“狙詐之家”持基本否定的態度？因爲不少精通“狙詐之計”的士人，爲了謀取個人的前途，四處游説人君，不少戰争就是因爲他們的游説纔發動的。有的諸侯仗恃“狙詐之家”的力量，也因此不斷發動戰争。所以，“狙詐之家”成了戰争的禍源，給天下民衆造成了巨大的灾難。此外，兵家的“狙詐”不符合“仁”、“義”、“信”的儒家道德規範，也是揚雄反對兵家的原因之一。

4. 20

申、韓之術①，不仁之至矣。若何牛羊之用人也？若牛羊用人，則狐狸、螻、螾不膢臘也與②？或曰：“刀不利、筆不銛而獨加諸砥③，不亦可乎？”曰：“人砥，則秦尚矣④。”或曰：“刑名非道邪⑤？何自然也⑥？”曰：“何必刑名？圍棋、擊劍、反目、眩形⑦，亦皆自然也。由其大者作正道⑧，由其小者作奸道。”或曰：“申、韓之法非法與？”曰：“法者，謂唐、虞、成、周之法也⑨。如申、韓⑩？如申、韓？”

［**注釋**］

①申、韓：申不害（前385—前337年），戰國時鄭國京邑（今河南滎陽一帶）人，法家著名代表人物之一，曾爲韓昭侯國相，其學説“本於黄老而主刑名”（《史記·老子韓非列傳》）。韓非，事迹見《修身》第20章注②。

②螻、螾：螻蛄、蚯蚓。膢臘：膢祭、臘祭。“膢祭”爲古代飲食祭祀，《説文》：“膢，楚俗以二月祭飲食也。”“臘祭”爲臘月舉行的百神之祭，《説文》：“臘：冬至後三戌臘祭百神。”每逢膢祭、臘祭，人們可以飽食酒肉。如果“牛羊用人”，那麽狐狸之類的禽獸就可以像人過節一樣飽食人肉，螻蛄、蚯蚓之類的穴居昆蟲也可以像人過節一樣酣飲人血了。

③筆不銛（xiān）：筆不鋒利。先秦兩漢多用簡牘書寫，簡、牘須先用刮刀使其平滑，書寫則用刻刀刻於簡、牘之上，故其“筆”實際是“刀”。刮刀、刻刀不鋒利，均須磨礪（“加諸砥”）。“銛”，鋒利。“砥”，磨刀石。

④人砥：是説“將人當作刀、筆來磨礪”。秦尚：猶言“秦國也值得崇

尚”。

⑤刑名：即“刑名之學”，是先秦法家以申不害爲代表的一派。該學派主張“循名責實”以强化上下關係。所謂“循名責實”，是把法令、職份、言論等一一細化，即爲“名”；然後按照“名”所規定的内容來核驗人的行爲。由於“名”的内容非常嚴苛，人們動輒得咎，加上法也非常嚴酷，所以揚雄認爲這是“砥人”。

⑥自然：刑名之學標榜自己以道家黄老之術爲根本，《老子》宣揚：“人法地，地法天，天法道，道法自然。”於是法家刑名之學爲自己的主張找到理論依據，即“循名責實”是順乎自然的東西，非人力所爲。

⑦反目：據汪榮寶《法言義疏》，“目”系“身”之訛文，“反身”即“反身之術”。“反身之術”猶今之“雜技”。眩形：猶“幻形”，“幻形”猶後世之“魔術”。

⑧由其大者作正道：意謂“遵循自然根本規律的東西纔能算作正道”。“禮”作爲一種倫理規範，其精神實質是自然親情與倫理情感的統一，因此像“禮樂”這樣的東西，纔算得上是“正道”。故司馬光《法言集注》說：“禮樂可以安固萬世，所用者大；刑名可以偷功一時，所用者小。其自然之道則同，其爲奸、正則异矣。”

⑨唐、虞、成、周：指堯、舜、成湯、周文、武幾位上古的聖王。

⑩如：猶“何如”，意爲“哪裏像”。

［譯文］

申不害、韓非的治國方法，簡直不講仁義到了極點。爲什麽要像對待牛羊一樣地使用人？像對待牛羊一樣地使用人，那麽狐狸、螻蛄、蚯蚓不就會像過大節一樣地飽餐人肉酣飲人血了嗎？

有人說：“刀不鋒利、筆不鋭利而將它們加以磨礪，不也是可以的嗎？”揚子說：“將人當作刀、筆來磨礪也可以的話，那麽暴秦是最值得崇尚的了。”

那人又說：“刑名之學不也是道嗎？（要不）爲什麽也合乎自

然之理呢？”揚子説：“合乎自然之理的哪裏一定是刑名之學呢？圍棋、擊劍、雜技、魔術，也都是合乎自然之理的。不過，衹有遵循自然根本規律的東西纔能作爲正道，僅僅合乎一般自然法則的東西衹能算是邪道。”

那個人還説：“難道申不害、韓非的法度，就算不上法度嗎？”揚子説：“我們所説的法度，是指唐堯、虞舜、成湯、周文武的法度，哪裏是申不害、韓非的法度？哪裏是申不害、韓非的法度？”

［**按語**］

揚雄對法家的批判，主要針對的是法家的嚴刑峻法。因爲用嚴刑峻法治國治人，有違儒家“仁政”的核心理論。但是必須看到，揚雄對法家的“法”并不是完全否定的。對法家嚴肅法紀、嚴格執法的主張，揚雄還是贊同的。如《法言·先知》説：“鼓舞萬物者，雷風乎！鼓舞萬民者，號令乎！雷不一，風不再。”可見揚雄也强調法令的權威性，也主張執法要嚴。又説：“君子爲國，張其綱紀，謹其教化。……如有犯法，則司獄在。”這是承認法律手段同道德教化，都具有存在的合理性和必要性。在揚雄看來，“刑名”作爲“術”是可以的，作爲“道”就不行。“重德輕刑”是孔子的主張，孔子説：“道之以政，齊之以刑，民免而無耻；道之以德，齊之以禮，有耻且格。”（《論語·爲政》）儘管揚雄并不反對“重德輕刑”，但是由於他所處的時代已經完全不同於孔子所處的時代，揚雄處在一個大一統的封建皇權早已建立的時代。作爲思想家，揚雄所面臨的，是要對怎樣纔能治理好國家的問題提供具體的答案。而“重德輕刑”衹是一個原則，不具有可操作性；而法家理論中不乏比較完善的法制思想，而且有可操作性。因此，揚雄治國理論的實質，是以“唐虞成周之法”

爲“道”，以申、韓“刑名”爲“術”。换句話説，堅持儒家仁政之“道”，合理利用法家“刑名”之術，這就是揚雄的治國理論。

4.21

莊周、申、韓不乖寡聖人而漸諸篇①，則顔氏之子、閔氏之孫，其如台②？或曰：“莊周有取乎?”曰：“少欲③。”“鄒衍有取乎④?”曰：“自持。”至周罔君臣之義、衍無知於天地之間，雖鄰不覿也⑤。

［注釋］

①乖寡：違背和貶損。申、韓主張“嚴刑峻法”，不合乎聖人“仁政”主張，是爲“乖”（違背）；莊子頗多譏刺儒學，貶損孔子之語，是爲“寡”（貶損）。漸（jiān）：浸染。此處猶言“雜入”。

②顔氏之子、閔氏之孫：泛指卓有成就的孔門後學。其如台（yí）：猶“其奈何”，即“無可奈何”，是説“也比不上他們的成就”。

③少欲：莊子及道家主張“清心寡欲”、“清静無爲”。揚雄認爲禍起於欲，故主張并崇尚“清静亡爲，少耆欲”。

④鄒衍（前305—前240年）：戰國時齊國臨淄人，先秦陰陽家的代表人物，宣揚“時世盛衰興亡，皆隨金木水火土五德爲轉移”，世稱“五德終始説”。所著《終始》、《大聖》，頗多怪誕不經之語，如司馬遷説：“（鄒衍）以爲儒者所謂中國者，於天下乃八十一分居其一分耳。中國名赤縣神州。赤縣神州内自有九州，禹之序九州是也，不得爲州數。中國外如赤縣神州者九，乃所謂九州也。”（《史記・孟子荀卿列傳》）故揚雄指責他“衍無知於天地之間”。司馬遷對鄒衍的評論是“然要其歸，必止乎仁義、節儉”。此處的“節儉”，就是所謂“自持”，即自我約束，不放縱也不隨波逐流。“止乎仁義、節儉”，是揚雄認爲鄒衍的“有取”之處。

⑤覿（dí）：相見。

［譯文］

如果莊周、申不害、韓非能够不違背和貶損聖人而將聖人之道融入他們的著作，那麽即使是像顏淵、閔子騫一樣卓有成就的孔門後學，又哪裏比得上他們的成就呢？

有人問："莊周的學説有可取之處嗎？"揚子説："他清心寡欲的主張還是可取的。"又問："鄒衍的學説有可取之處嗎？"揚子説："他主張堅持個人道德操守還是可取的。"至於莊周完全否定君臣之間的尊卑關係，鄒衍在天文地理方面的無知妄説，即使跟他們住得很近的人也不會同他們相見去談論這方面的問題。

［按語］

莊子"少欲"善喻且多哲理，申、韓堅持法制利於嚴明綱紀，僅以才能而論，三人絶不在顏、閔之輩的孔門後學之下。在揚雄看來，如果道家、法家能够"不乖寡聖人"，他們應該是很了不起的。儘管揚雄始終堅持維護儒家正統的立場，但他在評論諸子的時候，總是能够堅持一種實事求是的客觀態度，而且總是一語中的。這是非常難能可貴的。古往今來，總是不乏"黨同伐异"者流，也不乏攻其一點、不及其餘者流，更不乏視權勢者眼色行事者，較之揚雄評論諸子的客觀而科學的態度來，這些人是何等的卑劣！

《問神》卷第五

序

神心忽恍①，經緯萬方②。事繫諸道德仁義禮③。撰《問神》。

［注釋］

①神心：猶“神思”，即“精神和思維”。忽恍：飄忽無定。猶言“難以捉摸”。

②經緯：謂“謀劃”，此處猶言“觀照”。

③事：謂“所作所爲”。

［譯文］

精神和思維飄忽無定，觀照着天下的萬事萬物。人的所作所爲無不關係到道、德、仁、義、禮。（爲了説明精神思維與道、德、仁、義、禮的關係，）撰《問神》一卷。

［按語］

思想支配行動，行動與各種道德規範有關。思想是飄忽無定的，它該怎樣支配行動使之合乎儒家道德規範呢？這裏所要討論的，就是所謂“知”、“行”關係問題。

5.1

或問神，曰："心①。""請問之?"曰："潛天而天②，潛地而地。天地，神明而不測者也③；心之潛也，猶將測之。況於人乎?況於事倫乎④?" "敢問潛心於聖?"曰："昔乎仲尼潛心於文王矣，達之⑤。顔淵亦潛心於仲尼矣，未達一間耳⑥。神在所潛而已矣。"

［注釋］

①心：《素問·靈蘭秘典論》："心者，生之本，神之變也。……君主之官，神明出焉。"由於古人以爲"心"是主掌思維的器官，所以《素問》説"心"不僅是生命的根本，而且掌握着精神意識的變化，因而是類似"君主"一樣的器官。而所謂"神"是指"天神"，《説文》："神，天神，引出萬物者也。"在揚雄看來，"心"支配着人的一切，猶如"神"是萬物的主宰，故以"心"應"神"之問。

②潛天：潛心於天，即所謂"全身心地投入到對天的認識和了解"。下文"潛地"同此。

③不測：謂"不能盡知其深廣"。《説文》："測，深所至也。"

④事倫：事理，即事物的規律。

⑤文王：指周王朝的奠基人周文王。儒家所尊奉的聖人，除文王之外，還有堯、舜、禹、湯、武王、周公等，此處獨述"文王"而不及其他，是因爲《問神》主要涉及的是有關測知事物變化的問題，即《周易》所研究的問題。傳説《周易》卦辭、爻辭爲周文王所作，而詮釋《周易》卦辭、爻辭的"十翼"（《上彖》、《下彖》、《上象》、《下象》、《上繫》、《下繫》、《文言》、《説卦》、《序卦》、《雜卦》）爲孔子所作，《易·乾·鑿度》："仲尼五十究《易》，作十翼。"因此揚雄説"仲尼潛心於文王矣，達之"。

⑥一間：猶言"一點點"。

［譯文］

有人問神是什麽，揚子説："神就是人的心。"又問："請問這樣解釋的根據是什麽?"揚子説："人衹要潛心於對天的探討就能了解到天的奥秘，潛心於對地的探討就能了解到地的奥秘。天和地的奥秘，是連神靈也不能探測盡知的；而人的潛心探討，還有可能探測盡知。何况是對人的了解呢？更何况是對事物規律的了解呢?"那個人繼續問："請問怎樣纔算是潛心於對聖人的研究呢?"揚子説："從前孔子潛心於對周文王的研究，最終徹底了解了文王的學説。顔淵亦潛心於對孔子的學習，衹是還有一點點没有徹底弄明白而已。看來神就存在於全身心地投入的那個地方罷了。"

［按語］

揚雄認爲"神"就是"心"，并且認爲"天地"是可以被人認識了解的。揚雄的這一認識，閃耀着"無神論"和"世界可知論"的思想光輝，影響了與他同時和在他之後的一代又一代思想家，其中最突出的例子就是桓譚、張衡和王充。此三人是中國古代無神論者的杰出代表，他們的無神論思想便源於揚雄。

正是基於"潛天而天，潛地而地"即世界是可以被人認識的這種進步的世界觀和認識論，揚雄纔潛心於對"天地"奥秘的探討，於是才有《太玄經》的問世。"渾天"的理論是揚雄在《太玄》中着力探討的對象之一。受《太玄》的啓發，桓譚寫成《新論》一書。受《新論》的啓發，張衡著《靈憲算罔論》，全面闡述"渾天説"，并且發明製造了世界上最早用以測定地震的"候風地動儀"和用以觀察天相的"渾天儀"。

兩漢之際堅持"無神論"和"渾天説"的思想家，無不對揚雄充滿崇敬之情。王充在其《論衡·超奇篇》中説："陽成子長作《樂經》，揚子雲作《太玄經》，造於助思，極幽冥之深，非庶幾之才，不能成也。孔子作《春秋》，二子作兩經，所謂卓爾蹈孔子之迹、鴻茂参貳聖之才者也。王公子問於桓君山以揚子雲，君山對曰：‘漢興以來，未有此人。’”

本章的主旨在於强調學習者要“潜心於”聖人和聖道，即一心一意、全身心地投入到對聖人和聖人之道的學習和探討。結句“神在所潜而已”不可不作深刻的理解。

5.2

天神天明，照知四方①；天精天粹，萬物作類②。人心其神矣乎③？操則存，舍則亡④。能常操而存者，其惟聖人乎？聖人存神索至⑤，成天下之大順，致天下之大利，和同天人之際⑥，使之無間也。

［**注釋**］

①天神天明，照知四方：即“天神知四方，天明照四方”，言“天以其睿智洞察四方，以其光明照耀四方”。揚雄以“心”釋“神”，故“神”猶“心思”，即智慧。

②天精天粹，萬物作類：言“天以其精粹化育萬物，使各成其類”。得日、月之精，萬物始生；粹而不雜，物成其類。

③其：加强反詰語氣。上文已明確説“神”就是“心”，故此處用反詰語氣加以强調。

④操則存，舍則亡：是説“能把握其神心者睿智就存在，不能把握其神心者睿智就會消失”。《序》謂“神心忽怳”，故不“操”則“亡”。《孟子·告子》：“孔子曰：‘操則存，舍則亡，出入無時，莫知其鄉（嚮），惟心之謂與？’”

⑤存神索至：保存自己的睿智以追求聖道的最高境界。“至”謂最高境界，即下文所述。

⑥和同：使和使同，猶言“彌合”。際：縫隙。《説文》：“際，壁會也。”段注：“兩墻相合之縫也。”兩門相合之縫曰“間”。

［譯文］

天以其睿智洞察四方，以其光明照耀四方；天以其精粹化育萬物，使萬物各成其類。人心不就是神嗎？能把握其心的人睿智就會存在，不能把握其心的人睿智就不存在。能經常把握其心而使睿智存在的，大概祇有聖人吧？聖人保存自己的睿智以追求聖道的極致，造成天下大順的政治局面，達到大利天下的政治效果，彌合天人之間細小的隔閡，使上天與人類完全和諧起來。

［按語］

上一章論述“潛心於聖人”，是强調用心專　的問題，是着眼於空間和對象。本章論述“常操而存神心”，是强調堅持恒心的問題，是着眼於時間。學習的最高目標是“成聖”。而“潛心於聖人”和“常操而存神心”是“成聖”的重要方法和條件。

本章還論及“成聖”的目的，即“存神索至”。“存神”是使自己具有非常人所有的智慧，“索至”是運用自己的智慧來實現“大順”天下、“大利”天下的最高追求。所謂“和同天人之際”，主要是指實現人和自然和諧的理想。這樣的“聖人”，就是揚雄心目中的聖人，也就是他的“成聖”目的。郭沫若先生説：“孔子‘仁’的含義，是‘克己’而爲人的一種利他的行爲，他要人們除掉一切自私自利的心機，而養成爲大衆獻身的犧牲精神。”（《十批判書》）揚雄正是這樣的利他主義者。

5.3

龍蟠於泥①，蚖其肆矣②。蚖哉，蚖哉，惡睹龍之志也與？或曰："龍必欲飛天乎③？"曰："時飛則飛，時潛則潛④。既飛且潛，食其不妄⑤，形其不可得而制也與⑥？"曰："聖人不制⑦，則何爲乎羑里⑧？"曰："龍以不制爲龍，聖人以不手爲聖人⑨。"

［注釋］

①蟠（pán）：龍蛇盤曲之稱。

②蚖（yán）：蜥蜴。《説文》："蚖，榮蚖。"段注："《釋魚》曰：蠑螈，蜥易也。"肆：謂肆意横行。

③龍必欲飛天：《易·乾卦·爻辭》："九五：飛龍在天，利見大人。""飛龍在天"喻君子得居高位。

④時飛則飛，時潛則潛：適時而飛，適時而潛。《説文》："龍，鱗蟲之長，能幽能明，能細能巨，能短能長；春分而登天，秋分而潛淵。"

⑤不妄：不非分。

⑥形：謂"形體"。

⑦不制，謂"不可制"。

⑧羑（yǒu）里：故地在今河南湯陰縣附近。周文王曾被商紂王拘囚於此。

⑨不手：歷來對"不手"的解説極爲分歧。例如：劉師培釋"手"爲"又"通"有"，"有"通"囿"，則"不手"猶"不囿"，"不囿"與"不制"義近。汪榮寶釋"手"爲"持"，以《春秋公羊傳·莊公十三年》"曹子手劍而從之"、《禮記·檀弓篇》"手弓"、《尚書·周書》"手太白"、《史記·吴世家》"手匕首"、司馬相如《上林賦》"手熊羆"等爲例以證"手"作"持"解。李軌注："手者，桎梏之屬。"則"不手"猶言"不被别人捆住手

脚。”謹按：劉説牽强，李説無據，汪説似可通。汪説以“不持”義近“不制”而可通，但無法照應所問“聖人不制，則何爲乎羑里”。筆者認爲，揚雄之所以用“不手”代“不制”，應當是暗示“不手”的對象是“心”而非“形”。這樣理解的根據有二：一是上句説龍之“不可得而制”時，强調的是“形”；二是周文王拘於羑里，則可見其“心”是不“可制”的。作這樣的理解，就照應了所問“聖人不制，則何爲乎羑里”。是否確當，僅供參考。

［**譯文**］

龍蟠曲在泥沼中的時候，大概蜥蜴就會肆意横行了。蜥蜴啊，蜥蜴啊，它們哪裏能了解龍的遠大志向呢？

有人問：“龍一定要在天界飛騰嗎？”揚子説：“時機適合它飛騰就飛騰，時機適合它潛隱就潛隱。像龍這樣既能飛騰又能潛隱，吃東西從來不作非分之想，形體恐怕就不會被人得到而受人控制了吧？”問者反駁説：“你是説聖人也像龍一樣不會受人控制，那爲什麽周文王還是被商紂王拘囚在羑里呢？”揚子説：“龍是以其形體不受人控制而成爲龍，聖人是以其思想不受人控制而成爲聖人。”

［**按語**］

揚雄以龍爲喻，强調聖人“以不手爲聖人”。要想“不手”，首先是要如龍之“形其不可得而制”。要想“形其不可得而制”，必須如龍之“時飛則飛，時潛則潛。既飛且潛，食其不妄”。聖哲之所以爲聖哲，一是識時，二是不貪。“時飛則飛，時潛則潛”即爲識時，“食其不妄”即爲不貪。揚雄以爲，“爲可爲於可爲之時，則從；爲不可爲於不可爲之時，則凶”，故主張“君子得時則大行，不得時則龍蛇”（《漢書·揚雄傳》）。

必須强調説明的是，揚雄之所謂“時”，絶非指個人升官發財的“時機”，而是指適合自己施展才能以有利於國家和社會的“機遇”。有人嘲諷他在皇帝身邊當差多年，“曾不能畫一奇，出一策，上説人主，下談公卿”，以至“位不過侍郎，擢才給事黄門”時，他全面地分析了自己處在一個有識之士不受重視、有才有德者無法施展抱負的時代，他説：“當今縣令不請士，郡守不迎師，群卿不揖客，將相不俯眉；言奇者見疑，行殊者得辟，是以欲談者宛舌而固聲，欲行者擬足而投迹。”（《解嘲》）基於“食其不妄”的做人原則，揚雄選擇了“潛”，他説：“是故知玄知默，守道之極；爰清爰静，游神之廷；惟寂惟寞，守德之宅。”潛隱是爲了“守道”、“守德”，這就是揚雄之高尚處與高明處。

5.4

或曰：“經可損益與①？”曰：“《易》始八卦②，而文王六十四，其益可知也。《詩》、《書》、《禮》、《春秋》，或因或作而成於仲尼③，其益可知也。故夫道非天然應時而造者④，損益可知也。”或曰：“《易》損其一也，雖蠢，知闕焉；至《書》之不備過半矣，而習者不知。惜乎《書》序之不如《易》也⑤。”曰：“彼數也⑥，可數焉，故也。如《書》序，雖孔子亦未如之何矣。昔之説《書》者序以百，而《酒誥》之篇俄空焉⑦，今亡夫⑧！虞、夏之《書》渾渾爾⑨，《商書》灝灝爾⑩，《周書》噩噩爾(11)。下周者，其書譙乎(12)？”

［注釋］

①經：謂儒家經典。此處專指“五經”。

②《易》：古代占卜之書，有《連山》、《歸藏》、《周易》之别。照儒家傳統説法，伏羲作八卦，周文王演繹八卦爲六十四卦。“八卦”爲單卦，《周易》所載六十四卦爲複卦。此處的《易》指《周易》。

③或因或作而成於仲尼：照儒家傳統説法，《周易》、《禮經》、《尚書》都是經孔子删訂而傳後世，此所謂“因”；《春秋》則是孔子個人的著述，此所謂“作”。

④道非天然應時而造者：聖人的學説不是自然界那些順應季節而産生的事物。意思是説：“道”是聖人根據時勢變化提出的適應變化需要的主張，所以有損有益，它跟隨着四季的變化而産生的自然現象是不同的。

⑤《書》序：《尚書》的篇目及次序。

⑥彼數也：指《周易》以卦名爲序，其數目和次序都是固定的。故下文云“可數焉”。

⑦俄空：暫時空着。“俄”，須臾，短暫。

⑧今亡：是説“現在没有空着了”。以此證明經典之有損有益。

⑨虞、夏之《書》：《尚書》有《虞書》、《夏書》，分别記舜、禹兩代之大事。渾渾爾：猶“渾渾然”，意爲“叙事粗略”。《廣雅・釋訓》：“渾渾，大也。”謂兩《書》所載舜、禹時事，都不甚詳贍，僅記其大概而已。

⑩灝灝爾：猶“浩浩然”，與“渾渾然”義近，也謂叙事不够詳細。

⑪噩噩爾：猶“噩噩然”，模糊不清貌。謹按：前人及近人多因爲《尚書》是儒家經典，揚雄又是極力維護儒學正統的大儒，於是對“渾渾爾”、“灝灝爾”、“噩噩爾”的解説多用褒義詞語，并因此顯得非常牽强，如“内容廣博”、“浩灝無際”、“正直不阿”，以及“澤厚深遠”、“浩蕩開闊”、“嚴肅明直”等等。筆者認爲，揚雄在這裏論述經典文字和内容的“損益”問題，認爲“《書》之不備過半”，以至於“雖孔子亦未如之何”，加之夏、商、周歷史久遠，故《尚書》對這幾代史實的記載，都顯得很粗略和模糊。揚雄對《尚書》的評價是客觀的，我們完全用不着因爲他是尊孔宗儒的大儒，就認爲他絶不會對“經典”説出如此“大不敬”的話來。孔子不就説過“君子於其所不知，蓋闕如也”（《論語・子路》）的話嗎？他在删訂《尚

書》時一定是實事求是的。

⑫下周者：周朝以後的朝代，實指秦、漢。譙：謂“指責”。《説文》：“譙，讓也。”又“讓，相責讓也。”

［譯文］

有人問：“經典可以删减或者增加嗎?”揚子説：“《易經》最初祇有八個卦，而周文王將它演繹爲六十四卦，可見經典的内容是可以增加的。《詩經》、《尚書》、《禮經》、《春秋》，有的是孔子將前人的著述加以删訂而成，有的是孔子自已的著作，可見經典的數量也是可以增加的。因爲那些聖人的學説并不是隨着季節變化而産生的自然現象，其内容和數量會有所增加或者减少是可以理解的。”

有人説：“《易經》如果删减了其中一點内容，即使愚蠢的人也會發現它的欠缺。至於《尚書》内容不完備的地方超過了一半，而學習它的人竟全然不知。可惜《尚書》的篇目和次序遠不如《易經》清晰可辨。”揚子説：“那《易經》的卦、爻都是有數的，是可以計算的，因此缺少一條都容易被發現。像《尚書》的篇目和次序那樣，即使孔子也拿它没辦法。從前解説《尚書》的人將它分爲一百個篇次，而《酒誥》這一篇就暫時空着内容，現在已經不再空着了！關於虞、夏兩代史實的記載很不詳贍，《商書》的内容也很粗疏，《周書》的記載也不很清楚。對周朝以後的史實，人們的記載還會有可指責的嗎?”

［按語］

揚雄不把經典視爲僵死的教條，認爲“道”是順應時代發展的産物，這完全符合他“因循革化”的哲學思想。即使在今天看來，揚雄對待經典的科學態度仍然具有相當的現實意義。

5.5

或問："聖人之經，不可使易知與？"曰："不可。天俄而可度①，則其覆物也淺矣；地俄而可測，則其載物也薄矣。大哉！天地之爲萬物郭②，五經之爲衆説郛③。"

［注釋］

①俄而：即"俄然"，猶言"一下子"。

②郭：包圍着城市的防禦工事，俗稱"外城"。《孟子·公孫丑下》："三里之城，七里之郭。"

③郛（fú）：同"郭"，也指"外城"。

［譯文］

有人問："聖人的經典，不能使它容易理解一些嗎？"揚子説："不能。如果天的高度一下子就能被測量出來，那麽它覆蓋萬物的範圍就很小了；如果地的深度一下子就能被測量出來，那麽它承載萬物的數量就很少了。多麽偉大啊！天地就像容納世間萬物的城郭，五經彷彿包容各家學説的城郭。"

［按語］

"天"喻五經境界之高，"地"喻五經涵義之深。既高且深，故不易知。以其不易知，故當"潛心於聖人"。

5.6

或問："聖人之作事，不昭若日月乎？何後世之訔訔也①？"曰："瞽曠能默②，瞽曠不能齊不齊之耳③；狄牙能喊[④]，狄牙不能齊不齊之口[⑤]。”

［注釋］

①訔訔（yín）：争辯貌。

②瞽（gǔ）曠：即“師曠”，春秋時晋國宫廷樂師，以善辨音律著稱。“瞽”謂盲人。因先秦宫廷樂師多爲盲人，故稱“瞽曠”。默：通“穆”，歡悦。《漢書·東方朔傳》“於是吴王穆然”顔師古注：“穆音默。”《管子·君臣》“穆君之色”注：“穆，猶悦也。”

③不齊之耳：是説“衆人對音樂的欣賞水平是不一致的”。

④狄牙：即“易牙”。易牙是春秋時齊桓公的佞臣，以善烹調著稱。易牙是雍州（今甘肅、陝西一帶）人，古稱北方爲“狄”，故稱易牙曰“狄牙”。喊：同“諴”。《廣雅·釋詁》：“諴，調也。”此處指“善調五味”。

⑤不齊之口：是説“衆人的口味是不一致的”。

［譯文］

有人問：“聖人做事，不是像日月一樣光明正大嗎？爲什麽後世的人還是對他們的所作所爲褒貶不一呢？”揚子説：“瞽曠的演奏能使人快樂，但瞽曠不能使音樂欣賞水平不一致的人一致起來；狄牙善於烹調可口的美味，但狄牙不能使口味不一致的人一致起來。”

［按語］

無論是對人的評價還是對事物的評論，總是見仁見智，很難完全一致，古往今來，莫不如此。這就難怪有人説：“走自己的路，讓别人説去吧！”但揚雄不是這個意思。

揚雄是針對諸子對聖人（主要是孔子）的攻擊發表的這番議論，目的在於要人們正確對待有人對聖人的不同意見，以堅定學習聖人之道的立場。

5.7

君子之言，幽必有驗乎明①，遠必有驗乎近，大必有驗乎小，微必有驗乎著②。無驗而言之謂妄。君子妄乎？不妄。

［注釋］

①幽：猶言“隱晦”。驗：驗證。

②著：顯著。

［譯文］

君子發表的言論，意思雖然隱晦，但一定能够在明顯的事理上得到驗證；含意雖然深遠，但一定能够在切近的事物上得到驗證；内容雖然博大，但一定能够在細小的問題上得到驗證；差别雖然細微，但一定能够在顯著的事情上得到驗證。毫無驗證而發表言論，這就叫做虚妄。君子説話虚妄嗎？不會虚妄的。

［按語］

説話要有根據，無論你採用何種形式、表達什麽樣的思想，所説的話都要經得起檢驗。這纔是一個“君子”的説話修養。聽話的人，也要有原則，不能輕信傳説、迷信權威，要抱着審視的態度去聽話，没有得到過多方面驗證的話是不能輕易相信的。正確與否，可信不可信，“實踐是檢驗真理的唯一標準”嘛。

5.8

言不能達其心，書不能達其言，難矣哉！惟聖人得言之解①，得書之體②。白日以照之，江河以滌之③，灝灝乎其莫之禦也④。面相之辭相適⑤，捈中心之所欲⑥，通諸人之嚍嚍者⑦，莫如言。彌綸天下之事⑧，記久明遠，著古昔之㖧㖧⑨，傳千里之忞忞者⑩，莫如書。故言，心聲也；書，心畫也。聲、畫形，君子、小人見矣⑪。聲、畫者，君子、小人之所以動情乎？聖人之辭，渾渾若川。順則便，逆則否者，其惟川乎？

［注釋］

①言之解：語言的涵義。

②書之體：文字的結構和形體。結構指“六書”，形體指“古文字”和“今文字”。自漢代開始的“今古文之争”，延續了一千多年。

③白日以照之，江河以滌之：是説聖人的語言和文章，如同烈日照臨天下、江河滌蕩大地。

④灝灝：同“浩浩”。

⑤面相之辭相適：人們見面時的語言交流。“面相”謂面對面，即相見。“適”，往也。

⑥捈（tú）：猶言“抒發”。《廣雅疏證》：“捈者，引之，抒也。”

⑦通：猶“排解”。嚍嚍（jìn）：憤懣，鬱悶。

⑧彌綸：深知。

⑨著：顯著，猶言“清晰”。這裏用作使動。㖧㖧（hūn），同“昏昏”，猶言“迷茫”。

⑩忞忞（mín）：心有未了，猶言“挂念”。

⑪聲、畫形：是説“話一説出口，文章一發表”。“形”謂“成形”。見：猶“現”，猶言“區别”。

［譯文］

如果語言不能準確表達自己的思想，文字不能正確表達自己的語言，那就真的困難了啊！衹有聖人是真正掌握了語言的涵義和理解，真正掌握了文字的結構和形體的。（聖人的語言和文字）

如同烈日的照臨、江河的滌蕩，其浩浩蕩蕩的氣勢，是没有什麽能够抵禦的。

在人們相見時的語言交流中，能够抒發内心的情感、排解各人的鬱悶的，没有什麽比得上語言。能够使人們深入了解天下大事，記録往事明白過去，辨析古代迷茫史實，傳達遠方親人牽挂之情的，没有什麽比得上文字。

所以説，語言是心靈的聲音，文字是心靈的圖畫。心靈的聲音、圖畫一出現，是君子還是小人就區别開來了。心靈的聲音、圖畫，不就是君子和小人用來觸動情感的手段嗎？聖人的言辭，就像那浩蕩的江河。順從者就暢通無阻，阻逆者便寸步難行的，難道不是祇有江河嗎？

［**按語**］

揚雄强調聖人之道是非常深奥的，理解的困難就在於聖人所用的語言和文字。即使像“七十子”那樣“日聞所不聞，見所不見”，仍然會對孔子傳授的知識知其然而不知其所以然：“子游、子夏得其書矣，未得其所以書也。”（《法言·君子》）後世的學習者對聖人之道的理解就更困難了。

本章的主旨是强調學習語言、文字的重要性。揚雄關於語言、文字的社會功能的論述，即使在今天看來，也是很具有啓發意義的。他不僅對語言和文字之間的關係有了正確的認識，而且他實際上已經認識到文字具有超越時間和空間的表達功能。揚雄的這一認識，比清代語言學家陳澧對語言、文字關係的論述要早一千八百多年。

揚雄極力贊頌聖人的語言文字，是爲了增强學習者的信心和决心，倒不必追究其説法是否符合事實。莊子、韓非雖然都不是“聖人”，但是他們的語言都是很具有力量的，并不在“聖人”

之下。

5.9

或曰："仲尼聖者與？何不能居世也[1]？曾范、蔡之不若[2]！"曰："聖人者，范、蔡乎？若范、蔡，其如聖何？"

［注釋］

①居世：謂"居世之高位"，即當大官。孔子一生中所任最高職務是魯國的司寇（相當於司法部長）。五十六歲時"由大司寇行攝相事"（代行宰相職責），"齊人聞而懼"，曰"孔子爲政必霸"。齊國用美人計使魯定公沉湎於聲色歌舞，孔子便主動辭職不幹了。孔子"攝相事"不到一年時間。

②范、蔡：范睢、蔡澤。范睢以"遠交近攻"説秦昭王，被封爲相。蔡澤入秦説范睢，被范睢推薦給秦昭王任客卿，後來繼范睢爲秦相。

［譯文］

有人説："孔子是聖人嗎？爲什麼不能居世之高位呢？竟然連范睢、蔡澤都不如！"揚子説："聖人，會是范睢、蔡澤那樣的人嗎？如果孔子也像范睢、蔡澤那樣，還説得上是聖人嗎？"

［按語］

孔子以"仁政之道"説諸侯而求仕，范、蔡以"攻伐之術"説諸侯而求仕；孔子以"禮樂"爲政，范、蔡以"攻戰"爲政；孔子以天下百姓安樂爲追求，范、蔡以一國諸侯霸業爲追求。這就是孔子之所以爲"聖人"，范、蔡之所以爲"策士"的根本原因。所以揚雄説："若范、蔡，其如聖何？"

5.10

或曰："淮南、太史公者①，其多知與②？曷其雜也！"曰："雜乎雜！人病以多知爲雜，惟聖人爲不雜。"

［注釋］

①淮南、太史公：淮南王劉安和太史公司馬遷。劉安（前179—前122年）好文學，廣招天下文學及方術之士近千人，集體編寫了《鴻烈》（即《淮南子》）一書。《淮南子》分爲内、外篇，内篇二十一卷，外篇三十三卷，今僅存内篇。《淮南子》一書，旨在闡述道家的自然天道觀，且糅合先秦諸子各家學説，因此被《漢書・藝文志》著録於"雜家"。司馬遷（前145—前86年）著《史記》，創中國史書紀傳體例。《史記》的歷史觀，以儒學爲宗，兼法家、道家、兵家等先秦諸子思想的成分，故被揚雄視爲"雜"。

②多知：謂"知識廣博"。

［譯文］

有人說："淮南王劉安和太史公司馬遷，大概是有太多的知識吧？他們的書内容是多麽的龐雜呀！"揚子說："龐雜啊，真够龐雜！一般人的毛病，總是由於知識太多就會使文章内容龐雜；衹有聖人，纔不會由於知識太多而使文章内容龐雜。"

［按語］

"雜"不是絶對的，博採衆長，有何不可？太史公的歷史觀，更是無可挑剔的。以儒學爲宗，確立主導思想是正確的，但"獨尊儒術"，搞偶像崇拜就不可取了。這是揚雄在歷史觀上表現出來的局限性。

5.11

書不經[①]，非書也；言不經，非言也。言、書不經，多多贅矣[②]。

［注釋］

①不經：不合乎經義。實指不合乎“五經”旨趣。

②多多贅：意爲“太多的弊害”。“多多”猶很多；“贅”猶言“惡”。《後漢書·馮衍傳》“見贅於人”注：“贅，猶惡也。”

［譯文］

文章主題不合乎“五經”旨趣的，就算不上文章；談話内容不合乎“五經”旨趣的，就不是有意義的談話。不合乎“五經”旨趣的談話和文章，太多的弊害了。

［按語］

不合“五經”旨趣的談話和文章，主要是指諸子的言論和贊成諸子言論的談話和文章。

5.12

或曰：“述而不作[①]，《玄》何以作[②]？”曰：“其事則述，其書則作[③]。”育而不苗者[④]，吾家之童烏乎[⑤]？九齡而與我《玄》文[⑥]。或曰：“《玄》何爲？”曰：“爲仁義。”曰：“孰不爲仁？孰不爲義？”曰：“勿雜也而已矣。”

［注釋］

①述而不作：傳述成説而不自立新義。語出《論語·述而》：“述而不

作，信而好古，竊比我於老彭。”

②《玄》：即《太玄》，亦稱《太玄經》。《太玄》是揚雄仿《周易》體例而創作的一部重要的哲學著作，《漢書》説它“播之以人事，文之以五行，擬之以道德仁義禮知”，也指出它“觀之者難知，學之者難成”。

③其事則述，其書則作：“事”指基本内容，《太玄》和《周易》都是解析自然現象和天人關係的變化規律的，而且《太玄》的基本内容來源於《周易》，故云“其事則述”。“書”指結構體例，雖然《太玄》、《周易》都是以卦名爲綱，但《太玄》由“經”、“傳”兩部分組成，經部分爲八十一首，每首四重，稱爲方、州、部、家；每首九贊，共爲729贊，加“踦、嬴”兩贊，合計731贊；以兩贊爲一日，計365.5日，剛好是一年的時間。這種奇特的結構方式爲揚雄所獨創，故云“其書則作”。

④不苗：謂“夭折”。《一切經音義》：“禾之秀者曰苗。”《説文》：“秀，禾實。”所謂“不苗”，是説禾苗未及開花結實便死去，故以喻人之夭折。

⑤童烏：揚雄對幼子揚信的愛稱。《劉向别傳》載：“揚信字子烏，雄第二子。幼而聰慧，雄算《玄經》不會，子烏令作九數而得之。雄又擬《易》‘羝羊觸藩’，彌日不就，子烏曰：‘大人何不云荷戟入榛?’”故下文云“九齡而與我《玄》文”。

⑥九齡：《華陽國志·蜀郡士女贊》云：“雄子神童烏，七歲預雄《玄》文，年九歲而卒。”按：如果另有材料證明童烏九歲卒，則童烏應當是“七歲預雄《玄》文”方合事理，否則，應從《法言》所云。

［**譯文**］

有人説：“聖人主張‘述而不作’，先生爲什麽還要創作《太玄》呢?”揚子説：“《太玄》的基本内容就是在傳述《周易》，《太玄》的結構方式纔是我的創作。”

生下來没有成人就夭折了的，不就是我家童烏嗎?他年僅九歲就參與了我撰寫《太玄》的活動。

那人再問：“先生寫作《太玄》的目的是什麽?”揚子説：

“爲了仁義。”又問：“誰不是爲了仁？誰不是爲了義?”揚子說：“不過《太玄》就是要讓仁義的思想更純粹罷了。”

［按語］

真正的“述而不作”是不可能的。即以漢代的“五經”而論，如果說《易》、《禮》、《詩》、《書》尚可視爲聖人之“述”的話，那麽《春秋》不就是聖人之“作”嗎？可見，孔子也是“述”而又“作”的。

再說，時移事易，如果真的“述而不作”，一切率由舊章，那又怎能棄舊圖新、有所進步？揚雄主張“因循革化”，“可則因，否則革”，“革”必然“作”。可見，“述而不作”實際上是行不通的。

關於《太玄》的寫作目的，有學者指出，“《太玄》的創作目的在於解説儒家倫理”、“爲人類社會的等級森嚴尋求形而上依據”(郭君銘《揚雄〈法言〉思想研究》)。張衡則說：“吾觀《太玄》，方知子雲妙極道數，乃與五經相擬。”(《後漢書・張衡傳》)可見其“爲仁義”之説并非虛言。

童烏之死對揚雄的打擊是致命的。爲了表達對愛子深切的傷悼之情，於是仿孔子悼顏淵之“苗而不秀”，故意插入童烏“育而不苗”一句。

5.13

或問：“經之艱易[①]？”曰：“存亡。”或人不諭[②]。曰：“其人存則易[③]，亡則艱。延陵季子之於樂也[④]，其庶矣乎[⑤]？如樂弛，雖札，未如之何矣。如周之禮樂，庶事之備也⑥，每可以爲⑦，不難矣。如秦之禮樂，庶事之不備也，每可以爲，難矣。”

［注釋］

①經之艱易：謂“治經之難易”。

②諭：明白。《廣雅·釋言》：“諭，曉也。”

③其人：當作“其文”。俞樾《諸子平議》卷三十四：“按光曰：‘人當作文，字之誤也。’今以下文證之，頗以温公之説爲是。”

④延陵季子：春秋時吴國公子季札，因其封邑在延陵，故稱“延陵季子”。季札曾出訪魯、齊、鄭、衛、晋各國，遍觀諸侯禮樂，以多聞和善辨禮樂著稱。《左傳·襄公二十九年》載季札出使魯國觀禮事。

⑤其：加强反詰語氣，猶“難道”。庶：本義爲“衆”，此處猶言“平常”。

⑥庶事之備：一切（有關禮樂的）事都很完備。

⑦每：每當。可以：應該。表示理應如此，《孟子·公孫丑上》：“可以仕則仕，可以止則止，可以久則久，可以速則速。”爲：此處指“舉行禮樂”。

［譯文］

有人問：“治經難易的關鍵是什麽？”揚子説：“存亡。”那個人還是不明白。揚子説：“經典的文辭還存在就容易，亡佚了就困難。延陵季子在音樂上的造詣，難道還平常了嗎？但是如果樂章已經廢壞，即使季札也是没有辦法講論好音樂的。比如周朝的禮樂，一切有關事宜都是很完備的，每當應該舉行禮樂大典的時候，就不困難了。再如秦朝的禮樂，一切有關事宜都不完備，每當應該舉行禮樂大典的時候，就困難了。”

［按語］

借論治經之難易，旨在强調保存禮樂之重要。

5.14

衣而不裳①，未知其可也；裳而不衣，未知其可也。衣裳其順矣乎②？

［注釋］

①裳：猶“裙”。古代男女皆須服“裳”，《詩經·邶風·緑衣》“緑兮衣兮，緑衣黄裳”毛傳：“上曰衣，下曰裳。”故揚雄以“衣裳”喻“君臣”或“尊卑”關係。

②其：表示反詰語氣。順：謂“理順”或“順當”。

［譯文］

衹穿上衣而不穿下裳，都知道是不可以的；衹穿下裳而不穿上衣，都知道是不可以的。衣和裳的關係順當了嗎？

［按語］

西漢末期，尤其是哀、平兩朝，外戚專權，君、臣關係極不正常。在揚雄看來，君就是君、臣就是臣，關係必須理順。像漢平帝那樣有君之名而無君之實或像王莽那樣有君之實而無君之名，都是“衣裳”顛倒、關係不順的現象。

有人認爲，這是指責王莽篡漢，如李軌注云：“三桓專魯、陳桓滅齊、王莽篡漢，三奸之興，皆是物也。”今天的有些學者也堅持這種觀點。從表面上看，似乎很有道理，其實未必如此。焉知“衣裳”之喻就不包含揚雄認爲漢平帝應當讓位給王莽以使“衣裳其順”的良苦用心呢？

5.15

或問：“文①？”曰：“訓。”問：“武？”曰：“克。”

未達。曰："事得其序之謂訓[②]，勝己之私之謂克[③]。"

［注釋］

①文．所問"文"、"武"，皆針對漢文帝、漢武帝謚號而發。唐人張守節《史記正義·謚法解》："慈惠愛民曰文"、"夸志多窮曰武"。

②訓：猶"順"。《廣雅·釋詁》："訓，順也。"《説文》"訓"字段注："説釋而教之，必順其理。"治國"順其理"，故能"事得其序"。《謚法解》："慈和遍服曰順。"故"文"與"訓"及"順"相通。《史記·孝文本紀》"太史公曰"："孔子言'必世然後仁。善人之治國百年，亦可以勝殘去殺'。誠哉是言！漢興，至孝文四十有餘載，德至盛也。"

③勝己之私：戰勝一己的私敵。雖然漢武帝打擊匈奴、擴大中國版圖，是一位建立了文治武功的皇帝，但生活腐朽，篤信巫術方士，一心追求長生不老。因此在揚雄看來，漢武帝窮兵黷武，無非是爲了"勝己之私"。《謚法解》"夸志多窮曰武"注："大志行兵，多所窮極。"

［譯文］

有人問："謚號曰'文'是什麼意思？"揚子説："訓。"又問："謚號曰'武'是什麼意思呢？"揚子説："克。"問者仍然不懂是什麼意思。揚子説："使國家各種事情都能井然有序，這就叫做訓；爲了戰勝自己的私敵而窮兵黷武，這就叫做克。"

［按語］

漢文帝實行"與民休息"政策，躬行節儉，以德化民，頗有"聖王之風"，故爲揚雄所稱道。漢武帝不恤民力，窮兵黷武，生活腐朽，雖有文治武功，但無仁君之德，故不爲揚雄所稱道。

作爲漢臣，不能"犯上"，故僅謂"文"、"武"以寓對二君之褒貶。

5.16

爲之而行、動之而光者[①]，其德乎？或曰："知德者鮮，何其光?”曰：“我知，爲之②；不我知，亦爲之，厥光大矣。必我知而爲之，光亦小矣。”

［注釋］

①爲之而行：要做的事一定行得通。動之而光：做了之後就會有榮光。

②我知：即“知我”，猶言“被人了解”。

［譯文］

要做就一定行得通、做了就一定有榮光的事情，不就是德行嗎？有人說：“知道德行的人太少了，哪裏會贏得榮光?”揚子說：“（合乎道義的事情）被人了解，要做；不被人了解，也要做，這樣的榮光就更大了。如果一定要被人了解纔去做，榮光也就小了。”

［按語］

合乎道義的事情，尤其是生活中那些涉及道德的事情，都是“爲之而行、行之而光者”。揚雄不僅提倡做好人好事，而且認爲做無名英雄更加光榮。

5.17

或曰：“君子病没世而無名①，盍勢諸②？名，卿可幾也③。”曰：“君子德名爲幾④。梁、齊、趙、楚之君⑤，非不富且貴也，惡乎成名？谷口鄭子真⑥，不屈其志而耕乎岩石之下，名震於京師。豈其卿？豈其卿?”

［注釋］

①君子病没世而無名：語出《論語・衛靈公》：“君子疾没世而名不稱焉。”“病”謂“憂慮”。

②勢：權勢者。用作動詞，猶言“借助於權勢者”。

③卿：漢代實行“三公九卿”的中央官制，“公”屬於丞相一級，“卿”僅次於丞相。這裏泛指大官。幾（jì）：通“冀”，猶言“希望”。

④德名：謂“以德揚名”。

⑤梁、齊、趙、楚之君：指漢初所封的劉姓四國諸侯。四國地廣物阜，故云“非不富且貴”。

⑥谷口鄭子真：鄭子真，西漢元、成之際的高士，隱居雲陽（今陝西淳化縣一帶）的谷口，故世稱“谷口鄭子真”，又稱“鄭谷”。成帝年間，大將軍王鳳曾多次禮聘鄭子真出山爲官，都被鄭拒絕。

［**譯文**］

有人説：“既然君子憂慮死後不能揚名，何不借助於權勢者的力量呢？要揚名後世，大官吏是可以寄托希望的。”揚子説：“君子把以德揚名作爲希望。梁、齊、趙、楚四國諸侯，没有哪個不是經濟富有、地位尊貴的，但是他們哪裏成就了好名聲呢？而隱居谷口的鄭子真，不願委屈自己的志向而耕耘在山野之中，却名震京師。哪裏是借助於大官纔能揚名呢？哪裏是借助於大官纔能揚名呢？”

［**按語**］

揚雄主張“以德成名”，反對“倚勢立名”。揚雄一生是實踐了自己的這一主張的。揚雄一生可倚重者不乏其人：自蜀初到長安時，郫縣同鄉何武位居三公，但他未去拜謁何武；任給事黄門給成帝作文學侍從，成帝好文辭，但揚雄并未投其所好，而是“爲賦以諷”，以至“三世不徙官”；後來王莽篡漢，特别需要“談説之士用符命稱功德”，揚雄雖然精通《易經》，却没有去幫助王莽造輿論。班固説他是“欲求文章成名於後世”，而絶不攀龍附鳳。

5.18

或問："人?"曰："艱知也[①]。"曰："焉難?"曰："太山之與蟻垤[②]，江河之與行潦[③]，非難也。大聖之與大佞[④]，難也。烏呼！能別似者爲無難。"

［注釋］

①艱知：難知。李軌注："物形外顯，人神内藏。外顯易察，内藏難知。"俗語云"人心隔肚皮"，即謂人心難知。

②太山：即"泰山"。蟻垤（dié）：螞蟻洞穴外面的小土堆。

③江河：長江、黄河。行潦：道路上的積水。

④大佞：最善於僞裝的奸邪。《説文》："佞，巧諂高材也。"

［譯文］

有人問："應當怎樣了解人?"揚子説："人是很難了解的。"再問："難在哪裏呢?"揚子説："要分辨巍峩的泰山與蟻穴旁邊的土堆，要分辨長江黄河與道路上的積水，是一點也不難的。但是要分辨大聖與大奸的人，就太難了。唉！衹有善於辨别相似事物的人纔不會感到困難。"

［按語］

古今不少論者，認爲揚雄在《法言》中對王莽的"大佞"行爲多有譏刺，例如衛仲璠先生在其《揚子法言會箋·前言》中説："揚子之著《法言》，蓋自五卷以後，不覺其感情之激蕩，似一發而不可制。尤其對王莽政權之微言譏刺，觸處可尋。李軌在注文中，即有不少處指出其微言幽旨；俞樾、馬其昶，後亦多所闡發；汪榮寶《義疏》更印證以《漢書·王莽傳》之史實，便如同犀照，真相畢顯。"（《安徽師大學報》哲社版1989年第3期）

筆者認爲，揚雄關於“知人難”的論述，表現了他在撰寫《法言》的時候，正在經歷着一場政治抉擇的痛苦。對劉姓皇帝的絶望，使他急需找到可以實現自己政治改良主張的“明君”。王莽“居攝”時期的一系列改革措施讓他看到了一綫希望。但是王莽究竟是“大聖”還是“大佞”，揚雄并不是很有把握的，因此纔發出了“知人難”的議論和感嘆。

5.19

或問：“鄒、莊有取乎①？”曰：“德則取，愆則否②。”“何謂德、愆？”曰：“言天地人經③，德也；否，愆也。愆語，君子不出諸口。”

［注釋］

① 鄒、莊：鄒衍、莊周。

②愆（qiān）：錯誤。

③經：謂“合乎儒家經典”。道家、陰陽家以論説天、地、人的關係爲其學説的主要内容，故揚雄專從“言天地人”提出要求。

［譯文］

有人問：“鄒衍、莊周的學説有可取的嗎？”揚子説：“合乎德的就可採取，錯誤的就不要採取。”又問：“什麽叫合乎德的和錯誤的？”揚子説：“論説天、地、人的關係合乎儒家經義的，這就是合乎德；否則，就叫錯誤。錯誤言論，是不應該從君子口中流露出來的。”

［按語］

揚雄認爲諸子學説中也有值得借鑒的合理成分，這正是揚雄“因循革化”哲學思想的體現。

《問道》卷末曾問及莊、鄒“有取乎”，這裏再次問及，大概是因爲道家、陰陽家在天、地、人關係上的許多論述，與揚雄《太玄》關於天、地、人關係的論述頗多相似之處的緣故。

《問明》卷第六

序

明哲煌煌[①]，旁燭無疆[②]。遜於不虞[③]，以保天命。撰《問明》。

[注釋]

①明哲：聰明睿智。這裏指聰明睿智的思想。煌煌：光輝。《説文》："煌煌，輝也。"

②旁燭：猶言"普照"。"旁"猶"遍"也，《尚書・説命（上）》"俾以形，旁求於天下"注："旁求，遍求、廣求。"《漢書・揚雄傳》"旁燭無疆"顔師古注："燭，照也。"

③遜：避讓。《説文》："遜，遁也。"不虞：猶"不測"。

[譯文]

聰明睿智的思想光芒萬丈，普照着天下所有的地方。要善於避讓危險以防不測，纔能够保全自己的自然壽命。（爲了讓人們懂得保全自己生命的道理，）撰《問明》一卷。

6.1

或問："明？"曰："微①。"或曰："微，何如其明也？"曰："微而見之，明其誖乎②？聰明③，其至矣乎④？不聰，實無耳也；不明，實無目也。""敢問大聰明？"曰："眩眩乎⑤？惟天爲聰，惟天爲明。夫能高其目而下其耳者⑥，匪天也夫？"

［注釋］

①微：幽微，即隱而不顯。《説文》："微，隱行也。"

②明：顯明，與"微"意思相對。誖（bèi）：同"悖"，逆也。《玉篇》："誖，逆也。"

③聰明：善聽爲"聰"，善視爲"明"，"聰明"猶言"善於辨察是非"。

④至：猶言"最高境界"。聰則耳察所聞以辨是非，明則目察所見以顯幽微，故云"聰明，其至矣乎"。

⑤眩眩（xuàn）：注視貌。《楚辭·逢尤》"眩眩兮寤終"注："眩眩，視貌。"

⑥高、下：都是用作使動，猶言"擡高"、"貼近"。

［譯文］

有人問："什麽是明？"揚子説："幽微。"問者説："幽微怎麽是明呢？"揚子説："連幽微的事物都能看得清楚，説它'明'有什麽不對呢？耳朵善聽聲音、眼睛善察幽微，大概是最好的素質了吧？耳朵不善於聽聲音，就等於没長耳朵；眼睛不善察幽微，就等於没長眼睛。"問者又説："請問什麽是大聰明？"揚子説："不就是注視着萬物的天嗎？衹有天最善於聽聲音，衹有天最能够察幽微。能够擡高自己的眼睛俯視天下萬物并且將自己的耳朵貼近天下萬物的，不就是衹有天嗎?”

［按語］

對一般人而言，善於聽話并且能辨別話的是非，善於觀察并且能看清楚事物的本質，這就是“聰明”，這就是一個人最好的素質了。

但是對於君臨天下的帝王來説，那是需要具有“大聰明”的，所以揚雄以“天”爲喻，説明帝王應當俯視天下萬物以辨察幽微，還要將耳朵貼近天下百姓，認真聽取百姓的聲音。

明君之所以“明”，就在於能够“察微兼聽”；昏君之所以“昏”，就因爲長期“閉目塞聽”。有天下者，豈能不既“聰”且“明”?

6.2

或問：“小每知之①，可謂師乎?”曰：“是何師與?是何師與?天下小事爲不少矣。每知之，是謂師乎?師之貴也，知大知也②。小知之師，亦賤矣。”

［注釋］

①小：謂“小事情”或“小道理”。

②大知：即“大智”。所謂“大智”，是指關乎禮義方面的知識，《荀子・儒效》：“君子之所謂知者，非能遍知人之所知之謂也，有所正矣。”

［譯文］

有人問：“對每一件小事都能了解的，可以算是老師嗎?”揚子説：“這算什麽老師呢?這算什麽老師呢?天下的小事情是很多的了，衹能了解每一件小事的，這能算是老師嗎?老師地位的尊貴，在於他是懂得大道理的。衹了解小事的，就算是老師也是不值得尊重的。"

［按語］

强調應當以懂得大道理的人爲師，這主要是針對執政的權勢者來説的，它具有很强的現實針對性，因爲各人的好惡不同，難免會有不少操一技之長的人投到權勢者門下謀求出路。如果不以"知大知"爲限，勢必會有不少投機取巧的奸佞小人投其所好而貽誤大事。

6. 3

孟子疾過我門而不入我室[①]。或曰："亦有疾乎？"曰："摭我華而不食我實[②]。"

［注釋］

①疾：謂"憎惡"。過我門而不入我室：語見《孟子·盡心下》："孔子曰：'過我門而不入我室，我不憾焉者，其惟鄉原乎！''鄉原，德之賊也。'"

②摭（zhí）：猶"摘"。

［譯文］

孟子憎惡那些孔子所説的"經過我家門而不進入我室内"的人。有人説："先生也有憎惡的嗎？"揚子説："我憎惡那些摘取我的鮮花却不吃我鮮花結的果實的人。"

［按語］

"鄉原"是一種毫無是非觀念的人。這種人依違兩端、左右逢源，即所謂"好好先生"。孔子痛恨這種人，謂之"德之賊"。那種過孔子之"門"而不入孔子之"室"者，是指那些徘徊於儒學與諸子之學兩端的人，這種人如同"鄉原"一樣，也是"德之賊"，故孟子"疾"之。

令揚雄憎惡和痛苦的是兩種人。一種是像漢成帝那樣，欣賞揚雄辭賦語言之美，却不願接受其辭賦所寄寓的諷諫題旨，這就是所謂“摭我華而不食我實”的人。另外還有一種是不能理解或者不願理解揚雄“宏意妙旨”的人，這就是他在《解難》中所謂的“客”這種人。“客”責備揚雄著《太玄》是“但費精神於此，而煩學者於彼，譬畫者畫於無形，弦者放於無聲”；揚雄對“客”的回答是：“若夫宏言崇議，幽微之途，蓋難與覽者同也。”并且明確地告訴“客”人：“聲之妙者不可同於衆人之耳，形之美者不可棍（同）於世俗之目，辭之衍者不可齊於庸人之聽。”他也知道他的《太玄》“觀之者難知，學之者難成”，他苦於知音難覓，於是寄希望於後人，因此他説：“師曠之調鐘，俟知音者之在後也。”（以上引文均見《漢書・揚雄傳》）

6.4

或謂：“仲尼事彌其年①，蓋天勞諸②？病矣夫③？”曰：“天非獨勞仲尼，亦自勞也④。天病乎哉？天樂天，聖樂聖⑤。”

［注釋］

①事彌其年：事情充滿了他的一生，猶言“終生忙忙碌碌”。

②勞：使（之）勞。後面兩個“勞”字用法同此。

③病：謂：“痛苦”。

④自勞：天運行不息，長養萬物，故曰“自勞”。

⑤樂天：以盡天的職責爲樂。樂聖：以盡聖人職責爲樂。

［譯文］

有人對揚子説：“孔子一生忙忙碌碌，大概是天使他那樣勞累的吧？他會感到痛苦嗎？”揚子説：“天不是祇讓孔子一個人勞累，天自己也很勞累。天會感到痛苦嗎？天把盡自己天的職責視爲歡樂，聖人把盡自己聖人的職責視爲歡樂。”

［按語］

在揚雄看來，孔子周游列國，設教授徒，宣揚儒家學説，忙碌一生，就是在盡聖人的天職。以盡自己的天職爲樂，這是聖人的榮樂觀。揚雄明裏在説孔子，實際是以孔子自況，表明自己以天下興亡爲己任的責任感和榮樂觀。

6. 5

或問："鳥有鳳，獸有麟①，鳥獸皆可鳳、麟乎？"曰："群鳥之於鳳也，群獸之於麟也，形性②。豈群人之於聖乎③？"

［注釋］

①鳳：鳳凰，傳説中的鳥王。麟：麒麟，傳説中的神獸。

②形性：形貌與天性。是説群鳥與鳳凰、群獸與麒麟，在形貌與天性上是完全不同的。

③群人之於聖：衆人與聖人的區别。是説衆人與聖人，在相貌和天性上是没有什麼不同的。

［譯文］

有人問："鳥類中有鳳凰，獸類中有麒麟，鳥獸都有可能成爲鳳凰、麒麟嗎？"揚子説："群鳥與鳳凰的區别，群獸與麒麟的區别，都是在形貌與天性上。難道衆人與聖人的區别，也是在形貌與天性上嗎？"

［按語］

問話人的意思是：如同群鳥根本成不了鳳凰、群獸根本成不了麒麟一樣，衆人是不可能成爲聖人的。揚雄的看法是：外貌與天性是與生俱來的，群鳥與鳳凰的區別、群獸與麒麟的區別，就在於外貌與天性的不同；因爲外貌與天性是無法改變的，因此群鳥確實成不了鳳凰，群獸也確實成不了麒麟。但是，衆人與聖人的區別，絶不是在外貌和天性上，而是在智慧和修養上。智慧和修養是可以通過學習得到提高的，衆人衹要能堅持努力學習，是有可能成爲聖人的。這就是所謂“性相近，習相遠”的道理。

6.6

或曰：“甚矣，聖道無益於庸也①。聖讀而庸行②，盍去諸?”曰：“甚矣，子之不達也③。聖讀而庸行，猶有聞焉；去之，抏也④。抏秦者，非斯乎⑤？投諸火。”

［注釋］

①庸：平庸。這裏指“庸人”（一般的人）。

②聖讀：謂“讀聖人之書”。庸行：謂“幹平庸的事情”。

③不達：不能達。即不通曉事理。

④抏（wán）：挫折，損害。《漢書・司馬相如傳》“抏士卒之精”注：“抏，挫也。”

⑤斯：李斯（前？一前 208 年），戰國末楚國上蔡人，荀子學生，後入秦，官至丞相。李斯在幫助秦始皇完成統一大業、統一文字、統一度量衡制度等方面是有歷史功績的，但是他諫秦始皇焚書坑儒，推行文化專制主義，勾結趙高殺害公子扶蘇，則加速了秦王朝的滅亡。故揚雄説他是“抏秦者”。

［譯文］

有人説："對於一般的人來説，聖人的大道理一點用處都没有。大家讀了聖人的書却還是幹着平庸的事，何不抛棄那些聖人的書呢？"揚子説："像你這樣的不明事理，真是太過分了！讀了聖人的書而幹着平庸的事，總還能聽到聖人的教誨；如果抛棄了聖人的書，是會遭受挫折的。使秦王朝遭受挫折的，不正是李斯嗎？是他要求天下人把聖人的書投到火中燒掉的。"

［按語］

一般人總是急功近利的，認爲讀書就得做官，否則，莫如不讀。揚雄認爲，讀聖人之書，不一定就是爲了做官；多聽聖人的教誨，就會善於避讓危險、免於遭受挫折以保全自己。這就是所謂"明哲保身"的真正含義。揚雄堅持"全身遠禍"的處世態度，把權勢地位看得很透，他説："且吾聞之，炎炎者滅，隆隆者絶。……位極者宗危，自守者身全。是故知玄知默，守道之極；爰清爰静，游神之廷；惟寂惟寞，守德之宅。世异事變，人道不殊，彼我易時，未知何如。"（《解嘲》）聖人之書正是他"守德"的依據。《問明》一卷，立意雖在"明哲"，目的却爲"全身"。故其《序》云："明哲煌煌，旁燭無疆。遜於不虞，以保天命。"

6.7

或問："人何尚？"曰："尚智。"曰："多以智殺身者，何其尚？"曰："昔乎臯陶以其智爲帝謨①，殺身者遠矣。箕子以其智爲武王陳《洪範》②，殺身者遠矣。"

［注釋］

①臯陶（gāo yáo）：亦作"咎繇"。傳説臯陶是爲帝舜主掌刑獄的大

臣。《尚書》、《史記》都有關於皋陶的記載。爲帝謨：爲帝舜出謀劃策。《史記・夏本紀》："帝舜朝，禹、伯益、皋陶相與語帝前。皋陶述其謀。"《尚書・虞書》有《皋陶謨》。謨，同"謀"。

②箕子：商紂叔父，封於箕，故稱"箕子"。商紂暴虐，箕子屢諫，商紂不聽，箕子乃披髮佯狂與人爲奴，被商紂囚禁。周武王滅商，釋箕子之囚。箕子感武王之德，爲武王陳《洪範》。《洪範》載《尚書・周書》。

［譯文］

有人問："人應該崇尚什麼?"揚子說："崇尚智慧。"問者說："因爲有智慧而招致殺身之禍的人很多，爲什麼還要崇尚智慧呢?"揚子說："從前皋陶憑着他的智慧爲帝舜出謀劃策，遠離了殺身之禍；箕子憑着他的智慧爲周武王陳獻《洪範》，也遠離了殺身之禍。"

［按語］

智慧有大小之别。古往今來，因爲耍小聰明而惹上麻煩甚至招致殺身之禍的人，的確不少，故有"聰明反被聰明誤"之説。皋陶勸諫帝舜"信其道德"、"慎其身修"、使"俊乂在官，百吏肅謹"、"毋教邪淫奇謀"，佐助帝舜把天下治理得很好，這是大智慧。箕子諫阻商紂，不聽則佯狂爲奴，感武王之德而進陳《洪範》以助周王，可謂明臣節而知進退，這也是大智慧。在揚雄看來，真正的"智"者，一是要有利國利民之心，二是要善於保全自己。屈原忠君愛國之心使揚雄非常敬佩，但是屈原不善於保全自己，故不爲揚雄所贊許。

揚雄"尚智"的思想，與孔子的思想是一脉相承的。孔子説："暴虎馮河，死而無悔者，吾不與也。必也臨事而懼，好謀而成者也。"（《論語・述而》）孔子不贊許空手打老虎，徒步涉黄河，死了也不後悔的人；贊許遇事恐懼謹慎，善於謀劃幹好事情的人。

6.8

仲尼，聖人也，或者劣諸子貢①。子貢辭而精之②，然後廓如也③。於戲！觀書者違④。子貢雖多⑤，亦何以爲盛哉⑥？

［注釋］

①或者：有的地方，指有些方面的才能。子貢（前520—？年）：姓端木，名賜，字子貢，春秋衛國人，孔子弟子。在孔子的學生中，子貢是最有才能的，孔子喻之曰“瑚璉”（能擔當大任者）。以其“利口巧辭”（能言善辯），經商則富比王侯，做官曾任魯、衛國相；長於外交，時人有“子貢一出，存魯、亂齊、破吴、强晋而霸越”之説。其事迹見《史記·仲尼弟子列傳》。

②辭而精之：極善言辭而且用得很精妙。孔子有意責難子貢，便問他：“汝與回（顔回）也孰愈？”他回答道：“賜也何敢望回？回也，聞一以知十；賜也，聞一以知二。”齊國田常欲伐魯，子路、子張、子石請求到齊國游説田常，孔子都没有同意，“子貢請行，孔子許之。”其事見《史記·仲尼弟子列傳》。

③廓如：廣闊貌。這是指子貢在政治、經濟等社會舞臺上的活動範圍非常廣闊。

④觀書者違：是説“有些讀史書的人産生了錯誤的看法”。這是指從《史記》和其他的一些史書的記載看，仿佛子貢的才能超過了孔子。“違”，與事實相違背，即錯誤。

⑤子貢雖多：子貢雖然值得贊賞。“多”指贊賞，《史記·管晏列傳》：“天下不多管仲之賢而多鮑叔能知人也。”

⑥盛：指“盛世”。

［譯文］

孔子是聖人，但是他有些方面的才能可能還趕不上子貢。子貢極善言辭而且將其作用發揮到極致，這使他後來從政經商的道路非常廣闊。唉！有些觀看史書的人便因此而產生了錯誤的看法。子貢的才能雖然值得贊賞，但是他能有什麼辦法使天下成爲太平盛世呢？

［按語］

在孔門弟子中，子貢確實是個很了不起也很可愛的人物。有人甚至認爲，孔子因爲有子貢這樣才能杰出、功績顯赫的學生，所以纔得以受到當政者重視而名揚天下。姑且不論其説法是否正確，子貢的許多品質的確是很可愛的，他既不像宰予那樣貧嘴，樊遲那樣遲鈍，顔回、曾参那樣謹小慎微，也不像子張、子夏那樣熱衷政治而虚有其表，更不像子路那樣一味地逞强好勝。他才德出衆而謙虚謹慎，對孔子充滿真摯感情。據《論語・子張》記載，叔孫、武叔在朝堂上公開説“子貢比孔子還有才能”，子貢聽説以後對人説：“好比圍墻，我的墻衹有肩膀高，别人一眼就能看見裹面的房屋有多好。我老師的圍墻有幾丈高，如果找不到門走進去，便看不見那裹面如同廟堂一樣的宏偉、官署一樣的富麗。能够進得了這大門的人太少了，所以叔孫、武叔纔會説那樣的話。”據説，孔子死後，子貢爲他守墓六年。在《史記・仲尼弟子列傳》中，衹有子貢的事迹記載得最詳細，足見太史公對子貢的態度。

揚雄對子貢的才能是充分肯定的。不過，在揚雄看來，子貢的才能無非范蠡之流，是賢人而非聖人。賢人可以强諸侯而不能强天下，衹有聖人聖道纔能强天下，纔能使天下成爲太平盛世。《論語・子張》所記子貢的那段話，不純粹是子貢的謙虚。子貢確實認爲，孔子如果真正有機會搞政治，一定會比自己强得多。

6.9

成湯丕承也①，文王淵懿也②。或問："丕承?"曰："由小致大，不亦丕乎③？革夏以天，不亦承乎④？""淵懿?"曰："重《易》六爻，不亦淵乎⑤？浸以光大，不亦懿乎⑥？"

［注釋］

①成湯：商朝開國之君，伐桀滅夏而有天下。成湯與堯、舜、周文王、周武王，都是儒家所稱頌的上古"聖王"。

②文王：周文王。其事迹見卷五注釋。

③由小致大：謂"湯以七十里"興而終有天下。《孟子·公孫丑上》："以德行仁者王，王不待大。湯以七十里，文王以百里。"丕：光大。《説文》："丕，大也。"

④革夏以天：秉承天意，革除夏命。堯、舜、禹三代，皆以禪讓傳承天下，自成湯始以征伐得天下，周武王繼之，亦以征伐得天下。桀、紂皆暴虐之君，故史稱"湯、武革命"。承：謂"順從天命"。

⑤重《易》六爻（yáo）：周文王演《易》，將八卦重疊，使每卦三爻成爲六爻。淵：謂"思想深邃"。原來的八卦，僅象征天地風雷水火山澤八種自然現象；周文王推演而成的《周易》，却是依據八卦代表的自然現象，以陰陽二氣的交感作用作爲産生事物的本源，將二者結合起來推測自然和人事的變化。其思維縝密，道理深奥，故謂之"淵"。

⑥浸以光大：漸漸光大。指"文王以百里"興而終有天下。"浸"猶"漸"，漸漸。懿：謂"道德美好"。孟子説"以德行仁者王"，周文王"以百里"之地興起而終成王業，足見其"以德行仁"，故謂之"懿"。

［譯文］

成湯丕承，文王淵懿。有人問："爲什麽説成湯丕承?"揚子説："成湯以七十里之小小封地而終有天下，不就是事業的光大嗎？成湯依照天意革除夏政，不就是承順天命嗎?"又問："爲什麽説文王淵懿呢?"揚子説："周文王將每卦三爻演繹爲每卦六爻的《周易》，不就是他思想的淵深嗎？周文王以百里之地而逐漸發展壯大，不就是他道德的美好嗎?"

［按語］

上一章述"觀書者"不能分辨聖人之智與賢人之智，誤認爲子貢的政治才能超過孔子。本章通過解釋"成湯丕承"、"文王淵懿"來具體説明聖人之智與賢人之智的本質區别。

6.10

或問："命?"曰："命者，天之命也，非人爲也。人爲不爲命。""請問人爲?"曰："可以存亡①，可以死生，非命也。命不可避也。"或曰："顏氏之子，冉氏之孫②?"曰："以其無避也。若立岩墻之下③，動而徵病④，行而招死，命乎？命乎?"

［注釋］

①可以存亡：可以存也可以亡。意思是：存、亡决定於人的選擇。"可以死生"同此。

②顏氏之子，冉氏之孫：指顏回、冉耕。顏回道德卓异，是孔子最得意的弟子，二十九歲時頭髮盡白，短命早死。冉耕德行美好，亦爲孔子賞識，患有不治之惡疾。問話人的意思是：你説存亡死生决定於人的選擇，那麽顏回、冉耕都是道德美好的人，爲什麽一個早死、一個患惡疾呢？

③岩墻：危墻。喻險境。語出《孟子·盡心上》：“是故知命者不立乎岩墻之下。盡其道而死者，正命也；桎梏死者，非正命也。”危墻之險象可見，人不立乎其下則無險。

④徵病：招致灾禍。《説文》：“徵，召也。”召，同“招”。

［譯文］

有人問：“什麽是命?”揚子説：“命是上天的意志，不是人力可以改變的。人力可以改變的就不是命。”再問：“請問人力可以改變是什麽意思?”揚子説：“要是可以存也可以亡，可以死也可以生，那就不是命。因爲命是不可逃避的。”

有人説：“那顔回的短命、冉耕的惡疾該怎樣解釋呢?”揚子説：“因爲這樣的命運是他們無法逃避的。但是像有的人偏要站在危墻下面，一動就會招致傷殘，一行又會招致死亡，能説這也是命嗎？能説這也是命嗎?”

［按語］

揚雄講述“命運”，不是爲了鼓吹“宿命”思想，其目的主要有兩個：一是要人們了解個人的吉凶禍福取决於自己的表現，二是提倡每個人都應該善於抉擇。

宿命論者主張人的禍福概由天定，故以顔回、冉耕爲例來支持自己的主張。揚雄則一方面承認有些事情是“命”，是人力不可抗拒和逃避的，如顔回的短命、冉耕的惡疾；另一方面，則强調人的主觀能動性可以决定吉凶禍福，這就是“岩墻”之喻所要説明的道理。

6.11

吉人凶其吉[①]，凶人吉其凶[②]。

［注釋］

①吉人：吉祥平安的人。凶其吉：視吉祥爲凶險。猶言“居安思危”。

②凶人：灾禍纏身的人。吉其凶：視凶險爲吉祥。

［譯文］

吉祥平安的人總是視吉祥爲凶險，灾禍纏身的人總是視凶險爲吉祥。

［按語］

“吉人”牢記“禍福相倚”，故能居安思危，此所以爲“吉人”。“凶人”利令智昏，得意而忘形，此所以爲“凶人”。

6.12

辰乎辰[①]，曷來之遲、去之速也？君子競諸[②]？

［注釋］

①辰：時間。此處指“時機”。

②競諸：競之乎。猶言“抓住時機了嗎”。

［譯文］

時機啊時機啊，爲什麽總是來得晚、消失得很快啊？君子們抓住時機了嗎？

［按語］

一個人要想在事業上有所作爲，務必抓緊時間、抓住時機。著《法言》時，揚雄已近暮年，故有此嘆。既以自警，亦以警人。

6.13

譊言敗俗[①]，譊好敗則[②]，姑息敗德[③]。君子謹於言，慎於好，亟於時④。

［注釋］

①譝（nìng）：諂諛。《廣雅·釋言》："譝，諂也。"一説"譝"當作"謣"，謂"虚妄"。

②譝好（hào）：猶"好譝"，喜歡聽奉承話。

③姑息：無原則地寬容錯誤。

④亟於時：謂"發現錯誤及時改正"。"亟"同"急"，猶言"及時"。"時"謂發現錯誤時。

［譯文］

説奉承話會敗壞社會風氣，喜歡聽奉承話會損害公正原則，寬容自己的錯誤會損害個人道德。因此君子在語言上相當謹慎，在愛好上非常慎重，發現錯誤就及時改正。

［按語］

巴結奉承是奸佞之輩索取權勢慣用的伎倆，好聽諛詞是昏庸之主具有的共性，寬宥自己的錯誤則是一般人的通病。做下屬，不以諛詞取悦上司；爲君長，不聽諛詞以持公正；爲人處世，嚴於律己寬以待人。這便是"君子"。古代聖賢多"謹言慎行"。孔子説："君子欲訥於言而敏於行"、"古者言之不出，耻躬之不逮也"（《論語·里仁》）；又説："巧言、令色、足恭，左丘明耻之，丘也耻之。"（《論語·公冶長》）要防止"譝言敗俗，譝好敗則"，必須做到官長"慎於好"。官風不正，則民風不正。治世必治官。

6.14

吾不見震風之能動聾聵也①。

［注釋］

①震風：謂“雷動”，即“打雷”。八卦中“震”卦象雷。《廣雅·釋詁》：“風，動也。”聵（kuì）：耳聾。

［譯文］

我没有見過打雷能够使一個完全失去聽力的人震動的。

［按語］

即使是聖人的教誨，也無法感化警醒那些冥頑不靈的人。

6.15

或問：“君子在治？”曰：“若鳳。”“在亂？”曰：“若鳳。”或人不諭。曰：“未之思矣。”曰：“治則見，亂則隱①。鴻飛冥冥③，弋人何篡焉③？鷦明遴集④，食其絜者矣⑤。鳳鳥蹌蹌⑥，匪堯之庭⑦。”

［注釋］

①治則見（xiàn），亂則隱：傳説鳳凰衹在世道清平時纔現身，故云“治則見，亂則隱”。《論衡·指瑞》：“儒者説鳳凰、麒麟爲聖王來。以爲鳳凰、麒麟，仁聖禽也。思慮深，避害遠，中國有道則來，無道則隱。”

②鴻：大雁。冥冥：玄遠。這裏指高空。《素問·徵四失論》“窈窈冥冥，孰知其道”注：“冥冥，言玄遠也。”

③弋（yì）人：捕鳥人。“弋”是繫着繩子的箭。篡：謂“弋取”，即捕獵空中飛鳥。《説文》：“篡，逆而奪取曰篡。”段注：“逆而奪者，下取上也。”

④鷦明：傳説中似鳳凰的神鳥。亦作“焦明”，《漢書·五行志》引《葉圖徵》：“似鳳者有四：……三曰焦明，長喙、疏翼、圓尾、身文。戴信嬰仁，膺知負禮。”遴（lín）：審慎選擇。《正字通》：“遴，謹選也。謂相比而選之也。”

⑤絜：通“潔”。

⑥蹌蹌（qiāng）：威嚴貌。《爾雅·釋訓》：“蹌蹌，士大夫之威儀也。”

⑦匪：通“飛”。劉師培《法言補釋》：“蓋‘匪’字，即古‘飛’字也。”今從之。

［譯文］

有人問：“君子在世道清平時應該怎麽辦?”揚子説：“像鳳凰那樣。”又問：“世道混亂時又該怎麽做呢?”揚子説：“像鳳凰那樣。”問話人弄不明白了。揚子説：“是你没有認真地思考過這個問題。”接着又説：“鳳凰在世道清平時纔現身，當世道混亂時便隱遁。大雁飛翔在玄遠的高空，想用弋箭射取的人怎麽能將它捉住呢？鷦明審慎地選擇它栖息的地方，并且衹食用絶對潔净的食物。鳳凰儀容威嚴地現身，衹飛臨帝堯的庭中。”

［按語］

揚雄强調，作爲一個“君子”，無論是身處治世還是亂世，都一定要保持自己高尚的節操。接着講述了如何保持節操的問題。第一，身處亂世要懂得避禍。要像大雁那樣高飛，遠離可能加害於你的人。第二，身處治世要慎擇和潔身。要像神鳥鷦明那樣，審慎地選擇可以爲之效力的主人；有了權力，不可貪戀權勢和錢財，要潔身自好。第三，身處治世要威嚴有加和用心專一，要像鳳凰那樣，毫不苟且，專心致志地推行聖王之道。

揚雄一方面堅持“全身遠禍”的處世原則，一方面堅持做一個有獨立人格、有政治操守的儒家知識分子。這種看似矛盾的現象，是儒家傳統人生哲學在封建專制政治制度下的畸型發展，這是揚雄所處的那個時代儒家知識分子所承受的巨大政治壓力和所遭受的殘酷政治迫害的反映。

6.16

亨龍潛升①，其貞利乎②？或曰："龍何如可以貞利而亨？"曰："時未可而潛，不亦貞乎？時可而升，不亦利乎？潛升在己，用之以時，不亦亨乎？"

［注釋］

①亨龍：指"行事通達的君子"。《易·坤卦》"品物咸亨"傳："亨，通也。"《周易》中的"龍"，有時象"君子之德"，沈驎士說："稱龍者，假象也。天地之道有升降，君子之道有行藏。龍之爲物，能飛能潛，故借龍比君子之德也。"

②貞利：正確與和美。李軌注："貞，正也。利者，義之和美。龍潛升得正之利。"

［譯文］

通達的龍無論是沉潛還是飛升，大概都是正確而和美的吧？有人說："龍應當怎樣做纔可以達到正確、和美而通達的境界？"揚子說："時機未到便沉潛不露，不也是一種正確的選擇嗎？時機來時就飛升顯露，不也就和美了嗎？沉潛與飛升全在自己的掌握之中，根據時機來運用自己的智慧，不就行事通達了嗎？"

［按語］

揚雄認爲，有德君子既要保持政治操守，又要達到"行事通達"的境界，就必須要善於把握時機，做到"潛升在己"而不在人。

上一章論"全身遠禍"，這一章論"行事通達"。全身遠禍是行事通達的條件和基礎。自孔子以來，儒學先賢一直奉行有道則進、無道則退的入仕原則。孔子說："危邦不入，亂邦不居；天下有道則見，無道則隱。”（《論語·泰伯》）又說：“邦有道不廢，邦無道免於刑戮。”（《論語·公冶長》）揚雄“明哲保身”的思想，不僅是對孔子進、退思想的繼承和發展，最值得注意的是他特别强調“時”這一抉擇進退的條件。

要想有大作爲而且行事通達，就一定要注意選準時機，纔能像“亨龍”那樣“潛升在己”。這是揚雄“三世不徙官”的主觀原因，因爲他執著地認爲：“爲可爲於可爲之時，則從；爲不可爲於不可爲之時，則凶。”（揚雄《解嘲》）揚雄認爲自己生活在一個“不可爲”的時代，所以衹好放棄欲求政治上有所作爲的初衷，轉而“欲求文章成名於後世”。揚雄非常敬佩屈原偉大的人格和政治追求，但是認爲屈原“爲不可爲於不可爲之時”，所以作《反離騷》、《廣騷》、《畔牢愁》諸篇以吊屈原，并抒發自己的諸多感慨。

6.17

或問：“活身？”曰：“明哲。”或曰：“童蒙則活①，何乃明哲乎？”曰：“君子所貴，亦越用明保慎其身也②。如庸行翳路衝衝而活③，君子不貴也。”

［注釋］

①童蒙：孩童似的不明事理。

②越：同“於”。李軌注：“越，於。”用明：運用聰明智慧。保慎：猶“保重”。使動用法，“保”謂使自己得到保護，“重”謂使自己受到尊重。

③庸行（háng）：平常的道路。翳路：幽暗的道路。衝衝：行走。《廣雅·釋訓》：“衝衝，行也。”

［譯文］

有人問："怎樣纔能保全自己？"揚子説："應當具有聰明智慧。"問者説："孩童似的不明事理就能活着，爲什麼一定要有聰明智慧呢？"揚子説："君子所看重的，也就在於一個人能用聰明智慧保護好自己并且使自己受到尊重。如果像走在平順和幽暗的道路上一樣地活着，是君子所瞧不起的。"

［按語］

揚雄認爲，一個人不僅要能活得安全，而且要活得有尊嚴、有意義，這就需要人的聰明與智慧了，尤其是生活在揚雄生活的那種社會環境中。過於平順，庸庸碌碌，糊涂一生，在揚雄看來，這都是不可取的，故曰"君子不貴"。

6.18

楚兩龔之絜①，其清矣乎？蜀莊沉冥②。蜀莊之才之珍也，不作苟見③，不治苟得④，久幽而不改其操⑤。雖隋、和何以加諸⑥？舉兹以旃⑦，不亦寶乎？吾珍莊也，居難爲也⑧。不慕由即夷矣⑨，何毚欲之有⑩？

［注釋］

①楚：西漢諸侯國名，其轄地約今山東、安徽、江蘇三省交界地區。兩龔：西漢名儒龔勝、龔舍。龔勝，字君賓，彭城人，哀帝時爲諫議大夫。王莽篡漢以後，龔勝辭官歸隱，王莽以上卿之位屢召，龔勝絶食而死。龔舍，字君倩，武原人，哀帝時官太山太守、光禄大夫。王莽篡漢以後，龔舍辭官歸隱。絜：同"潔"，指品行高潔。

②蜀莊：蜀人莊遵，字君平，成都人。班固著《漢書》，避漢明帝劉莊諱，改莊遵爲"嚴遵"，故後世謂之"嚴君平"。沉冥：深沉玄遠。嚴君平

精通《易》學，學尚老、莊，著有《老子指歸》、《周易骨髓》等書。揚雄少年時曾從嚴君平學《周易》，對其學問人品推崇備至。

③苟見（xiàn）：隨意顯露自己的才華。

④不治苟得：不追求隨意可得的名利。

⑤久幽：長久地隱居。嚴君平博通古今，儒道兼修，胸懷經天緯地之才，却淡泊名利，洞悉時勢，不願入仕爲官，僅以賣卜維持生計。

⑥隋、和：隋侯珠、和氏璧。

⑦舉兹以旃：稱舉這樣的美德并以它爲表率。"兹"指代嚴君平的美德。《說文》："旃，旗曲柄也。所以旃表士衆。"故"旃"猶"表率"。

⑧居：猶"故"，表示原因。

⑨由：許由。傳說堯讓以天下，許由不受，隱遁箕山，堯又召許由爲九州長，許由不願聽到這些話，洗耳於潁水之濱。夷：伯夷。伯夷與叔齊同爲商代孤竹君之子，孤竹君遺命立叔齊爲繼承人，孤竹君死後，叔齊要讓位給伯夷，伯夷不受，叔齊也不願繼位，兄弟倆先後逃到周國。

⑩ 毚欲：貪欲。"毚"同"饞"。

［譯文］

楚人龔勝、龔舍品行之高潔，大概是儒者清正的典型了吧？而蜀人莊遵思想深沉志向玄遠。莊遵的才學有如稀世珍寶，但是他從不隨意顯露自己的才華，也從不追逐隨意可得的名利。他長期隱居市井而從未改變自己的操守。（其才德之可貴，）即使隋侯珠、和氏璧又怎麽超得過呢？稱舉這樣的才德以它作爲表率，不也像珍寶一樣難能可貴嗎？我認爲莊遵如珍寶一樣可貴，是因爲他的才德是一般人難以做到的。一個人如果不是仰慕許由就是仰慕伯夷，哪裏還會有貪欲呢？

［按語］

龔勝、龔舍、嚴遵、許由、伯夷五人，皆以不貪戀權位名利爲世人所重。揚雄特別推崇嚴遵的原因，主要在於嚴遵不以其

“才之珍”去换取“位之尊”，能够做到“久幽而不改其操”，才德出衆而甘居貧賤，這實在是難能可貴的。

6. 19

或問：“堯將讓天下於許由①，由耻。有諸?”曰：“好大者爲之也②，顧由無求於世而已矣③。允喆堯儃舜之重④，則不輕於由矣⑤。好人累克⑥，巢父洗耳⑦，不亦宜乎？靈場之威⑧，宜夜矣乎?”

［注釋］

①堯將讓天下於許由：見《史記·伯夷列傳》：“而説者曰：堯讓天下於許由，許由不受，耻之，逃隱。”

②好大者：喜歡夸大其辭的人。猶今之所謂“喜歡吹牛的人”。

③顧：表轉折的連詞，猶言“不過是”。

④允喆：即“允哲”，猶言“果真知道”。《説文》：“允，信也。”“哲，知也。”儃（shàn）：通“禪”，謂“禪讓”。

⑤於：通“與”，謂“給與”。

⑥好大累克：意爲“吹牛的話重復多次就能够使人相信”。李軌注：“累積克勝也。積大言以相勝也。”

⑦巢父：傳説“巢父”爲堯時隱士，築巢而居，故時人謂之“巢父”。堯以天下讓巢父，巢父不受，并且認爲侮辱了自己，於是跑到水邊洗耳。一説巢父即許由（見譙周《古史考》）。《漢書·古今人表》載巢父、許由爲二人，揚雄亦不以爲是一人。

⑧靈場：祭祀鬼神的壇場。

［譯文］

有人問：“據説唐堯要將天下讓給許由的時候，許由竟然認爲是蒙受了耻辱。有這樣的事嗎?”揚子説：“這是喜歡吹牛的人編造出來的，許由不過是個與世無爭的人罷了。如果真正了解唐堯在把天下禪讓給虞舜時的慎重態度，就知道唐堯不會輕易地將天下讓給許由了。吹牛的話重復多次就可能使人相信，像‘巢父洗耳’這樣的説法，不也就是正常的了嗎？（相信這些虛妄傳言的衹有那些不動腦筋思考的人，）如同靈場中鬼神的威嚴，不就是衹適宜在夜間纔能顯示出來的嗎？”

［**按語**］

揚雄“尚智”，提倡獨立思考，絶不輕信傳説。他在《問神》中主張“言必有驗”，所謂“允喆堯儃舜之重，則不輕於由”，就是他驗證“堯讓許由”的傳説不可信的方法。

6.20

朱鳥翾翾①，歸其肆矣②。或曰：“奚取於朱鳥哉？”曰：“時來則來，時往則往。能來能往者，朱鳥之謂與？”

［**注釋**］

①朱鳥：亦名“玄鳥”，即燕子。《廣雅·釋鳥》：“元（玄）鳥、朱烏，燕也。”翾翾（huán）：飛來飛去。《説文》：“翾，小飛也。”

②肆：正。猶言“應當去的地方”。《史記·樂書》“肆直而慈愛者”注：“肆，正也。”

［**譯文**］

燕子飛來又飛去，總是回到它應當栖息的地方。有人説：“燕子有什麽可取的啓示呢？”揚子説：“時機來時就飛來，時機失去就飛走。能來能往的，不就是燕子嗎？”

［按語］

以燕子的按季節往還爲喻，説明儒者的入仕應當堅持“有道則進，無道則退”的原則。其題旨仍然是主張全身遠禍、明哲保身。

6. 21

或問：“韓非作《説難》之書[①]，而卒死乎説難，敢問何反也[②]？”曰：“説難，蓋其所以死乎？”曰：“何也？”曰：“君子以禮動，以義止[③]；合則進，否則退，確乎不憂其不合也[④]。夫説人而憂其不合，則亦無所不至矣[⑤]。”或曰：“説之不合，非憂邪？”曰：“説不由道，憂也；由道而不合，非憂也。”

［注釋］

①《説難》：是一篇論述游説君主時可能遇到的困難問題的文章，其中心意思是：“凡説之難，在知所説之心，可以吾説當之。”（《史記·老子韓非列傳》）意思是説：游説君主時的困難，主要在於要了解君主的心意，以使自己的游説内容合乎君主的心意。

②反：猶言“事與願違”。韓非既然著《説難》，自當深知説君之難而避其難；然而韓非不僅不能避其難，竟然死於説君之事，故曰“反”。太史公亦説：“余獨悲韓子爲《説難》而不能自脱耳。”

③以禮動：謂“以禮動之”，即遵循禮的規定來使君主採取行動。以義止：謂“以義止之”，即根據義的要求來使君主放棄行動。

④確乎：堅定貌。不憂其不合：不擔心與君主的心意不合。誠如顔回所説：“夫道之不修也，是吾醜也。夫道既已大修而不用，是有國者之醜也，不容何病？”（《史記·孔子世家》）

⑤無所不至：意爲“什麽手段都會使出來。”

［譯文］

有人問：“韓非能够寫作《説難》這樣的書，却最終死在游説人君的事情上，請問爲什麽會這樣事與願違呢？”揚子説：“他認爲游説之難在於要合乎人君的心意，恐怕就是他致死的原因吧？”問者説：“這是爲什麽呢？”揚子説：“君子總是遵循禮的規定來勸説君主採取行動，根據義的要求來勸説君主放棄行動；自己的意見合乎君主心意時就堅持游説，不合乎君主心意時就放棄游説，能堅定地把握這樣的原則就不必擔心自己的意見不合乎君主的心意了。如果游説别人却總是擔心不合乎别人的心意，那就什麽樣的手段都會使出來了。”又問：“游説人君而不合人君心意，能不擔心嗎？”揚子説：“游説人君而不遵聖道，這纔值得擔心；遵循聖道而不合人君心意，是不必擔心的。”

［按語］

揚雄認爲，韓非之所以著《説難》而死於説難，是因爲他不能够做到“以禮動，以義止”，更没有堅持“合則進，否則退”的原則。揚雄將韓非作爲不能“全身遠禍”的反面典型是有深意的。韓非很有智慧也很有才能却不能全身遠禍，就在於他“非儒”。揚雄説：“通天、地、人曰儒，通天、地而不通人曰伎。”（《法言·君子》）這裏的“儒”，當然不是一般意義上的“儒”，其實是指儒家聖人。聖人是“龍”是“鳳”，絶不受制於人，也就不會趨從人意，故能全身遠禍。韓非僅是“伎”（技），玩弄技巧的人，總是希望得到别人的賞識，自然免不了要趨從人意。爲了趨從人意，那就什麽手段都使得出來。好使手段的人，往往死於别人對付自己的手段。這就是“説難，蓋其所以死乎”這句話的深層含義。

6.22

或問：“哲①？”曰：“旁明厥思②。”問：“行③？”曰：“旁通厥德。”

［注釋］

①哲：睿智。此處是問“怎樣纔能使自己變得睿智”。

②旁：謂“廣大”、“普遍”。《説文》：“旁，溥也。”溥，即廣大、普遍。明：清晰。用作使動。厥：代詞“他的”或“自己的”。

③行：品行。此處是問“怎樣纔能使自己品行優异”。

［譯文］

有人問：“怎樣纔能使自己變得睿智？”揚子説：“使自己的思想博大而明晰。”又問：“怎樣纔能使自己品行優异呢？”揚子説：“使自己的德行發揚光大。”

［按語］

“明哲”纔能“保身”。小智不可謂“明”，更不可謂“哲”，故問以“哲”。“哲”爲聖人之智。要達到聖人智慧的境界，就既要有天地一樣博大的胸懷，還要有洞察幽微的清晰的思維。不僅要有聖人的智慧，還要有聖人的品行，故問以“行”。聖人以濟天下、惠蒼生爲己任，故其德厚。

《寡見》卷第七

序

遐言周於天地[①]，贊於神明[②]，幽弘横廣[③]，絶於邇言[④]。撰《寡見》。

［注釋］

①遐言：至言。指聖人之言。“遐”通“假”，《漢書·揚雄傳》正作“假言”，顔師古注：“假，至也。”周：合也。《離騷》“雖不周於今之人兮”注：“周，合也。”

②贊：猶“達”。《儀禮·饋食禮》“宰自主人之左贊命”注：“贊，達也。”

③幽弘横廣：幽深廣闊。猶言“精深博大”。

④絶：超絶，遠遠超過。邇言：近言，謂“膚淺的言論”。

［譯文］

聖人至美至善的言論合乎天地自然的規律，達於神明玄妙莫測的境界，其内涵博大精深，遠遠超過一般膚淺的言論。（爲了讓人們正確理解聖人的言論，）撰《寡見》一卷。

7.1

吾寡見人之好假者也①。邇文之視，邇言之聽②，假則偭焉③。或曰："曷若兹之甚也？先王之道滿門④。"曰："不得已也⑤，得已則已矣。得已而不已者，寡哉！"

［注釋］

①假：謂"假文"、"假言"。指至善至美的文章和言論。

②邇文之視，邇言之聽：即"視邇文，聽邇言"。

③偭（miǎn）：猶"背"，猶言"不屑一顧"。《説文》："偭，鄉也。"段注："鄉，今人所用之'向'字也。偭訓鄉，亦訓背。"

④先王之道滿門：謂"學習先王之道者擠滿學校之門"。

⑤不得已：没辦法停止，即"不得不學習先王之道"。漢代朝廷徵辟人才、選拔官吏，都是以宣揚"先王之道"的"五經"爲考試内容，希望入仕爲官的讀書人不得不學習"五經"，故曰"不得已"。是説一般讀書人并非真正的喜歡先王之道和聖人之言。

［譯文］

我很少發現有真正喜歡聖人言論的人。人們大多喜歡看那些内容淺近的文章，聽那些語言粗俗的談話，而對至善至美的聖人言論却不屑一顧。有人説："哪有你説的這樣嚴重啊？學習先王之道的人已經擠滿了學校的大門。"揚子説："那是因爲不得不讀聖人的書嘛，如果可以不讀也就不會讀了。可以不讀而不會不讀的人，實在是太少了！"

［按語］

古往今來，懷着功利目的讀書學習的人總是占絶大多數，這就是所謂學習總是圍繞着考試的"指揮棒"轉。酷似現代學生之學習英語，儘管學得非常努力和刻苦，但多數人并非出於真正的喜愛和志願。所以揚雄認爲學習“先王之道滿門”，也衹是“不得已”，因此“寡見人之好假者”。再者，一般人都免不了有避難趨易的惰性，由於“聖人之經不可使其易知”（見《問神》），故人們大多“邇文之視，邇言之聽”，而對宣揚先王之道的聖人言論反而不屑一顧。

揚雄反對學習上的功利主義，提倡像顔回那樣的爲道而學（見《學行》）。其實，揚雄自己就是一個爲道而學的典型。漢代知識分子大多以訓釋“五經”而入仕爲官，揚雄却“不爲章句，訓詁通而已”、“非聖哲之書不好也，非其意，雖富貴不事也”。换句話説，揚雄是個不願意圍繞當時考試的“指揮棒”轉的讀書人。其所謂“得已而不已者”，應當是針對人君和身居高位的人，即所謂“君子”們。對這些“君子”們來説，“先王之道”已經不再具有入仕做官的“敲門磚”作用，這就是所謂“得已”（可以不學）。能够不把學習先王之道當做“敲門磚”而繼續認真學習的，纔是爲“道”而學習的人，纔是“得已而不已者”。在揚雄看來，這樣的人實在太少了。故下文云：“好盡其心於聖人之道者，君子也。”

7.2

好盡其心於聖人之道者，君子也。人亦有好盡其心矣，未必聖人之道也。多聞見而識乎正道者，至識也[①]；多聞見而識乎邪道者，迷識也。如賢人謀之美也[②]，詘人而從道[③]；如小人謀之不美也，詘道而從人[④]。

［注釋］

①正道：指“聖人之道”。至識：猶“卓識”，卓越見解。

②如：猶“與”。《史記·平原君虞卿列傳》“予秦地如毋予，孰吉”，《新序·善謀篇》引作“予秦地與毋予，孰吉”。

③詘：同“屈”。《廣雅·釋詁》：“詘，屈也。”詘人，謂使人改變。

④從人：謂從人邪惡之心。

［譯文］

喜歡在學習聖人之道方面竭盡全力的人是君子。儘管也有人喜歡竭盡全力地學習，但是他們學習的未必是聖人之道。運用廣博的見聞來認識研究聖人之道的，一定會具有非常卓越的見解；運用廣博的見聞來認識研究諸子邪道的，必然會産生迷亂人心的見解。與賢人一起謀劃事情是很好的，因爲他能使人修正錯誤以順從聖人之道；而與小人一起謀劃事情是最壞的，因爲他讓人歪曲聖人之道來順從他的邪惡之心。

［按語］

“好盡心”是學習態度，“多聞見”是知識基礎，“正道”、“邪道”是學習方向。揚雄認爲，必須堅持學習聖人之道這個正確的學習方向，并以此爲標準來區别“君子”和“小人”。這是告誡人們，要成爲有德君子，必須竭盡全力學習聖人之道，切不可誤入歧途。

7.3

或問：“五經有辯乎①？”曰：“惟五經爲辯。説天者莫辯乎《易》②，説事者莫辯乎《書》③，説體者莫辯乎《禮》④，説志者莫辯乎《詩》⑤，説理者莫辯乎《春秋》⑥。舍斯，辯亦小矣。”

［注釋］

①辯：通“辨”。意爲“分辨”，即具有分辨事理的作用。

②説天：解釋天象，即解釋各種自然現象。

③説事：解讀歷史事件。

④説體：解説人的行爲。“體”謂手、足，人在舉手、投足之間便履行了各種禮節，故云“辯乎《禮》”。

⑤説志：宣洩心志，即抒發内心感情。

⑥説理：解説事理，即解説歷史事件所昭示的道理。

［譯文］

有人問：“五經具有分辨事理的作用嗎？”揚子説：“五經就是用來分辨各種事理的。解釋各種自然現象的著作，没有什麽比《周易》更能分辨事理；解讀歷史事件的著作，没有什麽比《尚書》更能分辨事理；解説人的行爲規範的著作，没有什麽比《周禮》更能分辨事理；抒發内心感情的著作，没有什麽比《詩經》更能分辨事理；解説歷史事件褒貶意義的著作，没有什麽比《春秋》更能分辨事理。除了這五部經書，其他著作雖然也有分辨事理的作用，但也是微不足道的了。”

［按語］

揚雄認爲，“惟聖人得言之解，得書之體”（《問神》），聖人能够把語言文字的功能發揮到極致，所以，聖人所著的“五經”涵蓋了天道和人事各方面的真理，這就是“五經”具有超乎其他任何著作分辨功能的根本原因。

7.4

草木之莐兮①，援我手之鶉兮②；去之五百歲③，其人若存兮。或曰：“譊譊者④，天下皆説也，奚其存？”曰：“曼是爲也⑤，天下之亡聖也久矣⑥。呱呱之子，各識其親；譊譊之學，各習其師。精而精之⑦，是在其中矣。”

［注釋］

①芚（tún）：草木初生貌。此謂“蓬勃向上”。

②援：引也。猶言“牽引”、“引領”。之鶉：即“之醇”，走向純美。“之”，動詞“走向……”。“鶉”通“醇”，謂純美的境界。

③去之五百歲：揚雄生活的年代（前53－18年）距離孔子生活的年代（前551—前479年），約500年。

④譊譊（náo）：争論不休貌。從本章文意看，這是指孔子死後儒學内部的門派之争。

⑤曼是爲：猶言“引起這樣的争論”。《説文》：“曼，引也。”

⑥亡：通“無”。

⑦精而精之：謂“擇而使之精”。是説各門派的學者對其師説應該有所選擇，不應盲從，然後盡力修正師説的謬誤，使其精華保留呈現出來。

［譯文］

春天的樹木啊蓬勃向上，拉着我的手啊走向那純美的地方；雖然孔子已經離開我們五百年了，可是他彷彿還活在世上。

有人説：“天下人現在争論不休的，都是爲了儒家學説的是與非，哪裏像孔子還活在這世上？”揚子説：“引起這樣的争論，是因爲天下没有聖人的時間太久了。彷彿呱呱啼哭的小孩，各人祇認得自己的父母；争論不休的儒學各派，也各自傳習自己的師教。如果都能對其師教有所選擇而保留其精華，儒學的精粹也就藴含在其中了。”

［按語］

至揚雄生活的時代，始於漢初的古文經學與今文經學的争論，已經持續了許多年。揚雄不屬於兩派中的任何一派，他堅持孔子儒學正統的立場，用第三方的客觀態度，認真地審視着這場曠日持久的學派與學術之争。揚雄認爲，就像小孩子衹認得自己的父母一樣，兩派都堅持自己的師説，這并不錯；重要的是，各派都應當從師説中吸取精華，而不是一味地堅持門户之見，毫無選擇地盲從師説。因爲他認爲，經學各派學説中都傳承了孔子學説的基本精神，都蘊含着孔子學説的精華，因此，各派學者都不要把精力集中在争論上，而應當用心領會孔子儒學的核心内容和經學的真諦。由此可見，揚雄對經學中的今、古文之争，所持的是一種科學的批判態度。

7.5

或曰："良玉不彫，美言不文①，何謂也?"曰："玉不彫，璵璠不作器②；言不文，典謨不作經③。"

［注釋］

①良玉不彫，美言不文：這兩句擬問話人的話，實際是針對《淮南子》來説的。按照《淮南子》的意思，優質的玉用不着彫飾，至美的話用不着修飾。《淮南子·説林訓》："至味不慊，至言不文，至樂不笑，至音不叫，大匠不斫，大豆不具，大勇不鬥。得道而德從之矣。"高誘注："不斫，不自斫削。……大勇，人聞自畏之，不復鬥也。"《淮南子》這段話是爲了闡述道家"無爲而治"思想，此前的一段話是："怒出於不怒，爲出於不爲。視於無形，則得其所見矣；聽於無聲，則得其所聞矣。"

②璵璠（yúfán）：寶玉。《説文》："璵璠，魯之寶玉。孔子曰：'美哉璵璠！遠而望之，奐若也；近而視之，瑟若也。一則理勝，一則孚勝。'"《説文》引"孔子曰"是爲了説明璵璠是一種形、質兼美的寶玉。

③典謨：典、謨爲《尚書》中的兩種文體。“典”爲“言常道”（《尚書·序》）之書，“謨”爲臣下獻策之書。如《堯典》、《舜典》，《大禹謨》、《皋陶謨》。典、謨都是《尚書》經文的主體。

［譯文］

有人問：“聽人説‘優質的玉不用彫琢，至美的文辭不用修飾’，這説的是什麼意思啊?”揚子説：“玉不經彫琢，即使是璵璠這樣的寶玉也不能用作器物；文辭不加修飾，即使是典謨這樣的内容也不能成爲經典。”

［按語］

這章内容比較費解，因爲似乎揚雄所答非所問。筆者認爲，所問是自事物的“質”立論，所答是自事物的“用”立論。自“質”立論，“良玉”之彫與不彫，“美言”之文與不文，均無礙其爲良玉、爲美言。而自“用”立論，情況就完全不同了。即使是璵璠這樣形、質兼美的寶玉，也必須經過彫琢才能具有器用功能，故曰“玉不琢，不成器”。典、謨是《尚書》中重要的内容和組成部分，如果語言拙劣，也就起不到經典的作用，所以孔子説“言而無文，行之不遠”。揚雄并不否認“良玉不彫，美言不文”，但他爲了强調學以致用，故换一個角度作答。是否如此，謹供參考。

7.6

或問：“司馬子長有言曰[①]：‘五經不如《老子》之約也[②]。當年不能極其變，終身不能究其業[③]’。”曰：“若是，則周公惑，孔子賊[④]。古者之學耕且養，三年通一[⑤]。今之學也，非獨爲之華藻也[⑥]，又從而綉其鞶帨[⑦]。惡在《老》不《老》也[⑧]?”或曰:“學者之説可約邪?”曰:“可約,解科[⑨]。”

［注釋］

①司馬子長:司馬遷,字子長。“有言曰”所述大意見於《史記·太史公自序》:“道家……指約而易操,事少而功多。儒家則不然……六藝經傳以千萬數,累世不能通其學,當年不能究其禮。”

②約:簡約,簡要。

③當年:謂“正當年”,即青壯年的時候。極:猶“盡”,謂徹底弄懂。終身:即“終生”。究:謂“完成”。

④周公惑:周公使人迷惑。儒家宣稱禮、樂爲周公所製訂,如今禮經被漢儒解説得十分繁冗,讓人迷惑不解,故云“周公惑”。孔子賊:孔子害人。“五經”中,《春秋》爲孔子所撰,其餘均由孔子編訂,如今“五經”被漢儒解説得十分繁冗,令人終其一生也難徹底弄懂,故云“孔子賊”。

⑤通一:讀懂一部經書。

⑥華藻:謂衣服上華麗的紋飾。本句和下句都是以治衣爲喻,説明治經者將經書解説得花裏胡哨,添加了不少内容。

⑦鞶帨(pánshuì):束衣的大皮帶(鞶)和擦手的手巾(帨)。這是比喻治經者繁瑣的考證。

⑧惡在《老》不《老》:意思是説,如果也像解説五經一樣解説《老子》,哪裏還會存在《老子》的簡約不簡約的問題。言下之意是《老子》也不會簡約了。

⑨解科:廢除决科標準。漢代實行“發策决科”的選士制度。“决科”是根據答案決定等級,答案標準是所謂權威經師對五經的注解。這樣一來,儒生們學習經典時,不是把精力集中到學習經典原著、領會經典實質上,而是死記硬背經師們一家之言的各種注解。

［譯文］

有人問:“司馬子長説過:‘五部儒家經典的文字都不如《老

子》的文字簡要。學習的人青壯年時不能徹底弄清五部經典的思想内容及其流變，一輩子也不能完成窮究五部經典涵義的事業。’（這是怎麽回事啊?）”揚子説：“如果真是這樣，那麽周公就是要將人引入迷途，孔子就是在禍害别人。古代那些學習五經的人，一邊耕種田地養家糊口，也不過三年就能通曉一部經書。而現在學習研究五經的人，（不僅給經典增加了傳、箋之類的華文麗藻，又還在傳、箋的文字上大肆解説和修飾，）仿佛不僅給衣服綉上花紋，連束緊衣服的大皮帶和擦手的手巾也要給綉上花紋一樣。（如果也像解讀五經一樣地解讀《老子》，）哪裏還存在《老子》文字簡約與不簡約的區别呢?”又問：“學者的那些解説文字可以被精簡嗎?”揚子説：“可以精簡。不過必須廢除决科用經師注解爲考試的標準答案。”

［**按語**］

爲經典作注解的訓詁之學在漢代蔚然成風。這一方面促進了學術思想的發展，其功不可没，另一方面，也確實給學習傳統文化，特别是學習儒家文化的人增加了沉重的負擔。因此，司馬遷父子對經學研究繁冗化的現象頗有微詞。

揚雄對經學繁冗的問題也持反對態度，不過，他反對的目的和原因與太史公父子不同。他認爲，漢代“策問”考試中以經師注解爲標準答案的“發策决科”，是造成經學研究繁冗的根本原因。這不僅助長了學習者的功利主義思想，而且干擾了學習者對儒學經典的正確認識和理解。因此，他認爲要解决經學研究繁冗的問題，必須廢除“發策决科”以經師注解爲標準答案的考試辦法。

揚雄的主張無疑是正確的，但是在現實社會中却是絶對行不通的。揚雄政治上的落魄，很大程度上是因爲他不願意圍繞當時考試的“指揮棒”轉造成的。他“不爲章句，訓詁通而已”。假如他把精力集中到“章句”、“訓詁”上來，以他的才智，豈不早就是朝廷的“五經博士”，進而出將入相，亦未可知。何至於三十年的仕宦生涯，始終在一個官秩不及縣令的“黄門侍郎”位置上原地踏步呢？

7.7

或曰：“君子聽聲乎①？”曰：“君子惟正之聽②。荒乎淫、拂乎正、沉而樂者③，君子弗聽也。”

［**注釋**］

①聲：謂“音樂”。

②正：謂“正聲”，即雅正的音樂。

③拂：逆也，猶言“違背”。《禮記·大學》“是謂拂人之性”注：“拂，逆也。”沉而樂：謂“使人沉迷而自以爲歡樂”。

［**譯文**］

有人説：“君子也聽音樂嗎？”揚子説：“君子衹聽雅正的音樂。那些使人迷戀於淫樂、違背雅正的要求、使人沉迷而自以爲歡樂的音樂，君子是不會聽的。”

［**按語**］

儒家是非常重視音樂的教化作用的，并且將“禮樂”置於“刑政”之上而謂之“禮樂刑政”。《史記·樂書》指出：“禮以導其志，樂以和其聲，政以壹其行，刑以防其奸。”并且認爲：“先王之製禮樂也，非以極口腹耳目之欲也，將以教民平好惡而反（返）人道之正也。”所謂“荒乎淫、拂乎正、沉而樂者”，就是滿足人們“耳目之欲”的音樂，無益於“教民平好惡而反人道之正”，因此“君子弗聽”。

7.8

或問：“侍君子以博乎[1]？”曰：“侍坐則聽言，有酒則觀禮[2]，焉事博乎？”或曰：“不有博弈者乎[3]？”曰：“爲之，猶賢於已耳[4]。侍君子者賢於已乎？君子不可得而侍也[5]。侍君子，晦斯光[6]，窒斯通[7]，亡斯有，辱斯榮，敗斯成。如之何賢於已也？”

［注釋］

①博：賭博。《韓非子·外儲説左下》：“齊宣王問匡倩曰：‘儒者博乎？’曰：‘不也。’王曰：‘何也？’匡倩對曰：‘……儒者以爲害義，故不博也。’”

②有酒：即“侑酒”，勸酒，指酒席間的酬酢應對。

③不有博弈者乎：語見《論語·陽貨》：“子曰：‘飽食終日，無所用心，難矣哉！不有博弈者乎？爲之，猶賢乎已。’”孔子的意思是：與其吃飽了飯什麼事都不幹，還不如去擲骰子（博）下棋（弈）。因爲“博弈”能使人智力受到鍛煉，總比“飽食終日，無所用心”好，但絶不是提倡參與賭博。

④已：停止，這裏指“什麽事都不做”。

⑤君子不可得而侍：謂“很難得到與君子在一起的機會”。

⑥斯：連詞，猶言“就”。

⑦窒：阻塞，猶言“障礙”。

［譯文］

有人問：“可以用賭博來陪伴君子嗎？”揚子説：“陪坐在君子身邊時就聽他怎樣講話，與君子在一起飲酒時就看他怎樣行禮，哪有時間從事賭博呢？”那個人説：“孔子不是説‘還有賭博下棋的活動可以參加嗎'?"揚子説:"孔子是説,參與賭博下棋,也比飽食終日、無所用心要好一點而已。難道陪伴在君子身邊的人能够僅僅希望比飽食終日、無所用心好一點嗎?與君子在一起的機會是很難得的。與君子在一起,隱晦難明的問題就會變得清晰明朗,障礙就會通暢,失去了的就會重新擁有,耻辱就會變爲榮耀,失敗就會變爲成功。爲什麽要僅僅希望比飽食終日、無所用心好一點呢?"

[按語]

强調應當珍惜與君子在一起的機會。與有道德修養和有學問的所謂"君子"在一起值得學習的地方確實很多,從他們身上可以學到很多寶貴的東西。

7.9

鷦明冲天,不在六翮乎①?拔而傅尸鳩②,其累矣夫!

[注釋]

①翮(hé):鳥翅膀上的大翎毛。《説文》:"翮,羽莖也。"段注:"莖,枝柱也。謂衆枝之柱。翮亦謂一羽之柱。"翅膀上的翎毛是鳥類飛行時起關鍵作用的東西,故以"翮"喻重任。

②傅:猶"附",猶言"轉插到(尸鳩身上)"。尸鳩:布穀鳥之類的小鳥。《山海經·西山經》"鳥多尸鳩"注:"尸鳩,布穀類也。或曰鶻鵃也。"

[譯文]

鷦明冲天而上直干雲霄,不就全在於它翅膀上那六根翎毛嗎?但是如果將鷦明的翎毛拔下來轉插到布穀鳥的身上,大概又會成爲布穀鳥的累贅吧!

［按語］

揚雄以“鷦明”喻君了，“尸鳩”喻庸人，“六翮”喻重任。在揚雄看來，祇有才德出衆的君子纔堪受重任。本章意在説明：一個人要想承擔大任有所作爲，就應當堅持學習聖道，使自己首先成爲才德兼備堪受重任的君子；否則，即使給你重任，也不但幹不好，不可能有所作爲，反而會因爲壓力很大而受不了。

7.10

雷震乎天，風薄乎山①，雲徂乎方②，雨流乎淵。其事矣乎？

［注釋］

①薄：迫也。猶言“貼近”。

②徂（cú）：往也。猶言“飄向”。

［譯文］

雷在天上震動，風從山尖刮過，雲向四方涌去，雨往深淵流聚。這大概就是天的辛勤勞作吧？

［按語］

天作雷、風、雲、雨，使陰陽交、萬物生，是天之勤勞不息以惠人。人當如何纔足以報天？《周易·乾卦》云“天行健，君子以自强不息”，即所以報天也。

7.11

魏武侯與吴起浮於西河①，寶河山之固②，起曰：

“在德不在固。”曰：“美哉言乎！使起之固兵每如斯③，則太公何以加諸④？”

［注釋］

①魏武侯：戰國初期魏國的君主，在位時間爲前396—前371年。吴起（？—前378年）：戰國衛國人，著名軍事家，初仕魯，後仕魏，終仕楚。“魏武侯與吴起浮於西河”事載《史記·孫子吴起列傳》：“武侯浮西河而下，中流，顧而謂吴起曰：‘美哉乎？山河之固。此魏國之寶也！’起對曰：‘在德不在險。……若君不修德，舟中之人盡爲敵國也。’”

②寶：意動用法，“以……爲寶”。

③使：假使。表假設的連詞。固兵：認爲軍隊戰鬥力的堅固。“固”用作意動。

④太公：姜太公。姜太公名姜尚，又名吕尚，精通兵法，輔佐周武王滅商建立周朝，封於齊，是齊國的始封君。漢人假托姜尚之名，撰成《六韜》一書，對後世影響很大。

［譯文］

魏武侯與吴起在西河巡游的時候，認爲大河高山的險固是國家安全最寶貴的因素，吴起對他説：“國家安全的保障在於施行德政，而不在於高山大河的險固。”揚子贊嘆道：“這話説得太好啦！假使吴起經常都能像這樣來認識軍隊戰鬥力的强固問題，那麽即使是善於用兵的姜太公又憑什麽能够超過他呢？”

［按語］

自孔子以來的歷代儒家學者，出於民本主義的德治觀念，都既堅持反對强凌弱、衆暴寡的戰争，也堅持認爲人君施行德治是抗禦侵略戰争的最强大武器。《孟子·公孫丑下》明確提出：“域民不以封疆之界，固國不以山溪之險，威天下不以兵革之利。……以天下之所順，攻親戚之所畔。故君子有不戰，戰必勝矣。”這裏的“天下之所順”即所謂“人和”。人君要想得到“人和”，就必須施行“仁政”，使自己的國家政治清平，人民安居樂業。這正是儒家所追求的“王道”政治理想。揚雄一方面肯定和贊賞吳起“在德不在固”的德治意識，同時也對作爲兵家的吳起不可能堅持德治表示遺憾和批判。

7.12

或問：“周寶九鼎①，寶乎？”曰：“器寶也。器寶待人而後寶。”

［注釋］

①九鼎：古代象徵國家政權的傳國之寶。《史記·武帝紀》：“昔大帝興神鼎一，一鬺一統，天地萬物所繫終也。黄帝作寶鼎三，象天地人也。禹收九牧之金，鑄九鼎，皆嘗亨鬺上帝鬼神。遭聖則興，遷於夏、商。周德衰，宋之社亡，鼎乃淪伏而不見。”

［譯文］

有人問：“周王朝把九鼎視爲珍寶，九鼎果真是珍寶嗎？”揚子説：“九鼎衹是器物中的珍寶。器物中的珍寶必須等待有德義的人擁有它之後纔能具有珍寶的價值。”

［按語］

自孔子以來的歷代儒家學派，始終堅持以民爲“寶”的人本主義思想，這就是儒家宣揚“民爲邦本”政治主張的思想基礎。孟子説：“諸侯之寶三：土地、人民、政事。寶珠玉者，殃必及身。”（《孟子·盡心下》）孟子甚至認爲，與民衆的利益比較起來，封建君主自身也顯得微不足道，所以提出了“民爲貴，社稷次之，君爲輕”（《孟子·盡心下》）的著名論斷。“寶民”、“利民”是揚雄評價一切歷史人物功過是非的最高標準。客觀地説，其“頌莽美新”的思想根源也在於此，而不是其他個人的雜念。

7.13

齊桓、晉文以下至於秦兼①，其無觀已②。或曰：“秦無觀，奚其兼?”曰：“所謂觀，觀德也。如觀兵，開辟以來③，未有秦也④。”

［注釋］

①齊桓：齊桓公，春秋五霸之一。齊桓公於公元前685年繼位爲齊侯，任管仲爲相，以“尊王攘夷”爲旗號，九合諸侯、一匡天下，遂成爲春秋中期各諸侯國的盟主。晉文：晉文公，繼齊桓公之後的春秋霸主。晉文公名重耳，晋獻公之子，晋國宫廷内訌，避亂在外十九年，後得秦、楚兩國之君相助得以返國繼位。善於用人，尊王攘夷，平周之亂，救宋破楚，遂成霸業。秦兼：指秦朝。秦始皇兼并六國統一天下，故謂之“秦兼”。

②無觀：猶“無可觀”，意爲“没有什麼值得肯定的”。

③開辟：猶言“開天辟地”。

④未有秦：意謂“没有誰比得上秦”。

［譯文］

齊桓公、晉文公之後一直到秦朝，恐怕就没有值得人們觀瞻效法的了。有人説：“如果秦國也没有值得觀瞻效法的地方，那它怎麼能够兼并六國而有天下呢?”揚子説：“我所謂的值得觀瞻效法，是指值得觀瞻效法的德政。如果是説值得觀瞻效法的用兵之術，那麼開天辟地以來，還没有誰能够比得上秦國的。”

［按語］

在政治理論上，儒家堅持以禮樂安天下治天下的所謂“王道”。而齊桓公、晉文公以及秦始皇，都是依靠武力征伐即所謂

“霸道”來占有天下統治權力的，故不爲揚雄所肯定。但是，儒家也不是一味地反對武力解决問題，否則，所謂“湯、武革命”也一直爲儒家所稱道便不好解釋。因此，問題的核心還是要歸結到對待老百姓的態度上來，這就是所謂“德治”、“德政”的問題。在揚雄看來，秦始皇不僅以一國之力勝六國之兵而兼有天下堪稱第一，其暴政虐民也是亙古未有，故云“如觀兵，開辟以來，未有秦也”。

7. 14

或問：“魯用儒而削[1]，何也？”曰：“魯不用儒也。昔在姬公[2]，用於周而四海皇皇[3]，奠枕於京[4]。孔子用於魯[5]，齊人章章[6]，歸其侵疆。魯不用真儒故也。如用真儒，無敵於天下，安得削？”

［**注釋**］

①魯用儒而削：語見《孟子·告子下》，淳于髡對孟子説：“魯繆公之時，公儀子爲政，子柳、子思爲臣，魯之削也滋甚。若是乎賢者之無益於國也。”

②姬公：即周公姬旦。

③皇皇：同“惶惶”，猶言“急急忙忙”。《廣雅·釋訓》：“惶惶，遽也。”《漢書·董仲舒傳》：“夫皇皇求財利常恐乏匱者，庶人之意也。”注：“皇皇，急速之貌。”

④奠枕：猶“定軫”，即“停車”。《儀禮·士冠禮》“贊者奠纚笄櫛於筵南端”注：“奠，停也。”《揚子方言》“軫謂之枕”，是以二字音近相通。“軫”本車前横木，亦以代車。周公佐助武王、成王，天下諸侯臣服，唯恐得罪於天子，爭先恐後地趕赴京城朝覲，故云“四海皇皇，奠枕於京”。

⑤孔子用於魯：《史記·孔子世家》：“定公十四年，孔子年五十六，由大司寇行攝相事。……與聞國政三月，粥（鬻）羔豚者弗飾賈，男女行者別於途，途不拾遺，四方之客至乎邑者不求有司，皆予之以歸。齊人聞而懼，曰：‘孔子爲政必霸，霸則吾地近焉，我之爲先并矣。盍致地焉？’”故下文云“齊人章章，歸其侵疆”。

⑥章章：猶“慌張”。恐懼貌。

［譯文］

有人問：“魯國任用儒者而國勢削弱，這是什麽原因呢？”揚子説：“是因爲魯國没有任用儒者。從前周公被武王、成王重用的時候，天下方國諸侯無不急急忙忙趕赴王都，朝覲的車駕停滿了京城。孔子被魯定公任用代理宰相，齊國人就非常恐懼，趕緊歸還了他們侵占的魯國疆土。（可見，魯國國勢的削弱，）是因爲魯國没有重用真正的儒者。如果魯國重用真正的儒者，必將無敵於天下，哪會國勢削弱呢？”

［按語］

何謂“真儒”？在揚雄看來，衹有像周公、孔子那樣，忠實執行“禮樂治國”的政治路綫的儒者，纔能算是“真儒”。揚雄關於“真儒”的標準，與漢代學者對“儒者”的界定，既有相同的地方，也有不一致的地方。《漢書·藝文志》説：“儒家者流，……游於六經之中，留意於仁義之際，祖述堯舜，憲章文武，宗師仲尼，以重其言，於道爲最高。”應當説，這衹是界定“儒者”的學術派别標準。而揚雄是從儒者從政的政治實踐來加以區别，故有“真儒”之説。

7.15

灝灝之海濟[①]，樓航之力也[②]。航人無楫[③]，如航

何？或曰：“奔壘之車④，沉流之航⑤，可乎？”曰：“否。”或曰：“焉用智？”曰：“用智於未奔沉。大寒而後索衣裘，不亦晚乎？乘國者⑥，其如乘航乎？航安，則人斯安矣。”

［注釋］

①灝灝（hào）：猶“浩浩”。濟：猶“渡”。

②樓航：即“樓船”，船上有樓的大船。《揚子方言》：“自關而東，舟或謂之航。”

③航人：指駕御大船的人，即“舵手”。楫：船槳。泛指行船工具。李軌注：“雖有舟航而無楫櫂，不能濟。雖有民人而無禮樂，不能熙化。”司馬光《法言集注》：“海以喻艱難，航以喻國，航人以喻儒，楫以喻勢位。”按：“楫”之喻義，似以李注“禮樂”爲是。

④奔：通“僨”。《説文》：“僨，僵也。”又“僵，偃也。”“偃”即倒仆，此處猶言“翻車”，傾覆。用作使動。壘：指軍中壁壘。《説文》：“壘，軍壁也。”段注：“行軍所駐爲垣曰軍壁。”故“奔壘之車”猶言“使兩軍對壘時的戰車傾覆”。

⑤沉：用作使動。流：謂中流、激流。

⑥乘：猶“御”，即駕車。此處指治理。

［譯文］

渡過浩瀚的大海，全靠着大船的力量。但是如果舵手没有船舵和大櫓，能駕駛得了大船嗎？有人説：“讓已經衝到兩軍壁壘前的戰車傾覆，讓已經駛到激流中的大船沉没，可以嗎？”揚子説：“當然不可以。”那人又問：“智慧應當用在什麼時候呢？”揚子説：“智慧應當用在戰車尚未傾覆、大船尚未沉没的時候。天氣已經非常寒冷了纔去尋找裘皮大衣，不就太晚了嗎？治理國家的人，不就像在駕駛大船一樣嗎？整個大船安全了，那麼它上面的人也就安全了。”

［按語］

强調國家這艘大船，必須以禮樂爲行船的舵櫓，纔能冲破大海一樣的艱險，保證大船的安全。同時還强調，運用智慧治理國家，一定要未雨綢繆，防患於未然。

7.16

惠以厚下①，民忘其死；忠以衛上，君念其賞。自後者，人先之②；自下者，人高之③。誠哉！是言也。

［注釋］

①厚下：使人民富厚。“惠”與“厚”均自經濟言之。“厚”作使動。

②自後：置身人後，猶言“讓别人先行”。“後”作使動。先之：使之先，猶言“讓他先行”。

③自下：認爲自己才德低下。“下”作意動。高之：認爲他道德高尚。“高”作意動。

［譯文］

如果能對百姓施以恩惠使他們富裕，百姓就會爲國君的利益而捨生忘死；臣子竭盡忠誠以護衛國君，國君就會記挂着對臣子的奬賞。讓别人先行的人，别人會讓他先行；認爲自己才德低下的人，别人會認爲他道德高尚。這些話，實在是有道理的啊！

［按語］

儘管儒家堅持尊卑貴賤的等級觀念，但是從信義的角度又同時强調人與人之間無分尊卑貴賤都應當“投桃報李”，强調“君信臣忠，夫信婦貞”，指出“禮義以爲紀，以正君臣，以篤父子，以睦兄弟，以和夫婦”（《禮記·禮運》）。孔子特别强調：“君使臣以禮，臣事君以忠。”（《論語·八佾》）揚雄將國君與臣民的關係通俗化，無非是要説明：臣民對君上的忠應當是有條件的，即“忠”與“惠”是相輔相成的。這跟後世將“忠”絶對化，要求臣民無條件地服從君上的愚忠思想是截然不同的。

7.17

或曰：“弘羊榷利而國用足①，盍榷諸？”曰：“譬諸父子，爲其父而榷其子，縱利，如子何？卜式之云②，不亦匡乎③？”

［注釋］

①弘羊：桑弘羊（前152—前80年），洛陽人，出身商人，漢武帝時任治粟都尉兼領大司農。桑弘羊爲增加朝廷經濟收入，推行鹽鐵酒類由朝廷專賣的政策，遭到郡國諸侯和地方官吏的反對。漢武帝支持桑弘羊的鹽鐵專營政策，臨終時授弘羊御史大夫，遺詔與大將軍霍光同爲輔政大臣。昭帝時，桑弘羊因參與謀立燕王劉旦爲帝而被霍光所殺。榷（què）利：官府對某些物品實行專賣以增加國家收入。

②卜式：漢武帝元鼎年間任御史大夫，反對鹽鐵官營政策。漢武帝元封元年（前110年），天旱不雨，卜式上書請烹殺桑弘羊，事見《史記·平準書》：“是歲小旱，上令官求雨。卜式言曰：‘縣官當食租衣税而已。今弘羊令吏坐市列肆，販物求利，亨（烹）弘羊，天乃雨。’”

③匡：猶“正”，猶言“正確”。

［譯文］

有人説：“桑弘羊實行朝廷專賣政策而使國家財力充足，現在爲什麽不實行朝廷專賣政策了呢？”揚子説：“譬如父親和兒子之間，作父親的却想專賣由兒子經營的貨物，縱然獲利，但是他將如何面對自己的兒子呢？卜式請求烹殺桑弘羊的話，不也是很有道理的嗎？”

［按語］

在富國與富民問題上，以孔子爲代表的儒家學派，歷來主張“富民”比“富國”更重要。孟子説：“百姓足，君孰與不足？”又説：“明君制民之産，必須仰足以事父母，俯足以畜妻子。”這就是所謂“保民”。孟子提倡王者應當“推恩”，也就是推己及人，“以不忍人之心，行不忍人之政”。孟子認爲，“保民而王，莫之能禦也”、“推恩足以保四海，不推恩無以保妻子”（以上引文均見《孟子·梁惠王上》）。揚雄繼承并且發揚了孟子的民本主義思想，認爲統治者爲政是成功還是失敗，衹能以老百姓是思念他還是厭惡他作爲衡量的標準，所以要求從政者“審其思斁”（見《法言·先知》）。揚雄認爲，朝廷專賣政策是與民争利，故云“卜式之云，不亦匡乎”。

7. 18

或曰：“因秦之法，清而行之①，亦可以致平乎②？”曰：“譬諸琴瑟，鄭衛調③，俾夔因之④，亦不可以致簫韶矣⑤。”或問：“處秦之世，抱周之書⑥，益乎？”曰：“舉世寒，貂狐不亦燠乎⑦？”或曰：“炎之以火，沃之以湯⑧，燠亦燠矣。”曰：“燠哉！燠哉！時亦有寒者矣⑨。”

［注釋］

①清：猶言“忠實”或者“不折不扣”。後文“秦之有司負秦之法度”，是爲“不清”。

②致平：建成太平盛世。

③鄭衛調：即“鄭衛之音”。孔子曰“鄭聲淫”（《論語·衛靈公》），後世儒者附會“鄭聲”爲《詩經》中的《鄭風》、《衛風》，并且以“鄭衛之音”爲“淫聲”（淫蕩音樂）的代表。

④夔（kuí）：相傳爲帝舜的樂官。

⑤簫韶：帝舜時舞曲名。或作“箾韶”，亦簡稱“韶”。儒家認爲“簫韶”是至美至善的音樂。《左傳·襄公二十九年》：“見舞箾韶者，曰：‘德至矣。’”孔疏：“《尚書》曰：‘簫韶九成，鳳皇來儀’。”傳説孔子“聞韶樂而三月不知肉味”。

⑥周之書：指被秦始皇下令焚毁的儒家經典。

⑦舉世寒：喻秦“焚書坑儒”暴政之下，世人皆棄禮義而尚刑法。貂狐：貂皮狐裘製作的衣服。比喻“周之書”（儒家經典）。燠（ào）：很熱，很暖和。《集韵》：“燠，甚熱也。”

⑧炎：猶“焚”。沃：澆淋。湯：沸水。李軌注：“言秦燒書坑儒於湯火之中，但苦太熱耳。此謂或人戲嘲揚子之辭。”

⑨時亦有寒者：謂亦有避秦暴政者。李軌注：“時亦有寒者，謂四皓隱居、尸子避地。斯皆清凉其身、不燠秦之湯火。”

［譯文］

有人説：“因循秦朝的法度，如果能够不折不扣地執行它，也可以建成太平盛世嗎?”揚子説：“譬如琴瑟的演奏，如果曲調是鄭衛之音，即使讓夔來繼續這個曲調的演奏，也絶對不可能演奏出像《簫韶》那樣美妙的音樂來。”那個人問道：“生活在秦朝，却還抱着周朝的儒家經書閲讀，有益處嗎?”揚子説：“舉世寒冷的時候，穿着貂皮狐裘大衣的人不仍然很暖和嗎?”問話人説：“用烈火炙烤，用沸水澆淋，那可是要多暖和有多暖和了!”揚子説：“暖和啊！暖和啊！那時也有尋求寒凉的人。”

［按語］

秦朝是靠執行法家路綫建立起來的，又是實行嚴刑峻法來維繫統治的。在揚雄看來，秦朝的暴政所導致的迅速滅亡，其根本原因是它所實行的法家路綫。這是路綫的錯誤，不是什麽“清而行之”就能使秦朝避免得了滅亡命運的。用今天的觀點來看，實行法家路綫使秦强大崛起終於統一天下，説明法家理論適用於“争天下”；但是，法家一味地强調富國强兵，衹爲統治者着想而不惜採用嚴刑峻法來鉗制百姓，這就形成了秦朝的暴政，説明法家理論不適用於“治天下”。法家以君爲本，儒家以民爲本，這是儒、法兩家理論的根本區别。倘若“争天下”時實行法家路綫，“治天下”時採用儒家路綫，秦的命運又當如何？

7.19

非其時而望之，非其道而行之，亦不可以至矣①。秦之有司負秦之法度②，秦之法度負聖人之法度。秦弘違天地之道③，而天地違秦亦弘矣④。

［**注釋**］

①“非其時而望之”三句：針對上一章“因秦之法，清而行之，亦可以致平乎”而發。對此三句，司馬光《法言集注》云：“用秦之法以求治，猶冬而望生、春而望獲，之燕而南、適楚而北，終不能致。”

②秦之有司負秦之法度：是説“秦朝的官吏變本加厲地執行秦的法度”。李軌注：“秦法已酷，吏又毒之。”

③弘：猶“大”。天地之道：是説“天地有好生之德”。秦治民以嚴刑峻法，吏更變本加厲地濫殺無辜，故云：“弘違天地之道”。

④天地違秦亦弘：謂“天地使秦二世而亡”。宋咸《揚子法言廣注》云：“秦欲以萬世君之，天地止以二世滅之。”

［譯文］

不是收獲的季節却希望能有收獲，不走該走的道路却希望到達目的地，也就當然不可能達到目的了。秦朝的官吏變本加厲地執行秦的法度，而秦的法度本來就違背了聖人的法度。秦王朝大大地違背了天地的好生之德，而天地也大大地違背了秦王朝的意願。

［按語］

揚雄對秦法的批判，是爲了用歷史的教訓來證明儒家"推恩保民"和"保民而王"主張的正確，是爲了讓人們堅信儒家之道的正確性。

《五百》卷第八

序

聖人聰明淵懿[①]，繼天測靈[②]，冠乎群倫[③]，經諸範[④]。撰《五百》。

［注釋］

①聰明淵懿："聰"謂善於察言，"明"謂善於察行，"淵"謂見解深刻，"懿"謂道德美好。

②繼天測靈：秉承天意，測知神靈。"神靈"指各種變化莫測的現象。

③冠乎群倫：爲衆人之冠，猶言"出類拔萃"。

④經諸範：使各種道德規範成爲經典。"經"，名詞用作使動。

［譯文］

聖人明察言行的是與非，見識卓越而道德美好；秉承天意行事，能測知神靈奥秘；具有出類拔萃的才德，將各種道德規範編撰爲治世的經典。（爲了讓人們了解聖人的偉大，）撰《五百》一卷。

8. 1

或問："五百歲而聖人出①，有諸?"曰："堯、舜、禹，君臣也②，而并；文、武、周公③，父子也，而處；湯、孔子，數百歲而生④。因往以推來，雖千一不可知也。"

［注釋］

①五百歲而聖人出：語見《孟子·公孫丑下》："五百年必有王者興，其間必有名世者。"焦循注："五百年有王者興，有興王道者也。"儒家認爲，堯、舜、禹、湯、周文王、周武王、周公姬旦和孔子，都是"興王道者"，即都是"聖人"。

②堯、舜、禹，君臣也：堯、舜，爲君臣，舜、禹爲君臣。他們是同時代人，故曰"并"。

③文、武、周公：周文王姬昌是周武王姬發和周公姬旦的父親，故曰"處"。

④湯、孔子，數百歲而生：從禹到湯，從湯到周文王父子，從周公旦到孔子，其間各間隔大約五百年。可能這就是孟子"五百年必有王者興"的依據。

［譯文］

有人問："據説間隔五百年就會有一個聖人出世，有這樣的事嗎?"揚子説："堯、舜、禹是君臣而生活在同一個時代，周文王與周武王、周公旦是父子而同處在一個家庭；從禹到湯，從湯到周公，從周公到孔子，則是分别間隔了數百年。根據以往來推斷未來，即使間隔千年纔有一個聖人出世，也是説不定的。"

［按語］

揚雄對“五百年必有王者興”這一流行説法的否定，意在説明聖人的産生是没有時間規律的。綜觀《法言》全書，揚雄向讀者宣示了“人人皆可成聖”的思想。在《法言·問明》中，揚雄指出，群鳥與鳳凰、群獸與麒麟之間的區别是“形性”，即種類的不同；而衆人與聖人是同類，其差别僅在“智”的高低。由於智慧是可以通過個人的努力來提高的，所以衆人與聖人之間絶不存在不可逾越的鴻溝。

8.2

聖人有以擬天地而參諸身乎①？或問：“聖人有詘乎②？”曰：“有。”曰：“焉詘乎？”曰：“仲尼於南子③，所不欲見也；陽虎④，所不欲敬也。見所不見，敬所不敬，不詘如何？”曰：“衛靈公問陣⑤，則何以不詘？”曰：“詘身，將以信道也⑥。如詘道而信身，雖天下，不爲也。”

［注釋］

①擬天地而參諸身：摹擬天地之行而將自己與天地并列爲三才。李軌注：“稟天地精靈，合德齊明。是以首擬天，腹擬地，四肢合四時，五藏（臟）合五行。動如風雷，言成文章也。”《周易·説卦》：“是以立天之道，曰陰與陽；立地之道，曰柔與剛；立人之道，曰仁與義。兼三才而兩之。故《易》六畫而成卦。”“参”同“叁”。

②詘：同“屈”。

③南子：春秋時衛靈公夫人。南子性淫，曾與宋公子蒯朝等私通；又好干政，孔子至衛，南子要求孔子去拜見她。“子見南子”事，除見於《論

語·雍也》“子見南子，子路不悦”外，《左傳·定公十四年》、《史記·衛世家》、劉向《列女傳》等均有記載。

④陽虎：亦作“陽貨”，魯國季氏家臣，後取代季氏專魯國之政。陽貨想收買孔子，要孔子到家裹拜見他，事見《論語·陽貨》：“陽貨欲見孔子，孔子不見。歸孔子豚。孔子時其亡也而往拜之。”

⑤衛靈公問陣：事見《論語·衛靈公》：“衛靈公問陣於孔子，孔子對曰：‘俎豆之事，則嘗聞之矣。軍旅之事，未之學也。’”

⑥信：通“伸”。“伸”猶言伸張、推行。

［**譯文**］

聖人具有用來摹擬天地的行爲而使自己與天地并稱爲三才的本領吧？有人問：“聖人也有受到委屈的時候嗎？”揚子説：“有的。”又問：“在什麽事情上受到委屈呢？”揚子説：“孔子對南子這樣的人，是根本不願意拜見的；對陽虎這樣的人，是根本不願意回敬的。但是孔子拜見了不願意拜見的南子，回敬了不願意回敬的陽虎，怎麽不是委屈了自己呢？”又問：“衛靈公向孔子問作戰的事，孔子爲什麽就不再委屈自己了呢？”揚子説：“聖人委屈自己，是爲了推行聖道。如果爲了自己的飛黄騰達而使聖道被歪曲，即使給他整個天下，他也是不會幹的。”

［**按語**］

揚雄强調聖人可以“詘身以信道”，但是絶不會“詘道而信身”。揚雄的一生，是忠實地堅守了這一原則的。漢成帝好辭賦，但“雄以爲賦者，將以風（諷）也”，當他發現“賦勸而不止”時，竟然“輟不復爲”。王莽篡位需要輿論支持，“談説之士用符命稱功德獲爵者甚衆”；揚雄精通《易經》，無疑是編造讖緯符命的高手，儘管他對王莽的政治措施很有好感，但他絶不參與這樣不光彩的政治騙局。揚雄以聖人自許，以孔子爲楷模，在政治操守上他也是效法了孔子的。

8.3

聖人重其道而輕其禄，衆人重其禄而輕其道。聖人曰："於道行與?"衆人曰："於禄殖與[①]?"

［注釋］

①殖：猶言"增長"。

［譯文］

聖人看重自己的主張而不看重自己的俸禄，一般人看重自己的俸禄而不看重自己的主張。聖人常説："道義能推行嗎?"一般人常説："俸禄會增加嗎?"

［按語］

"重道"與"重利"，歷來是區别"君子"與"小人"的重要標準。孔子説："君子喻於義，小人喻於利。"孟子説："無恒産而有恒心者，唯士爲能。若民，則無恒産，因無恒心。"在儒家學者看來，"小人"、"衆人"看重經濟利益是很正常的，而聖人、君子、士就不能重利而輕義了。不過，揚雄這裹將"聖人"與"衆人"對舉，其"衆人"應當是不包括"民"的。揚雄把"重道輕禄"與"詘身信道"都視爲聖人重要的操守，衹不過前者是就經濟而言，後者是就政治而言。揚雄爲了堅持自己所崇尚的聖人操守，纔落得政治上"三世不徙官"、經濟上"家素貧"以至死無葬身資費的可悲下場。

8.4

昔者，齊魯有大臣①，史失其名。曰："何如其大也?"曰："叔孫通欲製君臣之儀②，徵先生於齊魯，所不能致者二人。"曰："若是，則仲尼之開迹諸侯也③，非邪?"曰："仲尼開迹，將以自用也④。如委己以從人⑤，雖有規矩準繩，焉得而用之⑥?"

［注釋］

①大臣：謂"人格偉大的臣民"。

②叔孫通：秦漢時薛（今山東滕縣）人，初爲秦博士，後降項梁爲楚臣，再後降劉邦爲漢臣，被劉邦詔爲博士。漢高祖五年（前 202 年）劉邦稱帝後，叔孫通自請"採古禮與秦儀雜就之"以製定漢朝禮儀。叔孫通派人"徵魯諸生三十餘人。魯有兩生不肯行，曰：'公所事者十主，皆面諛以得親貴。……吾不忍爲公所爲。"事見《史記・劉敬叔孫通列傳》。

③開迹諸侯：謂"周游列國干求諸侯"。

④自用：謂"採用自己的主張"。

⑤委己：謂"放棄自己的主張"。

⑥規矩準繩：木工的四種工具："規"以取圓，"矩"以取方，"準"以取平，"繩"以取直。這裏比喻完美的政治措施。

［譯文］

從前，齊魯地區有兩個人格偉大的臣民，史書上没有記載他們的姓名。有人説："爲什麼説他們人格偉大?"揚子説："叔孫通要爲朝廷製定君臣禮儀，派人到齊魯地區徵召精通古禮的先生，没有能够被他徵招到朝廷來的就是這兩個人。"那人問道："如果是這樣，那麼孔子周游列國干求諸侯，不也是一種錯誤嗎?”揚子説:“孔子周游列國，是爲了要别人採用自己的主張。如果必須放棄自己的主張去順從别人，即使有非常完美的政治措施，又哪裏能够被採用呢?”

［**按語**］

魯生不願意響應徵召的根本原因，是鄙視叔孫通“所事者十主，皆面諛以得親貴”。揚雄將叔孫通視爲“詘道信身”、“重利輕道”的典型。孔子周游列國干求諸侯，雖然也屬於“所事者十主”的行爲，但他不是“委己以從人”，更不是“面諛以得親貴”，而是爲了“將以自用”，讓諸侯採用自己治理國家的主張。在揚雄看來，孔子是“詘身信道”的聖人，叔孫通是“詘道信身”的小人。魯生不願與“詘道信身”者共事，寧隱不仕，故其人格偉大。班固、桓譚、王充，以及後世的韓愈、柳宗元、司馬光等人，都没有因爲揚雄仕莽、頌莽而將他視爲“小人”，相反，以上數人大多認爲，揚雄不僅有聖人之才，而且具有聖人之德。其根本原因，就在於揚雄一生實踐了“詘身以信道”這個根本原則。

8.5

或問:“孔子之時，諸侯有知其聖者與?”曰:“知之①。”“知之，則曷爲不用?”曰:“不能。”曰:“知聖而不能用也，可得聞乎?”曰:“用之，則宜從之。從之，則棄其所習，逆其所順，强其所劣②，捐其所能③。衝衝如也④。非天下之至⑤，孰能用之?”

［注釋］

①知之：揚雄認爲，孔子在世時諸侯就知道他是“聖者”，這完全是有根據的。據《史記·孔子世家》記載，孔子到了鄭國，鄭國人説孔子“其顙似堯，其項類皋陶，其肩類子産，然自要（腰）以下不及禹三寸。”魯定公十年孔子作魯國大司寇時，齊國大夫黎鉏曾對齊景公説：“魯用孔丘，其勢危齊。”魯定公十四年孔子以大司寇攝相事時，“齊人聞而懼，曰：孔子爲政必霸。”孔子的政敵魯大夫季桓子臨死前説：“昔此國幾興矣。以吾獲罪於孔子，故不興也”。

②强其所劣：崇敬自己所鄙視的人。“强”“劣”都是意動用法。

③捐：抛棄。

④衝衝如：不安貌。何遜《七召》：“神忽忽而若忘，意衝衝而不定。”“如”猶“然”。

⑤非天下之至：《法言音義》注：“天復本作‘天下之至德’。”司馬光注：“李、宋、吴本皆無‘德’字。《音義》稱天復本有之，今從之。”今從司馬光注。

［譯文］

有人問：“孔子在世的時候，諸侯有知道他是聖人的嗎?”揚子説：“知道他是聖人。”再問：“知道他是聖人，那爲什麽不任用他呢?”揚子説：“不能用他。”又問：“知道是聖人而不能用，可以讓我聽聽是什麽原因嗎?”揚子説：“任用他，就應當聽從他。如果聽從孔子的主張，那麽諸侯就得放棄自己已經習慣了的，就得反對使自己很順心的，就得崇尚自己所鄙視的，就得抛棄自己所擅長的。這必然會弄得諸侯不得安寧。如果不是天下最有道德的人，有誰能用孔子呢?”

［按語］

孔子生活的時代，是所謂“禮崩樂壞”的春秋中期。孔子爲政，必然要堅持用“禮樂”撥亂反正。這樣一來，諸侯一切不合乎“禮樂”的東西都得改變，故云“非天下之至，孰能用之?”其實，揚雄是在以孔子自喻，是在影射自己生活的時代。他在對人解釋自己爲什麼得不到重用以至“三世不徙官”的原因時説：“當今縣令不請士，郡守不迎師，群卿不揖客，將相不俯眉；言奇者見疑，行殊者得辟。是以欲談者宛舌而固聲，欲行者擬足而投迹。……策非甲科，行非孝廉，舉非方正；獨可抗疏，時道是非，高得待詔，下觸聞罷，又安得青紫?”（揚雄《解嘲》）揚雄認爲自己也生活在一個“禮崩樂壞”的亂世，“故默然獨守吾《太玄》”，不求聞達而“欲求文章成名於後世”。

8.6

或問：“孔子知其道之不用也，則載而惡乎之①?”曰：“之後世君子。”曰：“賈如是，不亦鈍乎②?”曰：“衆人愈利而後鈍③，聖人愈鈍而後利。關百聖而不慚④，蔽天地而不耻⑤，能言之類⑥，莫能加也。貴無敵，富無倫，利孰大焉?”

［注釋］

①載：猶“帶”。惡乎之：到哪裏去。

②賈（gǔ）：商人；做生意。鈍：愚鈍。此處以經商爲喻，則“鈍”猶言“吃虧”。

③利：用作動詞，猶言“看重眼前利益”。後鈍：猶言“後世吃虧”，即對後世没有益處。

④關百聖：是説孔子的主張“與歷代聖人的學説相通”。“關”同“貫”。不慚：猶言“毫不遜色”。

⑤蔽天地：是説孔子“功蓋天地”。不耻：猶言“無愧”。《六書統》：

“恥，耳聞過而心愧也。”又《六書總要》：“恥，從心從耳，會意。取聞過自愧之義。”

⑥能言之類：即“人類”。嚴格意義上的“語言”，唯有“人”纔具有，故云。

［譯文］

有人問：“孔子知道他的主張不會被採用的時候，就把他的主張帶到哪裏去呢？”揚子説：“留傳給後世君子。”問者説：“做生意的像他這樣，不是就太吃虧了嗎？”揚子説：“一般人愈是看重眼前利益而後來必定吃虧，聖人生前愈是吃虧而將來必定獲利。孔子與歷代聖人相通而毫不遜色，孔子功蓋天地而無愧一生，在整個人類當中，是沒有誰能超過他的。孔子的高貴無人匹敵，孔子的富有無與倫比，還有什麼利益能大過這樣的利益呢？”

［按語］

揚雄表達了聖人的功利觀念：不重眼前利益，但求遺澤後世。揚雄對現實社會是非常絶望的，他把自己對“聖道”的追求，尤其是對儒家理想社會的實現，寄托在“後世君子”身上。他説：“師曠之調鐘，俟知音者之在後也；孔子作《春秋》，幾（冀）君子之前睹也。”（《解嘲》）正是這樣的功利觀念，不僅使他能够堅持“恬於勢利”、“好古而樂道”、“不汲汲於富貴，不戚戚於貧賤”的節操，甚至使他能够在貧病交加和痛失愛子的艱難處境下堅强地活下來。在長達兩千多年的中國封建社會中，孔子“聖人”的社會地位從來沒有動摇過，其嫡派子孫榮蔭“衍聖公”直至封建時代結束，豈不是“貴無敵，富無倫”？

8.7

或曰：“孔子之道，不可小與①？”曰：“小則敗聖，如何?[②]”曰：“若是，則何爲去乎[③]?”曰：“愛日[④]。”曰：“愛日而去，何也?”曰：“由群謀之故也[⑤]。不聽正[⑥]，諫而不用。噫者，吾於觀庸邪[⑦]?無爲飽食安坐而厭觀也[⑧]。由此觀之，夫子之日亦愛矣。”或曰：“君子愛日乎?”曰：“君子仕則欲行其義，居則欲彰其道[⑨]，事不厭，教不倦，焉得日?”

［注釋］

①孔子之道，不可小與：孔子的主張，就不能降低一些標準嗎?事見《史記·孔子世家》：“子貢曰：‘夫子之道至大也，故天下莫能容夫子。夫子盍少貶焉?’”

②敗聖：有損聖道。如何：謂“如何可小”。《法言音義》：“天復本無‘如何’二字。”

③何爲去：是説“爲什麽離開魯國政壇”。魯定公十四年，孔子以大司寇行攝相事。齊人畏懼，於是選美女八十、文馬一百二十匹送給魯君。季桓子受齊女樂，三日不聽政；郊祀時又不遵禮節，不致膰於大夫。於是孔子便離開了魯國政壇，後來到了衛國。孔子離開以後，季桓子喟然嘆曰：“夫子罪我以群婢故也夫!”事見《史記·孔子世家》。

④愛日：猶言“珍惜時間”。

⑤群謀：當作“群婢”。指接受齊國美女一事。

⑥聽正：即“聽政”。

⑦觀庸：即“觀用”，意爲“觀看他們享用女樂”。

⑧厭觀：以觀看女樂爲滿足。

⑨居：與“仕”相對，意爲“不仕”。

［譯文］

有人説：“孔子的主張，就不能降低一些標準嗎?”揚子説：“降低標準就會有損聖道。怎麽能降低標準呢?”問者説：“如果是這樣，那麽孔子爲什麽要離開魯國政壇呢?”揚子説：“爲了珍惜時間。”問者又説：“爲了珍惜時間而離開魯國，此話怎講？”揚子説：“事情緣於齊國送給魯國的那群美女。（主要執政者貪戀女色而）不理朝政，孔子多次諫阻却不被採納。（孔子大概會這樣想：）‘唉！難道我就留在魯國看他們怎樣享用女樂嗎？我絶不能做一個飽食終日、無所事事而以觀看女樂爲滿足的人。’由此看來，孔夫子對自己的時間也是够珍惜的了。”問者又説：“君子們也珍惜時間嗎？”揚子説：“君子做官時便要做自己該做的事情，没有做官便想着怎樣彰顯自己的主張，做起事來就没有個滿足的時候，教起人來就從不知疲倦，哪裏會有一點閑暇的時間？”

［**按語**］

揚雄認爲，不放棄原則、不尸位素餐，這是聖人做事做人的重要原則。不做官也要弘道，所以聖人和君子總是非常珍惜自己的時間。

8.8

或問：“其有繼周者，雖百世可知也①。秦已繼周矣②，不待夏禮而治者③，其不驗乎？”曰：“聖人之言，天也④。天妄乎⑤？繼周者未欲太平也。如欲太平也，捨之而用他道，亦無由至矣⑥”。

［**注釋**］

①其有繼周者，雖百世可知也：這是孔子的原話，意思是：如果有繼承周朝帝統的朝代，即使百代之後也能推知它實行的是夏代的禮制。語見《論語·爲政》：“子張問：‘十世可知也？’子曰：“殷因於夏禮，所損益，可知也；周因於殷禮，所損益，可知也。其或繼周者，雖百世可知也。’”孔子這段話的大意是，夏代的禮制奠定了政治制度的基礎，其後各個朝代

的政治制度，無非是在前一個朝代所實行的制度的基礎上作一些增加或者刪削而已。所以即使百代之後，仍然能够推知夏代的禮制。在儒學理論中，夏禮是周禮的基礎，周禮是對夏禮的豐富和完善。這就是儒家學派以禹、湯、文武、周公爲“聖人”的根本原因。孔子是周禮最忠實的維護者和傳承者，所以也是“聖人”。

②秦已繼周：戰國時期，七雄爭天下，但名義上仍奉周正朔；東周雖然小國，但仍有天子名義，所以史家認爲秦朝是繼承周朝的帝統。

③不待夏禮而治：秦始皇焚書坑儒，徹底否定周禮，故云“不待夏禮而治”。“不待”猶“不用”。

④聖人之言，天也：儒家宣揚聖人是代表天的意志在講話，故云。

⑤妄：虛妄，猶言“胡言亂語”。

⑥無由：即“無從”，猶言“没有途徑”。《論語·泰伯》“民可使由之”注：“由，從也。”《爾雅·釋詁》：“由，自也。”

［譯文］

有人問：“孔子説：‘如果有繼承周朝帝統的朝代，即使百代之後也能推知夏代的禮制。’秦朝繼承周朝帝統之後，就不用夏禮來治理天下了，豈不是孔子的話也不靈驗嗎？”揚子説：“聖人的話，是表達的天意。難道天也會胡言亂語嗎？那是因爲秦王朝不想建立太平盛世罷了。如果要想建立太平盛世，抛棄夏禮而用其他禮制，也就没有途徑能够達到目的了。”

［按語］

揚雄認爲，儒家所宣揚和忠實維護的禮樂制度，是建立太平盛世必須實行的唯一正確的政治制度。

揚雄的這一認識，自然是未必正確，但却并非毫無道理。代周而起的秦漢郡縣制度，奠定了中國兩千多年的封建社會政治制度的基礎，這是一種完全不同於夏、商、周的政治體制。可見“夏禮”未必就是建成太平盛世的唯一體制。但是，漢代最高統治者總結秦朝“二世而亡”的教訓，實行“罷黜百家，獨尊儒術”的政策，而且這一文化政策竟然伴隨了兩千多年的中國封建政治制度，與整個中國封建社會相終始。時至今日，代表周禮核心內容的“孔孟之道”，也没有因爲受到近百年來的各種形式的批判而消除其影響，相反，“孔孟之道”的許多内容，隨着中國改革開放的逐步深入，竟然愈來愈清楚地表現出它的合理性來。這不能不説是一個發人深省的問題。

揚雄“頌莽”應當是一個不争的事實。他不僅留下了使他身後遭受駡名的《劇秦美新》一文，而且用歌頌王莽來結束《法言》全篇。

揚雄爲什麽會歌頌王莽？最根本的原因，就是王莽“托古改制”的具體内容使揚雄非常興奮，讓他仿佛看到了太平盛世的曙光。如果説“托古改制”是王莽有意設計的政治騙局，那麽揚雄也就僅僅是一個可悲的受騙者而已。揚雄絶不是、也不可能是“詘道以信身”、“重其禄而輕其道”的政治投機分子。相反，揚雄的“頌莽”讓我們看到了他對恢復“周禮”的痴迷程度，因爲在他看來，周禮是建成太平盛世、實現自己政治理想的唯一可靠的法寶。

8.9

赫赫乎日之光①，群目之用也；渾渾乎聖人之道②，群心之用也。或問：“天地簡易而聖人法之③，何五經之支離？”曰：“支離，蓋其所以爲簡易也④。已簡已易，焉支焉離？”

［注釋］

①赫赫乎：顯明貌，猶言“非常明亮”。

②渾渾乎：廣大貌，猶言“無比博大”。《廣雅·釋訓》：“渾渾，大也。”

③天地簡易：謂“天地的規律簡明易知，便於操作。”《周易·繫辭》：“乾以易知，坤以簡能。易則易知，簡則易從。”春夏秋冬，周而復始，故謂“易知”；春種秋收，夏播冬藏，故謂“易從”。

④支離，蓋其所以爲簡易也：將五部經書分散開來，大概就是爲了使它們的内容簡明易知。如果將“五經”視爲教材，《周易》大致相當於哲學教材，《尚書》、《春秋》兼有歷史、政治教材的性質，《周禮》兼有倫理、政治教材的性質，《詩經》相當於文學教材。這正好體現了中國古代傳統文化教育的主要内容。

［譯文］

非常明亮的太陽之光，是人們的眼睛辨察事物的憑借；無比博大的聖人之道，是人們的心靈辨别是非的標準。有人問：“既然天地的規律簡明易曉而聖人又是效法天地的，爲什麼五經之間毫無關聯而缺乏系統性呢？”揚子説：“將五部經典分散開來，大概就是爲了使它們的内容簡明易曉。如果不分散就已經簡明已經易曉了，哪裏還會將它們分散開來呢？”

［按語］

揚雄意在强調五經的重要作用和五部經典之間的系統性，提醒人們切不可將五部經典割裂開來理解，應該將它們視爲傳達聖人博大思想的一個完整思想體系。

8.10

或曰：“聖人無益於庸也。①”曰：“世人之益者，倉廩也，取之如單②。仲尼，神明也③，小以成小，大以成大④；雖山川、丘陵、草木、鳥獸，裕如也⑤。如不用也，神明亦未如之何矣。”

［注釋］

①庸：平凡，這裏指“一般的人和事物”。

②世人之益：是説“一般人給予别人的益處。”如單：同“而殫”，即“而盡”。俞樾《諸子平議》：“如讀爲而。單，盡也。”即認爲“如單”是“而殫”的通假字。

③仲尼，神明也：猶言“仲尼之益者，神明也”，承“世人”句例而省。《法言·問神》：“天地，神明而不測者也。”故其“神明”猶言“天地之德”。揚雄認爲，聖人秉天地之德，故云“仲尼（之益者），神明也”。

④小以成小，大以成大：意爲受聖人思想的陶冶，“無論大小賢愚，都能根據各自的素質獲得不同的成就”。

⑤裕如：豐饒貌，猶言“很多”。《説文》：“裕，衣物饒也。”段注：“引伸爲凡寬足之稱。”

［譯文］

有人説：“聖人没有比一般的人給人更多的益處。”揚子説：“一般人給予别人的益處，就像糧倉一樣，是會取用殆盡的。而孔子給予别人的益處，就像天地神明一樣，能使資質低的人成爲小才，資質高的人成爲大才；即使山川、丘陵、草木、鳥獸，也會從中得到很多益處。如果不願意採用聖人的主張，那就是天地神明也不會對他有什麽益處的了。”

［按語］

上一章强調聖人之道的重要性，説它是“群心之用”，本章則强調聖人作用的普遍性，説它如天地之於人事萬物，無論其賢愚大小，也無論其山川鳥獸，衹要願意接受，就一定會從聖人那裏獲得大小不等的益處。

8.11

或問："聖人占天乎①？"曰："占天地②。""若此，則史也何异③？"曰："史以天占人，聖人以人占天④。"或問："星有甘、石⑤，何如？"曰："在德不在星。德隆則晷星⑥，星隆則晷德也。"

［注釋］

①占天：觀察天相以預測人事吉凶。《説文》："占，視兆問也。"

②天地：當作"天也"。俞樾《諸子平議》卷三五："'地'字疑'也'字之誤。下文'史以天占人，聖人以人占天'，但言天不言地，可證'地'字之誤。"

③史：謂"史官"。古代朝廷史官兼掌天文曆法。

④史以天占人，聖人以人占天：史官根據天相來占測人事，聖人根據人事來占測天意。李軌注："聖人以人占天者，先乎天也；史以天占人者，後乎天也。大聖先天而天不違，良史後天而奉天時。知其所先後，則天人之情得矣。"

⑤星有甘、石：星相家甘德、石申。甘德是戰國時期齊國人，著有《星占》八卷。石申是戰國時期魏國人，著有《天文》八卷。兩書均已亡佚，但在唐人的《開元占經》中大量引述了兩書内容，其中最重要的是甘、石兩人對黄道附近恒星位置的觀察記録。這個觀察記録被視爲世界上最早的恒星表。今傳《甘石星經》係後人僞托。

⑥晷（guǐ）：是古代測日影以定時刻的儀器，亦名"日晷"、"日規"。此處用作動詞，義猶"反映"。

［譯文］

有人問："聖人占視天相嗎？"揚子説："占視天相。"問者説："如果這樣，那麼聖人與史官有什麼不同？"揚子説："史官是依據天相來占測人事，而聖人是根據人事來占測天意。"又問："星相家甘德、石申，他們的占星技術怎麼樣？"揚子説："人事吉凶决定於人的道德而不是星相。道德崇高衹是反映在星相上，星相隆盛不過反映了道德而已。"

［**按語**］

揚雄認爲，聖人與史官占測天相的不同在於：聖人占測天相，是爲了使人事合乎天意；而史官占測天相，是爲了趨吉避凶。因此，前者是積極的配合，而後者是消極的迎合。這就是李軌所説的"先乎天"和"後乎天"的意思。揚雄精通天文曆算，對星占學自然有很深刻的了解。人事興衰"在德不在星"的觀點，是對董仲舒"天人合一"論的挑戰，也是對漢代流行的讖緯迷信思想的挑戰。

揚雄强調"德"的作用，其實是强調"聖人"的作用。在揚雄眼裏，聖人不僅具有"聖德"，而且是智慧的化身。在揚雄的哲學思想中，"天"是科學意義上的自然現象，"神"是認識論意義上的心智思維。"聖人占天"，是要在認知主體（人）與認知客體（天）之間建起一座橋梁，把本來不爲人知的東西變爲可以爲人所知的東西。這正是揚雄强調"潛神"、"尚智"的根本原因。

8.12

或問："大人？①"曰："無事於小爲大人②。""請問小？"曰："事非禮義爲小③。"

［**注釋**］

①大人：德行高尚的人。《周易·乾卦》："夫大人者，與天地合其德。"

《荀子·解蔽》："明參日月，大滿八極，夫是之謂大人。""大人"兼有德、才兩種含義。

②事：動詞，猶"做"。

③事非禮義：事不關乎禮義，即與禮義無關的事。

［譯文］

有人問："什麽樣的人是大人?"揚子説："不在小事上花力氣費心思的人是大人。"又問："請問什麽是小事?"揚子説："與禮義無關的事都是小事。"

［按語］

這裹的"大人"猶言"幹大事業"的人，强調能力和志向的成分較重，故不與"君子"相當。揚雄以"禮義"爲標準來衡量事情的"大"與"小"，非"醇儒"而何?

8.13

聖人之言遠如天①，賢人之言近如地②。瓏瓈其聲者③，其質玉乎④？聖人矢口而成言⑤，肆筆而成書⑥。言可聞而不可殫⑦，書可觀而不可盡。

［注釋］

①聖人之言遠如天：聖人的政令教化如日月懸天，著明而悠遠。李軌注："天懸象著明而人不能察，聖人設教施令而人不能究。"

②賢人之言近如地：賢人的教誨如山川田地，遼闊而切近。李軌注："山川澤田之形可得而鑒。"

③瓏瓈：叩玉之聲。這裹用作動詞，"瓏瓈其聲"，猶言"使自己的聲音（語言）像玉聲一樣美妙"。李軌注："玉之瓏瓈其聲，亦猶君子清泠其德音。"

④其質玉乎：是因爲他們所表達的内容如同美玉一樣珍貴吧。“質”與“聲”，猶“質”與“文”，前者是内容，後者是形式。孔子説“質而無文，則行之不遠”，珍貴的内容需要美妙的語言來表達。

⑤矢口：即“開口”。《爾雅·釋詁》：“矢，弛也。”郝疏：“以弓釋弦曰弛。”以弓釋弦，就是用弓把弦張開。

⑥肆筆：即“操筆”，提起筆。李軌注：“肆，操也。”

⑦不可殫：猶“不可盡”，謂“不可盡知”。

［譯文］

聖人的言論，涵義像天一樣深邃而悠遠；賢人的言論，涵義像地一樣廣博而切近。他們都使自己的語言像玉聲一般美妙，是因爲他們所表達的内容都如寶玉一樣珍貴吧？聖人開口便是含意深遠的語言，提筆便是意蘊無窮的文章。聖人的話能够聽懂，但未必能够完全理解其含義；聖人的書能够看懂，但未必能够完全盡知其意蘊。

［按語］

這裏的“聖人”，主要指孔子，“賢人”主要指孟子、荀子。聖人之言“如天”，賢人之言“如地”，其高、下之别不容混淆。但“如地”則與人切近，故賢人之言切近實用。聖人之言載諸經典，涵蓋了天道與人事的最高真理，需要後世學者潛心研究，認真體會其深刻涵義，絶不是一下子就能盡知盡曉的，即使是孔門弟子也往往是知其然而不知其所以然（見《法言·君子》）。揚雄竭力推崇聖人，甚至不避拔高之嫌，目的是爲了抵制當時尚且很有影響的“諸子之學”對儒學的對抗與批判。

8.14

周之人多行①，秦之人多病②。行，有之也③；病，曼之也[4]。周之士也貴[5]，秦之士也賤。周之士也肆[6]，秦之士也拘[7]。

［注釋］

①行：意爲“走正道”、“好品行”。《荀子·正名》：“正義而爲謂之行。”楊倞注：“苟非正義則謂之姦邪。”

②病：意爲“走邪道”、“惡行”。本章“周”、“秦”對比，其後各以“有”、“曼”（無），“貴”、“賤”，“肆”、“拘”相對舉，故其“病”之意義當與“行”相對。

③有之：謂“有所得”，即有值得肯定的地方。此處意爲“有德”。

④曼之：猶“無之”，即“没有值得肯定的東西”。此處意爲“無德”。李軌注：“行有之者，周有德也。病曼之者，秦無道也。”“曼”通“靡”，無也。

⑤士：包括“朝秦暮楚”的策士和“講學論藝”的文士。

⑥肆：意爲“自由開放”。春秋、戰國時期，士人周游列國、干求諸侯，合則留、否則去，并因此而有“百家争鳴”局面的形成。故云“周之士也肆”。

⑦拘：意爲“窘迫拘謹”。秦王朝焚書坑儒，刑法酷烈，士人動輒得咎、噤若寒蟬。故云“秦之士也拘”。

［譯文］

周朝的人多行正道，秦朝的人多走邪路。行正道，所以尚存德義；走邪路，所以全無德義。周朝的士人地位尊貴，秦朝的士人地位卑賤。周朝的士人自由開放，秦朝的士人窘迫拘謹。

［按語］

在揚雄看來，春秋、戰國時期儘管“禮崩樂壞”，但各國諸侯尚能奉周正朔，尤其是對士人的政策還非常寬鬆，以至形成“百家争鳴”的活躍局面；而秦王朝焚書坑儒，嚴刑峻法，薄情寡義，使士人地位一落千丈、人人自危。所以認爲周人還算是

"行正道"，德義尚存；秦人則完全是"走邪路"，毫無德義可言。

8. 15

月未望則載魄於西[①]，既望則終魄於東[②]。其泝於日乎[③]？彤弓盧矢[④]，不爲有矣。聆聽前世，清視在下[⑤]，鑒莫近於斯矣。

［注釋］

①望：月滿之名。《釋名・釋天》："望，月滿之名也。月大十六日，小十五日；日在東，月在西，遥相望。"後人通常是以農曆每月十五日爲"望"，十六日爲"既望"，十五日之前即"未望"。載魄：即"哉生魄"，意爲"初生的月光"，其確切意思是指初二或初三的月光。

②終魄：即"既死魄"，意爲"快要完全消失的月光"，其確切意思是指每月二十三日到二十九或三十日的月光。

③泝：逆流而上。這裏表示"逆向運行"。月生於西而終於東，日出於東而没於西，故云"泝於日"。

④彤弓盧矢：上古天子給予諸侯的最高賞賜。《尚書・周書・文侯之命》："彤弓一，彤矢百；盧弓一，盧矢百。"傳云："彤赤、盧黑也。諸侯有大功，賜弓矢然後專征伐。"

⑤清視在下：友善地對待下屬和百姓。賈誼《新書・道術篇》："行善決衷謂之清。"

［譯文］

月亮未滿時就從西邊開始生出亮光，月滿以後就從東邊逐漸消失亮光。這大概是月亮與太陽逆向運行的緣故吧！即使擁有天子賞賜的彤弓盧矢，也算不得真正的富有了。認真地聆聽關於前世的故事，友善地對待自己的百姓，值得借鑒的事情没有比這個更切近自己的了。

［按語］

“月望則虧，物極必反”。揚雄將這一自然法則運用於認識人事變化，總結出了一個全新的人生理念。在他看來，朝代的更替如同月相的變化：“未望則載魄於西，既望則終魄於東”。這是不可改變的自然法則，衹有“日”（道）是恒久不變的。朝代不斷更替，依附於天子的一切權勢者也自然是不足仗恃的了，所以得出“彤弓盧矢，不爲有矣”的結論。揚雄要人們以史爲鑒，切不可貪戀權勢，應當“守道”以自保，他在《自嘲》中說：“炎炎者滅，隆隆者絶”、“位極者宗危，自守者身全。是故知玄知默，守道之極。……世异事變，人道不殊。”不變的是“人道”，所以權勢者既要懂得“自保”，還要“清視在下”，盡到“保人”的責任。“自保”與“保人”，這就是“人道”的全部内容。

8.16

或問：“何如動而見畏[①]？”曰：“畏人。”“何如動而見侮？”曰：“侮人。夫見畏與見侮，無不由己。”

［注釋］

①見畏：受人敬畏。與“見侮”（受人侮辱）意思相對。

［譯文］

有人問：“怎樣做纔會受人敬畏？”揚子説：“敬畏别人。”又問：“怎樣做就會被人侮辱？”揚子説：“侮辱别人。那些受人敬畏和被人侮辱的，没有不是由於自己對待别人的態度造成的。”

［按語］

儒家將“忠”、“恕”作爲終身奉行的處世原則。孔子對

“恕”的解釋是“己所不欲，勿施於人。”揚雄以“見畏”與“見侮”詮釋儒家的“恕道”，與《孟子·離婁》所説“敬人者，人恒敬之”是一個意思。“恕”的理論基礎是“仁”，“仁”的表現就是“己所不欲，勿施於人”。揚雄説“見畏與見侮，無不由己”，更具警誡的作用。

8.17

或問：“禮難以强世①。”曰：“難，故强世。如夷俟倨肆②，羈角之哺果而啗之③，奚其强？或性或强，及其名④，一也。”

［**注釋**］

①禮難以强世：意爲“禮執行起來很難是因爲它强迫世人遵循”。“以”是表示原因的介詞。

②夷俟倨肆：意爲“蠻夷那樣的傲慢無禮”。《説文》：“俟，大也。”此言“做大”，即傲慢。又：“倨，不遜也。”“不遜”，即不恭敬，所謂“倨傲”也。“肆”謂放肆。故“俟倨肆”同義連用，極言其傲慢無禮。

③羈角之哺果而啗之：意爲“小孩那樣的率真無禮”。“羈角”猶“總角”，古時小孩髮型，借以代稱小孩。“哺果而啗之”，母親將口中嚼爛的果子喂給孩子吃。《爾雅·釋鳥》“生哺鷇（雀）”注：“鳥子須母食之。”“哺”，含物以飼也。“啗”同“啖”，食也。

④及其名：猶“及其成”，意爲“等到他們都形成習慣以後”。《廣雅疏證》引《春秋説題辭》：“名，成也。”

［**譯文**］

有人問：“禮節執行起來難是因爲它要强迫世人遵循。（應當怎樣認識這個問題?）”揚子説：“正因爲執行起來難，所以要强迫世人遵循。如果是蠻夷那樣的傲慢無禮，或者是小孩那樣的率真無禮，還强迫他們什麼呢？有的禮節合乎天性，有的禮節需要强迫，但是等到它們都成爲人們的習慣以後，就不再有區别了。”

［按語］

“禮”是一種行爲規範。行爲規範不可能都出於人的天性，必然會有一定的强制性。揚雄認爲，除了“蠻夷”和小孩，其他人都應當自覺地强迫自己遵循聖人製訂的禮節。

8.18

見弓之張兮，弛而不失其良兮。或曰：“何謂也？”曰：“檠之而已矣①。川有防，器有範，見禮教之至也②。經營③，然後知楨榦之克立也④。”

［注釋］

①檠（qíng）：一種防止弓弩變形的器具。《淮南子·修務訓》：“弓必得檠而後能調。”弓弩在張、弛之間極易變形，常用“檠”矯正，就能防止其變形。

②禮教之至：禮教的作用非常重要，“至”猶“極”，謂極其重要。“防”（堤壩）的作用是防止河水泛濫，“範”（鐵模）的作用是使器物有統一而美觀的造型，“禮教”則是使人防止邪惡産生、得以成爲君子的行爲規範，故其作用非常重要。

③經營：是説“經歷營建墻垣的過程”。

④楨榦：築墻時所用的木柱曰“楨”，木欄曰“榦”。《尚書·費誓》：“峙乃楨榦。”克立：猶“能立”，謂“能使泥土竪立起來成爲墻垣。”

［譯文］

看到弓在張開時的形狀，鬆開時也没有失去它良弓的作用啊。有人說："這話是什麼意思啊?"揚子說："是贊美檠對弓弩的矯正作用罷了。河流必須要有堤壩來約束，製造器物必須要用模子作規範，可見禮教的作用是非常重要的。經歷過營造墻垣的實踐以後，就知道木柱和木欄是能够將散亂的泥土竪立起來的。"

［按語］

本章强調禮教的重要作用。"禮教"是用禮樂來教化人們，讓人知道什麽事該做，什麽事不該做。儒家視禮樂爲實現王道政治理想的最主要、也是最重要的政治手段，所謂"揖讓而治天下者，禮樂之謂也"(《禮記·樂記》)。在揚雄看來，禮教主要有以下幾個方面的重要作用：一是使人隨時修正錯誤、保持良好品德，這就如同"檠"對弓駑的矯正作用一樣；二是使人自覺約束自己的言行、趨利以避禍，這就如同"防"對河流的約束作用一樣；三是使人陶冶自己的情操、學有榜樣，這就如同"範"對器物的造型作用一樣；四是使人團結向上、形成凝聚力，這就如同"楨榦"使泥土成爲墻垣的作用一樣。不過，這裹的"禮樂"是所謂"中國"的禮樂即儒家聖人的禮樂，"八荒之禮"是不在其内的。所以，揚雄對禮樂的推崇，其實質是對聖人的推崇與贊美。

8.19

莊、楊蕩而不法①，墨、晏儉而廢禮②，申、韓險而無化③，鄒衍迂而不信④。聖人之材，天地也⑤；次，山陵川泉也⑥；次，鳥獸草木也⑦。

［注釋］

①莊、楊蕩而不法：莊周主張無爲、逍遥，楚威王"許以爲相"，莊周

笑謂楚國使者："我寧游戲污瀆之中自快，無爲有國者所羈，終身不仕，以快吾志焉。"《史記》還說莊周"作《漁父》、《盜跖》、《胠篋》，以詆訿孔子之徒"。楊朱是戰國時魏人，針對儒家"仁愛"之説，主張"重在愛己，不以物累，不拔一毛以利天下"的極端利己主義。揚雄認爲，莊、楊二人的主張是放蕩不羈、不循禮法。

②墨、晏儉而廢禮：墨翟是春秋、戰國之際魯國人（一説宋國人），主張"兼愛、非攻，尚賢、尚同"，但是反對儒家的繁禮厚葬，提倡"薄葬、非樂"。晏嬰是春秋齊國人，先爲齊卿，後爲齊相，是春秋時期著名的政治家，以"節儉力行"名聞諸侯。所以，揚雄認爲墨、晏二人崇尚節儉而廢棄禮樂。

③申、韓險而無化：以申不害、韓非爲代表的法家，重刑罰輕教化。揚雄認爲，法家以嚴刑峻法治民，這是刻薄寡恩、放棄教化的行爲。"險"謂居心險惡。

④鄒衍迂而不信：以鄒衍爲代表的陰陽家關於天文地理的理論，大多迂曲怪誕，缺乏可靠的根據。請參考卷四《問道》"鄒衍"注。

⑤聖人之材，天地也：聖人的功德如天地一樣廣博深厚。古語云"天行健，君子厚德以載物"，《荀子·勸學》説："天見其明，地見其光，君子貴其全也。"聖人之道澤被天下，如天地之覆載萬物，故云"聖人之材，天地也"。

⑥次，山陵川泉也：是説"賢人的才德如山陵之高，江河之深"。"次"於聖人者爲賢人。賢人道德高尚，有如山陵；見識深遠，有如川泉。

⑦次，鳥獸草木也：是説"衆人受聖道教化如鳥獸草木一樣繁育生長"。"次"於賢人者爲衆人。鳥獸草木的繁育生長，離不開天地陰陽之氣的化育；天下衆人的幸福安樂，則離不開聖人禮樂的教化。

［譯文］

莊周和楊朱放蕩不羈而不遵禮法，墨翟和晏嬰崇尚節儉而廢棄禮樂，申不害和韓非刻薄寡恩而不講教化，鄒衍迂曲怪誕而很不可信。聖人的功德，猶如天地一樣廣博深厚；賢人的才德，猶如山陵之崇高、河流之深遠；世人的繁育，猶如鳥獸草木一樣自然生息。

［**按語**］

揚雄堅持儒家王道禮樂的標準，分別品評了道家、墨家、法家和陰陽家四家的不足，對儒家聖人、賢人的才德則給予熱情的贊美和極高的評價。其品評雖然未必公允，却能一語中的。

《先知》卷第九

序

立政鼓衆[①]，動化天下[②]，莫尚於中和[③]。中和之發，在於哲民情[④]。撰《先知》。

［注釋］

①立政：謂“確立爲政之道”。

②動化：動而化之，猶言“改變”、“改善”。

③尚：猶言“更好”。中和：即儒家中庸之道。儒家宣揚“致中和”，則無事不達於和諧的境界，《禮記·中庸》：“喜怒哀樂之未發謂之中，發而皆中節謂之和。……致中和，天地位焉，萬物育焉。”

④哲：猶“知”。《説文》：“哲，知也。”

［譯文］

確立爲政之道，鼓舞民衆士氣，改善社會風氣，没有比堅持中正和諧的原則更好的了。中正和諧社會風氣的産生，在於執政者必須洞察民情。（爲了幫助執政者洞察民情，）撰《先知》一卷。

［按語］

“中和”是儒家所追求的社會理想。“中庸”是實現“中和”

社會理想的根本原則，因此被儒家作爲最高的道德標準，孔子說："中庸之爲德也，其至矣乎？民鮮久矣。"（《論語·雍也》）程頤對"中庸"的解釋是："不偏之謂中，不易之謂庸。中者，天下之正道；庸者，天下之定理。"（《四書集注》）簡而言之，"中庸"就是要求人們無論做什麼事情都要堅持不偏不倚的態度，要有敢於堅持真理的精神。在儒家看來，世界上許多事情未能做得好，都是因爲不能真正克服偏見、不能堅持真理造成的。對許多人來説，克服偏見、堅持真理是非常不容易的，所以連孔子也説："道其不行矣夫！"（《中庸》第五章）揚雄認爲，執政者處理政事時要做到不偏不倚、實事求是，必須"哲民情"，即真正了解老百姓的實際情況。《先知》全篇都在論述爲政之道，是了解揚雄政治態度和執政理念的重要篇章。

9.1

"先知其幾於神乎[①]？敢問先知。"曰："不知[②]。知其道者其如視[③]，忽、眇、綿作昞[④]。先甲一日易[⑤]，後甲一日難。"

［注釋］

①先知：先於事情的發生而知，即"預知未來"。幾（jī）：猶"近"。

②不知：這是針對"敢問先知"的具體内容作答，既云"不知"，可見所問可能是"怎樣就能預知未來"等具體内容。

③知其道：知道能够預知未來的道理。"其"指代"先知"。其如視：大概就像看東西。

④忽、眇（miǎo）、綿作昞：意爲"能把非常細微的事物看得很清楚"，猶言"見微而知著"。"忽、眇、綿"同"總、紗、緜"，均指細微的事物，

《廣雅・釋詁》："緫、紗、紑，微也。""昞"同"炳"，光明貌。

⑤甲：指"發布政令之日"。《周易・蠱卦》孔疏引鄭注："甲者，造作新令之日。"上古以天干記日，一旬十天，首日爲"甲"。上古朝廷多在"甲"日頒布新的政令。

［譯文］

有人説："能够預知未來豈不是近於神明了嗎？請問怎樣就能預知未來。"揚子説："我也不全知道。但是我知道預知未來的道理，大概就像有些人看東西，他們能够把非常細微的東西看得很清楚。如果執政者能在政令發布前一天就把可能出現的問題謀劃得很周密，那麼政令推行起來一定很順利；如果政令發布之後出現了問題再行補救，那麼政令推行起來一定很困難。"

［按語］

揚雄認爲，"先知"就是一種"見微而知著"的洞察力。洞察力對於一個執政者來説非常重要，它表現爲政治敏感性。這種政治敏感在政令的製訂和頒布實施的過程中尤爲重要。執政者具有高度的政治洞察力和敏感性，所製訂的政策纔會具有前瞻性，纔不至於朝令夕改，使下屬和民衆無所適從。

9.2

或問："何以治國？"曰："立政①。"曰："何以立政？"曰："政之本，身也②。身立，則政立矣。"或問："爲政有幾③？"曰："思、斁④。"或問："思、斁？"曰："昔在周公，征於東方，四國是王⑤；召伯述職，蔽芾甘棠⑥。其思矣夫？齊桓欲徑陳⑦，陳不果内，執轅濤涂。其斁矣夫？於戲！從政者，審其思、斁而已矣⑧。"或問："何思何斁⑨？"曰："老人老，孤人孤⑩，病者養，死者葬(11)，男子畝，婦人桑(12)，之謂思。若污人老，屈人孤(13)，病者獨，死者逋(14)，田畝荒，杼軸空(15)，之謂斁。"

［**注釋**］

①立政：確立爲政之道，即確定治國的根本方針。比如是用儒家的"王道"還是用法家的"霸道"治國。

②身：指"君王或朝廷執政者自己"。

③幾：猶言"關鍵問題"。"幾"通"機"，《説文》："主發謂之機。"所謂"主發"，是指弓弩等發射器械上控制發射的部件，其引伸義有"機要"、"關鍵"等表示重要意義的詞。"爲政有幾"是説"治國應當抓住關鍵問題。"

④思、斁（yì）：思念、厭惡。這裏用作使動，意爲"使人思念、使人厭惡"。

⑤四國是王：即"王四國"，意爲"匡正四國"，即"平定了四國叛亂"。"王"同"皇"，《詩經·豳風·破斧》："周公東征，四國是皇。"毛傳："皇，匡也。"李軌注："王，正也。""四國"指管、蔡、奄、商四個東方諸侯國。西周初年，東方四國諸侯叛亂，周公率師東征平叛，受到各諸侯國民衆的歡迎。

⑥召伯述職，蔽芾甘棠：據《史記·燕世家》記載，召公輔政期間，常到民間視察，爲了不驚擾百姓，有時就在樹蔭下辦公或休憩。召公死後，百姓因爲思念召公而對那棵召公曾在下面辦公、休憩的甘棠樹倍加愛護。事又見《詩經·召南·甘棠》："蔽芾甘棠，勿剪勿伐，召公所茇。""召伯"即召公，姓姬名奭，封於北燕，成王時與周公姬旦共同輔政。"述職"猶言"履行職責"。"蔽芾"，樹木葱籠貌。"甘棠"，一名杜梨，又名棠梨。此處"蔽芾甘棠"係用典，當按《詩經·召南·甘棠》所述理解，意爲"深受百姓崇敬和思念"。

⑦齊桓欲徑陳：據《左傳・僖公四年》記載，齊桓公向陳國借道侵蔡伐楚，陳國大夫轅濤涂先是設法阻止，不讓齊師入陳，後又向齊桓公詐稱宜走東方道路，使齊師陷入泥沼。齊桓公伐楚班師時拘捕了轅濤涂。“徑”同“經”。

⑧審其思、斁：意爲“審慎考慮自己的爲政措施是使百姓思念還是使百姓厭惡”。换句話説，要審慎考慮自己的政治措施是受到老百姓的歡迎還是遭到老百姓的反對。

⑨何思何斁：即“思何斁何”，意爲“使百姓思念的是什麽，使百姓厭惡的是什麽”。

⑩老人老，孤人孤：將别人的老人視爲自己的老人，將别人的孤兒視爲自己的孤兒。

⑪病者養，死者葬：生病的人能得到療養，死了的人能得到安葬。

⑫男子畝，婦人桑：男子能在田間耕種，婦女能够栽桑養蠶。“畝”、“桑”都是名詞用如動詞。

⑬污：猶言“侮辱”。屈：委屈，用作使動，猶言“欺侮”。

⑭獨：謂“孤獨無助”。逋：通“暴”，猶言“暴尸荒野”。

⑮杼軸空：織布機上無綫可織。“杼”是織布的梭子，“軸”謂織布機上的筳子，故以“杼軸”代指織布機。

［譯文］

有人問：“依據什麽來治理國家？”揚子説：“確定好治國的根本方針。”再問：“根據什麽來確定治國的根本方針？”揚子説：“政務的根本，在於執政者自身的素質。執政者自身道德美好，那麽治國的方針就確定了。”

又有人問：“主持政務工作什麽是最關緊要的問題？”揚子説：“政策措施是使老百姓思念，還是使老百姓厭惡。”又問：“什麽叫使老百姓思念和使老百姓厭惡？”揚子説：“從前周公率師東征，平定了管蔡商奄四國的叛亂；召公出行視察，深受百姓的愛戴，連他乘凉的甘棠樹也被百姓保護起來。這不就是使百姓思念的典型事例嗎？齊桓公想借道陳國，陳國始終不讓他進入，齊桓公就下令拘捕了不讓他入境的轅濤涂。這不就是使百姓厭惡的典型事例嗎？嗚呼！執政的人，最關緊要的，不過是審慎地考慮自己的行政措施是會受到老百姓的歡迎還是會遭到老百姓的反對罷了。”

那個人繼續問道：“受到百姓歡迎的是什麽，遭到百姓反對的是什麽？”揚子説：“將别人的老人當做自己的老人來尊敬，將别人的孤兒當做自己的兒子來關愛，生病的人能得到療養，死了的人能得到安葬，男子能在田間勞作，婦女能够栽桑養蠶，這樣的社會狀況就是讓百姓思念和嚮往的。如果侮辱别人的老人，欺侮别人的孤兒，生病的人孤獨無助，死了的人暴尸荒野，田地無人耕種，織布機上無綫可織，這樣的社會現實就是讓百姓厭惡和害怕的。”

［**按語**］

揚雄强調，治國必須首先確定正確的方針，這個方針就是施政綱領。而施政綱領的正確與否，完全决定於最高執政者的道德修養。在“朕即國家”的封建社會制度下，天下百姓的安危繫於人君一人，人君道德修養的决定作用是不言而喻的。所以揚雄認爲人君“身立，則政立”。

怎樣檢驗“爲政”措施是正確還是錯誤？

揚雄提出了“審其思斁”的重要思想。所謂“審其思斁”，就是要以老百姓的好惡作爲考察檢驗爲政效果的唯一標準。揚雄要求最高統治者“執政爲民”，這是儒家民本思想的集中體現。揚雄生活在西漢末期的亂世，成、哀二帝的荒淫腐朽與天下百姓的艱困痛苦形成鮮明對比，儘管他自己晚年的生活窮困潦倒，但他仍然没有忘記爲民鼓呼，其精神是難能可貴的。

9.3

爲政日新[1]。或人："敢問日新?"曰："使之利其仁、樂其義[2]，厲之以名，引之以美[3]，使之陶陶然[4]，之謂日新。"

［注釋］

①日新：每天都有新面貌。《禮記·大學》："湯之《盤銘》曰：'苟日新，日日新，又日新。'《康誥》曰：'作新民。'《詩》曰：'周雖舊邦，其民維新。'""日新"要求人們不斷進步。

②利其仁：將自己對别人的仁愛視爲對自己有利的行爲。意爲"懂得幫助别人也就是幫助自己的道理"。"利"用作意動。樂其義：把自己做了該做的事情視爲自己的歡樂。意爲"將自己見義勇爲的行爲當成一種歡樂"。"樂"用作意動。《釋名·釋言語》："義，宜也。裁制事物使合宜也。"

③厲之以名：即"以名厲之"，意爲"用建功立業去鼓勵衆人"。"厲"謂鼓勵。"名"謂美名、名譽，建功立業纔會贏得美名。引之以美：即"以美引之"，意爲"用美好的事物去引導衆人"。

④陶陶然：歡樂和諧貌。

［譯文］

治理國家應當天天都有新氣象。有人説："請問怎樣叫做天天都有新氣象?"揚子説："使衆人把關愛别人視爲有利於自己的行爲，把見義勇爲視爲一種歡樂與享受；用建功立業來鼓勵衆人，用美好典型來引導衆人，使衆人都生活在歡樂和諧的社會環境中，這就叫做天天都有新氣象。"

［按語］

“審其思斁”要求爲政者解决老百姓“衣食足”的問題，“日新”則要求爲政者解决“禮義興”的問題。兩者結合相當於現代所謂的“物質文明與精神文明一起抓”。揚雄“爲政日新”的主張，要求執政者教育民衆能達到把關愛别人、見義勇爲作爲一種自覺的主動的行爲的程度，形成一種人人争做好人好事、彼此互相關心的社會氛圍，這就比孟子“老吾老，以及人之老；幼吾幼，以及人之幼”的仁政理想更進了一層。揚雄在這裏所表達的，其實就是儒家“大同”的社會理想。

9.4

或問：“民所勤①？”曰：“民有三勤。”曰：“何哉？所謂三勤。”曰：“政善而吏惡②，一勤也；吏善而政惡，二勤也；政吏駢惡③，三勤也。禽獸食人之食④，土木衣人之帛⑤；穀人不足於晝⑥，絲人不足於夜⑦，之謂惡政。”

［注釋］

①勤：猶“苦”。

②政：指人君的爲政之道，猶言“政策”。

③駢：猶“并”。

④禽獸食人之食：以帝王爲首的大大小小的權勢者擴建苑囿，大養珍禽异獸和其他寵物，這些禽獸侵奪了百姓口中的糧食。

⑤土木衣人之帛：權勢者的宫殿府第中，地上鋪滿氈毯，墻壁挂滿幃幔，這些氈毯幃幔侵奪了百姓身上的衣服。

⑥穀人：猶言“農夫”。

⑦絲人：猶言“織婦”。

［譯文］

有人問：“百姓有什麽痛苦?”揚子説：“百姓有三種痛苦。”再問：“你所説的三種痛苦是什麽?”揚子説：“政策好而官吏壞，這是一種痛苦；官吏好而政策壞，這也是一種痛苦；政策和官吏都壞，這更是一種痛苦。權勢者的珍禽异獸奪去了人們的口糧，權勢者的地面和建築奪去了人們的衣裳；農夫成天的勞作也滿足不了人們對糧食的需要，織婦整夜的紡績仍滿足不了人們對布帛的需求，這樣的社會現象就叫做惡政。”

［按語］

衣食足、禮義興是“德政”的主要表現，而缺吃少穿、人民終歲辛勞則是“惡政”造成的後果。在揚雄看來，“惡政”有三種情况，無不與製定政策的君王和執行政策的官吏有關。在封建政治制度之下，君和吏的好壞决定了一個國家的命運，所以揚雄强調“政之本，身也”。在儒家“修身、齊家、治國、平天下”的理論中，“修身”是起點，也是根本。怎樣“修身”?《禮記·大學》説：“欲修其身者，先正其心；欲正其心者，先誠其意；欲誠其意者，先致其知；致知在格物。”“正心”是出發點，思想上不能有不符合正道的邪念；“誠意”是過程，態度要端正，對國家對人民要忠誠不貳；“致知”是方法，要努力學習，獲取從政作良吏的必備知識；“格物”是具體行動，要窮究事物的原理，掌握事物發展的規律。在揚雄看來，君王和官吏“格物”的途徑就是“哲民情”，就是了解社會和民衆的“思斁”。

9.5

聖人，文質者也①。車服以彰之②，藻色以明之③，聲音以揚之④，詩書以光之⑤。籩豆不陳⑥，玉帛不分⑦，琴瑟不鏗⑧，鐘鼓不抎⑨，則吾無以見聖人矣⑩。

［**注釋**］

①文質者：意爲“主張外飾要與身份相符合的人”。“文”謂修飾，即外在的形式；“質”謂實質，即具體内容或身份地位。孔子主張“文質彬彬”，即形式與内容要恰當結合，他説：“質勝文則野，文勝質則史。文質彬彬，然後君子。”（《論語·雍也》）“文質彬彬”有三種含義，一是用於個人修養，指一個人的言談舉止要切合自己的身份地位，即“文質彬彬，然後君子”；一是用於寫作文章，指形式與内容要配合恰當，即“質而無文，則行之不遠”；一是用於禮儀禮節，指禮儀禮節要切合一個人的尊卑貴賤，揚雄此處所用即此。儒家重禮，重禮的目的是爲了别貴賤尊卑，《荀子·禮論》：“故禮者，養也。君子既得其養，又好其别。曷謂别？曰：貴賤有等，長幼有差，貧富輕重，皆有稱者也。”

②彰之：彰顯尊卑貴賤。下文中的三個“之”字均指“尊卑貴賤”，即地位身份。

③藻色：花紋和顔色。

④聲音：指音樂。音樂也有别貴賤的作用，《詩序》：“政有小大，故有《小雅》、《大雅》。”

⑤詩書：即“詩文”，詩歌與文章。光：通“廣”，《荀子·儒效》：“《大雅》之所以爲《大雅》者，取是而光之也。”王先謙注引郝懿行曰：“光猶廣也。光、廣，古通用。”此處猶言“增强”、“强調”。

⑥籩豆：祭祀時用以盛果品肉脯等供品的禮器，竹製者爲“籩”，木製者爲“豆”。

⑦玉帛：瑞玉和縑帛，是祭祀和諸侯會盟時的珍貴禮品。祭祀時，以受祭者地位的尊卑和祭祀的性質不同，籩豆、玉帛的數量也有區别，《周禮·春官·肆師》："立大祀，用玉帛牲；立次祀，用牲幣；立小祀，用牲。"

⑧鏗（kēng）：聲音響亮。這裏作動詞，猶言"彈奏"。

⑨抎（yǔn）：敲擊。身份地位不同，鐘鼓敲擊的數量也不同，頗類現代外交活動中的"鳴禮炮"有十九響、二十一響之别。

⑩無以見聖人：無從了解聖人關於"文質彬彬"的主張。

［**譯文**］

聖人是主張人的外飾應當與人的尊卑相一致的。因此用不同的車駕和服飾來彰顯尊卑，用不同的花紋和顔色來明確尊卑，用音樂頌揚尊卑禮節，用詩文强調尊卑禮節。如果祭祀與會盟時，籩豆數量不按尊卑差等安排，玉帛數量不按尊卑加以區别，琴瑟演奏不按尊卑有所選擇，鐘鼓敲擊不按尊卑確定敲擊次數，那麽我們就無從了解聖人關於禮的主張了。

［**按語**］

在儒家的政治理論中，"仁"是核心，"禮"是手段，仁政必須通過禮樂來實現。"禮"的重要作用就是區别尊卑貴賤以維護封建等級制度，讓人們各安其位、安分守已。所以，孔子説"克己復禮爲仁"，春秋諸侯僭越是"禮崩樂壞"。揚雄也是從治國的角度强調"禮"的重要性，所以説不遵禮制便"無以見聖人"。

司馬遷把"禮"的内容稱爲"情欲"，形式（禮儀、禮節）稱爲"文貌"，指出："文貌繁，情欲省，禮之隆也；文貌省，情欲繁，禮之殺也。文貌、情欲相爲内外表裏，并行而雜，禮之中流也。君子上致其隆，下盡其殺，而中處其中。"（《史記·禮書》）"禮之中流"即"文質彬彬"。文質彬彬，就是禮的形式既不可"省"，也不可"繁"，應該恰到好處。

9.6

或曰："以往聖人之法治將來①，譬猶膠柱而調瑟②，有諸?"曰："有之。"曰："聖君少而庸君多，如獨守仲尼之道，是漆也③。"曰："聖人之法，未嘗不關盛衰焉。昔者堯有天下，舉大綱，命舜、禹④；夏、殷、周屬其子⑤，不膠者卓矣⑥。唐、虞象刑惟明⑦，夏后肉辟三千⑧，不膠者卓矣。堯親九族⑨，協和萬國；湯、武桓桓，征伐四克⑩。由是言之，不膠者卓矣。禮樂征伐自天子所出，春秋之時，齊、晋實予⑪，不膠者卓矣。"

［注釋］

①往聖人：過去時代的聖人。這裏主要是針對孔子而言。

②膠柱而調瑟：意同"膠柱鼓瑟"，用膠粘住調節音高的瑟柱，便衹能彈奏出一種音調的曲子，比喻拘守成法、不知變通。

③漆：爲"漆柱而調瑟"之省略。"漆"與膠同，亦粘結之意。

④大綱：指"大權"，此處指天子大位。命：謂"禪讓"。

⑤屬其子：使天子大位屬於自己的兒子。自夏代開始，廢禪讓，實行父死子繼的家天下制度。

⑥卓：本義爲"高而直"，猶言"非常明顯"。

⑦象刑惟明：對罪犯施以象征性的刑罰以明法度。語見《尚書·益稷》："方施象刑惟明。"《大傳》云："唐、虞之象刑，上刑赭衣不純，中刑雜屨，下刑墨幪，以居州里，而民耻之。"

⑧肉辟：即"肉刑"，毁傷身體的刑罰。三千：言其多，非實指。

⑨九族：有兩説：一説僅指同姓親屬，即從己身上推四代、下推四代；一説包括异姓戚屬，即"父族四，母族三，妻族二"（見班固《白虎通·宗

族》)。此處當從班説。

⑩桓桓：威武貌。此處指威武之師。四克：謂“戰勝四方諸侯”。

⑪齊、晋實予：是説“禮樂征伐大權實際上出於齊桓公、晋文公等霸主之手”。春秋時期，周天子名存實亡，製訂禮樂、發布征伐命令的大權完全落在諸侯霸主手中。

［譯文］

有人説：“用過去時代聖人的方法來治理後來時代的社會，就如同膠柱鼓瑟一樣的固執和僵化。有這樣的問題嗎?”揚子説：“有這樣的問題。”問者又説：“歷來聖明的君主少而平庸的君主多，如果衹奉守孔子的治國之道，這是跟膠柱鼓瑟一樣的固執和僵化。”揚子説：“歷代聖人的治國方法，没有不是隨着國家的盛衰變化而變化的。從前堯作天子的時候，是把天子的大位禪讓給了舜，舜又禪讓給了禹；而夏、商、周三代則是把天子大位交給自己的兒子來繼承。聖人并不固執僵化，應當是非常明顯的了。堯、舜對罪犯衹是採用象征性的懲罰來彰明法度，而夏王則製訂了多達三千條的肉刑。聖人并不固執僵化，應當是非常明顯的了。堯跟同姓异姓的所有親屬親善友好，與天下各邦國諸侯關係和諧；而商湯、周武大興威武之師，征討戰勝了四方諸侯。由此説來，聖人并不固執僵化，也是很明顯的了。製訂禮樂制度、發布征討命令，原本應當出自天子，而春秋時期，這個權力實際掌握在齊國、晋國等霸主手中。聖人并不固執僵化，仍然是很明顯的。”

［按語］

揚雄堅持“因循革化”的哲學理念，反對不顧現實的拘守成法來治理國家，所以認爲“膠柱鼓瑟”式的固執僵化是行不通的、是有問題的。但是在針對“聖人過時論”的問題上，揚雄又旗幟鮮明地堅决維護儒家聖人的絶對權威，認爲歷代聖人都能隨着時代和社會現實的變化而做到通權達變，絶不固執僵化。

在證明聖人絶不“膠柱鼓瑟”的四個事例中，除了王位繼承、刑罰制度、對外關係之外，最值得注意的是涉及孔子的“春秋之時，齊、晋實予”。這句話隱約地告訴人們，孔子對齊桓、晋文代天子行使“禮樂征伐”大權是并不反對的。揚雄這樣説是有根據的。孔子在回答子貢“管仲非仁者與”的問題時説：“管仲相桓公，霸諸侯，一匡天下，民到於今受其賜。微管仲，吾其被髮左衽矣。”又説：“桓公九合諸侯，不以兵車，管仲之力也。如其仁！如其仁！”（《論語·憲問》）管仲佐齊桓公用“霸道”匡扶天下，使老百姓得到實惠，被孔子稱贊爲“仁”政。本來，“霸道”與儒家的“王道”是冰炭不容的，但是在周天子名存實亡的春秋時期，哪怕是用“霸道”匡扶天下使民受惠，仍然得到了孔子的贊許，可見聖人確實是不會“膠柱鼓瑟”的。

揚雄舉孔子贊齊桓、晋文之事爲例，應該還有更深一層的用心。王莽攝政，取漢而代之，頗類齊、晋行霸道代周天子行使“禮樂征伐”大權。既然孔子對齊、晋兩霸匡扶天下、使民受惠給以肯定，那麼王莽攝政時推行新政惠及天下，自然也是應該得到肯定的。這纔是揚雄論述歷代聖人都不“膠柱鼓瑟”而能通權達變的真正目的。换言之，揚雄的“頌莽美新”，完全是出於他“因循革化”的哲學理念。

9.7

或曰：“人君不可不學律令[①]。”曰：“君子爲國[②]，張其綱紀[③]，謹其教化。導之以仁，則下不相賊[④]；莅之以廉[5]，則下不相盜；臨之以正[6]，則下不相詐；修之以禮義，則下多德讓。此君子之所當學也。如有犯法，則司獄在[7]。”

［注釋］

①律令：即“法令”。法令是具體的法律條文。

②君子：此處指“善於治國執政的人”。

③綱紀：猶言“方針政策”。“綱”是提網的總繩，綱舉則目張；“紀”是束絲之繩，千頭萬緒之絲，紀束之則不亂。故“綱”、“紀”均有“控一而制萬”的作用。“方針政策”頗類“綱紀”，是治國者用以明確方向、確定目標任務的指南。

④賊：殘殺。

⑤莅（lì）：猶“臨”，意爲“對待”。

⑥臨：本義爲“從上視下”，此處猶言“示範”。

⑦司獄：主管刑罰的官吏。

［譯文］

有人說：“人君不能不學習法律條文。”揚子說：“君子治國，應當確定自己的大政方針，重視自己的教化責任。用仁愛思想引導百姓，百姓纔不會互相殘害；用廉潔爲官對待百姓，百姓纔不會互相掠奪；用正派做人示範百姓，百姓纔不會互相欺騙；用遵守禮義教育百姓，百姓纔會增加美德和禮讓。這些纔是君子所應當學習的。如果有人犯法，就由司法官吏來審理。”

［按語］

揚雄認爲，善於治國的人，尤其是人君，一定要抓大事、抓根本，切不可陷人事務主義的泥沼中不能自拔。什麼是大事？綱紀和教化。具體説，“綱紀”就是堅持用聖人之道治理國家的這個路綫方針要確定。“教化”是落實“綱紀”的治理手段，因此很具體。

值得注意的是，儘管揚雄反對法家的嚴刑峻法，但他并不全盤否定法律法規的作用，所以纔會説“如有犯法，則司獄在”。他還在《法言·先知》中正面肯定法律法規的作用説：“爲國不迪其法而望其效，譬諸算乎？”衹不過在揚雄看來，“以法治國”跟“以德治國”相比，德治纔是根本，法治衹是輔助手段。其實，重德輕刑，是自孔子以來的儒家學派的傳統理念，孔子就説過：“道之以政，齊之以刑，民免而無耻；道之以德，齊之以禮，有耻且格。”（《論語·爲政》）法能使人“自警”，因畏懼而不敢爲惡；德能使人“自律”，因知耻而不願爲惡。二者相互爲用，自然不失爲一種理想的治理手段。

9.8

或苦亂①。曰：“綱紀②。”曰：“惡在於綱紀？”曰：“大作綱，小作紀③。如綱不綱，紀不紀④，雖有羅網⑤，惡得一目而正諸⑥？”

［注釋］

①苦亂：爲政事紛亂而苦惱。

②綱紀：參考上一章注③。這裏是説“政事紛亂在於没有抓住綱紀”。

③大作綱，小作紀：是説“大事之紛亂起於綱，小事之紛亂起於紀”。“綱”謂方針，“紀”謂法紀。《説文》：“作，起也。”

④綱不綱，紀不紀：字面意思是“綱不在綱的位置上，紀不在紀的位置上”，即“没有抓住綱紀”。

⑤羅網：比喻衆多的政事。

⑥目：指“網眼”。“綱”舉“目”才能張，綱不舉，目必亂。

[譯文]

有人爲政事紛亂而苦惱。揚子説："政事紛亂在於没有抓住綱紀。"那個人説："爲什麽説在於没有抓住綱紀呢?"揚子説："大事的紛亂起於綱，小事的紛亂起於紀。如果綱不在綱的位置上，紀不在紀的位置上，雖然有一張羅網放在那裏，又哪裏能够使哪怕是一個網眼正常地張開呢?"

[按語]

本章是對上一章"張綱紀，謹教化"主張的深入闡述，意在强調"綱紀"的重要作用。政事有大有小，"綱"以治大，"紀"以治小，猶言德以治本，法以治標，標、本兼治，故政不亂。

9.9

或曰："齊得夷吾而霸[①]，仲尼曰'小器'[②]。請問'大器'。"曰："大器其猶規矩準繩乎[③]？先自治而治人之謂大器。"

[注釋]

①夷吾：管仲（？—前645年），字夷吾，春秋時期著名政治家。管仲被齊桓公任爲國相後，在齊國推行了一系列改革措施，使齊國很快强大起來，又以"尊王攘夷"爲旗號，使齊桓公成爲春秋時期第一個諸侯霸主。

②仲尼曰"小器"：語見《論語·八佾》："子曰：'管仲之器，小哉!'"對孔子説管仲"小器"的理解，歷來頗多分歧。鄭玄注："言其器量小也。"劉寶楠《正義》："管仲，世所謂賢臣，然孔子小之。豈以爲周道衰微，桓公既賢，而不勉之至王，乃稱霸者?"揚雄則認爲是因爲管仲不能"先自治而治人"。

③規矩準繩：本義見前注。這裏是比喻"禮制"。揚雄認爲"大器"的

人應該像“規矩準繩”這些代表禮制的工具一樣，“先自治而治人”。而管仲不知禮，幹了很多違背禮制的事，是不能“自治”，衹能“治人”。

［譯文］

有人説：“齊桓公得到管仲纔得以成就霸業，而孔子却説管仲衹是‘小器’。請問什麽樣的人纔是大器?”揚子説：“大器大概就像圓規、曲尺、水平儀、墨綫這樣的工具吧? 它們都必須先使自己做得合乎標準然後再去使别人合乎標準，這樣纔能稱爲大器。”

［按語］

揚雄對孔子稱管仲爲“小器”的原因的理解是符合孔子原意的。如本卷第 6 章所論，孔子對管仲的歷史功績是充分肯定的，但孔子對管仲的道德評價却很低，當有人問“管仲知禮乎”時，孔子説：“管氏而知禮，孰不知禮?”（《論語・八佾》）孔子爲什麽説管仲不知禮? 因爲管仲不僅爲自己建了多處豪宅（“有三歸”），設了很多冗員（“官事不攝”），更爲重要的，是按國君宫殿規模給自己建府邸、仿國君國宴標準給自己添設宴會設備。這就是揚雄説的管仲不能“自治”。

不過，孔子對管仲的肯定是大於否定的。因爲他評價管仲輔佐齊桓公建立的霸業，達到了“仁”的程度，“仁”高於“禮”，因此僅僅是“不知禮”，并不影響他造福於民的偉大歷史功績。應當説，孔子以及揚雄對管仲的評價還是比較客觀、比較公允的。

然而，宋、明以來，程、朱理學將儒家“内聖”標準無限拔高，以至於在品評歷史人物的時候，總是偏重個人私德，甚至發展到吹毛求疵的地步。朱熹在《綱鑒類録》中給揚雄以“莽大夫揚雄死”的判詞，便是如此。

9.10

或曰："正國何先①"曰："躬工人績②。"或曰："爲政先殺後教③？"曰："於乎！天先秋而後春乎④？將先春而後秋乎？吾見玄駒之步、雉之晨雊也⑤，化，其可以已矣哉⑥？民可使覿德，不可使覿刑。覿德則純，覿刑則亂。"

［注釋］

①正國：糾正國家各種不正之風。

②躬工人績：意爲"各級爲政者都要用自身的政績帶動下屬做出成績"。"躬"指爲政者自已；"工"同"功"，用作動詞，意爲"立功"。"人"指下屬，"績"同"功"，也用作動詞。

③先殺後教：謂"先行懲戒，後行教化。"

④先秋而後春：古人以"秋"喻"殺"喻"嚴"，以"春"喻"生"喻"愛"，董仲舒《春秋繁露》十一："春氣愛，秋氣嚴，夏氣樂，冬氣哀。"《吕氏春秋·仲秋紀》："命有司申嚴百刑，斬殺必當……禦佐疾以通秋氣。"故揚雄以"先秋而後春"對應"先殺後教"。

⑤玄駒之步：螞蟻的出行。《大戴禮·夏小正》"玄駒賁"傳："玄駒也者，螘（蟻）也。"螞蟻遇陽氣而動，春天出穴爬行。雉（zhì）之晨雊（gòu）：野鷄到了早晨就會鳴叫。"雉"，山鷄，亦叫野鷄。《説文》："雊，雄雉鳴也。"段注："《夏小正》：'正月雷震雉雊'。"螞蟻、山鷄都是受春氣之"化"而動，爲政者豈能不對百姓"教"而"化"之？

⑥化：謂"教化"。其：猶"豈"。已：猶"止"，猶言"廢止"。

［譯文］

有人説："糾正國家的各種不正之風，應當首先抓什麽事情？"揚子説："要求各級爲政者用自己創造的業績去帶動下屬做出成績。”

又有人説：“爲政應當首先施行懲戒然後推行教化嗎?”揚子説：“哎呀！天是秋天先到春天後到，還是春天先到秋天後到啊?我們看見螞蟻到了春天就會出穴活動，雄雉到了春天就會晨起打鳴，教化怎麽可以廢止呢？對於百姓，可以讓他們多看合乎道德的正面事物，不可以讓他們常見違法犯罪的反面典型。多看合乎道德的事物，百姓就會純樸厚道；常見違法犯罪的典型，百姓就會胡作非爲。”

［**按語**］

在“正國”問題上，揚雄堅持兩點主張：一是强調人君和各級官吏的示範作用（“躬工人績”），二是强調以教化爲主要手段的正面教育爲主。揚雄認爲，不教而誅、先殺後教不僅違背“先春而後秋”的天道，而且多刑濫殺很可能助長百姓犯罪（“覿刑則亂”）。這是儒家“重德輕刑”的德治思想的充分體現。“躬工人績”所針對的是官吏“怠政”的問題，“先殺後教”所針對的是官吏“重刑”的傾向。在揚雄看來，要“正國”，就得首先解决這兩個問題。兩個問題的實質，是要求爲政者以自身的勤政來改變“在其位不謀其政”的頹靡官風，用“謹教化”來改變濫逞淫威的酷吏作風。

9.11

象龍之致雨①，難矣哉！曰：“龍乎？龍乎?”或問：“政核②?”曰：“真僞③。真僞則政核。如真不真，僞不僞④，則政不核。”

［注釋］

①象龍：似龍而非龍者。從上下文的内容看，這是影射西漢末期朝廷政權狀況，即“真不真，僞不僞”的情形。哀帝、平帝有皇帝之名而無皇帝之實，王莽有皇帝之實而無皇帝之名。致雨：行雲播雨。比喻讓皇權惠及天下，即充分發揮皇權（“龍”）的作用。

②政核：猶言“政權的核心問題”。

③真僞：意爲“防止真僞莫辨”。

④真不真：猶言“有其名而無其實”。僞不僞：猶言“無其名而有其實”。

［譯文］

要想讓似龍而非龍的東西行雲播雨，實在是太難啦！揚子感嘆道：“（不能行雲播雨，）還能算是龍嗎？還能算是龍嗎？”有人問：“政權的核心問題是什麽？”揚子説：“防止真僞莫辨。真僞分明就解决了政權的核心問題。如果執政者有其名而無其實，或者無其名而有其實，那麽就没有解决政權的核心問題。”

［按語］

能够“致雨”的“龍”纔是“真龍”。西漢哀、平二帝都是徒有皇帝之名，因此衹是“象龍”。爲國家和民衆的利益着想，揚雄希望盡早結束這種“真不真，僞不僞”的局面。

這裏涉及一個非常敏感的問題：揚雄是否支持王莽篡漢而立？

我的回答是肯定的。主要有以下一些理由：

第一，揚雄在《法言·孝至》篇中充分表達了他對王莽的贊賞與信賴。（請參考《孝至》）

第二，揚雄撰《劇秦美新》絶非出於討好王莽的卑劣之舉。（請見本書緒言）

第三，揚雄“因循革化”的哲學觀念使他敢於否定封建治統。（見本書緒言）

但是，必須加以說明的是，揚雄支持王莽，完全是出於對天下百姓休戚的關心，出於一個胸懷“成聖”志向的儒家知識分子的社會責任感。他說：“君子者，務在殷民阜財，明道信義，致帝者之用，成天地之化，使粒食之民粲也，晏也。”而哀、平二帝根本無法“致帝者之用”，使“粒食之民粲也，晏也”。相反，王莽托古改制，“辟雍以本之，校學以教之，禮樂以容之，輿服以表之，復其井刑，勉人役”（《孝至》），做出了杰出的貢獻。在揚雄看來，人君的“至孝”“莫大於四表之歡心”（《孝至·序》），也就是能使天下人幸福歡樂，使他對王莽寄托了很大的希望。他不希望王莽作“象龍”，他希望盡早結束那種“真不真，僞不僞”的政權形式，讓王莽能够“致帝者之用”。

9. 12

鼓舞萬物者，雷風乎[①]？鼓舞萬民者，號令乎？雷不一，風不再[②]。聖人，樂陶成天下之化[③]，使人有士君子之器者也[④]，故不遁於世，不離於群。遁、離者，是聖人乎？

［注釋］

①鼓舞萬物者，雷風乎：猶言“促使萬物蓬勃生長的，不是雷和風嗎”。根據八卦卦象，震卦代“雷”，其卦形是☳，意味着“陰勝陽”；巽卦代“風”，其卦形是☴，意味着“陽勝陰”。打雷常與刮風相伴，意味着“陰陽激蕩”。陰陽激蕩，則生氣蓬勃，故云“鼓舞萬物者，雷風乎”。

②雷不一：是說“雷不會一鳴即止”。風不再：是說“風不會同時朝着

兩個方向吹”。

③陶成：陶冶形成，猶言“造就”。化：風化，即良好的社會風氣。

④士君子：士中君子，猶言“素質優良的讀書人”或“優秀知識分子”。器：才能。

［譯文］

鼓舞萬物蓬勃生長的，不是雷和風嗎？鼓舞萬民奮發上進的，不是朝廷的號令嗎？雷是不會一鳴即止的，風是不會同時朝着兩個方向刮的。聖人是樂於造就天下良好社會風氣、使人具有士君子才能的人，所以他不會逃避社會，不會脱離民衆。逃避社會、脱離民衆的人，還能是聖人嗎？

［按語］

揚雄以“雷風”爲喻，説明朝廷號令應當反復宣傳使之深入人心，同時又要防止“政出多門”的現象發生。再好的政策，不通過反復宣傳是難以深入人心的；而政出多門，又勢必會讓民衆無所適從。

强調聖人對社會的貢獻，公開宣示干預社會是聖人的天職。聖人的偉大就在於，不求個人的顯達，却把改變不良社會風氣、培養對社會有用的優秀人才作爲天職而樂於承擔。

9.13

雌之不才，其卵毈矣①；君之不才，其民野矣②。

［注釋］

①毈（jiǎ）：孵不出雛鳥。

②野：謂“不知禮義”。

［譯文］

雌鳥没有本事，它所生的卵也孵不出鳥雛；人君無德無能，他的百姓便不知禮義。

［按語］

儒家歷來重視和强調人君的表率作用。孔子説："政者，正也。子（魯國執政季康子）帥以正，孰敢不正?"（《論語·顔淵》）孟子也説："君仁，莫不仁；君義，莫不義；君正，莫不正。一正君而國定矣。"（《孟子·離婁上》）荀子更是用形象的比喻説道："君者，儀也；民者，景也。儀正而景正。君者，盤也；民者，水也。盤圓而水圓。"（《荀子·君道》）

揚雄在這裏不僅是强調人君的表率作用，更主要的用意是指斥時君（哀、平二帝）的無德無能，表現了自己爲時局擔憂的焦慮之情。

9.14

或問曰："載使子草律①?"曰："吾不如弘恭②。""草奏?"曰："吾不如陳湯③。"曰："何爲?"曰："必也，律不犯，奏不剡④。"

［注釋］

①載：假如。

②弘恭：漢宣帝時任中書令，《漢書·佞幸傳》説他"明習法令故事，善爲請奏，能稱其職"。

③陳湯：漢元帝時多次出使西域，曾矯詔擊殺匈奴單于，成帝時官任從軍中郎將。《漢書·陳湯傳》説他"明法令，善因事爲勢，納説多從。常受人金錢作章奏，卒以此敗。"

④律不犯：是説使民知曉禮義，無人違犯法律。奏不剡（yǎn）：是説使人君聖明無過錯，臣子奏章中就不會出現諷諫的尖鋭言辭。《説文》："剡，鋭利也。"

［譯文］

有人問道："如果讓先生草擬法律，(你會做得怎麽樣?)" 揚子説："我不如弘恭做得好。"再問："如果讓你草擬奏章呢?" 揚子説："我不如陳湯做得好。"又問："那你把什麽做得好呢?" 揚子説："如果一定要做的話，我會讓法律没有人觸犯，奏章不出現尖鋭的言辭。"

［按語］

君聖民樸，這是儒家"中和"社會的政治理想。揚雄認爲，最高的政治才幹，絶不是善於擬訂法律條文、撰寫言辭優美的奏章，而是能够使人君接受聖人之道成爲明君，使百姓接受禮義成爲順民，從而建成充分體現儒家王道政治理想的"中和之政"。揚雄認爲自己具有這樣的政治才幹，這是他"成聖之志"的自然流露。

9.15

甄陶天下者①，其在和乎②？剛則甈③，柔則坏④。龍之潛亢，不獲其中矣⑤。是以過中則惕，不及中則躍⑥，其近於中乎？聖人之道，譬猶日之中矣⑦，不及則未，過則昃⑧。

［注釋］

①甄陶天下：是説"治理天下的道理就如同製作陶器的原理"。"甄陶"，製作陶器。

②和：謂“諧和適中”，即恰到好處。《中庸》説“發而皆中節謂之和”，是説人無論思想還是行爲都要符合法度常理，這就是“和”。

③甈（niè）：破瓦罐。《説文》：“甈，破罂也。”陶坯過於剛硬，燒製之後就容易破損，故言“剛則甈”。

④坏：“坯”的古字。陶坯過於柔軟則無法燒製成器，就衹能永遠成爲陶坯，故言“柔則坯”。

⑤龍之潛亢，不獲其中：潛龍、亢龍都没有獲得中位。《周易·乾卦》各爻的爻辭是：“初九：潛龍勿用。九二：見龍在田，利見大人。九三：君子終日乾乾，夕惕。九四：或躍在淵，無咎。九五：飛龍在天，利見大人。上九：亢龍，有悔。”乾卦六爻，“初九”居最下，故曰“潛”；“上九”居最上，故曰“亢”。“九二”、“九五”兩爻居中，故云“龍之潛亢，不獲其中”。

⑥過中則惕，不及中則躍：“九三”在“九二”之上，故曰“過中”；“九三”的爻辭是“夕惕”，故曰“過中則惕”。“九四”在“九五”之下，是爲“不及中”；“九四”的爻辭是“或躍在淵”，故曰“不及中則躍”。

⑦日之中：中午的太陽。

⑧昃：日在西方。太陽偏西之後，便漸漸力弱而没落。《説文》：“昃，日在西方時側也。”

［譯文］

治理天下的道理就如同製作陶器，大概也在於諧和適中吧？陶坯過於剛硬，陶器就容易破損；陶坯過於柔軟，又難以燒製成器。

龍潛藏水中和高飛天上，都是没有獲得它理想的中位。因此超過了中位就應當隨時警惕，未達到中位又應當努力跳躍，大概就是爲了接近中位吧？聖人之道，好比中午時的太陽。没到中午，太陽不會有最大的光明；過了中午，太陽又會漸漸失去光明。

［按語］

“甄陶”之喻，意在説明“和”；“潛亢”之喻，意在説明“中”。合兩喻之意，則在説明儒家提倡“中庸之道”、建立“中和之政”的哲學根據。説聖人之道永遠是中午的太陽，意在强調聖人之道是絶對真理，“過”與“不及”都不能使它發揮最大的作用。

9.16

什一，天下之正也①。多則桀，寡則貉②。井田之田，田也③；肉刑之刑，刑也。田也者，與衆田之④；刑也者，與衆棄之⑤。

［注釋］

①什一：指“什一税”。儒家認爲，十分之一的税率標準是最合理的，《孟子·滕文公上》：“夏後氏五十而貢，殷人七十而助，周人百畝而徹。其實皆什一也。”

②桀：夏朝亡國之君，這裹代指“暴政”。貉（mò）：通“貊”，古代泛指北方少數民族，這裹代指非中原文明地區的政權。

③井田：中國古代奴隸制社會推行的一種土地制度，其大致内容是：將方九百畝的土地劃爲“一里”，再將“一里”均分爲九區；“一里”住八家，每家住一區（有私田 100 畝），公田（奴隸主貴族的田）100 畝（有説 80 畝）；公田由八家共同耕種，收獲全部歸奴隸主貴族。儒家認爲，這種土地制度不僅解决了土地分配不均的問題，而且農民負擔合理，所以極力贊美和提倡“井田制度”。田也：意爲“是符合‘田’這個字的造字意思的”。揚雄視“田”爲象形字，是將土地平均分爲幾塊的意思，故云。

④田之：耕種它。“田”的本義爲動詞，《説文》：“樹穀曰田。”“樹穀”即耕種。揚雄從文字學的角度解釋“田”，認爲“田”就是與衆人一起耕種

的土地，無非是爲了强調“井田制”的合理性。

⑤刑也者，與衆棄之：刑罰，就是與衆人一起消除它。這也是從文字學角度解釋“刑”字。《説文》：“刑，剄也。”段注：“刑者，剄頸也，横絶之也。”“刑”的本義是殺頭，引伸之，則爲徹底消除的意思。

［譯文］

十分之一的税率，是天下最公正的徵税標準。超過這個標準的，是暴政的賦税；低於這個標準的，是蠻貉的賦税。

井田制度關於土地的分配，是符合“田”字定義的；肉刑刑罰關於刑罰的條文，是符合“刑”字定義的。所謂“田”，就是要讓大家都有土地耕種；所謂“刑”，就是要使衆人都能放棄犯罪。

［按語］

古代的税收，主要用於官吏的薪俸和官府的日常開支。中原地區宫室城郭的建築修繕，宗廟祭祀、文化教育、官吏薪俸、對外往來等各項開支，都要比所謂“蠻貊”地區的管理經費大得多。所以，揚雄認爲，“什一”税率是剛好能够滿足中原地區官府正常開支所需經費的税率，是最公正合理的賦税標準；超過了不行，達不到也不行。這是針對老百姓賦税負擔過重的現象提出來的。揚雄生活的時代，“厥名三十税一，實什税五一。父子夫婦終年耕耘，所得不足以自存。”（《漢書·王莽傳》）王莽改制的内容之一，就是降低徵税標準，減輕百姓負擔。

揚雄贊賞“井田制度”，不僅由於歷代聖人對井田制度的充分肯定，更爲主要的原因，是出於他對王莽新政的支持和擁護。“復井田”是王莽針對當時土地高度集中、失地農民太多的嚴重社會問題製定的一項改革措施，他在改制詔令中説：“今更名天下田曰‘王田’，奴婢曰‘私屬’，皆不得買賣。其男口不盈八而田過一井者，分餘田予九族鄰里鄉黨。”（《漢書·王莽傳》）恢復井田制就是爲了實現“耕者有其田”的目的。

揚雄關於“肉刑”的解説，一方面是爲了表達自己“重德輕刑”的觀點，另一方面也是對王莽“復其井、刑，勉人役”改革措施的支持和肯定。揚雄認爲，以毁傷身體爲懲罰手段的“肉刑”，可以增加人的畏懼感和羞耻心，從而减少和消除犯罪。

9.17

法無限①，則庶人田侯田②，處侯宅，食侯食，服侯服，人亦多不足矣③。爲國不迪其法而望其效④，譬諸算乎⑤？

［注釋］

①無限：謂“没有限制性規定”。

②庶人：指没有官爵的平民。富商大賈雖然也是“庶人”，但賤而不貧，有的富可敵國；按照封建禮制，這些富可敵國的“庶人”仍然不得享受“侯”（貴族）纔能享受的田、宅、食、服。

③人亦多不足：是説“很多人就會對自己的生活待遇不滿意”。一説“就會使很多人貧窮”。似以前説爲當。

④不迪其法：不用法制去引導。《説文》：“迪，道也。”段注：“道兼道路、引導二訓。”

⑤算：謂“算術”，即計算方法。

［譯文］

如果法度没有限制性規定，那麽庶民也可能擁有貴族纔該擁有的田地，居住貴族纔能居住的宅第，享受貴族纔該享受的飲食，穿戴貴族纔能穿戴的服飾。（這樣一來，）很多人就會不滿足於自己的生活了。治理國家不用法制去引導人們而希望取得理想的效果，不就像不遵循計算法則去作計算一樣荒謬嗎？

［**按語**］

此處的“法”猶“禮”。“禮”是儒家治國的重要手段，而“禮”的核心内容和重要作用就是“别貴賤”，就是維護封建等級制度。荀子説：“人道莫不有辨，辨莫大於分，分莫大於禮。”（《荀子・非相》）又説：“禮者，貴賤有等，長幼有差，貧賤輕重，皆有稱者也。”（《荀子・富國》）作爲儒學的忠實繼承人和維護者，揚雄自然要極力維護封建等級制度的合理性。在今天看來，這似乎是非常荒謬的，但是從封建制度的政治操作層面上考察，封建等級制度又何嘗没有它存在的合理性呢？

《重黎》卷第十

序

仲尼以來，國君將相卿士名臣參差不齊[①]。一概諸聖[②]，撰《重黎》。

［注釋］

①參差不齊：謂各人道德才能的優劣很不整齊。

②一概諸聖：一律按照聖人所定的標準來品評。"概"爲平斗斛之器，俗稱"斗刮子"。

［譯文］

從孔子以來，歷朝歷代的國君、將帥、國相、卿士和名臣，他們的道德和才能是參差不齊的。我一律按照聖人的要求對他們進行品評，撰《重黎》一卷。

［按語］

本卷品評歷史人物近百人，其中不乏獨到見解，但也反映了作者的歷史局限性。

10.1

或問："南正重司天，北正黎司地①，今何僚也？"曰："近羲近和。②""孰重孰黎？"曰："羲近重，和近黎。"

［注釋］

①南正重司天，北正黎司地："南正"、"北正"分别爲上古天官、地官名，"重"、"黎"爲人名。《史記・太史公自序》："昔在顓頊，命南正重以司天，北正黎以司地。"

②近羲近和："羲和"爲神話中太陽的御者，相傳他用六龍爲太陽駕車，故《離騷》有"吾令羲和弭節"句。堯、舜時，謂天官曰"羲"、地官曰"和"，《尚書・堯典》："乃命羲、和，欽若昊天，歷象日月星辰，敬授人時。"王莽自稱虞舜後裔，托古改制時，仍謂天官曰"羲"，地官曰"和"，劉歆兼天官、地官，故《後漢書・律曆志》説："羲和劉歆典領條奏，前史班固取以爲志。"

［譯文］

有人問："史書記載'南正重掌管天文，北正黎掌管地理'。這南正、北正相當於現在的什麽官？"揚子説："近似於羲，近似於和。"又問："哪一個近似於南正重，哪一個近似於北正黎？"揚子説："羲近似於南正重，和近似於北正黎。"

［按語］

古代職官，同職异名和同名异職現象不少。爲了便於品評人物，揚雄以"正名"入題。

10.2

或問："《黄帝終始》①？"曰："托也。昔者姒氏治水土[②]，而巫步多禹[③]。扁鵲，盧人也[④]，而醫多盧。夫欲讎僞者必假真[⑤]。禹乎？盧乎？《終始》乎？”

［注釋］

①《黄帝終始》：是陰陽家托名爲黄帝所著的一部書。該書以五行相生相克的道理來附會王朝的命運，製造了“五德終始”的理論，故該書又名《五德終始》。

②姒（sì）氏：指“禹”。禹姓姒，故謂之“姒氏”。

③巫步多禹：謂“巫祝大多跛行”。傳説禹治水勞累辛苦，患偏枯之病，以致足跛，故後世謂跛行曰“禹步”。

④扁鵲：戰國時名醫，原名秦越人，因家在盧國，又名“盧醫”。

⑤讎：“售”的异文。《集韵》：“讎，售或字。”《詩經·邶風·穀風》“既阻我德，賈用不讎”，一本作“賈用不售”。

［譯文］

有人問：“《黄帝終始》是黄帝寫的嗎？”揚子説：“是假托黄帝的名字。從前大禹治水累跛了足，巫祝便大多跛足行走并且托名爲‘禹步’。名醫扁鵲是盧國人，於是很多行醫者就冒稱盧國人。那些要兜售假貨的人，必然會冒用真貨的名稱。禹步可信嗎？盧醫可信嗎？《黄帝終始》可信嗎？”

［按語］

“五德終始論”在漢代是非常流行的，漢初就流行“秦以火德，漢以水德王”的説法。與揚雄同時的劉向在他所製訂的《三統曆》中更是使這種宿命理論官方化，衹是改稱“秦爲水德，漢以火德王”。揚雄所否定的，絶不僅僅是《五德終始》一書的作者，其鋒芒所向完全是“五德終始”這種“皇權天授”的理論本身。早期的儒家不僅堅持以德治天下，也堅持以德得天下，是不承認“君權神授”這套鬼話的。揚雄强調“智”，提倡獨立思考，認爲聖人無非是智慧和道行都很卓异的人。所舉“禹步”、“盧醫”的事例，就是提醒人們要用理性的眼光審視一切現象，要看到一切作僞行騙者的本質——“欲讎僞者必假真”。

10.3

或問：“渾天①？”曰：“落下閎營之②，鮮于妄人度之③，耿中丞象之④。幾乎幾乎⑤！莫之能違也。”“請問蓋天⑥？”曰：“蓋哉蓋哉！應難未幾也⑦。”

［**注釋**］

①渾天：即“渾天説”，“渾天説”的核心觀點是：天和地好像一個碩大無朋的鷄蛋，天是蛋殻，地是蛋黄，天大地小，天包着地；這個巨蛋漂浮在無形的“氣”上。這個觀點已經比較接近現代的宇宙天體學説，而且比西方人的相同認識要早八九百年。

②落下閎：巴郡閬中人，漢武帝時期的天文學家，“渾天説”的首倡者，并且參與了“渾儀”的研製工作。營之：指參予“渾儀”研製。

③鮮于妄人：漢昭帝時期的天文學家，曾任主曆使者，主持考校曆法。

④耿中丞：漢宣帝時期的天文學家耿壽昌，尤精算術，曾根據“渾天説”研製“渾象”以觀察天象。耿壽昌曾任大司農中丞，故稱“耿中丞”。象之：指用圖形摹擬“渾天説”，即研製“渾象”。

⑤幾：精微神妙。《廣雅·釋詁》：“幾，微也。”王念孫疏證：“《繫辭》傳云：‘幾者，動之微。’《説文》：‘幾，精詳也。’”

⑥蓋天：即“蓋天説”。“蓋天説”是“渾天説”提出之前古人關於天地形狀的學説，其核心觀點是：人們頭上的蒼天仿佛一個碩大無比的穹形斗笠，足下的大地仿佛一個漫無邊際的方形棋盤，大“斗笠”籠罩着大“棋盤”。這就是所謂“天圓地方説”。“蓋天説”是人們對天地的直觀認識，但是早就有人表示懷疑，如屈原的《天問》就對“天圓地方”提出了一系

列的問題。

⑦應難：應對詰難，猶言“應對質疑”。

［譯文］

有人問：“渾天説是怎麼回事?”揚子説：“這是落下閎提出來的天體學説，鮮于妄人也考校過它，耿中丞還用圖像摹擬過它。這渾天説真够精妙、真够精妙啊！還没有什麼現象能違背這個學説的原理哩。”又問：“請問那又該怎麼看待蓋天説呢?”揚子説：“蓋天説呀！蓋天説呀！在應對别人質疑的時候，它的不够精妙就暴露無遺了。”

［按語］

揚雄最初是深信“蓋天説”的。後來受桓譚影響，他下决心研究“渾天説”，從而徹底抛棄了“蓋天”理論，還撰寫了《難蓋天八事》的論文，極力支持“渾天説”。揚雄還將“渾天”理論融入《太玄》一書，使後來的張衡深受啓發，從而影響到“渾天儀”和“候風地動儀”的問世。揚雄服從真理的科學精神是值得學習的。

10.4

或問：“趙世多神①，何也?”曰：“神怪茫茫，若存若亡，聖人曼云。②”

［注釋］

①趙世：即“秦世”。《史記·趙世家》：“趙氏之先，與秦共祖。”故後世學者多以“趙”代“秦”。多神：多神怪傳説。漢代流行很多諸如石棺、金册、寶雉、文馬之類的秦代傳説。

②聖人曼云：是説“孔子不語怪力亂神”。《論語·述而》：“子不語怪、

力、亂、神。”“曼云”猶“不語”。

［譯文］

有人問：“秦代有很多神怪傳説，這是怎麼回事？”揚子説：“神怪之事茫然無考，若有若無，聖人是從來不談論它的。”

［按語］

揚雄崇尚科學，反對迷信，提倡獨立思考，反對輕信傳説。揚雄主張“言必有驗”，神怪之事虛妄荒誕，故不願談及。

10.5

或問：“子胥、種、蠡，孰賢①？”曰：“胥也，俾吴作亂②，破楚入郢、鞭尸、藉館，皆不由德；謀越諫齊不式③，不能去，卒眼之④。種、蠡不强諫而山棲⑤，俾其君詘社稷之靈而童僕⑥，又終弊吴⑦，賢皆不足邵也⑧。至蠡策種而遁⑨，肥矣哉⑩！”

［注釋］

①子胥：伍子胥，名員，春秋楚國人。楚平王殺子胥父兄，子胥奔吴。後來伍子胥佐吴王闔廬伐楚，攻入楚國郢都後，掘楚平王墓鞭尸三百，又駐軍王宫，掠奪楚國君臣妻女。夫差繼闔廬爲吴王後，决定伐越攻齊以争霸中原，子胥認爲不可，極力强諫。越國收買吴國太宰伯嚭，伯嚭誣陷子胥通敵，吴王逼子胥自殺。種、蠡：文種、范蠡。二人共同輔佐越工勾踐滅掉吴國後，范蠡勸文種與他一起引退，文種貪戀權位，後爲勾踐所殺；范蠡功成身退，經商致富，世稱“陶朱公”。

②俾吴作亂：使吴國大興征伐。伍子胥受到吴王闔廬重用，先後興兵伐楚、唐、蔡、越等國。“俾”猶“使”。

③謀越諫齊：吴王夫差企圖“伐越攻齊”，伍子胥認爲，越國可以智

取，對齊國不能用兵。不式：不用，指意見不被採納。“式”猶“用”，《詩經·小雅·南有嘉魚》“嘉賓式燕以樂”箋：“式，用也。”

④眼之：指被吴王賜死事。伍子胥臨死前囑咐其門客：“掘吾眼懸吴東門之上，以觀越寇之入滅吴也。”事詳《史記·伍子胥列傳》。

⑤不强諫而山棲：吴王夫差伐越，文種、范蠡主張與吴議和，越王勾踐不聽，堅持與吴交兵，遂有“夫椒之敗”；勾踐敗後，“乃以餘兵五千人棲於會稽之上”。諫而未能堅持到底，故曰“不强諫”。

⑥詘社稷之靈而童僕：指越國蒙受把國家交給吴國管理、公室男女皆作吴國奴僕的大耻辱。《史記·伍子胥列傳》記載：“越王勾踐乃以餘兵五千棲於會稽之上，使大夫種厚幣遺吴太宰嚭以請和，求委國爲臣妾。”“詘”同“屈”。

⑦弊吴：破吴，指滅掉吴國。勾踐“夫椒之敗”後九年滅吴，殺死夫差。

⑧卲：當作“卲”。《説文》：“卲，高也。”引伸之，猶言“贊美”。

⑨策：策劃。遁：謂“引退”。

⑩肥：謂“大吉”，此處猶言“最佳選擇”。《周易·遁卦》：“上九：肥遁，無不利。”

［**譯文**］

有人問：“伍子胥、文種、范蠡，哪一個最有德行和才幹？”揚子説：“伍子胥這個人，使吴國大肆興兵征伐，打敗楚國進入郢都之後，鞭打楚王尸體，霸占楚王宫室，都是不遵循道義的行爲；在謀取越國、反對伐齊的諫議不被吴王採納的時候，又不能審時度勢離開吴國，最終被賜死而讓人挖掉了眼珠。文種與范蠡則不能冒死强諫而使越王大敗之後逃到會稽山上，使其國君讓宗廟神靈蒙羞而自身爲奴，因此儘管他們最終幫助越王滅掉了吴國，但是他們的才德仍然是不值得贊賞的。至於范蠡能够策劃文種同他一起隱退，這倒是他做得最正確的一件事啊！”

［按語］

在揚雄看來，伍子胥爲了報私仇，不惜借吴國之兵殘害父母之邦，尤其是鞭打楚王尸體，霸占楚王宫室這樣的“犯上”行爲，都是不符合封建道德的；至於他的被賜死，則是他不能審時度勢造成的。這跟一般人把伍子胥視爲大孝、大智、大勇的英雄是完全不同的。至於揚雄把越國的“夫椒之敗”歸咎於文種、范蠡的“不强諫”，則是他堅持封建倫理使然。唯一被他肯定的是范蠡的功成身退，因爲這既符合孔子“危邦不入，亂邦不居”（《論語・泰伯》）的擇仕原則，更與揚雄全身遠禍的處世之道相一致。

10.6

或問：“陳勝、吴廣？”曰：“亂①。”曰：“不若是則秦不亡。”曰：“亡秦乎？恐秦未亡而先亡矣。”

［注釋］

①亂：謂“擾亂天下”。

［譯文］

有人問：“應當怎樣評價陳勝、吴廣？”揚子説：“擾亂天下。”問者説：“不如此秦朝就不會滅亡。”揚子説：“是他們使秦朝滅亡的嗎？恐怕秦朝還没有滅亡而他們就先滅亡了。”

［按語］

揚雄不能對陳勝、吴廣起義作出正面的評價，主要有兩個原因。第一，基於他對封建等級制度的維護，認爲起義是對禮制的最大破壞，其負面影響遠遠大於其正面作用。第二，揚雄認爲秦朝的滅亡，是因爲“秦之法度負聖人之法度，秦弘違天地之道，而天地違秦亦弘矣”（《法言·寡見》）。無庸諱言，揚雄在對陳勝、吴廣起義的評價上，具有相當的唯心史觀成分，表現出了很大的歷史局限性。

司馬遷説：“陳勝雖已死，其所置遣侯王將相竟亡秦，由涉首事也。”更熱情地説“一夫作難而七廟墮”，還將這位“甿隸之人”列入與諸侯相當的《世家》，充分地肯定了陳勝、吴廣首倡滅秦的歷史功績。在品評歷史人物時所堅持的觀念和所使用的方法上，司馬遷比揚雄要客觀得多，也進步得多。

10.7

或問：“六國并[①]，其已久矣。一病一瘳[②]。迄始皇，三載而咸[③]。時激，地保，人事乎[④]？”曰：“具。”“請問事？”曰：“孝公以下，强兵力農以蠶食六國，事也。”“保？”曰：“東溝大河[⑤]，南阻高山[⑥]，西采雍梁[⑦]，北鹵涇垠[⑧]。便則申，否則蟠[⑨]。保也。”“激？”曰：“始皇方斧[⑩]，將相方刀；六國方木，將相方肉。激也。”

［注釋］

①六國并：是指“戰國群雄兼并”。“六”非實指，理由是：戰國七雄争霸局面始於秦莊襄王元年（前249年）楚滅魯，距秦王政（秦始皇）即位（前246年）僅三年時間，距秦始皇統一天下（前221年）也僅28年時間，不得言“其已久矣”。

②一病一瘳（chōu）：是説“各國勝負無定”，即互有勝負。病愈曰“瘳”，猶言“勝”。

③三載而咸：是説“數年之間就統一了天下”。“三”非實指，因爲始皇即王位到統一天下，經歷了整整25年時間。“咸”猶“全部”，是説天下

全部歸秦所有。

④時激：即“時徼”，謂“天時徼幸”，猶言“遇上了成功的機會”。“激”通“徼”。地保；猶“地佑”，謂“地勢的幫助”，猶言“地理環境的有利”。人事：謂“人的謀劃”或“人的努力”。

⑤東溝大河：東面有大河（黄河）作爲溝塹。

⑥南阻高山：南面有高山（秦嶺）作爲險阻。

⑦西采雍梁；西面有雍都、梁城作爲采邑。“雍”春秋時爲秦國都城，在今陝西鳳翔縣南。“梁”在今陝西韓城市南，西周時梁國都城，後爲秦所滅。

⑧北鹵涇垠：北面以鹵縣涇水爲邊界。《説文》：“鹵，西方鹹地也。安定有鹵縣。”《尚書·禹貢》“涇屬渭汭”孔穎達疏：“涇水出安定涇陽縣西岍頭山。”“垠”謂“邊界”。

⑨申：猶“伸”，猶言“向外擴張”。蟠：蟠曲，猶言“回防固守”。

⑩方：通“仿”，謂“仿佛”。

［譯文］

有人問：“戰國群雄兼并，已經很久了。其間或强或弱、互有勝負。但是到了秦始皇即位以後，數年時間就統一了天下。這是因爲秦始皇僥幸遇到了時機，還是因爲秦國擁有足以自保的地理環境，或者是因爲秦國人善於謀事呢?”揚子説：“這三種原因都有。”問者説：“請問秦人怎麽善於謀事?”揚子説：“自秦孝公以來，秦國就不斷加强軍事力量，努力發展農業生産，憑借自己的實力逐步侵吞六國土地。這就是秦人善於謀事。”再問：“什麽是秦人足以自保的地理環境?”揚子説：“秦國的東面有黄河作爲溝塹，南面有秦嶺作爲險阻，西面有雍都、梁城作爲采邑，北面以鹵縣涇水爲其邊界。時機有利時便向外擴張，不利時便回防固守。這就是秦國足以自保的地理環境。”又問：“爲什麽説秦始皇僥幸遇到了時機呢?”揚子説：“（經歷了長期的群雄兼并之後，）

秦始皇仿佛大斧，他的將相仿佛利劍；而六國之君仿佛樹木，他們的將相仿佛魚肉。這就是秦始皇的僥幸。”

［按語］

揚雄關於秦始皇統一天下的原因的分析，是比較客觀的。三個原因，“事”第一，“保”第二，“激”第三，也是符合歷史事實的。

10.8

或問：“秦伯列爲侯衛①，卒吞天下，而赧曾無以制乎②？”曰：“天子制公、侯、伯、子、男也，庸節③。節莫差於僭④，僭莫重於祭，祭莫重於地⑤，地莫重於天。則襄、文、宣、靈，其兆也⑥。昔者襄公始僭，西畤以祭白帝⑦；文、宣、靈宗興鄜、密、上、下⑧，用事四帝。而天王不匡，反致文、武胙⑨。是以四疆之内，各以其力來侵，攘肌及骨⑩，而赧獨何以制秦乎？”

［注釋］

①秦伯：猶言“秦君”、“秦國”。秦襄公以平定犬戎之亂勤王有功，被周平王封爲秦伯，後世秦君皆爲“秦伯”。列：猶言“位次”。侯衛：猶言“藩臣”，即護衛天子的臣僕。古代按距離天子京都的遠近，將一國地方分爲王畿、侯服、甸服、男服、采服、衛服、蠻服、夷服、鎮服等九等，每“服”之間相距五百里。“服”表示與天子的親疏關係。

②赧（nǎn）：指周赧王，周朝末代天子，前 314 年—前 256 年在位。曾：竟然。

③庸節：使用禮節。“庸”同“用”。

④差：差錯。僭（jiàn）：超越本分。指冒用地位在自己之上的人的名

號、禮儀、器物等行爲。

⑤祭莫重於地：祭祀最重要的莫過於祭祀的地名、地點。如“畤”，這是天王（周天子）祭祀天地和五方神的祭壇，而秦襄公在受封秦伯建立秦國之後，“自以爲主少皞之神，作西畤，祀白帝”（《史記・封禪書》）。故揚雄說“襄公始僭”。

⑥其兆：諸侯僭越禮節的先兆。

⑦西畤（zhì）以祭白帝：“白帝”爲天上五方之帝的西方帝，秦君西方，“自以爲主少皞之神”，故建“西畤以祭白帝”。按周代禮節，天子才能設祭天、地、五帝，諸侯衹能祭祀其封域内的名山大川。

⑧文、宣、靈宗：秦文公，襄公子，於前765年繼位。秦宣公，德公子、穆公兄，於前675年繼位。秦靈公，懷公子，於前424年繼位。興鄜（fū）、密、上、下：據《史記・封禪書》記載，秦文公建鄜畤郊祀白帝，秦宣公建密畤以祭青帝，秦靈公建吴陽上畤以祭黄帝，建吴陽下畤以祭炎帝。

⑨匡：糾正。致文、武胙：“胙”是古代祭祀時供獻給神主的肉，“文、武胙”是祭祀周文王、周武王時的祭肉。按照周禮，天子宗廟的祭肉衹能賜給同姓諸侯。秦君不與天子同姓，故不應當受賜“文、武胙”。據《史記・周本紀》記載：“顯王九年，致文、武胙於秦孝公。”

⑩攘肌及骨：剜取肌肉直到骨頭。比喻諸侯對周天子權力的侵奪到了無以復加的地步。

［**譯文**］

有人問：“秦國衹是個三等爵位的藩國，最終居然吞并了天下，難道周赧王就没有辦法控制得了它嗎？”揚子説：“天子控制大大小小的諸侯，用的是禮節。禮節上的差錯莫過於僭越，最嚴重的僭越莫過於祭祀，祭祀最重要的莫過於祭祀的地名，祭祀地名的重要莫過於僭越天子的同姓。照此説來，那麽秦國的襄公、文公、宣公和靈公，就已經有僭越禮節的先兆了。從前秦襄公最先僭越禮節，修築西畤以祭祀白帝；其後秦文公築鄜畤、秦宣公築密畤、秦靈公先後築上畤下畤，用來祭祀白帝、青帝、黄帝和炎帝。然而周天王不僅没有對秦國的僭越行爲加以制止，反而將姬姓諸侯纔配接受的天子宗廟祭肉賞賜給秦孝公。因此周朝疆域以内的各國諸侯，便都使用自己的武力來侵奪天子，彷佛要剜其肌肉直至骨頭。這樣一來，周赧王難道還有力量來制止秦國的吞并嗎？"

［按語］

揚雄認爲，姬周政權的最終滅亡，其重要原因是天子縱容以秦爲代表的各國諸侯僭越禮制的行爲。這種認識不是没有道理，但并不完全正確。應當追究的是，自周平王以下的各代周天子，爲什麽會縱容諸侯僭越禮制？西周時期，爲什麽没有諸侯敢於僭越禮制？套用時下的説法，難道不正是"用實力説話"、"落後就要挨打"嗎？

10.9

或問："嬴政二十六載天下擅秦[①]，秦十五載而楚，楚五載而漢。五十載之際而天下三擅[②]，天邪？人邪？"曰："具。周建子弟[③]，列名城[④]，班五爵[⑤]，流之十二[⑥]。當時雖欲漢，得乎？六國蚩蚩[⑦]，爲嬴弱姬，卒之屏營[⑧]，嬴擅其政，故天下擅秦。秦失其猷[⑨]，罷侯置守[⑩]，守失其微[⑪]，天下孤睽[⑫]。項氏暴强[⑬]，改宰侯王[⑭]，故天下擅楚。擅楚之月，有漢創業山南[⑮]，發迹三秦[⑯]，追項山東[⑰]，故天下擅漢。天也。""人？"曰："兼才尚權⑱，右計左數⑲，動謹於時⑳。人也。天不，人不因㉑；人不，天不成。”

［注釋］

①天下擅秦：即“天下擅於秦”，謂“天下政權被秦國所專有”。下文“而楚”、“而漢”，猶言“而天下擅於楚”、“而天下擅於漢”。

②五十載：概略言之，實爲四十六載。三擅：爲三個人所專有。或説謂“三嬗”，發生三次變化。

③周建子弟：謂“周朝實行諸侯分封制度”。

④列名城：猶“裂名城”，謂“將天下名城分給子弟”。“列”通“裂”。

⑤班五爵：分五等爵位，即按與周天子血緣遠近和功勞大小分爲公、侯、伯、子、男五等爵位。《説文》：“班，分瑞玉。”

⑥流之十二：流變至十二個諸侯國。周初分封時有諸侯國若干，到了春秋中期，便衹有魯、宋、齊、晋、鄭、衛、陳、蔡、秦、楚、燕、曹十二個較大的諸侯國了。

⑦蚩蚩（chī）：猶“痴痴”，即“非常愚蠢”。《釋名·釋姿容》：“蚩，痴也。”

⑧卒之屏營：終於到了驚惶失措的地步。《集韵》：“屏營，猶彷徨也。”

⑨猷：謀略，猶言“周密思考”。《爾雅·釋詁》：“猷，謀也。”

⑩罷侯置守：謂“廢除諸侯分封，實行郡縣制度”。

⑪微：謂“明斷”，即正確處理公務的能力。《廣雅·釋詁》：“微，明也。”

⑫孤睽：謂“孤立無援，人心涣散”。“睽”，離也，《後漢書·馬融傳》“睽孤刺”注：“睽，離也。”今尚有“睽違”、“睽隔”之説。

⑬暴強：很快强大起來。

⑭改宰侯王：猶“改制侯王”，即“改秦郡縣制，實行分封制”。《廣雅·釋言》：“宰，制也。”

⑮創業山南：創業於終南山（秦嶺）之南。項羽封劉邦爲漢王，治所是漢中，漢中在秦嶺以南。

⑯發迹三秦：在三秦大地上蓬勃發展壯大。“三秦”指秦關中地區。項羽破秦入關之後，三分關中之地，將它們分别賞給秦的三位降將（司馬欣、董翳、章邯），故稱關中大地曰“三秦”。後來楚漢相争，劉邦出兵關中，消滅了司馬欣、董翳、章邯，將“三秦”大地作爲與項羽争奪天下的根據地，故云“發迹三秦”。

⑰山東：指崤山以東。楚漢相争初期，劉邦僅有“三秦”之地，項羽擁有崤山以東（原戰國時六國）的大片土地。

⑱兼才：擁有各種人才。謂善於得到人才爲己所用。尚權：崇尚權謀。謂非常講究謀略。

⑲右計左數：謂凡事認真權衡利弊。

⑳動謹於時：行動慎擇時機。

㉑不因：猶“不成”，不會獲得成功。《説文》：“因，就也。”“就”猶“成”。

［譯文］

有人問：“秦王嬴政用二十六年時間使天下政權爲秦國所專有，秦朝統治天下十五年而天下政權就專屬於楚，楚統治天下僅五年而天下政權就專屬於漢。五十年之間，而天下政權分别爲三人所專有。這是由於天意呢？還是由於人事？”揚子説：“既是天意，也是人事。當初周天子分封諸侯的時候，將天下名城連同土地分給子弟和功臣，并且將他們分爲公、侯、伯、子、男五等，後來這衆多的諸侯流變爲十二個。那時候即使有人想建立漢朝這樣的政權，辦得到嗎？戰國時的六國愚蠢極了，他們的相互争鬥是在爲秦國削弱周天子的力量，最終弄得大家驚惶失措，讓秦始皇專有了他們的政權，所以天下會專屬於秦。秦始皇在治國謀略上發生失誤，廢除分封設置郡縣，郡守縣令失其明斷，以致天下孤立無援而人心涣散。項羽的勢力突然强大之後，便改行諸侯分封，所以天下政權又專屬於楚。在天下政權專屬於項羽的同時，漢王也在終南山以南創立了與項羽爭奪天下的基業，并且消滅了秦地三王而發展壯大起來，接着出兵崤山以東追擊項羽，所以天下政權纔專屬於漢。天下政權的這種交替，都是天意。”又問：“那麼‘人事’又該怎樣理解呢？”揚子說：“廣泛延攬人才，非常講究謀略，認真權衡利弊，行動慎擇時機。這就是人事。不符合天意的事情，人事的努力是不會成功的；不盡够人事的努力，符合天意的事情也是不會成功的。”

［**按語**］

我們不妨把揚雄所謂的“天”理解爲社會歷史發展的規律或者方向，“人”當然是指既能把握歷史發展規律并且具有充分準備的一切人爲因素。在揚雄看來，秦始皇、項羽和劉邦都是在一定歷史條件下順應了歷史發展方向和做出了一定努力，所以纔都能“擅天下”。至於“擅天下”時間的長短，則同樣是由“天”和“人”兩個方面的因素决定的。

10.10

或問：“楚敗垓下①，方死，曰：‘天也！’諒乎②？”曰：“漢屈群策③，群策屈群力。楚懟群策而自屈其力④。屈人者克，自屈者負。天曷故焉？”

［**注釋**］

①垓（gāi）下：在今安徽省靈壁縣附近。

②諒：猶“信”，猶言“果真（如此）”。《說文》：“諒，信也。”

③屈：謂“竭盡”。《荀子·王制》：“使國家足用而財物不屈。”注：“屈，竭也。”這裏用作使動。

④懟（duì）：猶“怨”，這裏是“討厭”、“拒絕”的意思。《說文》：

“憞，怨也。”

［譯文］

有人問：“楚霸王在垓下被打得大敗，臨死前説道：‘這是天要亡我！’果真是天要亡楚嗎？”揚子説：“漢高祖使群臣竭盡全力出謀劃策，群臣的計策又使衆將士各盡其力。而楚霸王總是拒絶群臣的計謀而使自己耗盡力量。能够使衆人爲自己竭盡全力的人必然會取得勝利，剛愎自用使自己耗盡力量的人必然會遭到失敗。這跟天意有什麽關係呢？”

［按語］

項羽失敗的原因，司馬遷歸結爲：“背關懷楚，放逐義帝而自立，怨王侯叛己，難矣。自矜功伐，奮其私智而不師古。謂霸王之業，欲以力征經營天下。”（《史記·項羽本紀》）

概括地説，劉邦勝利的原因是“兼才尚權”和“群策群力”，項羽失敗的原因是“自矜功伐，奮其私智”。司馬遷和揚雄一致認爲，亡楚絶非“天意”，純屬“人事”。這跟“五德終始説”所宣揚的秦爲水德，漢爲火德，漢高祖“以火德王”的論調相比較，揚、馬二人的歷史發展觀無疑是唯物的。

揚雄從來不相信“五德終始”的鬼話，他總是能够客觀冷静地審視每一個歷史人物和歷史事件。因爲他從來没有把個人的休戚榮辱摻雜到對現實和歷史的人物和事件的品評中去，這是他高尚的人格，也是造成他悲劇的原因之一。

10.11

或問：“秦、楚既爲天典命矣①，秦縊灞上②，楚分江西③，興廢何速乎？”曰：“天胙光德而隕明忒④。昔在有熊、高陽、高辛、唐、虞、三代⑤，咸有顯懿⑥，故天胙之爲神明主⑦，且著在天庭⑧。是生民之願也，厥享國久長⑨。若秦、楚强閼震撲⑩，胎藉三正⑪，播其虐於黎苗⑫。子弟且欲喪之，况於民乎！况於鬼神乎！廢未速也。"

［注釋］

①典命：主掌國命，即掌握天下政權。

②秦縊灞上：謂"秦朝的滅亡"。劉邦破秦入關後駐軍灞上，秦王子嬰以白色綬帶繫頸、乘素車白馬赴灞上投降。"縊"謂綬帶繫頸。"灞上"在今西安市南。

③楚分江西：謂"項羽之死"。項羽在垓下自刎死後，其尸體被漢軍分爲五塊。長江在安徽至江蘇鎮江的一段，北岸古稱"江西"或"江右"，南岸稱"江東"或"江左"。垓下在北岸，故稱"江西"。

④天胙光德：老天賜福給光大德行的人。《説文》："胙，祭福肉也。"引申之，"胙"猶"福"，用作動詞猶言"賜福"。隕明忒（tè）：使公然作惡的人失敗。"忒"謂"差錯"，此處猶言"罪過"。

⑤有熊……三代：分别指"黄帝、顓頊、帝嚳、堯、舜、禹、湯、周文武"等古代聖王。

⑥顯懿：顯著的美德與善政。

⑦神明主：猶言"聖明的君主"。《淮南子·兵略訓》："見人所不見謂之明，知人所不知謂之神。神明者，先勝者也。"

⑧著在天庭：意爲"成爲著名的帝王"。"天庭"猶"朝廷"，這裏指衆多帝王聚集之所。沈佺期《奉和洛陽玩雪應制》："灑瑞天庭裏，驚春御苑中。"

⑨厥：猶"就"、"便"。表示連接因果的副詞。

⑩强閼（hé）震撲：意爲"激烈争鬥而暴虐其民"。《説文》："閼，恒訟也。""訟，争也。""强閼"謂長期争戰不休。"震撲"謂狠狠打擊。"震"

謂雷霆，言其暴烈。“撲”謂不停杖擊，《通俗文》：“連杖曰撲。”

⑪胎藉三正：謂“破壞三統”。“胎藉”即“跆藉”。“跆藉”意爲“踐踏”，猶言破壞、違背。“三正”亦叫“三統”，即人統、地統、天統。據《尚書大傳略説》，夏正建寅，以夏曆正月爲歲首，是爲“人統”；殷正建丑，以夏曆臘月爲歲首，是爲“地統”；周正建子，以夏曆冬月爲歲首，是爲“天統”。秦始皇統一天下以後，宣布秦正建亥，以夏曆十月爲歲首。楚仍秦曆，亦以十月爲歲首。故謂秦楚“胎藉三正”。

⑫黎苗：猶“黎民”。《廣雅·釋詁》：“苗，衆也。”

［譯文］

有人問：“秦、楚既然都是爲天主宰天下命運，可是秦王子嬰繫頸自縛到灞上投降，霸王項羽垓下自刎後被人分尸，他們的滅亡爲什麽這樣迅速啊?”揚子説：“天賜福給光大德行的人，而讓公開作惡的人遭到滅亡。從前黄帝、顓頊、帝嚳、堯、舜、夏禹、成湯和周文王、周武王在位的時候，都有顯著的美德和善政，所以天賜福給他們，使他們成爲聖明的君主，并且成爲衆多帝王中最著名的帝王。這都是民衆的願望，於是天讓他們享有長久的國祚。而像秦、楚那樣，倚仗武力長期争鬥不休，隨意踐踏‘三正’道統，對民衆全面實行暴政，因此，即使是他們的子弟也想讓他們滅亡，何况是廣大民衆呢！更何况是鬼神呢！他們的滅亡不算迅速啊!”

［按語］

儒家主張以禮樂治天下，提倡仁政與德政。而秦、楚憑借武力奪得天下之後，廢禮樂，施暴政，確實不得人心。揚雄將秦、楚與儒家所崇尚的歷代聖王相比較，其目的是强調禮樂與仁政對鞏固封建政權的重要性。儘管這樣的比較未必客觀，但是作者對王道政治的憧憬、對天下百姓疾苦的關切之情總是洋溢在字裏行間，讓人無法不爲作者憂國憂民的精神所感動。

10.12

或問："仲尼大聖，則天曷不胙?"曰："無土。""然則舜、禹有土乎①?"曰："舜以堯作土，禹以舜作土②。"

［注釋］

①舜、禹有土乎：裂土分封始於周武王，故舜、禹均未做過諸侯，也就未曾"有土"。

②舜以堯作土，禹以舜作土：謂堯、舜禪讓，使舜、禹有天下。故堯爲舜"作土"，舜爲禹"作土"。孟子曾解釋孔子"天曷不胙"的原因說："匹夫而有天下者，德必若舜、禹，而又有天子薦之者。故仲尼不有天下，繼世以有天下。"（《孟子·萬章上》）孟子的意思是，孔子雖然有舜、禹之德，但是由於夏朝實行"父死子繼"的家天下制度以後，孔子就失去了舜、禹那樣"匹夫而有天下"的機遇了。

［譯文］

有人問："既然孔子是偉大的聖人，那麽天爲什麽不賜福給他讓他成爲聖王呢?"揚子說："因爲他没有領地。"又問："要這麽説的話，那舜和禹原先有領地嗎?"揚子說："舜是將堯的天下作爲領地，禹是將舜的天下作爲領地。"

［按語］

儒學以孔子之學爲宗，視"聖"與"王"爲一體。而在儒家所崇尚和宣揚的"聖人"中，周公名義上不是"王"，却是代王攝政者；衹有孔子，"大聖"而不"王"。針對第11章"天胙光德"和"天胙之爲神明主"之説，故擬問者云："仲尼大聖，則天曷不胙?”

揚雄强調機遇對成就一個人事業的重要性。這裏的“機遇”包含兩層意思：一是“時”，一是“人”。舜、禹趕上了那個興“禪讓”的時代，又遇到了堯、舜那樣的“聖人”，所以纔能“匹夫而有天下”。孔子不可能遇上這樣的時代和聖人了，所以“大聖”而不“王”。

揚雄借孔子之生不逢時，發泄自己生不逢時的憤懣。他在《解嘲》中，借“客嘲揚子”之説與“揚子笑而應之”，盡情地流露了自己經邦濟世的偉大抱負，也毫無掩飾地發泄了自己生不逢時的痛苦與憤懣之情。他非常嚮往和羡慕戰國時代的讀書人，他説：“士無常君，國無定臣；得士者富，失士者貧。矯翼厲翮，恣意所存；故士或自盛以橐，或鑿坏（墻壁）以遁。是故鄒衍以頡亢而取世資，孟軻雖連蹇，猶爲萬乘師。”他對自己的仕途升遷，不抱任何希望，他説：“言奇者見疑，行殊者得辟（罪），是以欲談者宛舌而固聲，欲行者擬足而投迹。向使上世之士處乎今，策非甲科，行非孝廉，舉非方正……又安得青紫?”

10.13

或問聖人表裏[①]，曰：“威儀、文辭[②]，表也；德行、忠信[③]，裏也。”

［注釋］

①表裏：謂“外表與品德”。

②威儀：謂“莊重的儀容”。《法言·問道》：“貌重則有威。”文辭：謂“優美的言辭”。“文”謂修飾，修飾使之美也。

③德行：謂“有道德、重實踐”。德現於行，以戒口是而心非。忠信：

謂“教人以善、誠信不欺”。《孟子・滕文公上》：“教人以善謂之忠。”《説文》：“信，誠也。”

［譯文］

有人問聖人具有什麽樣的外表與品德，揚子説：“莊重的儀容，優美的言辭，這是聖人的外表；謹遵道德，注重實踐，教人以善，誠信不欺，這是聖人的品德。”

［按語］

這裏的“聖人”專指孔子。一個人的言行舉止，決定於他的道德修養，即外美決定於内美。在揚雄看來，孔子的外美和内美都是非常完美的。

10.14

或問：“義帝初矯①，劉龕南陽，項救河北②，二方分崩，一離一合③。設秦得人，如何？”曰：“人無爲秦也，喪其靈久矣④。”

［注釋］

①義帝：項梁所立故楚懷王孫，名心。初名“楚懷王”，後被項羽尊爲“義帝”。矯：猶言“托付”。

②劉龕南陽，項救河北：指秦二世三年，楚懷王心命劉邦西征入關、項羽北伐救趙。劉邦西征，“略南陽郡”是關鍵一役，故云“劉龕南陽”，“龕”猶攻取。趙國在黄河北岸，故云“項救河北”。

③一離一合：猶“時離時合”。

④靈：猶“命”，指天意和民心。

［譯文］

有人問：“義帝當初托付高祖攻取南陽、項王北伐救趙的時候，劉、項雙方分崩離析、貌合神離。假設秦朝當時能够用人得當，局勢將會怎樣?”揚子説：“已經不會有人爲秦朝出力了，因爲它早就喪失天意和民心了。”

［**按語**］

在揚雄看來，秦朝用嚴刑峻法治理天下、用焚書坑儒箝制人們思想，人心早就喪失殆盡。依據“得民心者得天下，失民心者失天下”的朝代更替規律，秦朝的速亡是無法避免得了的。

10.15

韓信、黥布皆劍立南面稱孤①，卒窮時戮②，無乃勿乎③？或曰：“勿則無名，如何?”曰：“名者，謂令名也。忠不終而躬逆④，焉攸令⑤?”

［**注釋**］

①韓信：輔佐劉邦奪得天下的大功臣，先後被劉邦封爲齊王、楚王和淮陰侯。由於功高震主，爲劉邦所疑忌，加以自負輕慢，後附和陳豨謀反，事發被擒，被處以“夷滅三族”的極刑。黥布：本名“英布”，因曾受黥刑，又稱“黥布”。黥布原爲楚將，以大功被項羽封爲九江王；後叛楚歸漢，被劉邦封爲“淮南王”。韓信、彭越被殺，英布震恐，終致起兵反漢，兵敗被處以極刑。劍立：猶“以劍立”，即憑藉武力建立功勛。

②卒窮時戮：最終受盡當時的酷刑。據《漢書·刑法志》載：“漢興之初，雖有約法三章，網漏吞舟之魚，然其大辟，尚有夷三族之令。令曰：‘當三族者，皆先黥、劓，斬左右趾，笞殺之，梟其首，菹其骨肉於市。’……彭越、韓信之屬皆受此誅。”

③勿：通“智”，義同“昧”，猶言“愚昧”。《説文》：“智，尚冥也。”段注：“漢人智、昧通用。”

④躬逆：謂“自己造反”。

⑤焉攸令：猶言“哪裏來的令名”。“攸”猶“所”，“焉攸”即“何所”，何處也。

［譯文］

韓信、黥布都是憑着武功成爲王侯的，他們最終受盡了當時的酷刑後被殺害，不是太愚昧了嗎？有人説：“他們如果愚昧就不會有那麼大的名聲了，怎能説他們愚昧呢？”揚子説：“所謂名聲，應當是指美好的名聲。他們不僅不能忠誠到底，反而自己起來造反，還哪裏會有美好的名聲呢？”

［按語］

黥布、韓信兩人的一生都極具戲劇性，都是悲劇式的英雄。司馬遷對黥布持完全否定的態度，説“項氏之所坑殺人以千萬數，而布常爲首虐，功冠諸侯。用此得王，亦不免於身爲世大僇”（《史記・黥布列傳》）；而對韓信却是基本肯定的，他説：“假令韓信學道謙讓，不伐己功，不矜其能，則庶幾哉於漢家勛可以比周、召、太公之徒，後世血食矣。”（《史記・淮陰侯列傳》）

揚雄不加區别地以“愚昧”論定二人，這是因爲揚雄所堅持的是儒學道德標準，而司馬遷所用的是歷史家論定功過是非的標準。很顯然，司馬遷的品評要客觀得多。

10.16

或問：“淳于越①？”曰：“伎、曲②。”“請問？”曰：“始皇方虎挒而梟磔③，噬士猶腊肉也④。越與亢眉⑤，終無橈辭⑥，可謂伎矣。仕無妄之國⑦，食無妄之粟，分無妄之橈⑧，自令之間而不違⑨，可謂曲矣。”

［注釋］

①淳于越：戰國齊人，後爲秦始皇博士，反對郡縣制度，主張恢復周朝分封制度。事見《史記·秦始皇本紀》。

②伎：通“跂”，謂“剛强”。《廣雅·釋詁》：“跂，强也。”曲：謂“委曲”，此處意爲“委曲求全”。

③虎捌而梟磔（zhé）：像老虎、鷹隼一樣（將肉）撕裂。比喻凶狠殘暴。“捌”謂撕裂。“磔”本謂“車裂”，此處亦“撕裂”之意。

④腊（xī）肉：乾肉。腊亦作“昔”，《説文》：“昔，乾肉也。”

⑤亢眉：意爲“當面反對”。

⑥橈辭：繞彎子的話。《説文》：“橈，曲木也。”段注：“引伸爲凡曲之稱。”

⑦無妄：謂“無可望”，猶言“禍福難料”。

⑧橈：通“耀”，意爲“榮耀”（説見朱駿聲《説文通訓定聲》卷七“橈”字條）。

⑨自令：猶“令己”，即“使自己美好”，猶言“獨善其身”。違：謂“背他而去”，猶言“離開”。

［譯文］

有人問：“淳于越這個人怎麽樣？”揚子説：“既剛强直率，又能委曲求全。”又問：“請問具體表現在哪裏？”揚子説：“正當秦始皇像猛虎、鷹隼撕裂獵物一樣地對待天下百姓、像咬嚙乾肉一樣地坑殺儒生的時候，淳于越敢於當面反對秦始皇的郡縣制度，而且始終没有繞彎子的言辭，真可謂剛强直率了。淳于越在一個禍福難料的國家做官，享受着禍福難料的俸禄，分享着禍福難料的榮耀，在這樣的環境中獨善其身而没有離開，真可謂委曲求全了。”

［按語］

揚雄贊賞周朝的諸侯分封政體，因此對反對郡縣制、主張分封制的淳于越給以充分肯定。在秦始皇的暴虐統治下，淳于越敢於逆龍鱗直陳己見，其膽略是令人欽敬和值得肯定的。但是，從淳于越反對郡縣制的理由竟然是“今陛下有海内，而子弟爲匹夫”、“事不師古而能長久者，非所聞也”來看，正好反映了儒學思想的保守性和頑固堅持封建等級制度的落後性特點。

10. 17

或問：“茅焦歷井幹之死①，使始皇奉虚左之乘②。蔡生欲安項咸陽③，不能移，又亨之④，其者未辯與⑤？”曰：“生舍其木侯而謂人木侯⑥，亨不亦宜乎？焦逆訐而順守之⑦，雖辯，劘虎牙矣⑧。”

［注釋］

①茅焦：戰國時齊人，後任秦始皇客卿。秦始皇發現其母與嫪毐私通并陰謀作亂之後，車裂嫪毐，遷其母於萯陽宫，并且詔告群臣：“敢以太后事諫者殺。”群臣因進諫而被殺者二十七人，被殺者尸體在宫闕下堆積得像井欄一樣。茅焦冒死進諫，喻以利害，使秦始皇醒悟，立即派車駕迎接太后歸咸陽。事見劉向《説苑・正諫》。井幹：井欄。死：通“屍”。

②虚左之乘：古代的車駕，尊者居左，保鏢居右，駕車者居中。這是迎接太后回宫的車乘，故讓左邊的車位空出來。

③蔡生欲安項咸陽：蔡生想諫阻項羽對咸陽的燒殺。《史記・項羽本紀》記載，項羽引兵西屠咸陽，殺秦降王子嬰，燒秦宫室，火三月不滅。有人爲了使項羽停止對咸陽的燒殺，勸項羽定都咸陽，誰知項羽竟説：“富貴不歸故鄉，如衣繡夜行，誰知之者。”“説者”憤極之下居然用“人言楚人沐猴而冠耳，果然”來回擊項羽，於是項羽命人烹殺了“説者”。關於“説者”，《史記》僅曰“人”，《漢書》曰“韓生”，揚雄則謂之“蔡生”。

④移：謂“使他改變主意”。亨：通“烹”。

⑤其者：有人説與“其諸”同，意猶“或者”（見陶鴻慶《讀諸子札記》十四）；有人説“者”爲衍文（見《法言音義》）。今從《音義》説。

⑥舍：猶“不”，謂“没有察覺”或“没有看到”。木侯：同“沐猴”。沐猴即獼猴。

⑦訐（jié）：指責别人過失。順守：謂“順其意而自守”，即順着秦始皇對母親尚存的一點孝心和秦始皇知道違背孝道將會産生的後果這個思路去勸諫，因此能够保全自己。

⑧劘（mó）：本義爲“切削”，此處猶言“摸弄”。

［**譯文**］

有人問：“茅焦穿過像井欄一樣縱横交錯的死人堆去冒死直諫，終於使秦始皇駕着空出尊位的車子去迎母回宫。而蔡生企圖使項羽停止對咸陽的燒殺，却不僅没有使項羽改變主意，反而被項羽所烹殺。這或許是因爲蔡生不善言辭吧？”揚子説：“蔡生没有看到自己像沐猴一樣愚蠢，却指責别人像沐猴，被項羽烹殺不也是自取其禍嗎？茅焦敢逆龍鱗指責始皇，却又能順着始皇性子而得以自保，雖然是他善於言辭，可也真像撫弄虎牙一樣的危險啊！”

［**按語**］

秦始皇之遷母於萯陽宫，頗類鄭莊公之遷母於城潁。故茅焦之諫始皇，猶潁考叔之諫莊公，都是以己之純孝，使君王存人子之大孝。以其不悖人之常情，故雖逆龍鱗而不違人情。儒家以孝爲“仁”之本，説：“孝悌也者，其爲仁之本與！”（《論語·學而》）孟子也説：“親親，仁也。”（《孟子·盡心上》）《中庸》説：“仁者，人也，親親爲大。”正是基於這樣的道理，加上茅焦能够“逆訐而順守之”，所以揚雄對茅焦予以充分的肯定。

揚雄對“蔡生”的行爲毫不贊許，不僅因爲蔡生有大勇而無大智，更主要的，是認爲蔡生不能審時度勢。揚雄歷來反對“爲不可爲於不可爲之時”。在揚雄看來，以項羽自負驕横的性格，要想讓他停止對咸陽的燒殺，無异於與虎謀皮。所以他説蔡生“舍其木猴而謂人木猴”，認爲蔡生實在是太愚蠢了。

10.18

或問：“甘羅之悟吕不韋①，張辟强之覺平、勃②，皆以十二齡，戊、良乎③？”曰：“才也。戊、良不必父祖④。”

［注釋］

①甘羅之悟吕不韋：“甘羅”是秦國名將甘茂之孫。《史記・樗里子甘茂列傳》記載，秦上卿張唐拒絶吕不韋要他到燕國爲相的安排，使吕不韋感到非常爲難。十二歲的甘羅不僅替吕不韋説服了張唐，而且主動請求出使趙國游説趙王，使秦拱手而得十一城。“悟”謂“解難”，用作爲動。

②張辟强之覺平、勃：“張辟强”是西漢開國功臣張良之子。《史記・吕太后本紀》記載，張辟强發現吕后在漢惠帝死時哭而無泪，使提醒丞相王陵：吕后有篡權野心。王陵將此事告訴了右丞相陳平和太尉周勃，使陳平、周勃做好了後來“誅諸吕”的準備。“覺”用作使動，意爲“使……警覺”。

③戊、良：甘茂、張良。“戊”通“茂”。

④戊、良不必父祖：意思是説：既然甘茂、張良都不是因爲他們的父親、祖父才能杰出而成爲杰出人才的，那麽甘羅、張辟强的杰出才能也就不會是出於他們的父親、祖父的指點。

［譯文］

有人問：“甘羅爲吕不韋排憂解難，張辟强使陳平、周勃警惕吕后，都是纔衹有十二歲。不會是甘茂、張良給他們出的主意吧？”揚子説：“是他們自己的杰出才能。就如同甘茂、張良并不是因爲父親或祖父的原因而才能杰出一樣。”

［按語］

甘羅、張辟强都是中國歷史上杰出人才早慧的典型。揚雄對他們的贊賞，除了强調人才的重要之外，也寄寓了自己對兒子揚信早夭的痛惜之情。《太平御覽》卷三八五引《劉向别傳》載：“揚信字子烏，雄第二子，幼而聰慧。雄算《玄經》不會，子烏令作九數而得之。雄又擬《易》‘羝羊觸藩’，彌日不就，子烏曰：‘大人何不云荷戟入榛？’”事見《法言·問神》：“育而不苗者，吾家之童烏乎？九齡而與我《玄》文。”

10.19

或問：“酈食其説陳留下敖倉，説齊罷歷下軍[①]，何辯也！韓信襲齊，以身脂鼎[②]，何訥也[③]？”曰：“夫辯也者，自辯也[④]；如辯人，幾矣[⑤]。”

［注釋］

①酈食其（lìyìjī）：陳留高陽（今河南杞縣）人，劉邦早期的重要謀士。他勸説劉邦智奪陳留、攻取敖倉，又勸説齊王田廣撤去歷下守軍，爲劉邦破秦入關立下汗馬功勞。事見《史記·酈生陸賈列傳》。

②韓信襲齊，以身脂鼎：淮陰侯韓信嫉妒酈食其“伏軾下齊七十餘城”，爲了謀害酈食其，在酈食其已經勸降齊王田廣的時候，竟然發兵襲擊齊國，使齊王誤以爲酈食其欺騙自己，於是烹殺了酈食其。“以身脂鼎”謂酈食其被烹殺事。

③何訥也：爲什麽説話那麽笨拙。酈食其生性狂傲，當齊王田廣對他説“汝能止漢軍，我活汝，不然，我將烹汝”的時候，他竟然對田廣説：

“而公不爲若更言。”（你老子我不會替你改口勸他韓信的）

④自辯：爲自己辯理。這是就“辯”的字義來解釋“辯”，《説文》：“辯，治也。從言在辡之間。”又：“辡，罪人相與訟也。”所謂“相與訟”，就是各自爲自己開脱責任而分辯説理。

⑤辯人：爲别人辯理，即替别人游説。幾：危險。《左傳·宣公十二年》“利人之幾，而人之亂”杜注：“幾，危也。”

［譯文］

有人問：“酈食其在勸説漢王智奪陳留、攻取敖倉的時候，以及勸説齊王撤除歷下駐軍的時候，是何等地能説會道！而當韓信襲擊齊國，齊王要將他投鼎烹殺的時候，爲什麽酈食其就笨嘴拙舌了呢？”揚子説：“所謂‘辯’，應當是爲自己開脱責任辯説理由；如果是替别人去游説辯説，就很危險了。”

［按語］

揚雄主張征伐和治國都應當用“聖人之法”，反對靠“辯”（游説）術取悦人主，并且認爲這是很冒險的行爲。揚雄主張明哲保身，認爲“辯”就應當爲自己開脱責任免於受禍。酈食其在遭受韓信陷害的時候，竟然不能爲自己開脱責任保全性命，所以揚雄一點也不贊賞酈食其的才能。

10. 20

或問：“蒯通抵韓信①，不能下，又狂之②。”曰：“方遭信閉③，如其抵④！”曰：“巇可抵乎⑤？”曰：“賢者司禮⑥，小人司巇，況拊鍵乎⑦？”

［注釋］

①蒯通：秦漢之際的策士，本名蒯徹，《史記》、《漢書》避漢武帝諱，

均作“蒯通”。蒯通以善辯著稱，而且長於權變，爲武信君武臣謀，奪燕趙三十餘城；爲淮陰侯韓信謀，平定齊地。後勸説韓信叛漢自立，韓信不聽，遂裝瘋避禍。抵：猶“推”。《廣雅·釋詁》：“抵，推也。”此謂推動韓信叛漢自立。

②狂之：使自己狂，即“裝瘋”。

③閉：謂“大門緊閉”，喻君臣親密無間。蒯通説韓信叛漢自立時，韓信以“漢遇我厚，吾豈可見利而背恩乎”拒之。

④如其抵：猶“如何其抵”，猶言“怎麽推得開他緊閉的大門”。

⑤巇（xī）：同“罅”，縫隙。“抵”是戰國策士們慣用的離間之計，使君臣之間産生嫌隙，相互猜疑，《鬼谷子·抵巇》：“巇者，罅也。罅者，澗也。澗者，成大隙也。”

⑥司：通“伺”，猶言“等待時機”。《説文新附》：“伺，候望也。”

⑦拊鍵：即“拊楗”，拍打門户之楗，猶言“撬鎖”，喻盗竊行爲。《淮南子·齊俗訓》：“故有大路龍旂羽蓋垂緌，結駟連騎，則必有穿窬拊楗抽箕逾備之奸。”

［**譯文**］

有人問：“蒯通推動韓信叛漢自立，却未能説動韓信，還被迫裝瘋以保全自己。（先生怎樣看待這件事啊？）”揚子説：“蒯通正好遇到韓信與高祖親密無間的時候，他怎麽推得開呢！”又問：“如果君臣之間有嫌隙，就可以推開嗎？”揚子説：“賢者等待合乎禮義的機會，小人等待君臣有嫌隙的機會，何况這是像盗竊一樣的行爲呢？”

［**按語**］

在揚雄看來，蒯通與其他策士一樣，無非是玩弄“抵巇”的手段以達到投機鑽營的目的，這是“小人”的行爲。而企圖要韓信叛漢自立，這是唆使韓信竊取别人的江山，那是爲道義所不容許的。揚雄主張“賢者司禮”，反對爲了達到個人的目的而不擇手段。他在王莽篡位，衆多“談説之士用符命稱功德獲封爵”的時候，仍然不爲名利所動，就是他堅持“賢者司禮”處世原則的具體表現。

10.21

或問：“李斯盡忠①，胡亥極刑②，忠乎?”曰：“斯以留客至作相，用狂人之言③，從浮大海④，立趙高之邪説⑤，廢沙丘之正⑥，阿意督責⑦，焉用忠?”“霍⑧?”曰：“始元之初⑨，擁少帝之微⑩，摧燕、上官之鋒⑪，處廢興之分⑫，堂堂乎忠，難矣哉！至顯，不終矣⑬。”

［**注釋**］

①李斯（前? —前208年）：戰國末期楚國上蔡（今河南省上蔡縣一帶）人，曾師從荀子，後入秦爲吕不韋舍人，以《諫逐客書》受到秦始皇賞識，於是幫助秦始皇消滅六國統一了天下，官至丞相。李斯事秦二十餘年，幫助秦始皇統一天下、確立郡縣制度、製定禁書令、統一文字和度量衡，爲鞏固秦始皇政權做了大量的事情，故有“盡忠”之説。

②胡亥：即秦二世。胡亥爲趙高、李斯所立，後被趙高所殺。極刑：指胡亥對李斯處以腰斬的極刑。

③狂人之言：指徐市（亦作“徐福”）、侯生、盧生等方士關於“不死之藥”的謊話。

④從浮大海：指聽從秦始皇派方士浮人海尋仙問藥。揚雄認爲，李斯身爲丞相，對秦始皇聽信方士浮海尋仙問藥的行爲應當諫阻，方爲“盡忠”。

⑤立趙高之邪説：指没有制止趙高在始皇和二世面前所出的那些壞主意。“立”用作使動。

⑥廢沙丘之正：指改變秦始皇傳位於公子扶蘇的遺詔。秦始皇於在位

的三十七年出游，歷數月之久，返京途中死於“沙丘平臺”（今河北省平鄉縣東北）。李斯令秘不發喪，又聽從趙高改立胡亥爲帝的主意。

⑦阿意督責：曲意迎合胡亥大肆殺戮宗室諸公子的“督責”令。秦二世元年，胡亥聽從趙高建議，“乃行誅大臣及諸公子”，以致“六公子戮死於杜”、公子將閭“昆弟三人皆流涕拔劍自殺，宗室振恐”、“群臣諫者以爲誹謗，大吏持禄取容”。時李斯尚在相位，故揚雄認爲他是“阿意督責”。

⑧霍：指“霍光”。霍光（前？—前 68 年），漢武帝時初爲奉車都尉，後以大司馬大將軍受武帝遺詔，輔佐即位時年僅八歲的昭帝。昭帝崩，無嗣。霍光初立昌邑王劉賀爲帝，後因劉賀荒淫昏亂，遂改立劉詢，是爲宣帝。霍光秉政二十年，政事上没有什麽過錯；但其族黨滿朝，權傾内外，尤其是其妻霍顯驕横跋扈，爲使女兒立爲宣帝皇后，竟指使人毒殺許皇后。宣帝親政以後，以謀反罪將霍氏一族全部處斬。

⑨始元：漢昭帝的第一個年號。

⑩微：謂年紀幼小。

⑪摧燕、上官之鋒：昭帝初立，燕王劉旦勾結左將軍上官桀、驃騎將軍上官安，串通昭帝姐姐鄂邑長公主等謀反，霍光及時挫敗了這次謀反的陰謀。

⑫處廢興之分：指廢昌邑王劉賀、立宣帝劉詢事。

⑬至顯，不終：有兩種理解，一説是指“霍光地位顯貴到了極點，却不得善終”；一説是指“霍光對其妻女族人缺乏管束，未能把忠君的責任堅持到底”。結合上下文語氣，似以第二説爲當。

［譯文］

有人問：“李斯對秦王朝竭盡忠誠，却被胡亥處以極刑，他是忠臣嗎？”揚子説：“李斯以一個被留用客卿的身份官至丞相，竟然聽任秦始皇採用方士的謊言，聽從秦始皇一次次地派方士浮游大海尋仙問藥，使趙高的壞主意一次次蠱惑人主，置秦始皇立扶蘇爲帝的沙丘遺詔於不顧，甚至曲意迎合胡亥屠戮宗室和大臣的‘督責’令。他哪裏有一點忠臣的味道?”又問:“霍光是忠臣嗎?”揚子説:“始元初年,霍光擁戴年幼勢弱的昭帝,摧毀了燕王勾結上官桀等人謀反的陰謀,又正確處理了廢昌邑王、立皇曾孫爲帝的廢立大事。這堂堂正正的一片忠心,實在是難能可貴啊!但是他在妻子霍顯的事情上疏於管教,其忠心就不够徹底了。”

［按語］

嚴格地説,李斯與霍光之間是没有可比性的。李斯輔佐秦始皇創統一天下之大業,其功甚巨,豈霍光謹遵漢武帝遺詔佐昭、宣二帝建守成之業可比?但揚雄不論二人功之大小,僅自“忠”義言之,似又不無道理。“忠”者,敬也,竭誠於君事也。李斯之勤於君事,非出於敬而是欲榮其身,居丞相之位而少諫諍之言,又與趙高合謀廢扶蘇而立胡亥,秦之二世而亡,李斯難辭其咎。以此觀之,李斯既不“敬”,亦不“誠”,謂之不忠,可也。然而揚雄非議李斯的原因不全在於此。在揚雄看來,李斯從荀卿讀儒家之書,却以法家詭奇苛峻之術爲秦爭天下;秦既得天下,身爲丞相的李斯,不僅不諫始皇以仁德治天下,反而首倡焚書之議以愚天下百姓;秦之暴政,李斯難逃幫凶的責任。

司馬遷認爲,如果李斯不是“不務明政以補主上之缺,持爵禄之重,阿順苟合,嚴威酷刑,聽高邪説,廢適(嫡)立庶”的話,那麽“斯之功且與周(公)、召(公)列矣”(《史記·李斯列傳》)。因爲如此,所以揚雄不議“功”而議“忠”,可謂得之。

10.22

或問:“馮唐面文帝,得廉頗、李牧不能用也①。諒乎[②]？"曰："彼將有激也。親屈帝尊信亞夫之軍[③]，至頗、牧，曷不用哉？""德[④]？"曰："罪不孥[⑤]，宫不女[⑥]，館不新[⑦]，陵不墳[⑧]。"

［注釋］

①馮唐面文帝：據《史記·張釋之馮唐列傳》記載，漢文帝時，雲中郡守魏尚因爲報功時錯報了六顆敵人的首級而被撤職、削爵。魏尚被撤職以後，匈奴猖獗起來，令文帝非常憂慮。馮唐借文帝召問的機會，極力夸贊廉頗、李牧的軍事才能，文帝拍着大腿感嘆説："吾獨不得廉頗、李牧時爲吾將，吾豈憂匈奴哉！"於是馮唐指出朝廷"賞太輕，罰太重"的弊端，并用話激文帝："陛下雖得廉頗、李牧，弗能用也。"使文帝幡然醒悟，重新起用魏尚爲雲中太守。

②諒：可信。《説文》："諒，信也。"又《方言》："衆信曰諒。"

③親屈帝尊信亞夫之軍：據《史記·絳侯周勃世家》記載，匈奴大舉進犯，周亞夫率兵駐守細柳營抗擊匈奴。漢文帝前往細柳營勞軍，竟被守營軍士擋住，理由是："將軍約：軍中不得驅馳。"文帝不僅没有發怒，還自覺地牽着馬慢慢地從側門進入軍營。"信"通"伸"。

④德：是説"文帝的德政還有哪些表現"。

⑤罪不孥：猶"罪不及孥"，謂父母犯罪不罰及子女。實際上，漢文帝主張取消一切"連坐"之罰，并於孝文皇帝元年十二月"除收孥諸相坐律令"，即廢除一人有罪，其家人被收爲奴隸以及其他相連坐的法令。見《史記·孝文本紀》。

⑥宫不女：謂"不讓宫女老死宫中"。《史記·孝文本紀》："遺詔曰：歸夫人以下至少使。"

⑦館不新：謂"所居宫室從未裝飾翻新"。《史記·孝文本紀》："即位二十三年，宫室苑囿狗馬服御無所增益。"

⑧陵不墳：不把陵墓壘得很高。謂漢文帝提倡薄葬。《史記·孝文本紀》："治霸陵，皆以瓦器，不得以金銀銅錫爲飾，不治墳。""墳"謂墓上

的壘土，《禮記·檀弓》："古也墓而不墳。"注："土之高者曰墳。"

［譯文］

有人問："據説馮唐當面諷諫文帝，説他即使得到像廉頗、李牧一樣的將才也不能任用。這話可信嗎?"揚子説："那是馮唐的激將方法。文帝能够委屈自己帝王的尊嚴去伸張周亞夫的軍威，遇到廉頗、李牧一樣的將才，怎麼會不重用呢?"又問："文帝的德政還表現在哪些地方?"揚子説："處罰罪犯不搞株連，不讓宫女老死宫中，不讓修治裝飾宫殿，提倡薄葬不壘高墳。"

［按語］

漢文帝是中國歷史上爲數不多的仁君與明君。其躬行節儉以省賦斂，尤其是"不治墳"的開明之舉，堪稱帝德之最。最爲儒家推崇的三代聖王的德政多不可考，而漢文帝的仁君之德和明君之風却是在在有據的。

揚雄以納馮唐之諫和"親屈帝尊信亞夫之軍"，盛贊文帝明君的風範；繼以廢株連、歸宫女、館不新、陵不墳四事，盛贊文帝仁君的德政。揚雄對漢文帝的熱情贊美，充分體現了他對儒家聖王政治理想的熱烈追求。

10.23

或問："交[①]?"曰："仁[②]。"問："餘、耳[③]?"曰："光初[④]。""竇、灌[⑤]?"曰："凶終。"

［注釋］

①交：謂"交友之道"。

②仁：謂"友愛相處和樂於助人"。《論語·雍也》："仁者，己欲立而

立人，己欲達而達人。”

③餘、耳：陳餘、張耳。陳餘、張耳都是魏國大梁人，兩人早年互相傾慕，結爲刎頸之交。兩人一起遭通緝而改名换姓藏匿民間，又一起投奔陳勝義軍共同輔佐陳勝攻城略地，後來又一起擁立武臣、趙歇爲王，直到陳餘爲將、張耳爲相。但是，在後來秦漢之際的複雜形勢下，兩人由於争權奪勢，竟至於互相攻殺，最後以張耳投奔漢王劉邦斬殺陳餘告終。事見《史記·張耳陳餘列傳》。

④光初：猶言“最初的交情還是值得肯定的”。

⑤竇、灌：竇嬰、灌夫。竇嬰、灌夫都是漢景帝的重臣，後來都因爲與武安侯田蚡結怨而失勢。由於共同的利害關係，竇嬰、灌夫互相聯合起來與田蚡抗衡。兩人勢力不敵田蚡，竟被田蚡設計謀害，結果灌夫罪至滅族，竇嬰罪至棄市，故謂之“凶終”。事見《史記·魏其武安侯列傳》。

［**譯文**］

有人問：“結交朋友應當堅持什麽原則?”揚子説：“堅持仁愛之心。”再問：“應當怎樣評價陳餘、張耳之間的交情?”揚子説：“他們最初的交情還是值得肯定的。”又問：“應當怎樣評價竇嬰、灌夫之間的交情?”揚子説：“他們相互勾結與人爲敵，招致雙雙被殺的大禍。”

［**按語**］

陳餘、張耳是朋友反目成仇以至相互殘害的典型，竇嬰、灌夫是朋友相互勾結與人爲敵招致殺身之禍的典型。前者是以勢利相交，後者是以意氣相交。雖然二者相交的感情基礎很不相同，但結果却是一樣的——都是以失敗告終。

揚雄認爲，以利交與以氣交都難免構怨致禍，唯有堅持以仁愛之心與人相交，纔能避免交友不慎可能出現的灾禍。有仁愛之心，則爲人寬厚、待人寬容。爲人寬厚則不與人結怨，待人寬容則難招人怨恨。遠怨恨，身自安。

古訓有“君子之交淡如水”，俗諺云“淡淡相交得久長”，都無非是誡人勿“相交以利”。彼此都不是爲利而來、不是爲利而往，其交往則無害矣。

10.24

或問：“信?”曰：“不食其言。”“請人?”曰：“晋荀息①，趙程嬰、公孫杵臼②，秦大夫鑿穆公之側③。”問：“義?”曰：“事得其宜之謂義④。”或問：“季布忍⑤，焉可爲也?”曰：“能者爲之，明哲不爲也。”或曰：“當布之急，雖明哲如之何?”曰：“明哲不終項仕⑥，如終項仕，焉攸避?”

［**注釋**］

①荀息：晋獻公的大夫，公子奚齊的太傅。奚齊是晋獻公寵妃驪姬所生。驪姬爲了使奚齊繼位，先是設計害死世子申生，後又逼走公子重耳、夷吾。獻公臨死時將奚齊托付給荀息，要他擁立奚齊繼位，并問荀息説：“寡人聞‘士之立身，忠信爲本’。何以謂之忠信?”荀息回答：“盡心事主曰忠，死不食言曰信。”後來大夫里克勸説荀息改變擁立奚齊的主意，荀息説：“我既以忠信許先君矣，雖無益，敢食言乎?”奚齊後來被里克等人所殺，荀息便要觸柱而死。事見《左傳·僖公四年》。

②程嬰、公孫杵臼：二人都是春秋時晋國人，同爲大夫趙朔門客。趙朔遭權奸屠岸賈陷害，獲滅門之罪。二人答應趙姬拯救趙氏遺孤趙武，設下計謀：用程嬰兒子與趙武掉包，救下趙武由程嬰撫養成人；公孫杵臼將假趙武藏匿家中，由程嬰去告發，讓屠岸賈搜走假趙武，公孫杵臼因此被殺。事見《史記·趙世家》。

③秦大夫：指秦穆公時的大夫奄息、仲行、鍼虎兄弟三人。據説三人

曾允諾爲秦穆公殉葬，穆公死，兄弟三人皆自殺以殉。鑿：通“族”，謂滅族以殉葬。子車氏之三子皆自殺以殉，故爲“滅族”。《南史·齊廢帝紀》：“先是永明世，市里小兒以鐵相擊於地，謂之鬥鑿。鑿之爲言，族也。至是宗室族滅。”

④事得其宜：做自己應該做的事情。《釋名·釋言語》：“義，宜也，裁制事物使合宜也。”

⑤季布：楚人，項羽猛將，曾數困劉邦。劉邦滅楚之後，懸賞千金緝捕季布。爲逃避劉邦追捕，季布曾假扮刑徒，并賣身給朱家爲奴。後得朱家相助引見汝陰侯滕公，由滕公向劉邦陳情，使季布不僅得以赦免，而且被劉邦拜爲郎中。漢惠帝時，季布爲中郎將、河東郡守。漢文帝要他作御史大夫，季布婉辭。季布重死，受辱而不羞，故謂之能“忍”。季布守信用，楚人有“得黄金百斤，不如得季布一諾”的諺語。

⑥明哲不終項仕：明白事理就不該一直追隨項羽。

［**譯文**］

有人問：“怎樣纔叫做守信用？”揚子説：“不違背對别人的承諾。”問者説：“請舉出具體的人來。”揚子説：“晉國的大夫荀息，趙朔的門客程嬰、公孫杵臼，秦大夫子車氏弟兄滅族爲秦穆公殉葬。”又問：“怎樣做纔算是義呢？”揚子説：“做的是自己應該做的事情，這樣纔能算是義。”又有人問道：“像季布那樣忍辱貪生的事情，哪能做呢？”揚子説：“能够那樣做的人就做，明白事理的人是不會那樣做的。”問者説：“遇到季布 那樣的急難，即使明白事理又能怎樣呢？”揚子説：“明白事理就不該一直追隨項羽，如果一直追隨項羽，他哪能躲得過急難呢？”

［**按語**］

揚雄將“信”、“義”、“明哲”放在一起來討論，是有他的用意的。“信”、“義”屬於道德層面，而“明哲”屬於智慧層面。即使同屬於道德層面的“信”、“義”，也有輕重之分。“信”是很表面化的概念，衹要“不食其言”都可以謂之“信”。單就這一方面説，荀息、程嬰、公孫杵臼、子車氏之三子、季布等人都具有“信”的美德。但是，比“信”更重要的是“義”。“義”强調的是是非問題，是需要作出正確選擇的，“信”而不“義”，也是不值得稱道的。揚雄之所以在舉例説明“信”之後，緊接着就討論“義”，并且没有對“不食其言”的幾個人表示褒貶，就是爲了讓人們去考慮他們是否都是“事得其宜”。揚雄之所以在討論“信”、“義”之後，插入“季布忍”一問，就是爲了强調“明哲”的重要性。

揚雄在《法言·問明》序中特别申説：“明哲煌煌，旁燭無疆，遜於不虞，以保天命。”揚雄并不鄙視季布的忍辱貪生，故云“能者爲之”。揚雄爲季布感到惋惜的是季布選錯了主子而且一直追隨到底，以至於不得不“忍”。因此，“明哲”關乎人生道路的選擇，這纔是最關緊要的大事情。

10.25

或問：“賢①？”曰：“爲人所不能。”“請人？”曰：“顔淵、黔婁、四皓、韋玄②。”問：“長者③？”曰：“藺相如申秦而屈廉頗④，欒布之不塗⑤，朱家之不德⑥，直不疑之不校⑦，韓安國之通使⑧。”

［注釋］

①賢：道德或才能非常杰出的人。《六書故》：“賢，貨貝多於人也。引伸之，則德行道藝逾人者謂之賢。”故揚雄以“爲人所不能”釋之。

②顔淵：孔子非常賞識顔淵，因爲顔淵具有“一簞食，一瓢飲，在陋巷，人不堪其憂，回也不改其樂”、“好學，不遷怒，不貳過”、“不違仁”

等别人難以做到的優秀品質。黔婁：春秋末期魯國人。據皇甫謐《高士傳》記載，齊、魯之君都曾備厚禮聘請黔婁爲其卿相，黔婁均拒絕不受。他被視爲安貧樂道的"高士"。四皓：指秦末高士東園公、綺里季、夏黄公、角里先生。四人避秦時亂一起隱居商山，皆高壽，須髮盡白，時人謂之"商山四皓"。漢初，劉邦召"四皓"入朝做官，均不應召。後來劉邦欲廢太子，吕后用張良計迎"四皓"入朝輔佐太子，使劉邦打消了廢太子的念頭。韋玄：即韋玄成。韋氏一家世代大儒，其父韋賢漢昭帝時爲五經博士，宣帝時官至丞相，封扶陽侯。玄成繼修父業，元帝時官至丞相。據傳載，其父韋賢死，爲了讓其兄襲受父爵，玄成佯裝瘋癲以避，被世人傳爲美談。事見《漢書・韋賢傳》。

③長（zhǎng）者：爲人恭謹厚道自尊自重的人。《韓非子・詭使》："重厚自尊，謂之長者。"

④申秦而屈廉頗：猶"申秦而屈於廉頗"，即"敢於申斥秦王却對廉頗表示屈服"。事見《史記・廉頗藺相如列傳》。

⑤樂布之不塗：一本作"樂布之不倍"，謂"樂布不忘報人恩德"。據《史記・季布樂布列傳》記載，樂布與彭越爲貧賤之交，後來彭越佐劉邦滅楚被封爲梁王，樂布則成爲燕王臧荼部將。臧荼謀反失敗被殺，樂布成爲俘虜。彭越向劉邦求情并出錢爲樂布贖罪，還讓樂布作了梁大夫。再後來彭越謀反被夷三族，彭越被梟首於洛陽城下，劉邦詔諭："有敢收視者輒捕之。"樂布不顧禁令，竟然公開祭奠彭越并伏尸痛哭，并因此險遭梟殺。

⑥朱家之不德：謂"朱家救人不圖報答"。朱家是秦漢時期的大游俠，司馬遷説他"振人不贍，先從貧賤始。……專趨人之急，甚己之私。既陰脱季布將軍之厄，及布尊貴，終身不見也"。事見《史記・游俠列傳》、《史記・季布樂布列傳》。"不德"，不認爲是恩德。

⑦直不疑之不校：謂"直不疑不與人計較金錢名利"。直不疑，漢文帝時人，歷官文、景、武帝三朝，官至御史大夫，封塞侯。其"不校"的事例如：同舍者有人誤拿了别人的錢回家，失主懷疑是直不疑竊其錢財，直不疑不僅不爲自己辯白，反而買金償還失主；後來誤拿錢財的人回來，將

錢財退還失主，令那位“亡金者大慚”。又如有人妒嫉直不疑貌美而誣蔑他跟嫂子有奸情，他也不辯解，其實他連哥哥都沒有，哪來什麼嫂子？事見《史記·萬石張叔列傳》

⑧韓安國之通使：韓安國，字長孺，初事梁孝王劉武，後官至漢景帝御史大夫。梁孝王是漢景帝同母弟，很受其母竇太后偏愛。梁孝王倚仗母親偏愛，在其封國幹了很多僭越禮法的事，弄得弟兄關係非常緊張，竇太后也甚感憂慮。韓安國作爲梁孝王使臣進京，在景帝面前極力爲梁孝王辯解，使景帝消除了對梁孝王的怨恨。事見《史記·韓長孺列傳》。

［譯文］

有人問：“怎樣纔稱得上賢人?”揚子說：“能做到一般人所不能做到的事情的人。”問者說：“請舉出具體的人來。”揚子說：“就像顔淵、黔婁、商山四皓和韋玄成那樣的人。”又問：“什麽樣的人纔稱得上長者呢?”揚子說：“像藺相如那樣，敢於申斥秦王却忍受廉頗的挑釁；像欒布那樣，甘冒生命危險也不忘報答彭越的恩德；像朱家那樣，爲人排憂解難却從不希圖别人的報答；像直不疑那樣，從不計較别人對自己的誤會甚至誣蔑；像韓安國那樣，竭盡全力溝通漢景帝與梁孝王之間的感情。”

［按語］

對一般人來説，最難做到的莫過於放棄對權勢和名利的追求。因其難能而可貴，所以能够做到的便是“賢人”。其實，人生最大的考驗就是兩件事：生死和名利。揚雄珍愛生命，强調“明哲保身”，不主張“殺身以成仁”，所以他的“賢人”標準不包括捨生忘死的内容。這是一個很值得研究和討論的問題。

至於揚雄所稱許的“長者”風範，則屬於儒家的傳統道德規範，如藺相如的顧全大局、欒布的知恩必報、朱家的樂於助人、直不疑的不與人計較和韓安國的不辱使命等。

10.26

或問："臣自得[①]？"曰："石太僕之對[②]，金將軍之謹[③]，張衛將軍之慎[④]，丙大夫之不伐善[⑤]。""請問臣自失[⑥]？"曰："李貳師之執貳[⑦]，田祁連之濫帥[⑧]，韓馮翊之愬蕭[⑨]，趙京兆之犯魏[⑩]。"或問："持滿[⑪]？"曰："扼［欹］[⑫]。"

［注釋］

①自得：使自己有所得，意爲"對自己有益"。

②石太僕之對：石慶曾官漢武帝太僕（給皇帝駕車的官），故謂之"石太僕"。有一次石慶爲漢武帝駕車外出，武帝突然問他"車中幾馬"，石慶没有立即回答，而是用馬鞭指着馬一個一個地數，數完之後舉手回答説"六馬"。這就是所謂"石太僕之對"。

③金將軍之謹：金日磾本是匈奴休屠王太子，降漢後以其忠誠謹慎被漢武帝授以侍中駙馬都尉、車騎將軍，成爲武帝近臣。金日磾在漢武帝身邊數十年，"目不忤視"、屢辭封賞，"其篤慎如此，上尤奇异之"。武帝臨崩，囑霍光與金日磾共輔年幼的漢昭帝。事見《漢書·霍光金日磾傳》。

④張衛將軍之慎：張安世歷仕漢武、昭、宣三朝，宣帝時授衛將軍、兩宫衛尉，故謂之"衛將軍"。張安世以處事謹慎周密著稱，與霍光定策廢昌邑王、立漢宣帝，以功勞卓著拜大司馬、領尚書事。《漢書》記其"職典樞機，以謹慎周密自著，内外無間。每定大政，已决，輒移病出；聞有詔令，乃驚，使吏之丞相府問焉。自朝廷大臣莫知其與議也"。又謂："嘗有所薦，其人來謝，安世大恨，以爲舉賢達能，豈有私謝邪？"事見《漢書·張湯傳》。

⑤丙大夫之不伐善：丙吉，漢武帝時任廷尉右監，宣帝時官至御史大夫、丞相。在"衛太子事件"中，尚不滿周歲的皇曾孫亦被囚禁獄中。時

任廷尉監的丙吉選擇兩名女犯輪流乳養皇曾孫，并且每日親自查驗，不准有絲毫虐待。昌邑王被廢後，丙吉又奏記霍光，建議立皇曾孫爲帝，是爲宣帝。《漢書·丙吉傳》謂“吉爲人深厚，不伐善。自曾孫遭遇，吉絶口不道前恩，故朝廷莫能明其功也。”“伐善”謂夸耀自己的功勞。

⑥自失：使自己有所失，意爲“對自己有害”。

⑦李貳師之執貳：漢武帝爲了得到大宛國貳師城的良馬，於“太初元年，以（李）廣利爲貳師將軍，發屬國六千騎及郡國惡少年數萬人以往”。李廣利在征伐大宛的戰役中，患得患失，多次損兵折將，曾以“道遠，多乏食……人少，不足以拔宛”爲借口請求武帝允許退兵，被武帝拒絶。漢武帝征和三年，李廣利率師七萬騎伐匈奴，兵敗後投降匈奴，後爲匈奴所殺。“執貳”指李廣利帶兵伐宛之役。事見《漢書·張騫李廣利傳》。

⑧田祁連之濫帥：漢宣帝本始二年，宣帝任命御史大夫田廣明爲祁連將軍，與范明友、趙充國、韓增、田順共五路兵馬夾擊匈奴。戰鬥中，田廣明有意避開匈奴主力，後又未經朝廷允許，也不同其他四路統帥商議而擅自撤兵，致使其他四路人馬也衹好半途折回。事發，田廣明下獄自殺。事見《漢書·宣帝紀》和《漢書·酷吏傳》。“濫帥”謂濫行主帥職權。

⑨韓馮翊之愬蕭：漢宣帝年間，蕭望之遷御史大夫，由原東海太守韓延壽接任蕭望之之左馮翊。蕭望之妒嫉韓延壽聲望超過自己，便彈劾韓延壽在東海郡任内有虚耗錢糧情節。韓延壽知道後，也四處搜集蕭望之在左馮翊任内的不法事實并上書彈劾。誰知辦案人見蕭望之正得宣帝信任，便衹言蕭望之被誣而奏韓延壽有罪。宣帝下詔將韓延壽處死。事見《漢書·韓延壽傳》。“愬”謂告發。

⑩趙京兆之犯魏：漢宣帝時，京兆尹趙廣漢因私怨殺死同鄉榮畜，被人告發後，事歸丞相魏相查辦。趙廣漢得知魏相府中有婢女自殺，便誣告婢女自殺是魏相夫人脅迫所致，企圖以此要挾魏相。誰知魏相不懼要挾，趙廣漢竟帶人進入相府審訊魏相夫人。後來查清相府婢女係負罪被逐而羞憤自殺，與魏相夫人無關，於是趙廣漢以“妄殺無辜，鞫獄失實”罪被處腰斬。

⑪持滿：猶“止滿”，即“防止自滿”。《釋名·釋姿容》：“持，跱也，跱之於手中也。”《疏證補》引《爾雅》：“跱，止也。”

⑫扼：五臣注本作“扼攲”，今從之。“扼”謂扼守，猶言“嚴格控制”。“攲”爲古代宥坐之器，《荀子·宥坐》：“吾聞宥坐之器者，虛則攲，中則正，滿則覆。”攲器之用在於“守中”，既不能“虛”也不能“滿”。因自滿以致覆敗者，豈少也哉？故當以“中正”爲是。

［譯文］

有人問：“作臣子的怎樣纔能對自己有益？”揚子説：“要像石太僕那樣十分恭敬地對待君王的詢問，像金將軍那樣十分謹慎地侍奉君王，像張衛將軍那樣謹慎周密地履行職責，像丙大夫那樣從不夸耀自己的功德。”

又問：“請問作臣子的怎樣就會對自己有害？”揚子説：“像貳師將軍李廣利率師伐宛那樣患得患失，像祁連將軍田廣明攻伐匈奴那樣擅作主張，像左馮翊韓延壽告發蕭望之那樣同僚互毀，像京兆尹趙廣漢冒犯魏相那樣挾嫌報復。”

有人問：“怎樣纔能防止自滿？”揚子説：“像控制宥坐的攲器那樣堅守中正之道。”

［按語］

揚雄從“明哲保身”的角度論述爲臣之道，所以將石慶、金日磾作爲事君恭謹的成功典型，將張安世作爲處事慎密的成功典型，將丙吉作爲不居功自傲的成功典型。李廣利的失敗，在於他太多的私心雜念；田廣明的失敗，在於他濫用職權擅作主張；韓延壽的失敗，在於他心胸狹窄互相詆毀；趙廣漢的失敗，在於他不能自省而挾嫌報復。失敗的原因多種多樣，但萬變不離其宗，“自滿”是導致人們失敗的總根源，因此要“持（止）滿”。“持滿”之法在於“扼”，就是要嚴格約束自己，做到謹言慎行。反過來看，石慶、金日磾、張安世、丙吉四人成功的經驗，正是由於他們的謹言慎行。

10. 27

揚王孫倮葬以矯世①。曰："矯世以禮，倮乎？如矯世，則葛溝尚矣②。"

［注釋］

①揚王孫：《漢書》作"楊王孫"。楊王孫，名貴，字王孫，漢武帝時人，好黄老、尚節儉。倮（luǒ）葬：不用棺，僅以布裹尸而葬。矯世：謂改變厚葬的世俗風氣。

②葛溝：謂用葛布裹尸投入溝中。極言葬之儉。尚：即"上"，謂"以……爲上"。

［譯文］

楊王孫主張實行倮葬以改變厚葬的世風。揚子評論説："改變世風應當合乎禮義，實行倮葬就能行嗎？如果實行倮葬就能改變世風，那麽用葛布裹尸投入溝壑應當是最好不過的了。"

［按語］

黄老與楊墨之學均尚儉，針對儒學提倡"厚葬"的觀點而主張"薄葬"。"倮葬"是薄葬的極端形式。《荀子·正論》："太古薄葬，棺厚三寸，衣衾三領。"可見"薄葬"是一種儉約的喪葬儀式，絶非"倮葬"連棺也不用。

儒家提倡"厚葬"的目的是"厚人倫"，即培養人們的親情觀念和道德倫理。换言之，儒家是把葬禮作爲開展社會教化活動的重要手段。在揚雄看來，"倮葬"不僅有悖於人情、不利於社會教化，也不符合禮制，所以表示反對。不過，揚雄反對"薄葬”是有分寸的，絶不是主張炫耀富有或暴殄天物，這個分寸就是“禮”，所以他説“矯世以禮”。

10. 28

或問：“《周官》[①]？”曰：“立事[②]。”“《左氏》[③]？”曰：“品藻[④]。”“太史遷[⑤]？”曰：“實録[⑥]”。

［注釋］

①《周官》：指《周禮》。《周禮》是關於周代制度和設官分治的書，分《天官》、《地官》、《春官》、《夏官》、《秋官》、《冬官》六篇。

②立事：確立政事，即設官分治，使朝廷官吏各司其職。

③《左氏》：即《左氏春秋》，又稱《春秋左氏傳》，亦簡稱《左傳》。

④品藻：猶“品評”，謂鑒定評論歷史人物和事件，作出或褒或貶的評價。據説《春秋》爲孔子所作，孔子作《春秋》的目的就是爲了“寓褒貶”而使“亂臣賊子懼”。又説《左傳》是注釋《春秋》的著作，所以揚雄答以“品藻”。

⑤太史遷：指“司馬遷”，這裏指司馬遷所著的《太史公書》，即《史記》。

⑥實録：對歷史的真實記録。《漢書·司馬遷傳·贊》：“其文直，其事核，不虛美，不隱惡，故謂之實録。”

［譯文］

有人問：“《周禮》是怎樣一部書?”揚子説：“是一部介紹周代設官分治情況的書。”再問：“《左氏春秋》是怎樣一部書?”揚子説：“是一部品評春秋歷史事件和人物的書。”又問：“太史公司馬遷的《史記》是一部什麽樣的書?”揚子説：“是一部關於上自五帝下迄漢武的幾千年歷史的真實記録。”

［按語］

因爲《重黎》一卷是品評自孔子以來的“國君將相卿士名臣”的專章，所以有必要交待與自己品評對象相關的資料的來源。卷末所列的《周禮》、《左傳》、《史記》以及對這三部書的評價，頗類今人文末所附的“參考文獻”。本卷大多數品評對象的相關事迹都是出自《史記》，故特别强調《史記》是“實録”，這無疑是爲了向讀者表明作者所據資料和自己評價的真實性和可靠性。

《淵騫》卷第十一

序

仲尼之後，迄於漢道，德行顏、閔[①]，股肱蕭、曹[②]。爰及名將尊卑之條[③]，稱述品藻[④]。撰《淵騫》。

［注釋］

①德行：道德和品行。這裏隱含"德行最優秀"的意思。顏、閔：顏淵、閔子騫。顏淵的情況介紹見前。閔子騫以純孝著稱，據《史記·仲尼弟子列傳》記載：冬天，後母衹給親生兒子棉衣穿，讓閔子騫和弟弟穿蘆花填心的衣服。父親知道以後便要休棄後母，子騫勸阻父親說："母在一子單，母去四子寒。"後母非常後悔，後來待諸子如一。

②蕭、曹：蕭何、曹參。二人都是漢朝的開國功臣，分别是西漢的第一任和第二任丞相。

③爰及：表示另起話題的連詞，猶言"至於"。尊卑：指品行的優劣和才能的大小。條：謂"分條陳述"。

④品藻：猶言"品評"。《漢書·揚雄傳》顏師古注："品藻者，定其差品及文質。"所謂"定其差品及文質"，即論定其優劣是非，亦即"品評"之意。

［譯文］

孔子之後一直到漢朝，道德品行的楷模是顔淵和閔子騫，輔佐君王最得力的是蕭何與曹參。至於其他名將才德的高下，將逐一介紹，并予以稱述和品評。爲此，撰《淵騫》一卷。

［按語］

從内容上看，本卷是上一卷的續編，即繼續品評自孔子以來的歷史人物。

11.1

或問："淵、騫之徒惡乎在①？"曰："寢②。"或曰："淵、騫曷不寢？"曰："攀龍鱗，附風翼③，巽以揚之④，勃勃乎其不可及也⑤。如其寢⑥！如其寢！七十子之於仲尼也，聞所不聞，見所不見，文章亦不足爲矣⑦"。

［注釋］

①淵、騫之徒：顔淵、閔子騫的同學，即下文的"七十子"，猶言"顔淵、閔之騫之外的孔子的其他學生"。"徒"謂徒黨，即同一派别的人。

②寢：猶"藏"，猶言"湮没無聞"。《廣雅・釋詁》："寢，藏也。"疏證："寢者，人所寢息，故爲藏也。"

③攀龍鱗，附鳳翼：意爲"因爲受到孔子的夸贊而留下美好的名聲"。在孔子的衆多弟子中，被孔子賞識而受到高度夸贊的衹有淵、騫二人。故《史記・仲尼弟子列傳》將淵、騫列在首位。

④巽（xùn）：謂"風"。《周易》八卦中巽卦象風。"風"指社會輿論。漢武帝罷黜百家，儒學定於一尊，聖人所贊，百姓趨同，故曰"巽以揚之"。

⑤勃勃乎：勃勃然，此處猶言“（聲名之）鵲起”。

⑥如其寢：同“如何其寢”，意爲“怎麽會湮没無聞”。

⑦文章亦不足爲矣：七十子在孔子那裏“聞所不聞，見所不見”，傳述孔子尚猶不及，故個人立言著述之事“不足爲矣”。“不足”謂時間不足，猶言“來不及”。

［**譯文**］

有人問：“顔淵、閔子騫的同學們在哪裏啊？”揚子説：“湮没無聞。”又問：“顔淵、閔子騫爲什麽没有湮没無聞？”揚子説：“他們就像拉住了龍的鱗片，附着在鳳的翅膀上，被風揚起一樣，聲名蓬勃向上是别人無法追趕得上的。他們怎麽會湮没無聞呢！怎麽會湮没無聞呢！七十子這些孔子的嫡傳弟子在孔子身邊，每天都會聽到從來没有聽到過的、見到從來没有見到過的新東西，（他們傳述這些見聞尚且時間不够，）寫文章著述立言就來不及了。”

［**按語**］

揚雄在這裏試圖説明以下幾個問題：一是孔子嫡傳弟子爲什麽都没有留下個人的著述，二是一個人的成名與著名人物的提携與扶持關係極大，三是個人著述的重要性。

儘管揚雄并没有否認淵、騫德行美好的用意，但是他確實感到二人的美名傳天下是跟孔子給予他們極高的贊譽有關係。因爲在“七十子”中，淵、騫二人是地地道道的一介平民，以一介平民而能名滿天下，若非聖人的贊譽而“巽以揚之”，那是不可以想象的。

聯想到聖人不再，自己是無“龍”可攀、無“鳳”可附的遭際，揚雄“欲求文章成名於後世”的思想便不難理解了。揚雄心目中的“龍鳳”絶不是權勢者，他在政治上守志不移、自甘寂寞，因爲他有一個人生理想在支撑着他，這就是“欲求文章成名於後世”。而且他把夢做得很大，“以爲經莫大於《易》，故作《太玄》；傳莫大於《論語》，作《法言》；……用心於内，不求於外”，這就是他的“成聖之志”。

11.2

君子絶德，小人絶力①。或問：“絶德？”曰：“舜以孝，禹以功，皋陶以謨②，非絶德邪？”“力？”“秦悼武、烏獲、任鄙③，扛鼎抃牛④，非絶力邪？”

［注釋］

①絶德：謂“絶以德”，意爲“憑借德行遠超衆人”。“絶”謂超絶，即遠遠超過。絶力：謂“絶以力”，意爲“憑借力氣遠超衆人”。

②舜以孝：舜的父親是非莫辨，母親剛愎自用，弟弟桀驁不馴。但舜以他的至孝之心，使一家人仍然能够和諧相處。《尚書·堯典》：“父頑，母嚚，象傲。克諧以孝。”禹以功：禹平治水土，劃定九州而功在天下。皋陶（yáo）以謨：皋陶是舜時掌管刑獄之事的大臣，以善謀著稱，《尚書》有《皋陶謨》。“謨”同“謀”。

③秦悼武：即秦武王，於前310—前307年在位，以勇力著稱，故重用勇力之士，烏獲、任鄙二人皆以勇力爲其所用。三人事迹見《史記·秦本紀》。

④扛（gāng）：用雙手對舉重物。抃（biàn）：用手搏擊。

［譯文］

君子憑借德行而超凡卓絶，小人憑借力氣而超凡卓絶。有人問：“怎樣算是憑德行而超凡卓絶？”揚子説：“舜以其純孝而受人敬仰，禹以其大功而受人敬仰，皋陶以其善謀而受人敬仰，他們不都是憑着德行而超凡卓絶的嗎?”又問:“怎樣算是憑力氣而超凡卓絶?”揚子説:“秦武王、烏獲、任鄙,都能兩手舉鼎、徒手搏牛,他們不就是憑着力氣而超凡卓絶的嗎?”

［按語］

揚雄堅持儒家的道德觀而“尚德”、“尚智”,所以認爲品德與智慧出衆的人纔配稱“君子”,僅靠力氣過人的一介武夫仍然是“小人”。

11.3

或問:“勇?”曰:“軻也。”曰:“何軻也?”曰:“軻也者,謂孟軻也。若荆軻,君子盜諸[①]。”“請問孟軻之勇?”曰:“勇於義而果於德,不以貧富貴賤死生動其心[②]。於勇也,其庶乎[③]!”

［注釋］

①荆軻:戰國末期衛國人,後徙燕國,爲燕太子丹刺殺秦王(始皇),事敗被殺。其事迹載《史記·刺客列傳》。盜諸:猶“盜之”,即“視他爲强盜”。

②不以貧富貴賤死生動其心:是指孟子所説“富貴不能淫,貧賤不能移,威武不能屈,此之謂大丈夫”(《孟子·滕文公下》)。

③其庶乎:大概差不多吧!

［譯文］

有人問:“誰是最勇敢的人?”揚子説:“是軻。”又問:“是哪一個軻啊?”揚子説:“我所説的軻,當然是孟軻。像荆軻那樣的人,是被君子視爲强盜的。”問者又説:“請問孟軻的勇敢表現在什麽地方?”揚子説:“他在捍衛仁義的原則上非常勇敢,在維護道德真理時堅毅果斷，從來没有在面臨貧富、貴賤、生死的抉擇時動摇過自己的信念。相對於勇敢的標準來説，這也就差不多了吧！”

［按語］

在儒家的傳統道德觀念中，“勇”不是一個中性的概念，“勇”是跟“義”聯繫在一起的。因此，不問是非曲直的不惜一死是不值得稱道的，不是真正意義上的“勇”，充其量是所謂“匹夫之勇”。在揚雄看來，荆軻等刺客的行爲都不是真正意義上的“勇”，這跟他“君子絶德，小人絶力”的觀念是一致的。

揚雄之所以認爲孟軻是真正勇敢的人，是因爲孟軻堅持儒家的仁義原則，成爲第一個向封建君權發起挑戰的人，孟子説：“民爲貴，社稷次之，君爲輕。”（《孟子·盡心下》）三國魏人王肅傳《孔子家語》時發展了孟子的這一思想，提出了“君者，舟也；庶人者，水也。水所以載舟，亦所以覆舟”的觀點。關於個人道德的標準，孟軻毫不含糊地指出：“富貴不能淫，貧賤不能移，威武不能屈，此之謂大丈夫。”孟子提出的這一道德標準，成爲兩千多年來中國封建時代的知識分子用以自警自律的道德信條，意義和影響非常深遠。應當説，揚雄的政治眼光是非常敏鋭的。

11.4

魯仲連傷而不制①，藺相如制而不傷②。或問：“鄒陽③？”曰：“未信而分疑④，慷辭免罿⑤，幾矣哉⑥！”或問“信陵、平原、孟嘗、春申⑦，益乎？”曰：“上失其政，奸臣竊國命⑧，何其益乎？”

［注釋］

①魯仲連：戰國時齊國人，性格豪放而不圖仕宦，善於出謀劃策，喜歡爲人排難解紛，其“義不帝秦”的主張表現了他不畏强權的性格特點。事見《史記·魯仲連鄒陽列傳》。傷而不制：豪放而不檢束。“傷”猶“蕩”，放縱個性。“制”謂“自制”，檢束個性。

②制而不傷：檢束個性而不放縱，猶言“委曲求全”。

③鄒陽：漢初齊人，智略超群而剛直不阿。曾爲梁孝王賓客，受梁孝王寵臣羊勝、公孫詭等人讒害而下獄，於是慷慨陳詞撰成《獄中上梁王書》爲自己辯冤。梁孝王讀後深受感動，不僅釋放了鄒陽，而且擢爲上等賓客。

④未信而分疑：未被信任而倍受懷疑。

⑤忼辭免罿（chōng）：憑着慷慨的言辭纔得以免受灾禍。“忼”同“慷”。“罿”是一種捕鳥的網，以喻灾禍。

⑥幾：謂“幾乎被殺”，猶言“危殆”。

⑦信陵、平原、孟嘗、春申：四人即所謂“戰國四公子”。魏國的信陵君無忌，趙國的平原君趙勝，齊國的孟嘗君田文，楚國的春申君黄歇，他們都是王室成員，并且多攝朝政、廣養門客而擁權自重。

⑧奸臣竊國命：是説“四公子”身爲上卿，却擁權自重，幹了不少損害自己國家的事情。如信陵君“竊符救趙”；平原君自己貪圖韓國土地而使趙國遭到戰禍加速了趙國的滅亡；孟嘗君熱衷於權勢，先後擔任過秦國、齊國、魏國的國相，爲了追名逐利，不惜勾引外敵攻打自己的祖國；春申君則如吕不韋，納李園之妹爲妾，使之有孕後獻給楚王，企圖寄子竊國。

［譯文］

魯仲連性情豪放而不委屈自己，藺相如委曲求全而從不放縱。有人問：“鄒陽是怎樣一個人？”揚子説：“他未被信任却倍受懷疑，多虧慷慨陳詞纔得以幸免，他的處境真够危險啊！”又有人問：“信陵君、平原君、孟嘗君和春申君，他們有益於自己的國家嗎?”揚子説:“他們使國君喪失了自己的權力,充當奸臣竊取國家權柄,對國家哪有什麽益處呢?”

［按語］

戰國四公子的共同特點是“好客”,這一特點使他們贏得後世不少人的欽佩和贊賞。但是,以歷史家和政治家的眼光來看待四公子的“好客”,却不過是一種擁權自重、圖謀不軌的行爲。揚雄判之以“奸臣竊國命”可能有些過分,但是也并非誣妄之詞。王安石則針對四公子之所養,認爲無非是“鷄鳴狗盜之出其門”,因此孟嘗君亦就是個“鷄鳴狗盜之雄耳”(《讀孟嘗君傳》)。司馬遷説:“吾嘗過薛,其俗閭里率多暴桀子弟,與鄒、魯殊。問其故,曰:孟嘗君招致天下任俠、奸人入薛中蓋六萬餘家矣。”(《史記·孟嘗君列傳》)足見戰國四公子之養士,實在有其不可告人的目的,并非如他們所宣稱的那樣是爲了“賴其力以脱於虎豹之秦”。至於信陵君之“竊符救趙”,春申君之“寄子竊國”,平原君之“自私禍國”,大率爲“奸臣”之所爲。由此,可見揚雄識人之深與政治眼光之犀利。

11.5

樗里子之智也①,使知國如葬②,則吾以疾爲蓍龜③。

［注釋］

①樗(chū)里子:名疾,秦惠王异母弟,滑稽多智,號爲“智囊”,歷仕惠王、武王、昭王三朝爲秦國相。因其墳墓在渭南陰鄉樗里,故後世民間謂之“樗里子”。

②知國如葬:預知國運能像他預知自己的墓地一樣。《史記·樗里子甘

茂列傳》記載，樗里子生前曾預言："後百歲，是當有天子之宫夾我墓。"他死後大約一百年的西漢初年，在他墓地的東邊修建了長樂宫，西邊修建了未央宫。似乎果如其言。

③蓍龜：蓍草和龜板。古人常用蓍草或龜板占卜吉凶。

［**譯文**］

樗里子的智慧，假使用來預知國家命運也能像預知他墓葬一樣準確，那麼我就把他樗里子當做蓍草和龜板。

［**按語**］

"智"有兩種含義。一是認識論意義上的"智"，今語謂之"智慧"；一是倫理意義上的"智"，今語謂之"明智"。"樗里子之智"中的"智"，應當是認識論意義上的"智"，即"智慧"。

揚雄反對迷信，不僅不相信鬼神，而且堅持科學的認識論，他説："見而知之者，智也。"（《太玄·玄摛》）一般人認爲，同《易經》一樣，《太玄》也是占卜之書。如果是占卜之書，何以會有"見而知之者，智也"之説？可見，《太玄》絶非一般的占卜之書。這就頗類嚴君平之賣卜，其實嚴君平并非宿命論者，他在《老子指歸》卷八中説："患生於我，不由於天；福生於我，不由於天。伺命在我，何求於天？"這樣的反宿命思想，竟然出自一個靠賣卜維持生計的人，豈非咄咄怪事？

其實，揚雄根本不相信《史記》所載樗里子預知自己墓地命運的事，所以纔用了一個表示假設的"使"字。

11. 6

周之順、赧以成周而西傾①，秦之惠文、昭襄以西山而東并②，孰愈？曰："周也羊，秦也狼。""然則狼愈與?”曰：“羊、狼一也。”

［注釋］

①周之順、赧：即周慎靚王、周赧王。慎靚王在位僅 6 年（前 320—前 315 年），赧王在位 59 年（前 314—前 256 年），他們是周朝最後的兩位天子。成周：本西周東都洛邑（今河南洛陽一帶）。平王東遷，將都城從鎬京（今陝西長安附近）遷到洛邑，是爲“東周”（春秋時代的開始）。西傾：本謂太陽西下，這裏指滅亡。

②秦之惠文、昭襄：即秦惠文王、秦昭襄王。惠文王是秦孝公的兒子，在位 27 年，繼承孝公富國强兵政策，使秦國迅速强大起來。昭襄王在位 56 年，繼承惠文王不斷向東擴張的發展戰略，滅掉周朝以後，又繼續蠶食兼并山東其他諸侯國，爲秦孝文王、秦王政（始皇）最後吞并山東六國統一天下奠定了堅實的基礎。西山：猶“山西”，與“山東”相對。秦自襄公始立國，至孝公方擁有今陝西省轄境的土地，此前勢力範圍都没有越過“山東”，但是爲惠文王、昭襄王的東擴奠定了堅實的基礎。所以，這裏的“西山”指代至秦孝公爲止的秦國的基業。東并：向東兼并，即兼并山東各國。

［譯文］

周慎靚王與周赧王，因爲周平王東遷成周而最終滅亡；秦惠文王與秦昭襄王，憑着先輩開創的基業而向東擴張，他們誰更值得效仿？揚子認爲：“周人像羊一樣軟弱，秦人像狼一樣凶狠。”有人説：“這樣看來，那麽不是狼更值得效仿嗎?”揚子説：“像羊一樣的軟弱和像狼一樣的凶狠，都同樣是不對的。”

［按語］

秦孝公用商鞅法家之術治國而崛起，惠文、昭襄則憑借武力以霸道而稱雄。在揚雄看來，秦既不以禮樂興，又不以王道治，縱然强大，也是不值得贊許的。

11.7

或問："蒙恬忠而被誅①，忠奚可爲也？"曰："塹山堙谷②，起臨洮③，擊遼水④，力不足而死有餘⑤。忠不足相也⑥。"

［注釋］

①蒙恬（？—前210年）：一家三代爲秦將，爲秦滅六國統一天下立下赫赫戰功。秦朝建立以後，蒙恬官拜内史，率軍30萬駐扎北方十餘年，驅逐戎狄，威鎮匈奴；又不惜耗費巨大財力和人力，修繕并連貫了原戰國各國長城，使長城成爲西起臨洮、東連遼東的萬里長城。後因趙高陷害，被逼自殺。事見《史記·蒙恬列傳》。

②塹山堙谷：掘山填谷。

③臨洮：今甘肅岷縣。

④擊遼水：據前人考證，"繫"與"擊"形似而訛，當作"繫遼水"，即連接到遼東。

⑤力不足：意爲"使不足者（百姓）耗盡了財力和勞力"。《史記·蒙恬列傳》："塹山堙谷，通直道，固輕百姓力矣。"

⑥不足相：不值得一看。"相"，視也。

［譯文］

有人問："蒙恬對秦忠心耿耿却遭殺害，忠誠的事情哪裏還做得啊？"揚子説："蒙恬率軍挖掘山嶺、填平山谷，將西起臨洮、東至遼東的各國長城連接起來，弄得天下百姓財力耗盡而且死了很多人。蒙恬這樣的忠誠是讓人瞧不起的。"

［按語］

對秦王朝最高統治者來説，蒙恬所做的一切是説得上"忠誠"的。但是，像蒙恬這樣爲了向一家一姓的統治者表示"忠誠”而不顧天下百姓死活的行爲，揚雄認爲是不值得稱道的。司馬遷對蒙恬的評價更差，他説：“夫秦之初滅諸侯，天下之心未定，痍傷者未瘳。而恬爲名將，不以此時强諫，振（賑）百姓之急，養老存孤，務修衆庶之和，而阿意興功，此其兄弟遇誅，不亦宜乎！”在司馬遷看來，蒙恬在修築長城這件事情上犯下了不可饒恕的罪行，簡直是死有餘辜！

11.8

或問：“吕不韋其智矣乎①？以人易貨②。”曰：“誰謂不韋智者與？以國易宗③。吕不韋之盗，穿窬之雄乎④？穿窬也者，吾見擔、石矣⑤，未見洛陽也⑥。”

［注釋］

①吕不韋（前？—前235年）：吕不韋原本陽翟（今河南禹縣）大商人，在趙國邯鄲遇到正在趙國作人質的秦國王孫子楚後，認爲子楚“奇貨可居”，便做起了他的政治買賣。吕不韋一方面西游秦國，通過賄賂太子安國君（後來的秦孝文王）寵姬華陽夫人，爲子楚謀得安國君繼承人的身份；另一方面，他選擇了趙國一位絶色善舞的歌姬，與她同居有孕後再將她送給子楚（後來的秦莊襄王）。子楚即位後，以吕不韋爲丞相，封文信侯，食河南洛陽十萬户。莊襄王即位三年後薨，趙姬所生子嬴政即位（即秦始皇）。從血緣上看，秦始皇其實是吕不韋的兒子。後因“嫪毐事件”，吕不韋被逼自殺。事見《史記·吕不韋列傳》

②以人易貨：把人變成貨物。指吕不韋認爲子楚“奇貨可居”和將趙姬送給子楚。

③以國易宗：爲了得到别人的國家而改變自己兒子的宗嗣。指獻趙姬事。

④穿窬（yú）：猶言“破户逾墻”，指盗賊。“穿”謂破門而入；“窬”

同“逾”，謂翻墻而入。《論語·陽貨》：“其猶穿窬之盜也與？”

⑤擔、石：兩種計量單位。按今制，一擔爲100斤，一石爲十斗。

⑥洛陽：指吕不韋被封爲文信侯，食洛陽十萬户。言下之意是：穿窬之盜僅偷得數百斤的財物，吕不韋偷到的是洛陽十萬户的食邑。

［譯文］

有人問："吕不韋恐怕是够聰明的了吧？他能够把人當做奇貨一樣囤積起來。"揚子説："誰説吕不韋是聰明的人啊？他不過是爲了得到别人的國家而不惜讓自己的兒子改變祖宗罷了。像吕不韋這樣的盜竊手段，不就是盜賊中的高手嗎？破門翻墻的盜賊，我衹見過偷得一擔財物一石米穀的，還没有見過像他這樣能够偷到一個洛陽城的。"

［按語］

此處評倫吕不韋所用的“智”，是倫理和道德雙重意義上的“智”，因此揚雄不認爲吕不韋是“智者”。司馬遷認爲吕不韋是一個貪圖虚名的人，這是從目的和出發點來看問題。而揚雄認爲吕不韋是强盜中的高手（“穿窬之雄”），這是從手段上來看問題。

11.9

秦將白起不仁[①]，奚用爲也？長平之戰四十萬人死，蚩尤之亂不過於此矣[②]。原野厭人之肉[③]，川谷流人之血。將不仁，奚用爲？“翦？[④]”曰：“始皇方獵六國而翦牙。欸[⑤]！”

［注釋］

①白起不仁：白起（？一前257年）是秦昭襄王的大將，屢戰獲勝，攻取韓、趙、魏、楚等國七十餘城，因功封武安君。長平之戰，大勝趙軍，

坑殺趙軍降卒四十萬人。後因功高震主，又爲相國范雎所讒，被逼自殺。坑殺降卒四十萬衆，故謂之“不仁”。

②蚩尤之亂：“蚩尤”是中國古代傳説中的部落酋長，與黄帝同時，以凶暴强悍著稱。傳説曾與黄帝大戰於涿鹿之野，殺得尸横遍野，死傷甚巨，即所謂“蚩尤之亂”。

③原野猒（yàn）人之肉：意爲“尸横遍野”。食飽曰“猒”，引申爲“滿足”，極言其多。

④翦：謂“王翦”。王翦是秦始皇的大將，在輔佐秦始皇消滅六國統一天下的戰争中功勛卓著，除韓國外，齊、楚、燕、趙、魏五國皆爲其所滅。

⑤牙：謂“鷹犬的爪牙”。以獵人喻始皇，則王翦爲鷹犬；鷹犬以爪牙獵物，故“牙”猶言“鷹犬”。欸：表示呵斥之聲。《説文》：“欸，訾也。”段注：“訾者，呵也。”《集韵》：“欸，怒聲也。”

［譯文］

秦將白起毫無仁愛之心，爲什麽要用這樣的人？長平之戰坑殺趙軍降卒四十萬人之多，蚩尤作亂的死傷人數也超不過這個數字。原野上布滿了人的尸體，河流和山谷中流淌着人的鮮血。作將帥而毫無仁愛之心，爲什麽要用這樣的人？有人問：“王翦又是個什麽樣的人呢？”揚子説：“秦始皇正在獵取六國的時候，而王翦就是他獵取六國時的鷹犬。哼！”

［按語］

古今戰例，兩軍交戰不殺俘虜。白起坑殺降卒達四十萬之衆，其“不仁”達於極點。但是，揚雄批判的矛頭并不止於白起個人，兩個“奚用爲”，表明揚雄是把批判的矛頭直接指向了秦國的最高統治者及其所執行的法家路綫。揚雄對王翦是不褒不貶的，其“欸”字所表示的憤恨情緒是針對秦始皇而不是針對王翦。

11.10

或問："要離非義者與[①]？不以家辭國[②]。"曰："離也，火妻灰子以求反於慶忌[③]，實蛛蝥之劘也[④]，焉可謂之義也？""政[⑤]？""爲嚴氏犯韓[⑥]，刺相俠累，曼面爲姊[⑦]，實壯士之靡也，焉可謂之義也？""軻[⑧]？""爲丹奉於期之首、燕督亢之圖[⑨]，入不測之秦，實刺客之靡也，焉可謂之義也？"

［注釋］

①要離：春秋時刺客。吴公子光（即後來的吴王闔廬）雇刺客專諸弑吴王僚而自立爲吴王以後，懼怕僚子慶忌報復，找到刺客要離爲他刺殺慶忌。要離獻計，讓闔廬斷其一臂并用火燒死其妻兒，以此獲得慶忌對要離的信任。要離約慶忌在衛國會見，商量謀殺闔廬一事。慶忌果然不疑，兩人乘船自衛返吴。要離突然刺向慶忌，慶忌身受重傷，未死，慶忌的隨從抓獲了要離。慶忌命令釋放要離，要離愧悔難當而伏劍自殺。事詳《吴越春秋·闔廬内傳》。

②以家辭國：因爲顧念家庭而違抗國君命令。

③火妻灰了：指要離讓闔廬燒死其妻兒事。"火妻"與"灰子"爲互文。求反於慶忌：意爲"以求給慶忌造成錯覺"。"反"猶言"錯覺"。

④蛛蝥：蜘蛛和斑蝥。蜘蛛結網以待獵物，班蝥噴毒霧突襲异類。要離刺殺慶忌，頗類蜘蛛、斑蝥之突襲异類，故以"蛛蝥"爲喻。劘（mó）：五臣注本作"靡"。下文兩處句式完全相同并作"靡"，當從五臣注本。"靡"猶"美"，猶言"特出者"或"英雄"。陸機《文賦》："或寄辭於瘁音，徒靡言而弗華。"注："靡，美好。"

⑤政：謂戰國時刺客聶政。聶政，魏國人。韓國大夫嚴仲子與韓相俠累有仇，請聶政刺殺俠累爲他報仇。聶政行刺後不得脱身，爲了不連累自

己的姐姐，便毁容後剖腹而死。事見《史記·刺客列傳》

⑥犯韓：聶政以魏人而入刺韓相俠累，猶兩國交兵，故曰“犯韓”。

⑦曼面：謂毁容。“曼”猶“漫漶”，模糊貌。

⑧軻：謂荆軻。事迹見前注。

⑨丹：謂燕太子丹。太子丹曾在趙國做人質，與少年時的秦始皇嬴政是朋友。後來太子丹又在秦國做人質，已經做了秦王的嬴政對太子丹很不友好，因此太子丹非常痛恨秦王嬴政，便請荆軻爲他刺殺秦王。於（wū）期：秦將樊於期。樊於期得罪於秦王，亡命燕國，太子丹不僅收留了他，而且待他很好。爲了支持太子丹刺殺秦王，樊於期自殺以獻頭臚。督亢：燕國地名。

［譯文］

有人問：“要離不是一個義士嗎？他能够不因爲顧念自己的家庭而違抗國君命令。”揚子説：“要離讓人燒死自己妻兒以求給慶忌造成錯覺，其實不過是蜘蛛、斑蝥之類的傑出者，哪裏能够稱他爲義士呢？”再問：“那麽聶政是義士嗎？”揚子説：“聶政爲了給嚴仲子報仇而冒犯韓國，刺殺韓相俠累，爲了不連累姐姐而自毁容顔，其實也就是一種壯士的傑出表現，哪裏能够稱他爲義士呢？”又問：“那麽荆軻是義士嗎？”揚子説：“荆軻爲了給太子丹報仇，捧着樊於期的頭臚，帶着燕國督亢的地圖，進入吉凶難料的秦國，其實就是一個刺客中的英雄，哪裏能够稱他爲義士呢？”

［按語］

揚雄嚴格按照儒家關於“義”的倫理標準來評價要離、聶政、荆軻，認爲他們都不能被稱做“義士”。

揚雄堅持認爲，做自己應該做的事情纔能叫做“義”（“事得其宜之謂義”）。闔廬弑君篡位，要離爲弑君者做刺客，大不義也。嚴仲子與太子丹，都是爲報私仇而雇凶殺人，聶政和荆軻不惜用自己的生命替别人報私仇，也是不應該做的事情。因此，他們都不得稱爲“義士”。李軌注云：“三士所死，皆非君親之難也。非義之義，君子不爲也。”可謂得揚雄之本意。

11.11

或問：“儀、秦學乎鬼谷術而習乎縱横言①，安中國者各十餘年②。是夫?”曰：“詐人也，聖人惡諸③!”曰：“孔子讀而儀、秦行④，何如也?”曰：“甚矣！鳳鳴而鷙翰也⑤。”“然則子貢不爲與⑥?”曰：“亂而不解，子貢耻諸⑦；説而不富貴，儀、秦耻諸⑧。”或曰：“儀、秦其才矣乎?迹不蹈已⑨。”曰：“昔在任人，帝曰‘難之’⑩。亦才矣。才乎才，非吾徒之才也。”

［注釋］

①儀、秦：張儀、蘇秦。二人都是戰國中期的縱横家。張儀本魏國人，秦惠文王時曾爲相，爲秦國製訂“遠交近攻”的“連横”策略，對破壞六國聯盟抗秦起到了積極的作用。蘇秦本東周洛陽人，初説秦惠文王未被信任，後游説六國“合縱”抗秦，佩六國相印爲縱約長。傳説二人皆師從鬼谷子學兵法和縱横之術。鬼谷術：即縱横家、兵家之術。因縱横家的創始人姓氏籍貫不詳，僅知其以所居爲號，世稱“鬼谷子”或“鬼谷先生”，故稱其所傳兵法和縱横術爲“鬼谷術”。縱横言：合縱與連横的學説。

②安中國者各十餘年：蘇秦的“合縱”策略使六國曾經一度形成抗秦的統一陣綫，在兼并與反兼并力量相對平衡的情況下，中原各國曾經有過十餘年相對安定的局面。“中國”指包括秦國在内的中原各國。

③詐人：猶言“騙子”。惡（wù）諸：猶“惡之”，討厭他們。

④孔子讀而儀、秦行：即“讀孔子而行儀、秦”，學習儒家的理論却幹

着張儀、蘇秦幹的事情。

⑤鳳鳴而鷙翰：意爲“像鳳凰一樣鳴叫却又像鷹隼一樣飛翔”。喻言行不一。“翰”本羽毛，這裏指飛翔。

⑥子貢：孔子弟子，姓端木名賜。在孔子學生中，子貢最善言辭最有外交才能。得孔子許可，子貢游説諸侯，莫不取得很大成功，《史記·仲尼弟子列傳》説：“子貢一出，存魯，亂齊，破吴，强晋而霸越。子貢一使，使勢相破，十年之中，五國各有變。”因此有人認爲子貢就是春秋時期的縱横家，故揚雄擬問者口吻説：“然則子貢不爲與?”

⑦耻諸：耻之。子貢把天下動亂的形勢得不到解决看做是自己的耻辱。

⑧説而不富貴，儀、秦耻諸：張儀、蘇秦把游説諸侯而不能使個人富貴看做是自己的耻辱。《戰國策·秦策一》記蘇秦説秦失敗後發憤説：“安有説人主不能出其金玉錦繡、取卿相之尊者乎?”

⑨迹不蹈已：意爲“張儀、蘇秦所做的事情，是很多人都趕不上（做不到）的”。

⑩昔在任人，帝曰“難之”：從前在任用人的時候，帝堯就説過“這事很難”。《尚書·虞書·皋陶謨》：“皋陶曰：‘都！在知人，在安民。’禹曰：‘吁！咸若時，唯帝其難之。’”傳云：“言帝堯亦以知人安民爲難。”

［譯文］

有人問：“張儀、蘇秦都是跟鬼谷子學習的兵法和合縱連横的戰略理論，他們使中原各國各自安定了十餘年。是這樣的嗎?”揚子説：“兩人都是騙子。聖人是討厭他們的!”再問：“那麽讀孔子的書却幹張儀、蘇秦所幹的事，怎麽樣呢?”揚子説：“那就太不像話了！就跟學着鳳凰的叫聲却像鷹隼那樣飛翔一樣。”又問：“然而子貢不也是像張儀、蘇秦一樣地在游説諸侯嗎?”揚子説：“子貢把自己的游説不能解除天下禍亂視爲耻辱，張儀、蘇秦把游説諸侯而不能使自己富貴視爲耻辱。（能説子貢的游説諸侯跟張儀、蘇秦一樣嗎?）”

還有人問："張儀、蘇秦恐怕要算是傑出的人才了吧？他們所成就的事業不是一般人所能做到的。"揚子説："從前在用人問題上，帝堯就説過'這事很難'。張儀、蘇秦這樣的人當然也算得上人才了。人才嘛倒是人才，衹是并非我們這類人應當贊許和學習的人才。"

［**按語**］

在對張儀、蘇秦的評價上，集中體現了揚雄的人才觀念。他的人才標準是：德才兼重，德居首位。同是游説諸侯，子貢以安天下爲己任，儀、秦以獲富貴爲目的。兩種人生價值觀、兩種追求之間的差别，涇渭分明。

在揚雄看來，人才固然難得，但用人更難。用人之難，難在知人。知人之難，難在知德。德是什麽？簡而言之，就是做官爲民，還是做官爲己。"鳳鳴而鷙翰"者太多，是以難辨其真僞。

11.12

美行：園公、綺里季、夏黄公、角里先生①。言辭：婁敬、陸賈②。執正：王陵、申屠嘉③。折節：周昌、汲黯④。守儒：轅固、申公⑤。灾异：董相、夏侯勝、京房⑥。

［**注釋**］

①園公：即"商山四皓"中的"東園公"。關於"商山四皓"，見《重黎》注。

②婁敬：以善諫著稱，曾諫劉邦定都關中，又諫劉邦不要輕易對匈奴用兵，還諫劉邦徙山東六國貴族及豪强於關中，所諫多被採納。以其諫議有功，被劉邦賜姓劉。事詳《史記·劉敬叔孫通列傳》、《漢書·酈陸朱劉

叔孫傳》。陸賈：曾説南越王尉佗歸漢，諫劉邦以《詩經》、《尚書》治國，受命著《新語》十二篇論述治國之道，官至太中大夫。事詳《史記·陸賈列傳》及《漢書》。

③王陵：劉邦重臣，封安國侯，惠帝時任丞相。吕后臨朝稱制，欲封諸吕爲王，王陵堅决反對，後被吕后“以病免”罷官。事詳《史記·陳丞相世家》和《漢書·張陳王周傳》。申屠嘉：劉邦重臣，封故安侯，文帝時先後任御史大夫、丞相。爲了維護朝廷經濟利益，不顧文帝反對，嚴懲文帝幸臣鄧通。事詳《史記·張丞相列傳》和《漢書·張周趙任申屠傳》。

④折節：不顧名節、屈身事人，但這與周昌、汲黯事迹相左。俞樾認爲應當是“抗節”，謂堅持節操，他説：“‘折’疑‘抗’字之誤，言其能抗節而不撓也。”（《諸子平議》卷三五）。周昌：劉邦重臣，封汾陰侯，官御史大夫。劉邦欲廢太子劉盈，改立寵妃戚夫人子劉如意爲太子，周昌堅决反對。後來劉邦讓周昌作趙王劉如意國相。劉邦死後，吕后欲殺趙王劉如意，屢召如意進京。周昌洞察吕后用心，堅持不讓劉如意進京。事詳《史記·張丞相列傳》、《漢書·張周趙任申屠傳》。汲黯：漢景帝時官太子洗馬，武帝時任東海太守、主爵都尉，性情鯁直，好直諫，曾當面指責漢武帝“内多欲而外施仁義”。事詳《史記·汲鄭列傳》和《漢書·張馮汲鄭傳》。

⑤轅固：漢景帝時以治《詩經》立爲博士，以其爲齊人，故所傳《詩經》被稱爲“齊詩”。曾因在喜歡黄老之術的竇太后面前譏誚《老子》爲“家人言”而險些喪命。申公：即“申培”，漢初名儒，以其爲魯人，故稱所傳《詩經》爲“魯詩”。轅固、申培事迹見《史記·儒林列傳》和《漢書·儒林傳》。

⑥董相：即董仲舒。董仲舒曾任江都王和膠西王國相，故稱“董相”。董仲舒以《春秋》所記灾异，推究“陰陽所以錯行”，著《灾异之記》。夏侯勝：西漢今文經學大師，昭帝時以治《尚書》被徵爲博士，宣帝時曾任太子太傅。京房：西漢今文經學大師，以治《易經》著稱，善爲灾异之説，元帝時曾官魏郡太守。夏侯勝、京房事迹，詳《漢書·眭兩夏侯京翼李傳》

和《漢書·儒林傳》

［譯文］

（秦漢以來，）德行美好的人是：東園公、綺里季、夏黄公、角里先生。善於言辭的人是：婁敬、陸賈。堅持原則的人是：王陵、申屠嘉。守節不移的人是：周昌、汲黯。傳承儒學的人是：轅固、申培。好説灾异的人是：董仲舒、夏侯勝、京房。

［按語］

揚雄對上列人物的分類未必完全合理，但是却能集中地反映揚雄的道德標準和人才觀念。他將“商山四皓”歸入“美行”一類，因爲“四皓”實踐了孔子“危邦不入，亂邦不居”的處世原則，跟揚雄淡泊自守、“不汲汲於富貴”的道德操守頗多相似。揚雄推崇“四皓”，推崇他的老師嚴君平，大有老莊“出世”之風，這就難怪有人説他雜有道家的思想成分了。其實，揚雄僅僅是從道德的角度來看待“四皓”和嚴君平的“隱”，所表現的是他對爲争權奪利而勾心鬥角的黑暗現實的鄙棄；他的人生關注點，從來都没有離開過政治，没有放棄過對王道政治理想的追求。因此，説揚雄是“雜儒”的理由是不够充分的。

11.13

或問：“蕭、曹①？”曰：“蕭也規，曹也隨②。”“滕、灌、樊、酈③？”曰：“俠介④。”“叔孫通⑤？”曰：“槧人也⑥。”“爰盎⑦？”曰：“忠不足而談有餘。”“晁錯⑧？”曰：“愚。”“酷吏⑨？”曰：“虎哉！虎哉！角而翼者也⑩。”“貨殖⑪？”曰：“蚊⑫。”曰：“血國三千⑬，使捋疏飲水褐博⑭，没齒無愁也⑮。”或問：“循吏⑯？”曰：“吏也⑰。”“游俠⑱？”曰：“竊國靈也⑲。”“佞幸⑳？”曰：“不料而已㉑。”

［注釋］

①蕭、曹：蕭何、曹參。兩人一起追隨劉邦起兵，漢朝建立以後，蕭何爲首任相國，封酇侯，主持製訂了西漢王朝的法令制度，是劉邦建國和治國的首功之臣。曹參封平陽侯，初任齊相，後繼蕭何爲相國，忠實地執行了蕭何製訂的治國方略，爲漢初的統一和穩定做出了積極的貢獻。兩人事迹詳《史記》專傳和《漢書》合傳。

②蕭也規，曹也隨：是説蕭何製訂的法令制度被曹參忠實執行。《史記·曹相國世家》載百姓作歌曰：“蕭何爲法，顜若畫一；曹參代之，守而勿失。”史稱“蕭規曹隨”。

③滕、灌、樊、酈：“滕”指夏侯嬰（曾封滕公），“灌”指灌嬰，“樊”指樊噲，“酈”指酈商。四人都是緊緊追隨劉邦起兵打天下、爲漢朝的建立做出了突出貢獻的大臣。四人事迹詳《史記·樊酈滕灌列傳》和《漢書·樊酈滕灌傅周傳》。

④俠介：即“夾介”，謂“嚴密保護”，猶言“貼身侍衛”。

⑤叔孫通：見《五百》注。

⑥槧（qiàn）人：猶“憸人”，唯利是圖的小人。《説文》：“憸，憸頗也。憸利於上，佞人也。”“憸利於上”猶言“唯利是圖”。叔孫通爲秦博士時面諛秦二世；後降楚，不隨義帝徙長沙却留事項羽；後降漢，受到劉邦信任和重用，所舉薦的都是那些與他有交情的“群盜壯士”。司馬遷説他“希世度務”（逢迎世俗，隨波逐流）。

⑦爰盎：即袁盎。袁盎是西漢文、景兩朝的直臣，直言敢諫。如諫漢文帝不可驕縱周勃、不可寵慎夫人、不可遷淮南王入蜀、不可讓太監趙同參乘等等。故揚雄謂之“談有餘”。袁盎任吳相時，未能勸止吳王謀反；吳王謀反時，袁盎又衹顧脱身逃命。故揚雄謂之“忠不足”。其事詳《史記·

袁盎晁錯列傳》和《漢書·爰盎晁錯傳》。

⑧晁錯：治申、商刑名之學，爲人峭刻，漢景帝時極受寵幸，官御史大夫，與袁盎等朝中重臣結怨甚深。由於晁錯力主削藩，使各地諸侯王恨之入骨，以致吴王劉濞以“誅晁錯以清君側”爲借口造反。爲七國諸侯王造反的形勢所迫，加上袁盎等朝中大臣對晁錯的大肆攻擊，漢景帝不得不殺晁錯以安天下。故揚雄謂之“愚”。

⑨酷吏：以嚴刑峻法殘酷對待百姓和同僚的官吏。司馬遷説他們“皆以酷烈爲聲”，辦案懲治犯人時，或“暴挫”、“或磔人”、“或鋸項”、“或妄殺”。

⑩角而翼者：謂酷吏之凶殘勝過一般的老虎。有“角”之虎傷人，更增其酷烈程度；有“翼”之虎傷人，則使人無處可逃其害。

⑪貨殖：工商業者。工商業者以貨生財，故曰“貨殖”。

⑫蚊：是説工商業者像吮吸人血的蚊子。中國封建社會歷來堅持“重農抑商”的政策，視工商業者爲不勞而獲的剥削者，故以“蚊”爲喻。

⑬血國三千：是説“商人重利盤剥天下錢財”。“血”用如動詞，“國三千”指整個天下。

⑭捋疏：即“捋蔬”，摘取野菜充饑。飲水：謂飲水充饑。褐博：即“褐寬博”，謂極其貧賤者。《孟子·公孫丑上》：“不受於褐寬博，亦不受於萬乘之君。”注：“褐寬博，獨夫被褐者。”所謂“獨夫被褐者”，即穿粗褐布衣服的單身漢，意爲因貧窮而討不到老婆的人。

⑮没齒無愁：“没齒無愁”難通，五臣注本作“没齒然也”，意爲“一輩子都衹能這樣”。今從五臣注本。

⑯循吏：克盡職守、奉公守法的官吏。司馬遷説“循吏”的特點是：“不伐功矜能，百姓無稱，亦無過行。”（《史記·太史公自序》）

⑰吏：意爲“爲天子治理天下百姓的人”。《説文》：“吏，治人者也。”

⑱游俠：游俠是以講信用、以武力扶危濟困爲主要特點的人，荀悦説：“立氣節，作威福，結私交，以力强於世者，謂之游俠。”（《漢紀》）

⑲竊國靈：竊取國家權威，猶言“破壞國家法制”。對游俠的評價，揚

雄與韓非相同。韓非説“俠以武犯禁”，認爲游俠是“廢敬上畏法之民”。他們對游俠持完全否定的態度。

⑳佞幸：是以巧言佞色博取皇帝寵信的士人。如漢文帝時的鄧通，漢武帝時的李延年，漢哀帝時的董賢等。

㉑不料：猶“不論”，謂“不值一提”。佞幸喪失做人的基本操守，無以爲“人”，故不當以“人”論也。意思與今語“人渣”相近。

［**譯文**］

有人問：“蕭何與曹參的執政是什麽關係?”揚子説：“蕭何製訂律令規章，曹參衹是忠實執行。”再問：“你怎樣看待夏侯嬰、灌嬰、樊噲和酈商這幾個人的身份?”揚子説：“他們都是漢高祖的貼身侍衛。”又問：“叔孫通是個什麽樣的人?”揚子説：“是個唯利是圖的小人。”又問：“應該怎樣評價袁盎?”揚子説：“忠誠之心不足而諫議之言過多。”又問：“你認爲晁錯怎麽樣?”揚子説：“太愚蠢。”又問：“你怎樣評價酷吏?”揚子説：“一群老虎呀！一群老虎呀！而且是長着角和翅膀的老虎。”又問：“你怎樣看待那些辦企業經商的人?”揚子説：“一群吸血的蚊蟲。”接着又説：“這些人盤剥天下百姓，使他們靠摘取野菜度日，靠飲水充饑，男子討不到老婆，一輩子都衹能這樣過日子。”

又有人問：“你怎樣評價奉公守法的官吏?”揚子説：“這是爲天子治理天下百姓的人。”再問：“你怎樣看待游俠?”揚子説：“這是一些破壞國家法制的人。”又問：“你怎樣看待佞幸?”揚子説：“不過是一些人渣而已。”

［**按語**］

揚雄根據《史記》對西漢以來各種大臣的分類記載，一一作了點評。雖然衹是三言兩語，但是大多切中要害。需要提出來討論或説明的，主要有三種情況：游俠、貨殖、佞幸。

揚雄對游俠持完全否定的態度，而司馬遷是區别對待的。司馬遷説："今游俠，其行雖不軌於正義，然其言必信，其行必果，已諾必誠，不愛其軀，赴士之厄困。既已存亡死生矣，而不矜其能，羞伐其德，蓋亦有足多者焉。"在司馬遷看來，游俠是具有很多傳統美德和高貴品質的下層人士，衹是無視王法（"不軌於正義"）而已。揚雄完全從維護封建統治秩序的立場上看問題，過分夸大了游俠"不軌於正義"的一面，表現了他的歷史局限性。

揚雄把"貨殖"視爲吸血的蚊子，而且把使天下百姓貧窮的原因歸結到"貨殖"身上，這顯然是不對的。揚雄之所以會有這樣的認識，除了是受"重農抑商"傳統觀念的影響之外，還跟他其實根本不了解工商業在國家經濟發展中的作用有關。他是純粹從道德的層面來看問題，認爲工商業者是不勞而獲的寄生蟲。商人重利，而儒家耻於言利，這是揚雄對"貨殖"存在偏見的根本原因。《史記》的作者就比揚雄客觀得多。司馬遷認爲，商業和商人的出現是歷史的必然，是社會發展和人民生活的需要，因此他滿懷熱情地記載了一系列經商致富的典型。

揚雄痛恨"佞幸"，認爲這些人不應該算是"人"，這是很有道理的。因爲"佞幸"都是毫無政治操守、巴結逢迎手段無所不用其極的政治投機分子，這跟儒家提倡的"富貴不能淫，貧賤不能移，威武不能屈"的政治操守完全背道而馳。但是，佞幸大多得寵於一時，其命運隨着君主愛憎的變化而變化，是一批政治可憐蟲。封建君主制度是佞幸滋生繁衍的土壤。衹要封建君主制度或者類似於封建君主制度的專制制度存在一天，佞幸或類似於佞幸的政治投機分子便不會絶迹。

11.14

或問："近世社稷之臣①？"曰："若張子房之智②，陳平之無悟③，絳侯勃之果④，霍將軍之勇⑤，終之以禮樂⑥，則可謂社稷之臣矣。"或問："公孫弘、董仲舒孰邇⑦？"曰："仲舒欲爲而不可得者也，弘容而已矣⑧。"

［注釋］

①社稷之臣：猶言"安邦定國之臣"，即在國家面臨存亡抉擇時做出巨大貢獻的臣子。

②張子房：張良（？一前186年），字子房，足智多謀，是劉邦最重要的謀臣之一。劉邦稱他"運籌策帷帳之中，决勝千里外"，其安邦定國的主要貢獻如：爲劉邦解"鴻門宴"之危，薦韓信、彭越、黥布以滅項羽，諫阻劉邦立六國諸侯之後，支持婁敬諫遷都，勸太子迎"商山四皓"以免被廢等。故曰"張子房之智"。

③陳平之無悟：即"陳平之無誤"，"無誤"亦謂"多智"。五臣注本"悟"作"悮"，《廣韵》："悮，同誤，謬也。"陳平（？一前178年），是劉邦智囊團中僅次於張良的重要謀臣，司馬遷稱他"常出奇計，救紛糾之難，振國家之患"，其安邦定國的主要貢獻如：施反間計離間項羽君臣，用巧計解劉邦滎陽、平城之危，智擒韓信，與周勃等人聯手平定諸吕之亂等。

④絳侯勃之果：絳侯周勃是劉邦的一員猛將，爲劉漢王朝的建立立下了汗馬功勞，特别是在平定諸吕之亂的鬥爭中，周勃起到了至關重要的作用。司馬遷贊曰："雖伊尹、周公，何以加哉？""果"謂處事果斷，主要指誅諸吕事。

⑤霍將軍：指霍光。見《重黎》卷注。

⑥終之以禮樂：意思是説"如果他們都能將儒家禮樂之事貫穿到一生的行事當中"。在揚雄看來，上述幾位大功臣，都不同程度地缺乏"禮樂"

的修養。

⑦公孫弘（前 200—前 121 年）：初任漢武帝時博士，後任御史大夫、丞相，封平津侯。公孫弘一方面倡導儒學，對推動漢代教育事業的發展有顯著功績，并且關心民瘼，樂於助人，勤政節儉；另一方面，他又阿諛逢迎、忌賢妒能、陰險狡詐，其諫武帝殺主父偃、遷貶董仲舒等行事，甚爲同僚所不齒。事詳《史記·平津侯主父偃列傳》。董仲舒：見前注。孰邇：謂“誰更近於社稷之臣”。

⑧容：謂“貌似”。

［譯文］

有人問：“漢朝建立以來哪些人算得上是安邦定國的大臣？”揚子説：“像張子房那樣傑出的智慧，陳平那樣絶少失誤的計謀，絳侯周勃那樣處事的果斷，霍光將軍那樣行事的勇毅，如果他們還能把禮樂之事貫穿於一生的行事之中，那就都可以稱得上是安邦定國的大臣了。”又有人問：“公孫弘與董仲舒，他們誰更近於安邦定國的大臣？”揚子説：“董仲舒是想做安邦定國的大臣而得不到機會的人，而公孫弘衹是表面看似安邦定國的大臣而已。”

［按語］

揚雄堅持儒家禮樂治國的政治主張，所以對張良等有治國安邦之功的大臣，也衹是肯定他們的“智”、“無誤”、“果”和“勇”，而不承認他們就是“社稷之臣”。至於公孫弘和董仲舒，由於兩人都是儒學大師，自然不乏禮樂修養，但是，由於公孫弘個人品德上確實存在瑕疵，揚雄又最痛恨阿諛奉迎的人，因此，他把公孫弘勤政廉潔、倡導儒學的卓著政績，都看做是“作秀”，説他是貌似社稷之臣而已。而董仲舒諫漢武帝“獨尊儒術，罷黜百家”，使儒學從此在中國兩千多年封建社會的文化史上定於一尊，其“至卒，終不治産業，以修學著書爲事”和“進退容止，非禮不行，學士皆師尊之”（《史記·儒林列傳》），與揚雄的志趣非常相似，因此，他認爲如果董仲舒不是屢遭貶黜而失去機會的話，是完全有可能成爲“社稷之臣”的。

應當説，揚雄對公孫弘的評價，過於注重道德批判，雜有個人的好惡，是有失公允的。而司馬遷對公孫弘的評價比較客觀，他説：“公孫弘行義雖修，然亦遇時。漢興八十餘年矣，上方鄉文學，招俊乂，以廣儒墨，弘爲舉首。”至於西漢末，有人甚至説：“維漢興以來，股肱宰臣身行儉約，輕財重義，較然著明，未有若故丞相平津侯公孫弘者也。”（《史記·平津侯主父偃列傳》附録）可謂見仁見智。

11.15

或問：“近世名卿？”曰：“若張廷尉之平①，雋京兆之見②，尹扶風之絜③，王子貢之介④，斯近世名卿矣。”“將？”曰：“若條侯之守⑤，長平、冠軍之征伐⑥，博陸之持重⑦，可謂近世名將矣。”“請問古⑧？”曰：“鼓之以道德⑨，征之以仁義⑩，輿尸血刃⑪，皆所不爲也。”

［**注釋**］

①張廷尉：指張釋之。張釋之在漢文帝時曾任廷尉（九卿之一，執掌刑罰的最高長官），以執法公正嚴明著稱。有人驚了漢文帝的車駕，張釋之依法判處肇事者罰金四兩，文帝怒責張釋之判罰太輕，張釋之對文帝説：“法者，天子所與天下公共也。今法如此而更重之，是法不信於民也。”事詳《史記·張釋之馮唐列傳》和《漢書·張馮汲鄭傳》。“平”謂公平。

②雋京兆：即雋不疑。雋不疑在漢昭帝時曾任京兆尹，以膽識過人著稱。有人乘太子車駕、穿太子服飾，稱自己是武帝時被殺的衛太子還魂之

身，圍觀者數萬。丞相和御史大夫都不敢斷言真僞，雋不疑下令將“衛太子”逮捕起來。經審訊，竟是長相酷似衛太子的巫人假冒。“見”謂見識、見地。事詳《漢書·雋疏于薛平彭傳》。

③尹扶風：指尹翁歸。尹翁歸在漢宣帝時曾任右扶風（京城長安西部地區的行政長官），以爲官清正廉潔著稱。尹翁歸任東海太守、右扶風等地方長官數十年，死後家無餘財。事詳《漢書·趙尹韓張兩王傳》。絜：通“潔”，謂廉潔。

④王子貢：王尊，字子貢，漢元帝時曾任東平相，成帝時任京兆尹，以性情耿介、不同流俗著稱。事詳《漢書·趙尹韓張兩王傳》。

⑤條侯之守：謂條侯周亞夫駐邊防守森嚴、軍紀嚴明。例見《重黎》注，事詳《史記·絳侯周勃世家》。

⑥長平：指衛青。衛青在漢武帝時歷任驃騎將軍、大將軍，封長平侯。冠軍：指霍去病。霍去病在漢武帝時曾爲驃騎將軍，封冠軍侯。二人都是征戰匈奴的名將。

⑦博陸：指霍光。霍光被漢武帝遺詔封爲博陸侯。持重：謹慎、穩重。《漢書·霍光傳》載：“光爲人沉静詳審……每出入下殿門，止進有常處，郎僕射竊識視之，不失尺寸。其資性端正如此。”

⑧古：謂古代名將指揮作戰的原則。

⑨鼓：謂擊鼓，指戰鬥中發起進攻的命令。

⑩征：通“鉦”。鉦猶“鑼”，鳴鉦謂之“鳴金”，是古代戰鬥中停止攻擊的命令。鉦是一種敲擊樂器，行軍時用以節制步伐，《詩經·小雅·採芑》：“方叔率止，鉦人伐鼓。”毛傳：“鉦以静之，鼓以動之。”後世作戰“擊鼓進兵，鳴金收兵”即緣於此。

⑪輿尸血刃：戰車上堆積着尸體，武器上沾滿了鮮血。謂大肆殺戮的情景。

［譯文］

有人問：“漢代以來哪些人可以算是名卿？”揚子説：“像廷尉張釋之那樣的執法公正，京兆尹雋不疑那樣的膽識過人，右扶風尹翁歸那樣的清正廉潔，京兆尹王子貢那樣的正直耿介，這些人可算是漢代以來的名卿。”再問：“哪些人可算是漢代以來的名將?”揚子説：“像條侯周亞夫那樣的嚴密防守，長平侯衛青、冠軍侯霍去病那樣的征伐匈奴，博陸侯霍光那樣的謹慎穩重，都可以稱得上是漢代以來的名將了。”又問：“請問古代的名將都有什麽樣的作戰原則?”揚子説：“他們遵從戰争的道德發布進攻的命令，依照仁義的精神發布退兵的信號；戰車上堆滿尸體、武器上沾滿鮮血的大肆殺戮，他們都是不會做的。”

［**按語**］

揚雄關於“名卿”、“名將”的評價標準，反映了揚雄堅持儒家傳統道德的思想。揚雄提倡爲官要執法公正、清正廉潔、敢擔責任、爲人正直，爲將要軍紀嚴明、指揮若定、謹慎穩重而不濫殺無辜。

11. 16

張騫、蘇武之奉使也①，執節没身②，不屈王命，雖古之膚使③，其猶劣諸!

［**注釋**］

①張騫、蘇武：二人都是漢武帝時出使西域的漢朝使臣。張騫被匈奴扣留丨多年仍不改漢節，後逃回漢朝；後隨大將衛青征戰匈奴，以熟悉匈奴水草所在，使漢軍不致困乏而獲勝。蘇武以中郎將身份出使匈奴，被匈奴扣留，匈奴迫其投降，蘇武始終威武不屈，手持漢節牧羊十九年，至昭帝即位時纔得以歸漢。二人事迹詳《漢書·張騫李廣利傳》和《漢書·李廣蘇建傳》。

②執節没身：謂堅持漢臣節操而不惜犧牲生命。“没身”同“歿身”，

犧牲生命。

③膚使：猶“美使”，謂不辱君命的使臣。《詩經·大雅·文王》“殷士膚敏”毛傳：“殷士，殷侯也。膚，美；敏，疾也。”

［**譯文**］

張騫、蘇武的奉命出使，寧肯爲堅持節操而犧牲生命，也不辜負天子的使命，即使古代那些受人贊美的使臣，恐怕也遠遠不如他們吧！

［**按語**］

在張騫、蘇武身上，集中表現了“威武不能屈”和“士可辱其身，不可辱其志”的士大夫精神，因此揚雄給予他們極高的評價。揚雄天禄閣上的縱身一躍，也是他“執節没身”精神的體現。然而不少人曲解了他的良苦用心，反被認爲是他苟且偷生的表現，豈不冤哉？

11. 17

世稱東方生之盛也①。言不純師，行不純表②；其流風遺書，蔑如也③。或曰：“隱者也④。”曰：“昔之隱者，吾聞其語矣，又聞其行矣。”或曰：“隱道多端⑤。”曰：“固也。聖言聖行不逢其時，聖人隱也。賢言賢行不逢其時，賢者隱也。談言談行不逢其時，談者隱也⑥。昔者箕子之漆其身也⑦，狂接輿之被其髮也⑧，欲去而恐罹害者也⑨。箕子之《洪範》⑩，接輿之‘歌鳳’也哉⑪？”或問：“東方生名過實者，何也？”曰：“應諧、不窮、正諫、穢德⑫。應諧似優⑬，不窮似哲，正諫似直，穢德似隱。”“請問名?”曰：“詼達⑭。”“惡比?”曰：“非夷、齊而是柳下惠⑮。戒其子以尚容⑯：‘首陽爲拙⑰，柱下爲工⑱；飽食安坐，以仕易農⑲；依隱玩世⑳，詭時不逢㉑。’其滑稽之雄乎?”或問：“柳下惠非朝隱者與?”曰：“君子謂之不恭㉒。古者高餓顯、下禄隱㉓。”

［**注釋**］

①東方生：東方朔（前154—前93年），漢武帝時以文學入仕，以其極善應對而且語言詼諧爲武帝所寵信，官至太中大夫，是武帝身邊的弄臣。後世盛傳其异聞逸事，方士將他附會爲神仙。事詳《史記・滑稽列傳》和《漢書・東方朔傳》。之盛：達到極點。“之”，動詞。

②純師：完全值得效法。純表：完全可爲表率。

③流風：謂世上流傳的東方朔故事。遺書：謂世上流傳的東方朔著作。蔑如：即“不如”，猶言“不合事實”。《漢書・東方朔傳》說：“朔之文辭，此二篇最善。其餘有……。世所傳他事皆非也。”

④隱者：東方朔曾以“朝隱者”自詡，《史記・滑稽列傳》載：“朔曰：‘如朔等，所謂避世於朝廷間者也。’”

⑤隱道多端：避世隱居的方式很多。

⑥談言談行：《法言義疏》說：“‘談’皆‘詼’字之誤。”今從汪說。“談言”謂詼諧的言辭，“談行”猶言滑稽的行爲，“談者隱”謂滑稽者之隱。

⑦箕子之漆其身：謂箕子佯狂爲奴而自屈其身。《史記・宋微子世家》：“紂爲淫佚，箕子諫，不聽。……乃被髮佯狂而爲奴。”箕子是紂的叔父（或說爲庶兄）。“漆”爲塗飾粘結之物，故以喻箕子隱其貴族之身而屈身爲奴。

⑧狂接輿：楚狂接輿。傳説“接輿”爲春秋時楚國的賢人，見“禮崩樂壞”而佯狂避世。《論語・微子》：“楚狂接輿歌而過孔子曰：‘鳳兮鳳兮！何德之衰？往者不可諫，來者猶可追。已而，已而！今之從政者殆而。”被

其髮：即“披其髮”。上古時成年人都得束髮，衹有狂人（瘋子）纔會披散頭髮。

⑨欲去：謂“避世隱居”。箕子、接輿避世都是因爲怕遭禍害，前者是亡國之賢臣恐不容於新君，後者是亂世之賢者恐不容於當政。言外之意是：東方朔躬逢盛世，應當奮發有爲，其所謂“朝隱”，是在欺世盗名。

⑩《洪範》：《尚書》篇名。《史記》載“武王既克殷，訪問箕子”，箕子向周武王陳述天地之大法，這就是《洪範》。

⑪接輿之“歌鳳”：見注⑧所引《論語·微子》。“《洪範》”、“歌鳳”兩句，是説箕子、接輿的志向和才能都是東方朔無法相比的。

⑫應諧：應對詼諧有趣。不窮：没有應對不了的問題。《漢書·東方朔傳》：“舍人所問，朔應聲輒對，變詐鋒出，莫能窮者。”正諫：敢在皇帝面前説真話。《傳》載“朔雖詼笑，然時觀察顔色，直言切諫，上常用之。”穢德：污損自己道德。是説東方朔爲了博取詼諧的談話效果，不惜説一些貶損自己的笑話。

⑬優：俳優，滑稽劇演員。《樂府雜録·序》：“重翻曲調，全袪淫綺之音；復採優伶，尤盡滑稽之妙。”

⑭詼達：詼諧的達者，意爲“靠語言詼諧使自己顯達的人”。東方朔以文學入仕，官至太中大夫，其每一步升遷，都是憑他善於編造詼諧的笑話而博得漢武帝的“愛幸”，故謂之“詼達”。

⑮非夷、齊：不認爲伯夷、叔齊值得學習。下文“首陽爲拙”即“非夷、齊”之證。伯夷、叔齊是商朝一個小諸侯孤竹君的兩個兒子，武王滅商後，伯夷、叔齊寧肯餓死在首陽山也不食周粟，被後世視爲守志不移的典型。是柳下惠：認爲柳下惠值得學習。“柳下惠”即春秋時魯大夫展禽，魯僖公時人，曾任“士師”（主管刑獄的官員），被免職三次也不離開。有人問他爲什麽不離開，他説：“枉道而事人，何必去父母之邦?”孔子説柳下惠是“降志辱身”（《論語·微子》）。柳下惠很有才能，因爲“直道而事人”被免職三次之後，於是爲了獲得朝廷俸禄而改爲“枉道而事人”（不按原則來辦事）。

⑯戒：通“誡”，告誡。尚容：即“上容”，謂“以存身避禍爲上”。

⑰首陽：代指伯夷、叔齊。拙：笨拙，猶言“愚蠢”。

⑱柱下：傳説老子曾爲周“柱下史”，故以“柱下”代指老子。據《史記·老子韓非列傳》記載，老子先後任“周守藏室之史”、“柱下史”、“周太史”，一生仕而不顯，司馬遷謂之“隱君子”。工：工巧，猶言“聰明”。老子具有卓越才能，一生仕而不顯，可謂“朝隱”的典型，故東方朔以爲“工”。

⑲以仕易農：以做小吏代替種田，意爲“把做官作爲謀取生活來源的手段”。

⑳依隱玩世：意爲“似隱非隱，玩世不恭”。《漢書·東方朔傳》“依隱玩世”如淳注：“依違朝隱，樂玩其身於一世也。”“依違”猶言“若即若離”。

㉑詭時不逢：意爲“不趕潮流，免遭禍害”。《漢書·東方朔傳》“詭時不逢”臣瓚注：“行與時詭而不逢禍害也。”顏師古注：“瓚説是也。詭，違也。”

㉒不恭：謂“不自重”，即不重視自己的節操。孔子説柳下惠是“降志辱身”。

㉓高餓顯：以餓顯者爲高，意爲“崇尚像伯夷、叔齊那樣寧肯餓死也不改變志向的名士”。下禄隱：以禄隱者爲下，意爲“鄙視像柳下惠、東方朔那樣食朝廷俸禄而避世遠禍的隱士”。

［譯文］

世人對東方朔的贊美達到了極點。其實，東方朔的言辭不完全值得效法，行爲不完全可做表率；有關他的那些故事和流傳的他的著作，很多是不合乎實際的。

有人説：“東方朔是個隱士。”揚子説：“從前的那些隱士，我讀到過他們的言論，也聽説過他們的事迹，（都是跟東方朔的言行不一樣的。）”那個人説：“避世隱居的方式多種多樣嘛。”揚子說:“確實如此。聖人的言論和行爲不能被當政者賞識,他們就採用聖人避世的方式隱居。賢人的言論和行爲不能被當政者賞識,他們就採用賢人避世的方式隱居。詼諧者的言論和行爲不能被當政者賞識,他們就採用詼諧者避世的方式隱居。從前箕子佯狂爲奴而委屈自己,楚人接輿披散頭髮而假裝瘋子,都是因爲怕遭禍害而不得不避世隱居。(難道東方朔是没有被當政者賞識或者也是怕遭禍害嗎?)箕子所著《洪範》,接輿所唱《鳳歌》,(哪裏是東方朔的思想境界所能達到的呢?)”

有人問:“東方朔的名聲能够遠遠超過他實際的言行,這是爲什麽?”揚子說:“因爲他應對的語言詼諧有趣,對任何提問對答如流,對有些事情直言敢諫,敢説貶損自己的笑話。應答詼諧,仿佛滑稽劇演員;對答如流,仿佛智慧無窮的哲人;直言敢諫,仿佛剛直不阿的臣子;貶損自己,仿佛不計較名利的隱士。(這就是東方朔的名聲能够遠遠超過他實際言行的原因。)”再問:“請問應該給他一個什麽名稱?”揚子說:“語言詼諧的顯達者。”又問:“爲什麽將他説成這類人?”揚子說:“他不稱道伯夷、叔齊而稱道柳下惠。他崇尚存身避禍的典型并用以告誡兒子說:‘伯夷、叔齊是最愚蠢的,老子那樣處世纔真聰明;要想衣食無憂而且太平無事,就衹能把入仕做官作爲謀生的手段;似隱非隱而玩世不恭,不趕潮流以免遭禍害。’他不就是個滑稽者中的豪傑嗎?”

有人問:“柳下惠不是個避世於朝廷的隱士嗎?”揚子說:“君子説他是不知自重。古時候,人們崇尚寧肯餓死也不改變志向的名士,鄙視食着朝廷俸禄而避世苟安的隱者。”

[**按語**]

揚雄推崇隱士,但他推崇的是真正的隱士。他認爲,真正的隱士應當是像箕子、接輿、嚴君平、鄭子真、李仲元等人那樣，不僅具有傑出的才能，而且具有高尚的道德情操，爲了堅持做人的原則而“不逢其時”，於是祇得避世遠禍而委屈自己。東方朔才能傑出，又深得漢武帝愛幸，本該堅持儒家的原則和立場，爲實現儒家的“王道”理想做出一番事業來，然而，他没有這樣做，他選擇了所謂“朝隱”的道路。在揚雄看來，東方朔的“朝隱”無非是食君之禄而苟且偷生的借口。最讓揚雄不能容忍的，是東方朔這樣一個靠説俏皮話取悦皇帝而顯達的人，居然被世人推崇得五體投地，所以他要讓人們了解真相、明白是非。

11.18

妄譽，仁之賊也①；妄毁，義之賊也。賊仁近鄉原②，賊義近鄉訕③。

［注釋］

①賊：猶“害”，謂“禍害”。

②鄉原：猶言“僞君子”或者“好好先生”。《論語·陽貨》：“鄉原，德之賊也。”朱熹《四書集注》：“鄉原能伸其是非之不忤於是者。……隨衆依違，模棱而持兩端，鄉之人以其合君子而賢之。”“鄉原”亦作“鄉願。”

③鄉訕：猶言“專門説人壞話的人”或者“公認的壞人”。這是揚雄針對“鄉原”而生造的説法。

［譯文］

毫無根據地贊揚别人，是對仁的損害；毫無根據地詆毁别人，是對義的損害。損害仁就近似於孔子所斥責的“鄉原”，損害義就近似於人們所公認的壞人。

［按語］

“妄毁”遭人反感和惡恨，這是不難理解的。而“妄譽”，竟然是對“仁”的損害這個道理，却就有必要加以説明了。什麽是“仁”？孔子説“仁者，愛人”。那麽“仁之賊”，當然就是“害人”了。爲什麽“妄譽”是在“害人”呢？

“妄譽”是小人和奸佞慣用的手段。小人之“妄譽”使人毁身，奸佞之“妄譽”使人毁國。“妄譽”之害，大矣。故孔子痛恨“鄉原”，説它是“德之賊”。

關於“鄉原”，歷代聖賢多有論及，但以孟子所論最爲切實，他説：“孔子以爲‘德之賊’，何哉？曰：非之無舉也，刺之無刺也，同乎流俗，合乎污世，居之似忠信，行之似廉潔，衆皆悦之，自以爲是，而不可入堯、舜之道，故曰‘德之賊’也。”（《孟子·盡心下》）前人多以“鄉原”爲“小人”、“僞君子”、“同流合污”者。“妄譽”之人，極善察言觀色、投其所好、取悦於人，貌似忠信，其實奸宄，故與“鄉原”相似。

古往今來，爲君者重“諍臣”，爲民者重“諍友”。古語云：“道吾是者非吾友，道吾非者非吾仇。”俗語有云“打是心痛駡是愛”，皆所以防“妄譽”之害也。

11.19

或問：“子蜀人也。請人？”曰：“有李仲元者①，人也。”“其爲人也奈何？”曰：“不屈其意，不累其身②。”曰：“是夷、惠之徒與③？”曰：“不夷不惠，可否之間也。”“如是，則奚名之不彰也？”曰：“無仲尼，則西山之餓夫與東國之絀臣惡乎聞[④]？”曰：“王陽、貢禹遇仲尼乎[⑤]？”曰：“明星皓皓，華藻之力也與[⑥]？”曰：“若是，則奚爲不自高[⑦]？”曰：“皓皓者，己也；引而高之者，天也[⑧]。子欲自高邪？仲元，世之師也。見其貌者，肅如也；聞其言者，愀如也[⑨]；觀其行者，穆如也[⑩]。鄲聞以德詘人矣[⑪]，未聞以德詘於人也。仲元，畏人也[⑫]。”

或曰：“育、賁[⑬]？”曰：“育、賁也，人畏其力而侮其德[⑭]。”“請條[⑮]？”曰：“非正不視[⑯]，非正不聽，非正不言，非正不行。夫能正其視聽言行者，昔吾先師之所畏也[⑰]。如視不視[⑱]，聽不聽，言不言，行不行，雖有育、賁，其猶侮諸？”

［注釋］

①李仲元：李弘，字仲元，成都人，與揚雄爲同時人。李仲元“少讀五經，不爲章句。處陋巷，淬勵金石之志，威儀容止，邦家師之。以德行爲郡功曹，一月而去。……州命從事，常以公正諫争爲志。”（《華陽國志·蜀郡士女贊》）在西漢的蜀郡士人中，李仲元以“湛然岳立”爲其形象特點。所謂“湛然岳立”，是説追求避世隱居却令人高山仰止。《説文》：“湛，没也。”

②不屈其意：不使自己志向受到委屈，猶言“絶不放棄做人的原則”。不累其身：不使自己身體受到牽累，猶言“不願卑躬屈膝事人”。

③夷、惠：伯夷、柳下惠。

④西山之餓夫；指伯夷、叔齊。首陽山在今山西永濟南，又名“雷首山”，相對於魯國（今山東省内），首陽山在西面，故謂之“西山”。東國：指魯國。以其在首陽山之東，故云。絀臣：即“黜臣”。柳下惠任魯國士師時，“三黜”而不去職，故謂之“黜臣”。“絀”通“黜”。

⑤王陽：王吉，字子陽，西漢琅琊皋虞（今山東即墨）人。少時好學

明經，以舉孝廉入仕爲郎，又以舉賢良爲昌邑王中尉。昭帝崩，昌邑王繼帝位，“即位二十餘日，以行淫亂廢。昌邑群臣坐在國時不舉奏王罪過……皆下獄誅。唯（王）吉與郎中令龔遂以忠直數諫正得減死”。宣帝時，王吉爲博士諫大夫，針對宣帝好游獵、“宫室車馬盛於昭帝”，上疏切諫，而“上以其言迂闊”，王吉便稱病辭官。王吉“世名清廉”，“及遷徙去處，所載不過囊衣，不蓄積餘財，去位家居，亦布衣疏食”。貢禹：與王吉同鄉同時，品行、經歷亦大致相同，《傳》稱“以明經（潔）行著聞”，“吉與貢禹爲友，世稱‘王陽在位，貢公彈冠’，言其取捨同也”。二人事迹詳《漢書·王貢兩龔鮑傳》。

⑥華藻：華美與藻飾，引伸爲動詞，猶言“修飾”。

⑦自高：謂“靠自己的力量使自己處於高位”。

⑧引而高之：牽引以使它（明星）處在高位上。

⑨愀（qiǎo）如：猶“愀然”，神色嚴肅貌。

⑩穆如：猶“穆然”，恭敬貌。

⑪䣝：通“但”，衹。詘：同“屈”，用作使動。

⑫畏人：使人畏懼。

⑬育、賁：夏育、孟賁。二人都是古代傳説中的大力士。

⑭侮：猶“輕”，猶言“輕視”、“鄙視”。《廣雅·釋詁》：“侮，輕也。”

⑮條：謂“條述”，猶言“一一道來”。《漢書·丙吉傳》“分條中都官”顔師古注：“條，謂疏録之。”“疏録”即一一抄録。

⑯正：猶言“禮”。禮以正人，故謂之“正”。以下三句中的“正”同此。語仿《論語·顔淵》：“子曰：‘非禮勿視，非禮勿聽，非禮勿言，非禮勿動。’”

⑰吾先師：指孔子。

⑱不視：謂“不當視”。“不聽”、“不言”、“不行”結構同此。

［譯文］

有人問：“先生是蜀郡的人，請問誰是蜀郡真正的人才？”揚子説：“有個叫李仲元的，是蜀郡真正的人才。”再問：“他的爲人怎麽様?"揚子説:"他從來不讓自己的意志屈從於他人,也從來不讓世俗的欲望牽累於自己。"又問:"他是伯夷、柳下惠一類的人嗎?"揚子説:"他既不像伯夷也不像柳下惠,而是介於他們之間的人。"又問:"既然如此,那他的名聲爲什麽没有在社會上彰顯呢?"揚子説:"如果不是因爲孔子多次提到,那麽餓死在首陽山的伯夷、叔齊和被魯國罷黜的柳下惠又怎麽能够名聞天下呢?"反問道:"難道名滿天下的王吉、貢禹,是孔子提到過的嗎?"揚子説:"群星的明亮,是因爲别人的修飾形成的嗎?"又反問道:"既然如此,那麽李仲元爲什麽没有使自己的聲望高起來呢?"揚子説:"群星之所以明亮,是因爲它們自己的能力;它們能够被牽引而居於高處,却是因爲天的作用。難道你想處於高位就能使自己的地位高起來嗎?李仲元是世人的師表。見到過他的容貌的人,没有不肅然起敬的;聽到過他的言論的人,没有不嚴肅思考的;觀察過他的行爲的人,没有不恭敬有加的。衹聽説過有道德的人能够使人折服,没聽説過有道德的人能够被人折服的。李仲元是使人折服從而畏懼的人。"

有人説:"難道夏育、孟賁不能使人畏懼嗎?"揚子説:"夏育、孟賁,使人畏懼的僅僅是他們的力氣,而讓人瞧不起的是他們的道德。"再問:"請先生一一説明其中的道理,行嗎?"揚子説:"不合乎禮制的事物不看,不合乎禮制的言論不聽,不合乎禮制的言論不説,不合乎禮制的事情不做。那些能够用禮制來嚴格約束自己的視、聽、言、行的人,從前就連我們的先師孔子也是敬畏他們的。一個人如果喜歡看那些不該看的事物,聽那些不該聽的言論,説那些不該説的言語,做那些不該做的事情,縱然他有夏育、孟賁那樣巨大的力氣,難道不是仍然被人瞧不起嗎?"

［按語］

在“李仲元”身上，充分體現了揚雄自己的道德追求與人格理想。李仲元的“不屈其意，不累其身”，與揚雄“非其意，雖富貴不事也”的處世原則何其相似！揚雄不也是“不夷不惠”的人嗎？似“夷”，就不會進京求仕；似“惠”，就得“枉道而事人”。揚雄不僅事漢，而且事莽，但因不願“枉道而事人”，故落得“三世不徙官”的下場。

揚雄認爲，“天”（君王）可以決定一個人地位的高低，但不能決定一個人名聲的彰顯。揚雄既不願“降志辱身”，又不能“枉道而事人”，“天”不會“引而高之”，又不“遇仲尼”，於是“欲求文章成名於後世”，而且果然遂願。

揚雄堅持“君子絶德，小人絶力”的道德標準，所以認爲夏育、孟賁不可怕，衹有像李仲元那樣“能正視、聽、言、行者”，才是真正使人折服敬畏的人。

《君子》卷第十二

序

君子純終領聞①，蠢迪撿押②，旁開聖則③。撰《君子》。

［注釋］

①純終：猶“善成”，謂“善於成就”。領聞：猶“令聞”，猶言“美名”。“領”通“令”。

②蠢：猶“動”，謂“行動”。《説文》：“蠢，蟲動貌。”迪：由也，遵道而行也，猶言“遵循”。撿押：同“檢柙”，謂“法度，規矩”。荀悦《申鑒·雜言上》：“故檢柙之臣，不虚於側。”

③旁開：猶“廣開”，猶言“發揚光大”。《廣雅·釋詁》：“旁，廣也。”又“旁，大也。”

［譯文］

君子善於成就自己美好的名聲，行動無不遵循法則在進行，而且能將聖人的原則發揚光大。（爲了讓人們全面了解君子的行事準則，）撰《君子》一卷。

［按語］

要而言之，揚雄認爲君子的行事原則是：建美名，遵法度，揚聖道。建美名是目的，遵法度是手段，揚聖道是義務。

12.1

或問："君子言則成文，動則成德，何以也？"曰："以其弸中而彪外也①。般之揮斤②，羿之激矢③。君子不言，言必有中也④；不行，行必有稱也⑤。"或問："君子之柔剛？"曰："君子於仁也柔，於義也剛⑥。"

［注釋］

①弸（péng）中：猶"弸於中"，謂"充滿在其中"，意爲"美德充滿於內心"。《廣雅·釋詁》："弸，滿也。"彪外：猶"彪於外"，意爲"美行表現於外"。《説文》："彪，虎文。"段注："虎皮。曰彪，皆狀其文也。"彪兼有外、美二義。

②般：公輸般，先秦著名工匠，後世謂之"魯班"并且奉爲木匠的祖師。斤：斧。

③羿：后羿，傳説是上古善射者。激矢：猶"發矢"，即射箭。

④不言：謂"不言則已"。下文"不行"結構同此。中（zhòng）：謂"中肯"，意爲"説話抓住要害"。

⑤稱（chèn）：謂"得體"，意爲"做事恰到好處"。

⑥於仁也柔，於義也剛：對待仁愛問題，態度柔和；對待節義問題，態度剛强。李軌注："仁愛大德，故柔屈其心；節義大業，故剛厲其志。"

［譯文］

有人問："君子發言就會成爲文章，做事就會成爲德行，這是爲什麽啊？"揚子説："因爲他們的內心充滿了美德，所以表現出來的都是美好的言行。就像魯班揮動斧頭無不恰到好處、后羿射發箭鏃總是百發百中一樣，君子不講話則已，只要講話，就一定能够説中問題的要害；君了不做事便罷，祇要做事，就一定能够做得非常得體。”

又問：“君子是怎樣剛柔結合的?”揚子説：“君子對待仁愛問題，態度柔和；對待節義問題，態度剛强。”

［**按語**］

揚雄强調“德”與“行”的内外統一。認爲具備了“内聖”修養的“君子”，一言一行都能恰到好處地體現聖人的道德規範。儒家强調“修身”，修身是成就事業的基礎。修身好比煉内功，由凡人而“君子”。

“仁”是對人的態度。儒家主張“仁”，就是無論君臣、官民和民與民之間，都要以愛心相待。有愛心，待人寬厚有加，凡利益不與人争，這就是“柔”。

“義”是對事的態度。事有宜與不宜之别，做“不宜”之事則爲“不義”。不義則害“仁”壞“道”；不義之人，人人得而誅之。所以在“義”的問題上，必須堅持原則，不能有絲毫讓步，態度必須强硬，這就是“剛”。

揚雄關於“君子”對待“柔剛”問題的解説，既體現了執法者人性化的一面，又强調了“法不阿貴”的一面。後人所謂的“法不容情”、“對事不對人”，也與揚雄“君子於仁也柔，於義也剛”的思想是相通的。

12.2

或問：“航不漿，衝不薺[①]，有諸?”曰：“有之。”

或曰："大器固不周於小乎②？"曰："斯械也，君子不械。"

［注釋］

①航：大船。不漿：不載酒漿。衝：同"轓"，戰車。《説文》："轓，陷陣車也。"段注："前、後《漢書》，衝、轓皆即𨋳字。"不薺：不載薺菜。

②周：謂"容納"。《淮南子·兵略訓》"周錐鑿而爲刃"高誘注："周，内也。捻矜以内鑚鑿也。""内"即"納"之古字。

［譯文］

有人問："大船不用來裝運酒漿，戰車不用來裝載薺菜，有這樣的説法嗎？"揚子説："有這樣的説法。"問者説："那是因爲大的器械本來就不該用來容納細小的東西嗎？"揚子説："這是針對器械而言，君子不是器械。"

［按語］

對器械而言，應當是大器作大用、小器作小用，故"航不漿，衝不薺"。

"君子"有居上位者，有居下位者。就其德和才而言，君子都是"大器"。居上位之君子有大用，居下位之君子有小用。故"大器固不周於小"，衹適用於真正的器械，而不適用於君子。

對於努力修身以成爲"君子"的人來説，更不能拒絶"小"用、忽視"小"事。中國傳統道德，提倡"積小善，戒小惡"，古語云："勿以善小而不爲，勿以惡小而爲之。"《荀子·勸學》説："積善成德，而神明自得，聖心備焉。"可見，成爲君子還得從積小善做起。揚雄强調"君子不械"，就是主張不拒絶"小"用、不忽視"小"事是"君子"的道德修養。

12. 3

或問："孟子知言之要，知德之奧①？"曰："非苟知之，亦允蹈之②。"或曰："子小諸子③，孟子非諸子乎？"曰："諸子者，以其知异於孔子者也④。孟子异乎不异？"

［注釋］

①言之要：謂"孔子言論的旨趣"。德之奥：謂"孔子道德的深意"。

②苟：隨便。允：誠信，此處猶言"忠實"。

③小：用作意動，猶言"鄙視"。

④知：猶言"見解"。

［譯文］

有人問："孟子了解孔子言論的旨趣，了解孔子道德的深意嗎？"揚子說："他不是隨意地了解就算了，他還忠實地履行了孔子的言論和道德。"問者又說："先生鄙視諸子，孟子不也是諸子嗎？"揚子說："我所鄙視的諸子，是那些見解跟孔子相悖的人。孟子的見解跟孔子相悖呢還是不相悖？"

［按語］

本章可視爲揚雄維護孔子及儒學理論的宣言書。他毫不諱言自己"小諸子"的理由是"以其知异於孔子"，可謂涇渭分明、毫不含糊。揚雄的這一堅定立場，使他赢得了在儒學史上的崇高地位，但也表現了他的歷史局限性。無論是他對"諸子"的批判，還是對"太史公"的非議，都存在着相當的歷史局限和門户之見。

不過，揚雄對孟子的贊賞是值得肯定的。這一方面是因爲孟子對發展孔子的儒學理論作出了巨大的貢獻，這種贊賞是客觀的，并非出於門户之見的溢美之辭；另一方面，揚雄把孟子作爲知行統一的典型來宣揚也是很有見地的。

12. 4

或曰："孫卿非數家之書，侻也[①]。至於子思、孟軻，詭哉[②]？"曰："吾於孫卿與[③]？見同門而异户也[④]。惟聖人爲不异[⑤]。牛玄、騂、白，睟而角[⑥]，其升諸廟乎[⑦]？是以君子全其德[⑧]。"或問："君子似玉[⑨]？"曰："純淪温潤[⑩]，柔而堅，玩而廉[⑪]，隊乎其不可形也[⑫]"。

［**注釋**］

①孫卿：即荀卿，名况，趙人，是戰國末期著名思想家，與孟軻都是孔子儒學理論的集大成者。漢人避漢宣帝劉詢諱，故寫作"孫卿"。非數家之書：指荀卿所著《非十二子》一文。《非十二子》所針對的，是先秦諸子中的它囂、魏牟、陳仲、史鰌、墨翟、宋鈃、慎到、田駢、惠施、鄧析、子思、孟軻。"非"謂"非議"，猶言"批判"。侻（tuó）：猶"可"。

②子思：孔伋，字子思，孔子之孫。子思一生致力於傳播孔子儒學思想，所撰《中庸》被奉爲儒學經典，故有"述聖"之譽。孟軻是其再傳弟子。詭：猶"奇"，謂"奇怪"。《玉篇》："詭，怪也。"

③吾於孫卿：意爲"我對孫卿非議子思、孟軻一事的看法"。

④見（xiàn）：同"現"，謂"表現"。同門而异户：意爲"同屬孔子門派但學術觀點不同"，如孟子主張"性善"，荀子主張"性惡"等。

⑤惟聖人爲不异：衹有聖人是没有流派差异的。在中國文化傳統中，"聖人"是智慧的化身，是具有最高道德境界的人，是人類至高無上的表率，仿佛宗教文化中的"佛陀"和"上帝"。因此，"聖人"是不會有流派差别的。

⑥牛玄、騂（xīng）、白：牛有黑色、赤色、白色的不同皮毛。《説文新

附》："騂，馬赤色也。"故以"騂"代"赤"。睟（cuì）而角：猶"粹而角"，意爲"毛色純粹而且牛角中看"。"睟"通"粹"。

⑦其：表反詰語氣。升諸廟：意爲"那三種牛祗要毛色純粹就可以被作爲犧牲登上宗廟的殿堂"。《禮記·檀弓》："夏后氏尚黑，牲用玄；殷人尚白，牲用白；周人尚赤，牲用騂。"牛的毛色之説一語雙關：孟、荀之"异户"猶牛的毛色之不同，但祗要"毛色純粹"，便都可以"升諸廟"而有大用焉；牛的毛色純粹尚有大用，人的道德純粹自然能够"升諸廟"而有大用，"是以君子全其德"。

⑧全其德：謂"使其德全"，意爲"使自己道德純粹完美"。

⑨玉："玉"在中國古代文化中具有特殊的象徵意義，它既是人的身份地位的象徵，也是人的道德品質的象徵。《禮記·玉藻》説"君子無故玉不去身。君子於玉比德焉"，《説文》對"玉"的解説便是一種"比德"的説法："石之美有五德者。潤澤以温，仁之方也；䚡理自外可以知中，義之方也；其聲舒揚專以遠聞，智之方也；不撓而折，勇之方也；鋭廉而不忮，絜之方也。"

⑩純淪：猶"純倫"，謂"純理"，意爲"紋理純粹"。"淪"通"倫"。温潤：謂"色澤温潤"。

⑪柔而堅：謂"質地柔和而堅硬"。玩而廉：謂"珍貴而難得"。"玩"猶"珍"，《文選·陸機〈辯亡論〉》"奇玩應響而赴"注："玩，珍也。""廉"猶"窄"，與"廣"義相對，《説文》："廉，仄也。"段注："此與廣爲對。"不廣則寡少，故"難得"。

⑫隊乎：猶"邃然"，深奥貌。"隊"一音徐醉切，與"邃"同音。

［**譯文**］

有人説："荀卿批評諸子的《非十二子》一書，大多數是説到了問題的要害的。但他竟然批評到子思、孟軻頭上，這豈不是怪事嗎？"揚子説："要問我對荀卿這樣做的看法嗎？這表現了同一門派中還有流派的差异。祗有聖人是没有流派差异的。牛有黑色、赤色、白色幾種皮毛，但是祗要它們的毛色純粹而且牛角中看，不就可以被用作祭品登上宗廟的殿堂嗎？因此君子努力使自己的道德純粹完美。”

有人問：“君子像玉的什麼特點？”揚子説：“紋理純正，色澤温潤，質地柔和而堅硬，價值珍貴而難得，其深邃的意蕴是難以形容的。”

［**按語**］

被荀子所非議的“十二子”中，衹有子思、孟子是儒家學派中人。所以揚雄認爲荀子對子思、孟子的非議，無非“同門而异户”而已。在揚雄看來，荀子對其餘“十子”的非議都是很有道理的，因爲他不僅維護了儒家的理論，而且糾正了諸子的一些錯誤，清人汪中就説：“荀卿之學出於孔氏，而尤有功於諸經。……六藝之傳賴以不絶者，荀卿也。周公之作，孔子述之，荀卿子傳之。”（汪中《荀卿子通論》）揚雄對荀子、孟子都是很敬重的，所以不予厚薄之評，僅謂“同門而异户”。

揚雄以“玉”喻君子之德，特别强調其“純淪”（純理），就因爲諸子的學説太過於“駁雜”。在他看來，司馬遷雖亦儒者，但論定是非也“不與聖人同，是非頗謬於經”（《漢書·揚雄傳》），因此他强調“君子全其德”。

12. 5

或曰：“仲尼之術，周而不泰[①]，大而不小[②]，用之猶牛鼠也[③]。”曰：“仲尼之道，猶四瀆也[④]；經營中國[⑤]，終入大海。它人之道者，西北之流也[⑥]；綱紀夷貉[⑦]，或入於沱，或淪於漢[⑧]。”

［注釋］

①周：謂“内容周詳”。不泰：猶“不通”，謂“行不通”。《易經》“泰”卦卦辭曰：亨，通也。

②大：謂“體系龐大”。不小：謂“不具體”，猶言“難以領會得很具體”。

③用之猶牛鼠：意爲“用孔子之道解决問題，就像牛行鼠穴，縱然有能力却無法施展”。

④四瀆：指四條獨流入海的大河，即長江、黄河、淮河、濟水。《爾雅·釋水》：“江淮河濟爲四瀆。四瀆者，發源注海者也。”

⑤經營：猶言“灌溉、滋潤”。中國：此處是文化學意義上的概念，即《問道》所謂“五政之所加，七賦之所養”的中原地區。

⑥西北之流：指中原地區的西邊和北邊的那些小河。

⑦綱紀：猶上文“經營”，亦謂“灌溉、滋潤”。夷貉：指非中原地區，猶言“少數民族地區”。

⑧淪：猶“入”。《淮南子·精神訓》“淪於不測，入於無間”注：“淪，入也。”

［譯文］

有人説：“孔子的學説，内容周詳却行不通，體系龐大却不具體，運用起來就好比牛行鼠穴——有力無處使。”揚子辯駁説：“孔子的學説，猶如長江、黄河、淮河、濟水；它滋潤着華夏大地，最終流入大海。其他人的學説，猶如西北地區的小河；它們流行在非王化區域，有的匯入沱江，有的匯入漢水”。

［按語］

揚雄認爲，孔子之道是“經營中國”的大道，但是必須使它用得其所；如果用不得其所，就會如牛行鼠穴——有力而無法施展。

作爲聖道，孔子之道通行天下、放之四海而皆準，故有如四瀆之入大海。諸子之道也可能有用於一時一地，故猶如“西北之流”之“綱紀夷貉”。在揚雄看來，聖道之有大用，豈諸子之道可比?

“西北之流”入於“沱”、“漢”之喻，用意頗深。既寓諸子之學分歧無宗，尤寓諸子之學終爲儒學聖道所統一之意。

12. 6

淮南説之用，不如太史公之用也①。太史公，聖人將有取焉②；淮南，鮮取焉爾。必也，儒乎③？乍出乍入，淮南也④；文麗用寡，長卿也⑤；多愛不忍⑥，子長也。仲尼多愛，愛義也；子長多愛，愛奇也。

［注釋］

①淮南説：指淮南王劉安召集門客所撰的《淮南子》。太史公：指司馬遷所著《史記》。

②聖人將有取焉：字面意思是“聖人將從中採用可取的東西”，意爲“不少的内容是合乎聖人之道的”。

③必也，儒乎：意思是説，我認爲《史記》“有取焉”和《淮南子》“鮮取焉”的根據，“當然是以儒家之道爲標準的”。

④乍出乍入：意爲“《淮南子》的内容有的與儒家之道大相徑庭，有的又跟儒家之道比較接近”。清人莊逵吉叙《淮南子》説：“《藝文志・雜家》者流，有《淮南・内》二十一篇，《淮南・外》三十三篇。……大概多黄白變幻之事。……而高誘叙中，亦言講論道德、總統仁義而著此書。”《淮南子》以道家自然天道觀爲指歸，又雜以儒家道德、仁義之説，故謂之“乍出乍入”。

⑤長卿：司馬相如（前179—前118年），字長卿，成都人，漢賦的代表作家。漢武帝好神仙之術，司馬相如作《大人賦》予以諷諫，結果反而

助長了武帝對神仙之術的愛好。

⑥多愛不忍：愛心很多但用得不恰當。“忍”謂“以義斷（事）”，《國語·晋語》“以忍去過”注：“忍，以義斷也。”“不忍”即不能以義斷事，亦就是“處事不當”。

［譯文］

《淮南子》的功用，遠不如《史記》的功用。太史公的《史記》，不少内容是合乎聖人之道的；《淮南子》，很少合乎聖人之道的内容。一定要説衡量功用大小的標凖，不就是儒道嗎？與儒道大相徑庭而稍有接近的，是《淮南子》；文辭華麗而作用很小的，是司馬長卿；愛心很多但用得不當的，是司馬子長。孔子亦多愛心，但愛的是合乎義的事物；司馬子長雖多愛心，但愛的是奇异的人和事。

［按語］

儒家主張“入世”，對治學爲文强調“經世致用”，故揚雄非常重視每一部著作的社會影響。揚雄所關注的，不僅是像《淮南子》這樣的哲學著作、《史記》這樣的史傳散文，而且還包括辭賦這樣的文學作品。唐宋人“文以載道”的主張，很大程度上受到了揚雄的影響。郭紹虞在其《中國文學批評史》中説“揚雄發展了傳統的文學觀”，應當是不無道理的。

但是，揚雄始終堅持儒家的立場并且堅持用“徵聖”的標凖來衡量一切文章，這就使他對前人著作的評價，産生了嚴重的保守傾向和極大的偏見。這種傾向和偏見，在他對《史記》的評價上表現得尤爲突出。他一方面充分肯定《史記》，認爲“聖人將有取焉”；另一方面，認爲《史記》將項羽歸入“本紀”、陳勝歸入“世家”是“不與聖人同，是非頗謬於經”，而把《史記》爲那些有一技之長或者較大社會影響的下層人士（如刺客、滑稽、日者、龜策等）立傳視爲“不忍”和“愛奇”。揚雄的這種“正統”觀念直接影響了班固，以致《漢書》在編纂體例和人物褒貶上都體現了揚雄的這種傾向和偏見。

12. 7

或曰：“甚矣，傳書之不果也[①]！”曰：“不果則不果矣，人以巫鼓[②]。”

［注釋］

①傳（zhuàn）書：猶“傳文”，謂“解釋經書的文字”。不果：猶“不實”，謂“不可信”。

②巫：通“誣”，謂“有意胡説八道”。鼓：通“蠱”，謂“蠱惑”。

［譯文］

有人説：“解釋聖人經典的文字中，不合乎事實的現象太嚴重了！”揚子説：“文字不合乎事實倒也罷了，甚至還有人用捏造的事實來蠱惑人心。”

［按語］

揚雄生活的西漢末年，正是經學“今古文之争”日趨激烈的時期。這場今、古文之争，主要涉及對孔子的評價（是“先師”還是“素王”）和對“五經”的認識（是“歷史借鑒”還是“政治綱領”）問題；但是争論的實質，却不單純是理論問題，而是社會實際問題。在這場争論中，揚雄雖然并不屬於以劉向、劉歆父子爲首的古文經學一派，但是由於積極支持王莽“托古改制”的改革主張，所以被後世研究者視爲“古文經學派”。揚雄所謂的“諸子”，確實主要是針對今文經學派的一些代表人物，這就更給今天的研究者在確定揚雄的學術派别時造成了很大的困難，并且引發了激烈的争論。揚雄所説的"人以巫鼓",見《漢書·揚雄傳》所載:"雄見諸子各以其知舛馳,大氐詆訾聖人,即爲怪迂,析辯詭辭以撓世事;雖小辯,終破大道而或(惑)衆,使溺於所聞而不自知其非也。"近年來,又有人認爲揚雄屬於"今文經學派",似乎亦有道理。在我看來,揚雄純粹是以儒學的衛道者自居,完全是以他認爲客觀的標準論人論事,實在是很難將他歸入哪一派的。這也是他的"异端"行爲的表現。

12.8

或問:"聖人之言炳若丹青①,有諸?"曰:"吁!是何言與?丹青,初則炳,久則渝②。渝乎哉?"

[注釋]

①炳:明亮、顯著。丹青:丹砂和空青兩種可製顔料的礦石。丹砂爲紅色,空青爲青色,用其製作的顔料,不僅色澤明亮,而且不易退色。

②渝:改變,意爲"退色"。丹青不易退色,但并非永遠不會改變顔色,故云"久則渝"。

[譯文]

有人問:"聖人的話,像顔料丹砂、空青一樣光明顯著,是這樣的嗎?"揚子説:"哎呀,這是什麽話啊?丹砂、空青剛製成時顔色光明顯著,時間一久顔色就會改變。難道聖人的話亦會改變嗎?"

[按語]

在揚雄看來,"聖人之言"是永遠顛撲不破的真理,是不會改變也不能改變的。揚雄完全以儒學的衛道者自居,也就難怪自漢以下直到北宋的一大批思想家和政治家,如桓譚、王充、韓愈、柳開、石介、蘇洵等人，無不將揚雄視爲繼孟子之後的儒學繼承人和維護者了。

12. 9

或曰："聖人之道若天。天則有常矣①，奚聖人之多變也②？"曰："聖人固多變。子游、子夏得其書矣③，未得其所以書也；宰我、子貢得其言矣④，未得其所以言也；顏淵、閔子騫得其行矣⑤，未得其所以行也。聖人之書、言、行，天也⑥。天其少變乎⑦？"

［注釋］

①常：謂"常行之道"，猶言"規律"。日之升降、月之盈虧、四季之更替均有規律，故云"天則有常"。

②聖人之多變：謂"聖人之道非常深奥難以捉摸"。人事萬端，聖人之道莫不應之，故云"多變"。

③子游、子夏得其書：謂"子游、子夏學到了孔子所傳授的禮樂制度"。《史記》載，子游爲武城宰，孔子過武城聞弦歌之聲後説"子游習於文學"。《論語·先進》"文學：子游、子夏"李澤厚注："'文學'并非後世的'文章'，主要指有關禮儀制度的學問。"（李澤厚《論語今讀》）

④宰我、子貢得其言：謂"宰我、子貢學到了孔子所傳授的語言技巧"。《史記》載宰我"利口辯辭"、子貢"利口巧辭"，孔子説："言語：宰我、子貢。"（《論語·先進》）

⑤顏淵、閔子騫得其行：謂"顏淵、閔子騫學到了孔子美好的德行"。孔子贊顏淵以"賢"、閔子騫以"孝"，見《論語》和《史記》。

⑥天：此處謂"像天一樣博大深遠"。

⑦天其少變乎：謂"天多變化"。日有起落、月有盈虧、四季更替、風雨陰晴、雷電灾异，皆其變也。

［譯文］

有人説："聖人之道像天一樣。可是天道的運行是有規律可循的，爲什麽聖人深奥得讓人難以捉摸啊？"揚子説："聖人確實深奥而讓人難以捉摸。子游、子夏能學到孔子傳述的禮樂制度，却未能理解孔子傳述禮樂制度的奥秘；宰我、子貢能學到孔子傳授的語言技巧，却未能理解孔子傳授語言技巧的奥秘；顔淵、閔子騫能學到孔子美好的德行，却未能理解孔子具有美好德行的奥秘。因爲聖人的著述、言辭和德行，都是像天一樣的博大而深奥。博大深奥的天難道會少變化嗎？"

［按語］

揚雄生活的西漢末年，正是經學今、古之争趨於激烈的時期。這場争論的焦點，就是關於聖人孔子和聖人之道的評價問題。揚雄强調"聖人固多變"，就是强調對孔子和聖人之道的評價應當謹慎從事，不要急於下結論。揚雄的理由是：受孔子耳提面命的弟子們尚且未必能够完全了解孔子，何况我們這些距離孔子幾百年之久的人。

今人研究揚雄，亦如揚雄時代的人研究孔子。在關於揚雄思想的研究中，不僅有"醇儒"、"雜儒"、"非儒"的分歧，甚至連揚雄究竟是"古文經學家"還是"今文經學家"的問題也出現了極爲分歧的意見。

12. 10

或曰："聖人自恣與①？何言之多端也？"曰："子未睹禹之行水與？一東一北，行之無礙也②。君子之行，獨無礙乎？如何直往也？水避礙則通於海，君子避礙則通於理。”

［注釋］

①自恣：謂“放縱自己”，意爲“隨心所欲”。

②行之：使之通行。

［譯文］

有人説：“聖人太隨心所欲了吧？要不爲什麽他的話涉及方方面面的問題呢？”揚子説：“你没有見過大禹是怎樣疏導洪水的吧？要麽將水引向東邊，要麽將水引向北邊，無非是爲了使水暢通無阻。君子行事，難道不會遇到障礙嗎？遇到障礙怎麽能够直端端地前行呢？流水避開障礙纔能通向大海，君子避開障礙纔能通曉真理。”

［按語］

上一章“聖人之多變”，是就聖人言論的深度而言；本章謂聖人“言之多端”，是就聖人言論的廣度而言。不解聖道之深奥玄妙，便難免“溺於所聞而不自知其非”；不知聖道之經緯萬端，便不知“避礙”而難“通於理”。

揚雄歷來主張“避礙”。“避礙”并非逃避困難，而是追求辦事效率。揚雄以爲，要想成就大事，必“會其時之可爲”，即要遇到能够成就事業的機會。他在解釋自己不追求政治上顯達的原因時説：“爲可爲於可爲之時，則從；爲不可爲於不可爲之時，則凶。……故默然獨守吾《太玄》。”（《漢書·揚雄傳》）因此，其“避礙”不乏“審時度勢”的含義。揚雄提倡“全身遠禍”，反對“直往”，都是“避礙”的表現。

12.11

君子好人之好，而忘己之好；小人好己之惡，而忘人之好。

［**譯文**］

君子欣賞别人的優點，却總是看不到自己的優點；小人欣賞自己的缺點，却總是看不到别人的優點。

［**按語**］

“嚴以律己，寬以待人”是中國人的傳統美德。孔子提倡“躬自厚而薄責於人”（《論語·衛靈公》），還主張“君子惡稱人之惡者”（《論語·陽貨》）。君子待人寬厚，故常見到别人的優點；律己嚴格，故不見自己的優點。“小人”反此，對己寬容放縱，故將自己缺點視爲優點；對人吹毛求疵，故將别人的優點視爲缺點。

12. 12

或曰：“子於天下則誰與①？”曰：“與夫進者乎②？”或曰：“貪夫位也，慕夫禄也，何其與③？”曰：“此貪也，非進也。夫進也者，進於道，慕於德，殷之以仁義④，進而進，退而退⑤，日孳孳而不自知倦者也⑥。”或曰：“進進，則聞命矣。請問退進？”曰：“昔乎顔淵以退爲進，天下鮮儷焉⑦。”或曰：“若此，則何少於必退也⑧？”曰：“必進，易儷也；必退，易儷也。進以禮，退以義，難儷也。”

［**注釋**］

①與：謂“贊許”。見《論語·先進》“吾與點也”注。

②進：謂“進取”。“進取”兼“仕進”與“進步”二義。

③何其與：猶“何與其”，意爲“爲什麽贊許他們”。

④殷：謂“正”，猶言“糾正”。《尚書·堯典》“以殷仲春”傳：“殷，正也。以正春秋之氣節。”

⑤退而退：司馬光《法言集注》說：“‘退而退’當作‘退而進’。言不以禄位之進退，務進於道德而已。故下文云‘請問進退’。”汪榮寶《法言義疏》說：“温公説是也。”今從温公説。

⑥孳孳：同“孜孜”，勤奮貌。

⑦儷：猶“并”猶“匹”。“鲜儷焉”猶言“少有能與他相比的人”。

⑧少：猶“小”，猶言“輕視”。

［譯文］

有人説：“先生贊許天下的哪一類人？”揚子説：“贊許那些追求上進的人吧！”問者説：“那是些貪戀權位、追慕利禄的人，你爲什麽贊許他們啊？”揚子説：“這樣的人祇能叫貪婪，不能叫上進。我所説的追求上進的人，是指在聖道上不斷進取，對美德無限傾慕，用仁義規範言行，做了官追求上進，不做官亦求上進，每天勤奮學習而不知疲倦的人。”問話人又説：“做官要追求上進的道理，已經領教過先生了。請問什麽是不做官亦求上進？”揚子説：“從前顔淵就是把不做官作爲自己追求上進的表現，天下很少有能跟他相比的人。”問話人説：“如果是這樣，那爲什麽人們并不看重那些堅持退隱的人呢？”揚子説：“堅持仕進，是很多人容易做到的；堅持退隱，也是很多人容易做到的。而能堅持仕進要合乎禮、退隱要合乎義這一原則，就很難有人做到了。”

［按語］

揚雄把“上進”理解爲對道、德、仁、義的不懈追求，實際上就是反對一般人對學習所持的急功近利和實用主義的態度。他的“不爲章句”之學，表現他不願走同時代讀書人靠注解經書進入仕途的道路。他“自有大度”，這個“大度”就是繼承孔子的事業，實現禮樂治國、建立王道政治的理想。他“年四十餘，自蜀來至游京師”，原本是爲了尋求實現理想的機會。理想破滅之後，他仍然没有消沉，他選擇了另一種進取的道路——“欲求文章成名於後世”，實際上就是充當孔子儒學的捍衛者。應當説，揚雄的一生都在不斷進取，衹不過他不是懷着那種“貪夫位，慕夫禄”的進取目的罷了。

揚雄主張，仕進與退隱都應當符合禮義的原則，并且認爲這是很難做到的。在揚雄一生的仕途上，曾經有過多次升遷的機會，但是都因爲他堅持“進以禮，退以義”的原則而失去了。漢成帝好辭賦，揚雄不是用辭賦去迎合他，却是將辭賦作爲勸諫的手段。王莽需要“符命”爲他篡權造輿論，揚雄精通《易》學自然是編造符命的高手，儘管他對王莽確有好感，但他仍然没有將符命作爲撈取政治資本的機會。班固給他“恬於勢利乃如是”的贊譽，其實這是他高尚的政治情操和偉大人格的集中體現。對於許多人來説，這確實是很難做到的。

12. 13

或曰：“人有齊死生、同貧富、等貴賤①，何如?”曰：“作此者，其有懼乎? 信死生齊、貧富同、貴賤等②，則吾以聖人爲嚻嚻③。”

［注釋］

①齊死生、同貧富、等貴賤：這是老莊學派挑戰儒家禮樂主張的代表性觀點，以《莊子·齊物論》爲代表。《莊子·齊物論》宣揚“方生方死，方死方生”，是爲“齊生死”；宣揚“凡物無成與毁，復通爲一”，是爲“同

貧富”；宣揚“天下莫大於秋毫之末，而太山爲小”，是爲“等貴賤”。

②信：猶言“果真”。

③囂囂：謂“虛言”，猶言“假話”。《廣雅·釋訓》：“囂囂，虛也。”

［**譯文**］

有人問：“有人宣揚生與死的實質是一樣的、貧與富的意義是相同的、貴與賤的地位是相等的，先生認爲怎麽樣?”揚子説：“作這種理解的人，大概是心中有所恐懼吧？果真生與死一樣、貧與富相同、貴與賤相等的話，那麽我們就祇有把聖人的言論視爲騙人的假話了。”

［**按語**］

老莊學派“齊死生、同貧富、等貴賤”之説，目的在於否定儒家的“禮樂”理論。“禮樂”的功用在於“辨”，即區别尊卑貴賤，如《史記·禮書》所云：“故禮者，養也。君子既得其養，又好其辨也。所謂辨者，貴賤有等，長少有差，貧富輕重皆有稱也。”齊同則無别，無别則尊卑貴賤莫辨，這就從根本上否定了“禮樂”的合理存在。“禮樂”是孔子儒學的核心理論，否定“禮樂”就是否定孔子；所以揚雄説，如果“齊生死”之説真實可信，那就是孔子在説假話騙人。

12.14

通天、地、人曰儒[①]，通天、地而不通人曰伎[②]。

［**注釋**］

①通天、地、人曰儒：這是以“王”釋“儒”。董仲舒《春秋繁露·王道通三》：“古之造文者，三畫而連其中謂之王。三者，天、地、人也。而參通之者，王也。”《説文》：“儒，柔也，術士之稱。”段注：“儒之言優也、

柔也，能安人、能服人。又儒者，濡也，以先王之道能濡其身。術，邑中也，固以爲道之稱。”按《説文》所云，“儒”爲傳道之士，“王”爲貫通天、地、人三道之人。

②伎：通“技”，謂“技藝”。知天文、明地理者，可謂有一技之長；但不識人道，更不能“參通之”者，便衹能謂之“伎”。所謂“人道”，即“能安人、能服人”之治國安民之道，質言之，即謂“禮樂”。在揚雄看來，“儒”以禮樂别於莊老、刑名等先秦諸子，禮樂是實現儒家“王道”政治理想的主要手段，故“儒”有似於“王”，非儒者則均爲“伎”而已。

［**譯文**］

能够貫通天、地、人三道於一體的人纔配稱“儒”，能溝通天、地神靈而不精通人道的人衹配叫做“伎”。

［**按語**］

能够貫通天、地、人三道於一體的，絶非一般意義上的“儒”，一定是極聖極智的“聖人”。《周禮》把“六德、“六行”、“六藝”叫做“德行”、“道藝”，有此“德行”、“道藝”者，非聖人不可當之。揚雄以“王”釋“儒”，不乏宣示“儒術獨尊”的用心。但是有人則據此認爲揚雄應當屬於“今文經學家”。

12.15

人必先作，然後人名之；先求，然後人與之①。人必其自愛也，然後人愛諸；人必其自敬也，然後人敬諸。自愛，仁之至也②；自敬，禮之至也③。未有不自愛敬而人愛敬之者也。

［**注釋**］

①人必先作……先求……人與之：司馬光《揚子法言集注》説：“作爲

善惡，而人以善惡名之；自求禍福，而人以禍福與之。”

②自愛，仁之至也：自愛是仁的最高境界。《荀子・子道》：“子貢人，子曰：‘賜？智者若何？仁者若何？’子貢對曰：‘智者知人，仁者愛人。’子曰：‘可謂士君子矣。’顔淵入，子曰：‘回！智者若何？仁者若何？’顔淵對曰：‘智者自知，仁者自愛。’子曰：‘可謂明君子矣。’”

③自敬，禮之至也：敬重自己是明禮的最高表現。《周易・坤卦・文言》：“君子敬以直内，義以方外，敬義立而德不孤。”程頤認爲，“敬是持己之道”，“敬以直内，有主於内則虚，自然無非僻之心”，故“入道莫如敬”（《宋元學案》卷十五《伊川學案》）。

［譯文］

一個人必定是首先有所作爲，然後别人纔會給他以善或惡的名譽；一個人必定是首先有所追求，然後别人纔會給他以禍或福的回報。一個人一定要愛護自己，然後别人纔會愛護他；一個人一定要敬重自己，然後别人纔會敬重他。愛護自己，是仁的最高境界；敬重自己，是禮的最高形式。没有不懂得愛護自己、敬重自己而會有人愛護和敬重他的。

［按語］

一個人的美譽或駡名、吉祥或灾禍，無不决定於自己的所作所爲，止所謂“種瓜得瓜，種豆得豆”。明乎此，則“莫以善小而不爲，莫以惡小而爲之”。

一個不“自愛”的人，不僅不會有愛人之心，而且會自暴自棄、破罐子破摔，什麽壞事都做得出來。因此，“自愛”纔會“自律”。人人都能自律，就不會有人爲非作歹；没有人爲非作歹的社會，必然充滿大愛，故曰“自愛，仁之至也”。

一個不“自敬”的人，不僅不會敬重别人，而且精神空虚、行爲怪癖，無法約束自己。不能約束自己，就會藐視禮法，就會胡作非爲，故曰“自敬，禮之至也”。

對治國治民的官吏來説，“自愛”、“自敬”尤其重要。官吏愛自己的前途、愛自己的聲譽，纔不至於貪酷，纔不至於徇私枉法。官吏能够自尊自重，纔可能尊重百姓的人格，纔可能尊重百姓的利益。官吏都能“自愛”、“自敬”，社會風氣必然會好起來，人與人之間的關係也纔會和諧起來。

12.16

或問：“龍、龜、鴻鵠，不亦壽乎？”曰：“壽。”曰：“人可壽乎？”曰：“物以其性①，人以其仁。”

［注釋］

①物：謂“動物”，即與“人”相對的其他一切有生命的動物。性：猶“天性”，即自然本性。

［譯文］

有人問：“龍、烏龜和天鵝，不都很長壽嗎？”揚子説：“都很長壽。”再問：“人也可能長壽嗎？”揚子説：“動物的長壽决定於它們的自然本性，而人的長壽决定於他的仁愛之心。”

［按語］

從心理學的角度説，“仁者壽”不無道理。仁德君子大多善待别人、遇事豁達。善待别人則少招是非，遇事豁達則少計較得失。既無是非仇怨之憂，亦無利害得失之慮，自會有益身心而健康長壽。

但是從社會學的層面上考察，則仁者未必壽。比干剖心、龍逢被斬、屈原自沉……，古往今來，仁者不容於不仁者而壽夭的事例，豈少矣哉？故張居正在其《義命説》中不無感慨地説：

“仁者不必壽，壽者不必仁。”

揚雄轉述孔子“仁者壽”之説，無非出於針對世人總是不乏功利之心的考慮，其用心也可謂良苦。或認爲“仁者壽”謂仁者名聲不朽。

12. 17

或問：“人言仙者[①]，有諸乎？”“吁！吾聞伏羲、神農殁，黄帝、堯、舜殂落而死[②]，文王畢，孔子魯城之北[③]。獨子愛其死乎[④]？非人之所及也，仙亦無益子之彙矣[⑤]。”或曰：“聖人不師仙，厥術异也[⑥]。聖人之於天下，耻一物之不知；仙人之於天下，耻一日之不生。”曰：“生乎生乎！名生而實死也[⑦]。”或曰：“世無仙，則焉得斯語？”曰：“語乎者，非囂囂也與[⑧]？惟囂囂能使無爲有。”或問：“仙之實？”曰：“無以爲也[⑨]。有與無，非問也。問也者，忠孝之問也。忠臣孝子，偟乎不偟[⑩]？”

［注釋］

①仙：謂“老而不死”，即“長生不死”。《説文》：“仙，長生仙去。”段注引《釋名》曰：“老而不死曰仙。”

②伏羲、神農：二人都是傳説中的中國上古時期的聖王。“伏羲”亦作“伏犠”、“庖犠”。《周易·繫辭》：“庖犠氏没，神農氏作。神農氏没，黄帝、堯、舜氏作。”殁：同“没”，與“殂落”皆謂“死”。

③畢：地名，今陝西長安縣東北一帶。周文王葬於此。魯城之北：即今山東曲阜附近。孔子葬於此。

④愛：吝惜。“愛其死”猶言“舍不得死”。

⑤子之彙：猶“子之類”，即“人類”。《周易·否卦》“拔茅茹以其彙”孔穎達疏：“以其彙者，以其同類。”因爲是答辭，故言“子”，實則“吾儕”，即“我們這些人”，亦即“人類”。

⑥厥術异：他們所走的道路不同。即下文所述追求完全不同。

⑦名生而實死：自命爲還活着而實際上是死了的。《説文》：“名，自命也。”

⑧囂囂：虚妄之辭。《廣雅·釋訓》：“囂囂，虚也。”

⑨無以爲：即“以無爲（有）”，意爲“把根本不存在的事物當做存在的事物”。

⑩偟：通“遑”，閑暇。

［譯文］

有人問：“人們所談論的長生不死，真有這樣的事嗎？”揚子説：“唉！我聽説伏羲、神農是死了的，黄帝、堯、舜也是死了的，周文王死後葬在畢，孔子死後葬在魯國都城的北門外。（可見連這些聖人也没有長生不死。）唯獨你就這樣吝惜自己的生命嗎？且不説長生不死不是人類所能達到的，再説，長生不死對我們也没有什麽益處嘛。”問者説：“聖人不學習長生不死之術，是因爲聖人與仙人的追求完全不同。聖人對於天下的事物，是以不了解其中的一事一物爲自己的耻辱；而仙人對於天下的事物，是把在世上少活一天作爲自己的耻辱。”揚子説：“長生啊、長生啊！自命爲長生不死的人而實際上都是死了的。”問者又説：“如果世上没有長生不死的人，那麽怎麽會有這樣的説法呢？”揚子説：“長生不死這樣的説法，不就是虚妄的無稽之談嗎？衹有虚妄的無稽之談，纔能使根本不存在的事物讓人覺得確有其事。”問者又問：“那長生不死的實質是什麽？”揚子説：“就是把根本不存在的現象當做存在的現象。其實長生不死的有和無，都没有必要過問。應該過問的，是有關忠孝的問題。忠臣孝子，有没有時間去過問長生不死這樣的問題啊?”

［按語］

揚雄强調，長生不死的所謂“仙”，純屬騙人的鬼話，人們不應該把時間和精力花在這樣的事情上。一般説來，人生最大的功利目的應該是追求長壽。長生不死是不可能的，而長壽是有可能的。但長壽的途徑是作一個“仁者”，仕則要做“忠臣”，不仕則要做“孝子”。

12. 18

或問:“壽可益乎?”曰:“德。”曰:“回、牛之行，德矣①；曷壽之不益也?”曰:“德，故爾。如回之殘、牛之賊也，焉得爾②?”曰:“殘、賊或壽?”曰:“彼妄也③。君子不妄。有生者必有死，有始者必有終，自然之道也。君子忠人，况己乎? 小人欺己④，况人乎?”

［注釋］

①回、牛:顔回、冉耕。《史記·仲尼弟子列傳》將二人列入“德行”，并記載“回年二十九，髮盡白，早死。孔子哭之慟”，還記載“伯牛有惡疾，孔子往問之”。二人都因病早死，故下句云“壽之不益”。

②如回之殘、牛之賊:意爲“如果顔回、冉耕不堅守仁義道德”。“殘”、“賊”都是“損害”的意思,《孟子》别之曰:“賊仁者謂之賊，殘義者謂之殘。”焉得爾:哪裏會像這樣。意思是説，顔回、冉耕因爲堅守仁義而自甘貧窮，纔弄得貧病交加而死；如果不堅守仁義而同流合污，就不至於如此了。世德堂本“得”作“德”，今依天復本改。

③彼妄:意爲“那是糊裏糊塗地活着”。《説文》:“妄，亂也。”《增韵》:“妄，誕也，罔也。”

④小人欺己：這是針對上文“人言仙者”來説的。揚雄認爲，“長生不死”之説純粹是自欺欺人的謊言。在這個話題中，“君子忠人”猶言“君子實話實説”。這個“實話”就是“有生者，必有死；有始者，必有終”。

［譯文］

有人問：“一個人的壽命可能延長嗎？”揚子説：“道德美好就可能延長。”問者説：“顔回、冉耕的行爲，够得上道德美好的了，爲什麽他們的壽命并没有延長呢？”揚子説：“他們正是因爲道德美好，所以纔這樣的。如果顔回、冉耕也做損害仁義的事，又哪裏能是這樣的呢？”問者説：“豈不是損害仁義的人還有可能長壽？”揚子説：“那是糊裏糊塗地活着。君子是不會糊裏糊塗地活着的。君子深知，有生必有死，有始必有終，這是自然界的規律。君子對人忠誠老實，何况壽命是與自己有關的事呢？小人連自己也要欺騙，何况是對别人呢？”

［按語］

“德可益壽”與“仁者壽”是相同的命題。道德美好固然可以益壽，但堅守美好道德也有可能弄得自己窮困潦倒甚至付出生命的代價。顔回、冉牛是如此，揚雄自己又何嘗不是如此？這也正好應了張居正那句話：“仁者不必壽，壽者不必仁。”大凡在一個顯失公平的社會裏，總是難免會有“好人活得累，壞人富且貴”的現象。古往今來，莫不如此。

《孝至》卷第十三

序

孝莫大於寧親[①]，寧親莫大於寧神[②]，寧神莫大於四表之歡心[③]。撰《孝至》。

［注釋］

①寧親：使父母安寧。

②神：指父、祖等親人死後的靈魂。

③四表：四方之外，指四方極遠之地。《尚書·堯典》："光被四表，格於天下。"引伸指天下人。

［譯文］

盡孝道没有比使父母安樂更重要的了，使父母安樂没有比使祖宗靈魂安寧更重要的了，使祖宗靈魂安寧没有比得到天下人歡心更重要的了。（爲了讓人了解孝道，）撰《孝至》一卷。

［按語］

"孝"的内涵是愛敬父母。《説文》以"子承老也"釋"孝"，字象兒女把父母頂在頭上。上自天子，下至庶人，愛敬父母的方式雖然不同，但是使父母安樂（"寧親"）這個要求和目的是一致的。儒家聖哲由"愛敬父母"的内涵生發開去，上推而"尊祖敬宗"，下推而"尊兄友弟"。尊敬祖宗的手段就是祭祀，祭祀的目的是爲了"寧神"。寧神源於"報本"，《禮記·效特牲》説："人本乎祖……大報本，反始也。"《禮記·祭義》説："君子反古復始，不忘其所生也。"爲什麽説"不孝有三，無後爲大"？"無後"就没有人給祖宗祭祀，使祖宗的靈魂得不到安寧，所以無後又叫"斷香火"。對於一國之君來説，保住江山社稷纔能"安神"，纔能使祖宗的靈魂不受侵擾。怎樣纔能保住江山社稷？在揚雄看來，國君修好政治，勤政愛民，能够得到天下人的擁戴，這樣既無内亂，又不懼外侮，江山穩固，宗廟安寧，是國君對自己祖宗最大的孝心。

不難看出，揚雄是把國君的"仁政"視爲孝的最高標準。换句話説，國君施行暴政，不僅是虐害了天下萬民，而且是對自己祖宗的最大不孝和背叛。

13.1

孝，至矣乎①？一言而該②，聖人不加焉。

［注釋］

①至：意爲"最高最完美的道德標準"。

②該：通"賅"，完備。

［譯文］

孝，可算是最高最完美的道德標準了吧？一個字就使各種道德的内容包含其中，連聖人也没有對它再增加什麽了。

［按語］

歷來儒家都把"孝"視爲所有傳統美德的根本。《孝經》首章説："夫孝，德之本也。"注家們解釋説："孝道之美，百行之本"（《白虎通·考黜》），"執一術（孝道）而百善至、百邪去"（《吕氏春秋·孝行覽》），"孝統衆善"（吕維祺《孝經本義》）。

"仁、義、禮、智、信"被視爲做人的基本道德，謂之"五常"。孟子認爲，仁、義的根本是孝、悌，禮、智是維護這個根本的，他説："仁之實，事親是也；義之實，從兄是也；智之實，知斯二者弗去是也；禮之實，節文斯二者是也。"（《孟子·離婁上》）《禮記》亦有相同的論述，而且把孝道的影響範圍説得更大，如："仁者，仁此（孝道）者也；禮者，履此者也；義者，宜此者也；信者，信此者也；强者，强此者也。……居處不莊，非孝也；事君不忠，非孝也；莅官不敬，非孝也；朋友不信，非孝也；戰陳不勇，非孝也。"（《禮記·祭義》）

這就是揚雄把"孝"視爲最高最完美道德標準的主要根據。

13. 2

父母，子之天地與？無天何生？無地何形？天地裕於萬物乎①？萬物裕於天地乎？裕父母之裕，不裕矣②。事父母自知不足者，其舜乎③？不可得而久者，事親之謂也。孝子愛日。

［**注釋**］

①裕：豐厚。這裏用作動詞。

②裕父母之裕：意爲"用父母給予自己的是否豐厚作標準來報答父母的大恩"。不裕：就不是是否豐厚的問題了。意思是説，不能計較父母給予自己的多少，如果計較，就是"不孝"。

③事父母自知不足者，其舜乎：據《史記·五帝本紀》記載，舜的父

親瞽叟愛後妻的兒子象，甚至“常欲殺舜”；而舜總是“順事父及後母與弟，日以篤謹，匪有解。”後來舜得到堯的賞賜，爲他築倉廪，給予他牛羊、絺衣和琴，還把兩個女兒嫁給了他。分家的時候，象提出“舜妻堯二女與琴，象取之”的無理要求，舜居然照樣依從，并且“復事瞽叟，愛弟彌謹”。舜之所以能够這樣忍讓，司馬遷説“舜順適不失子道”，就是爲了讓父母高興。因此，揚雄將舜作爲子女孝敬父母時從不計較父母恩情厚薄的典型。

［譯文］

父母，就是子女的天地吧？没有天，萬物怎能禀氣萌生？没有地，萬物怎能孕育成形？是天地給予萬物豐厚的恩情呢？還是萬物給予天地豐厚的回報？如果子女計較父母恩情的豐厚，那就不是回報是否豐厚的問題了。侍奉父母總是認爲自己做得不够的，大概是舜吧？不可能有機會長久地去做的，就是侍奉父母這件事情。所以孝順的子女特別珍惜父母健在的時光。

［按語］

在孔子、孟子生活的時代，“孝”被賦予的主要還是它的道德意義，强調的也主要是與“仁”相關的愛敬的意思，《論語·學而》：“孝弟也者，其爲仁之本與！”

秦漢之際，“孝”的作用被拔高到政治層面，成爲與“忠”相并列的倫理概念，《吕氏春秋·孝行覽》説：“凡爲天下治國家，必務本而後末。……務本莫貴於孝。”《吕氏春秋·觀師》更説：“先王之教，莫榮於孝，莫顯於忠。忠孝，人君人親之所甚欲也；榮顯，人子人臣之所甚欲也。”

揚雄生活的漢朝，“孝”成爲最高的倫理觀念，以至漢高祖以後的漢代各位帝王都以“孝”爲謚，“孝”也成爲各地方官向朝廷甄選人才所堅持的重要標準。從此以後，在長達兩千多年的中國封建社會中，“忠孝”一直成爲居於首位的倫理道德。

“忠孝”是歷代封建統治者鞏固專制統治的手段，它對維護中華民族統一的國家政權所起的積極作用不可否認；但是，它嚴重地束縛了人民的民主意識和創造精神，其負面的作用和影響亦不可小視。

舜的父母和弟弟都是“不仁”的典型，他們不僅多次勾結起來謀害舜，做出了大大違背人倫的錯事，而且象還在分家的時候，提出了霸占舜的妻子、要舜净身出户的無理要求。但是，舜爲了“不失子道”，竟然完全接受了這樣的無理要求。司馬遷和揚雄對舜的這種所謂“孝道”持完全肯定和贊美的態度，封建專制下的“孝道”的負面影響已見端睨。

13. 3

孝子有祭乎①？有齊乎②？夫能存亡形、屬荒絶者③，唯齊也。故孝子之於齊，見父母之存也，是以祭不賓④。人而不祭，豹獺乎⑤？

［注釋］

①祭：對亡故的父母和祖宗表示孝養之心的形式。《禮・祭統》：“祭者，所以追養繼孝也。”

②齊：通“齋”。“齋”是祭祀前參與祭祀者潔身净心以表示對親人亡靈虔誠愛敬的行爲，其主要方式是“沐浴”和“變食”。《論語》説：“齋必變食，居必遷坐。”

③存亡形：意識上再現亡故父母的音容笑貌。屬荒絶：聯想到祖宗的形象。故《論語・八佾》説：“祭如在。祭神如神在。”“屬”，聯屬，謂聯想。“荒絶”，荒遠；祖宗與自己血緣漸遠，故稱“荒絶”。

④祭不賓：俞樾認爲當作“齊（齋）不賓”，他説：“以《儀禮》言之，則祭必有賓。……‘祭’疑‘齊’字之誤。”（《諸子平議》卷三十五）按：俞説非是。揚雄的意思應當是説：祭祀時面對的是自己親人的亡靈，絶不能用對待賓客的態度來對待祭祀。對待賓客講究的是禮節，即所謂“客套”，其敬重并非出自内心的真感情；而祭祀時面對親人亡靈，最注重的是虔誠，應當是對自己親人的愛敬，是一種發自内心的真感情。因此與《儀禮》所説的“祭必有賓”不是一回事，故“祭”字不誤。

⑤人而不祭，豹獺乎：意爲“人如果不是懷着對親人的愛敬之心舉行祭祀，豈不是像豹祭和獺祭一樣了嗎”？《禮記·王制·月令》：“獺祭魚，然後虞人入澤梁；豹祭獸，然後田獵。”獺貪食，常捕魚堆放在水邊，類似人們祭祀時擺放的祭品，故謂之“獺祭”；豹於深秋時捕殺很多野獸以備過冬，這些被豹用於過冬的獵物也類似於人們祭祀時擺放的祭品，故謂之“豹祭”。

［**譯文**］

孝子不是要參與祭祀嗎？祭祀前不是要舉行齋戒嗎？能够使亡故了的父母再現音容笑貌，并且聯想到祖宗的，衹能是齋戒。所以孝子對待齋戒，就像是在拜見活着的父母，因此祭祀時絶不能採用對待客人的態度。人如果不是懷着對父母親人的愛敬之心參與祭祀，（衹是把不少的祭品擺放在那裏，）豈不是跟豹祭、獺祭一樣了嗎？

［**按語**］

儒家關於孝道有三個基本要求：生養、死葬、後祭；并且强調養要敬、葬要哀、祭要誠。在祭祀問題上，孔子主張衹祭祀自己的親人，因爲不是自己的親人就没有那份真誠的感情，所以他説：“非其鬼而祭之，諂也。”（《論語·爲政》）

揚雄認爲，祭祀前的齋戒最重要。齋戒是追憶父母、追念祖宗，是對親情的追思。如果徒有祭祀的形式，而没有對親人的那份真情，就跟豹、獺把許多獵物堆放在身邊没有什麽區别了。

13.4

或問："子曰'死生盡禮'①，可謂能子乎?"曰："石奮、石建②，父子之美也。無是父，無是子；無是子，無是父。"或曰："必也兩乎?"曰："與堯無子、舜無父③，不如堯父舜子也。"

［注釋］

①子曰"死生盡禮"：魯國大夫孟懿子向孔子問孝道，孔子回答他："生，事之以禮；死，葬之以禮，祭之以禮。"見《論語·爲政》。

②石奮、石建：石奮初事高祖劉邦，文帝時爲太子太傅，景帝時爲九卿。石奮有四個兒子，長子石建。父子五人"皆以馴行孝謹，官皆至二千石（公卿大夫）"，故時人稱石奮爲"萬石君"。石奮死時，石建已是古稀之年的老人了，哭泣哀思過度，一年多以後也死了。《史記》説"萬石君家以孝謹聞乎郡國，雖齊、魯諸儒質行，皆自以爲不及也。"

③堯無子、舜無父：意爲"堯没有好兒子，舜没有好父親"。堯以兒子丹朱"頑凶"而不願讓他繼位，見《史記·五帝本紀》。舜父事見前注。

［譯文］

有人問："依照孔子説的'無論父母生前還是死後，兒女都要按禮節盡到責任'去做，就可以算是會做兒女了嗎?"揚子説："石奮、石建，纔是慈父和孝子的完美典型。没有石奮這樣的父親，就不會有石建弟兄這樣的兒子；没有石建弟兄這樣的兒子，也不會有石奮這樣的父親。"問者説："一定要父子雙方都非常完美嗎?"揚子説："與堯無好兒子、舜無好父親相比，當然不如既有像堯那樣的好父親又有像舜那樣的好兒子了。"

［按語］

向孔子問孝和怎樣做兒女的，有各種職業和地位的人，孔子總是根據各人的具體情况作出具體的回答。如孟武伯問孝時，孔子的回答是“父母唯其疾之憂”（《論語·爲政》）；子游問孝時，孔子的回答是“是謂能養”（同上）；子夏問孝時，孔子的回答是“色難”（同上）。所以，“死生盡禮”并非孝道的唯一答案。

揚雄在强調盡孝不能計較父母恩情的厚薄的同時，更主張父慈子孝，尤其贊賞父子雙方都能成爲事業和道德上的楷模。所以他特别稱舉石氏“父子之美”。揚雄在孝道問題上所表現出來的這種人文主義精神，是很值得我們關注的。

13. 5

“子有含菽缊絮而致滋美其親①，將以求孝也，人曰僞。如之何？”曰：“假儒衣、書②，服而讀之，三月不歸③，孰曰非儒也？”或曰：“何以處僞④？”曰：“有人則作，無人則輟之謂僞。觀人者審其作、輟而已矣。不爲名之名，其至矣乎！爲名之名，其次也。”

［注釋］

①含菽：謂“吃粗劣的食物”。含菽同“啜菽”，《禮記·檀弓下》：“孔子曰：‘啜菽飲水，盡其歡，斯之謂孝。’”菽，豆類總稱。缊（yùn）絮：謂“穿破舊的衣服”。“缊”是亂麻、舊絮。

②假：借。

③歸：歸還。

④處：猶“辨别”。

［譯文］

有人問："有個作兒子的自己吃粗劣食物、穿破舊衣服，却把美味的食物、精美的衣服奉獻給自己的父母，將以此求取孝順的名聲，但是别人説他是做樣子給人看。應當怎樣看待這件事呢?"揚子説："如果有人借到儒生的衣服和書籍，穿在身上、閲讀下去，堅持幾個月之後，誰還能説他不是儒生呢?"問者又説："憑什麽辨别盡孝的人是不是做樣子給人看?"揚子説："有人看見時就做盡孝的事，没有人看見時就不做盡孝的事，這就叫做樣子給人看。因此觀察的人衹要審查盡孝者是否有人就作、無人就止就行了。不是爲了博取孝行的名聲而赢得孝名，那是最高尚的了吧！爲了博取孝行的名聲而獲得的孝名，那就要次一些了。"

［按語］

"孝"在漢代是最爲重要、最受重視的道德觀念之一。不僅朝廷選拔人才的科目中有"孝廉"一科，而且還推行各郡國地方官向朝廷"舉孝廉"的選才制度。從漢初到東漢順帝朝，都曾經開展過全國性的褒獎孝悌的活動，其傑出者由朝廷直接賜予爵位。受利益的驅動，也就難免會有人作僞了。

作爲道德範疇的東西，"孝"主要表現爲實際的行動，盡孝道者的動機是很難辨别，也是不必深究的。因此，揚雄除了對辨僞提出可操作性的標準之外，對"爲名之名"并不否定，僅僅認爲其境界稍次而已。

13.6

或問："忠言嘉謨①?"曰："言合稷、契謂之忠②，謨合皋陶謂之嘉。"或曰："邵，如之何③?"曰："亦勖之而已④。庳，則秦、儀、鞅、斯亦忠嘉矣⑤。”

［注釋］

①謨：同“謀”。

②稷：周族始祖，姓姬名棄，堯、舜時農官，故號“后稷”（“稷”爲農官名）。事詳《史記·周本紀》。契（xiè）：商族始祖，舜時助禹治水有功，被舜任爲司徒，賜姓子氏。

③邵：通“卲”，高。《説文》：“卲，高也。”

④勖（xù）：勉勵。

⑤庳（bì）：低矮。

［譯文］

有人問：“什麽是忠言和善謀？”揚子説：“與稷、契的言論相合的可以稱爲忠言，與皋陶的謀劃相合的可以稱爲善謀。”問者説：“這樣高的標準，怎麽可能達到啊？”揚子説：“也就是用來勉勵自己而已。如果降低標準，那麽蘇秦、張儀、商鞅、李斯的言論和謀劃，也可以稱爲忠言善謀了。”

［按語］

儒家的政治觀點，最突出的特點就是“爲天下人謀”。稷“爲農師，天下得其利”，契“主司徒，敬敷五教，百姓親和”，皋陶“爲大理，平（洪潦），民各伏得其實”。三人都是爲天下人謀福祉，所以都是“忠言嘉謨”。

在揚雄看來，以蘇秦、張儀爲代表的縱横家出於一己之私，摇脣鼓舌、播弄是非，攪得天下不得安寧。而以商鞅、韓非、李斯爲代表的法家，純粹爲了維護統治者的利益，置天下百姓的生死和利益於不顧，爲統治者製訂各種各樣的嚴刑酷法而殘害百姓。所以他們的言論和謀略都不得謂之“忠言嘉謨”。

13. 7

堯舜之道皇兮①，夏殷周之道將兮②，而以延其光兮。或曰："何謂也?"曰："堯舜以其讓③，夏以其功④，殷周以其伐⑤。"

［注釋］

①道：猶"治"，謂政治業績。《廣雅·釋詁》："道，治也。"下句的"道"同此。皇：猶"美"，美好。《詩經·周頌·烈文》"繼序其皇之"毛傳："皇，美也。"

②夏殷周：謂三個朝代的開國之君，即夏禹、商湯、周武王。將：猶"大"，偉大。《詩經·豳風·破斧》"亦孔之將"毛傳："將，大也。"

③讓：禪讓。謂堯禪讓舜，舜禪讓禹。

④功：謂禹治水之功。

⑤伐：謂商湯伐桀、周武伐紂。

［譯文］

堯、舜的政績真美好啊，禹、湯、周武的政績真偉大啊，他們的思想光輝都得以長久延長啊。有人問："這是説的什麽?"揚子説："堯、舜的美好在於讓位給賢者，禹的偉大在於治水的功勞，湯、武的偉大在於討伐無道。"

［按語］

堯、舜無私，禹耐勞，湯、武除暴，表現各异，但爲天下人謀福祉的動機是一致的。這是儒家極力推崇三代聖王的根本原因。儒家政治觀念的可貴之處，最主要的就是它的"民本思想"。時至今日，人們仍然推崇那些"爲國家盡大忠，爲民族盡大孝"的英雄，足見其影響之深遠。

13.8

或曰："食如螘①，衣如華②，朱輪駟馬③，金朱煌煌④，無已泰乎⑤？"曰："由其德，舜、禹受天下不爲泰；不由其德，五两之綸、半通之銅⑥，亦泰矣。"

［注釋］

①螘：同"蟻"。蟻有赤、白二種，赤蟻又分公蟻、后蟻、工蟻三類，其區分十分細密，故以喻食物之"精細"。

②華：猶"畫"，謂華麗。《禮記·檀弓》"華而睆"疏："凡繪畫，五色必有光華，故曰：華，畫也。"

③朱輪：塗飾着紅色的車輪。駟馬：用四匹馬駕車。

④金朱："金"謂金印，"朱"謂紅色綬帶。按照漢朝官儀，乘坐駟馬高車、佩金印綬帶是公卿大夫或諸侯王的待遇。

⑤無已泰乎：猶"不亦泰乎"，意爲"不也太過分了嗎"。"泰"猶"甚"，《詩經·小雅·巧言》"昊天泰憮"毛傳："泰，甚也。"

⑥五两之綸：五股絲繩編織的綬帶。這是秦漢最基層官吏的佩戴。"两"通"緉"，絲綫相交曰"絞"，《説文》："緉，絞也。""綸"謂青絲綬帶，《集韵》："綸，青絲綬也。"半通之銅：長方形的銅印。這是秦漢最基層官吏的印章。印章"一通"爲正方形，取其半即爲"半通"。

［譯文］

有人説："達官顯貴們的飲食如螞蟻分工似的精細，衣服如五彩繪畫似的華美，乘坐着四馬駕駛的紅色車輪的軒車，身上的金質印章和紅色綬帶光彩奪目，不也太過分了嗎？"揚子説："如果是憑借自己的德行而擁有，像舜和禹那樣接受整個天下也不爲過分；如果不是憑借自己的德行而擁有，哪怕衹是充當一個繫五股青絲綬帶、佩半方銅印的小吏，也太過分了。"

［按語］

在這裏，揚雄其實表達了一個非常值得關注的思想：天下者，天下人的天下，唯有德者居之。筆者認爲，揚雄這段話的鋒芒所向，應該是針對當時的劉氏政權的。

13.9

天下通道五①，所以行之一，曰勉。

［注釋］

①天下通道五：一說指“五常”，即仁、義、禮、智、信。如李軌注：“五謂仁義禮智信也。”一說指“五倫”，即《禮記·中庸》所云：“曰：君臣也，父子也，夫婦也，昆弟也，朋友之交也。五者，天下之達道也。”按：以“五常”說合乎揚雄原意。《法言》通篇議聖、議賢，無不關乎“德”、“智”，從未論及人倫。“五常”中除“智”之外，其餘四者皆可歸於“德”而與“智”相并列。

［譯文］

天下通行的道德有五種，實現這些道德的方法衹有一個，叫做“努力”。

［按語］

有論者指出，孔子的哲學不是思辨哲學，而是實踐哲學，强調“篤行”。孔子對自己認可的很多道德原則，認爲真正要實行起來纔是最重要、也是最不容易的。《禮記·中庸》引孔子的話說：“君子之道四，丘未能一焉。……有所不足，不敢不勉。”揚雄也是如此，所以他也提倡要努力去實踐道德的要求。

13.10

或曰："力有扛洪鼎、揭華旗①，智、德亦有之乎?"曰："百人矣②。德諧頑嚚、讓萬國③，知情天地、形不測④。百人乎?"

［注釋］

①扛洪鼎：舉起大鼎。揭華旗：高舉帥旗。"華"謂黄色，《禮記·玉藻》"大夫玄華"注："華，黄色也。"黄爲土地之色，《易經·坤卦》："天玄而地黄。"古人以五色配五行五方，土居中，故以黄爲中央正色。古代兩軍作戰，中軍主帥的帥旗即爲黄色旗。

②百人矣：意爲"力兼百人罷了"。

③諧頑嚚（yín）：指舜能够跟愚頑的父親和凶惡的後母和諧相處。《廣雅·釋詁》："頑，愚也。"《左傳·僖公二十四年》"口不道忠信之言爲嚚"杜注："嚚，惡也。"讓萬國：指舜能使堯禪讓天下。"讓"作使動。"萬國"指各諸侯國，即天下。一説禪讓天下給禹。

④知：同"智"，智慧。情天地：了解天地實情。"情"用作動詞。形不測：能發現事物奥秘。"形"猶"見"，《禮記·樂記》"形於動静"注："形，見也。""不測"謂"神秘"，《易經·繫辭上》："陰陽不測之謂神。"

［譯文］

有人説："有人能雙手舉起大鼎，還能高擎軍中的帥旗，在智慧和道德方面亦有這樣杰出的人嗎?"揚子説："（舉大鼎、擎帥旗，）不過具有百倍於常人的力量罷了。舜的美好道德使愚頑的父親和凶惡的後母也能跟他和諧相處，使堯將天下也禪讓給自己；其卓越智慧能够了解天地的實情，能够發現事物的奥妙。（這樣的道德和智慧，）難道僅僅百倍於常人嗎?"

［按語］

揚雄“尚德”、“尚智”，并且認爲人人都有可能成爲“聖人”。在他看來，聖人异於常人的地方，主要是具有完美的道德和卓越的智慧。舉舜的例子，無非是爲他“君子絶德，小人絶力”（《法言·淵騫》）的觀點補充佐證而已。但他爲什麼要在全書的最後來重復這個話題？這是值得我們深思的。

13.11

或問：“君？”曰：“明光①。”問：“臣？”曰：“若禔②。”“敢問何謂也？”曰：“君子在上，則明而光其下；在下，則順而安其上。”

［注釋］

①明光：明而且光。“明”謂明是非。“光”謂照臨天下，猶言“鑒察臣下”。

②若禔（tí）：順而安。《尚書·堯典》“欽若昊天”注：“若，順也。”《玉篇》：“禔，安也。”

［譯文］

有人問：“應當怎樣做君王？”揚子説：“明而且光。”又問：“應當怎樣做臣子呢？”揚子説：“順而且安。”問者説：“請問什麼意思？”揚子説：“君子居上位爲君，應當明白是非鑒察自己的臣下；處下位爲臣，應當恭順旨意安定自己的君王。”

［按語］

本章的基本内容，可視爲儒家“君君，臣臣”和“君信臣忠”倫理觀念的翻版。值得注意的是，揚雄没有像其他封建時代的思想家那樣相信“君權神授”，不認爲帝王是“龍子龍孫”；他强調無論是君還是臣，都應當具有“君子”之德。在他看來，君和臣的關係既不是天定的，也不是絶對的。像舜和禹那樣，道德完美、智慧卓越、功勞卓著的人，都是可以由臣而君的。封建時代的揚雄研究者，尤其是揚雄的崇拜者，都不敢承認這一點，反而竭力掩飾揚雄的這一觀點。如李軌就在本章加按語説：“明而光其下，堯所以爲君也；順而安其上，舜所以爲臣也。王莽之事漢，則傾覆其上，篡位居攝則暴亂其下也。”其實，這根本不符合揚雄的本意。恰恰相反，西漢哀、平、孺子之世，亟待“君子”爲君。在揚雄心目中，或許王莽正是這樣的“君子”。

13. 12

或曰：“聖人事异乎①？”曰：“聖人德之爲事，异亞之②。故常修德者，本也；見异而修德者③，末也。本末不修而存者，未之有也。”

［注釋］

①事异：謂“關注灾异”。古人認爲地震、日食、山崩、雷擊、冰雹等灾异現象是上天給予人君的警告，是因爲人君失德造成的。

②亞之：謂“放在次要地位”。

③見：猶“現”，出現。

［譯文］

有人説：“聖人關注灾异現象嗎?”揚子説：“聖人最關注的是人君的道德，灾异僅在其次。所以經常修養道德的人君，是抓住了爲政的根本；出現灾异之後纔修養道德的，衹是抓住了爲政的枝節。既不抓根本又不抓枝節而能使社稷長存的，還没有過這樣的事情。”

［按語］

人君“修德”就是確定正確的政治路綫，選賢任能，廣開言路，從諫如流；“事异”就是賑灾救灾，輕徭薄賦，關心民瘼。古往今來，莫不如此。不修德，國本不張；不事异，民心大失。故曰“本末不修而存者，未之有也。”

13. 13

天地之得①，斯民也；斯民之得，一人也②；一人之得，心矣③。

［注釋］

①得：行有所取，即行爲的各種目的和效果。《説文》：“得，行有所㝵也。”段注：“見部曰：‘㝵，取也。’行而有所取，是曰得也”。

② 一人：謂“人君”。

③ 心：謂“道德修養”。

［譯文］

天地生養萬物的目的，是在這些百姓身上；這些百姓能否安樂，責任就在人君身上；人君執政的好壞，取决於他的道德修養了。

［按語］

按儒家的政治理念，人君是代天安民。在封建專制制度下，國家的治亂，百姓的安樂，繫於人君一人。因此儒家非常强調人君的道德修養。孔子説人君應當“修己以安百姓”（《論語·憲問》，孟子説“君子之守，修其身而天下平”（《孟子·盡心下》）。揚雄在《法言》中多次地申説了人君修養的重要性。

13.14

吾聞諸傳[①]：“老則戒之在得。”[②]年彌高而德彌邵者[③]，是孔子之徒與？

［注釋］

①傳：指《論語》。西漢“五經”不包括《論語》，故稱“傳”。

②老則戒之在得：見於《論語·季氏》：“及其老也，血氣既衰，戒之在得。”“得”謂不求上進。

③邵：美。

［譯文］

我從《論語》上聽説：“年老以後就要警惕不求上進。”年紀愈大而道德愈完美的，這纔是孔子的信徒吧？

［按語］

這段話是揚雄用以自勉、也用以告誡世人的。寫作《法言》時，揚雄已經快60歲了，60歲在古代屬於“年老”。此時的揚雄受喪子之痛的折磨，更兼貧病交加，苦於來日無多，故用聖人之言自我勉勵。李軌認爲這是“揚子寄微言而嘆概”王莽“少則得師力行，老則詐僞篡奪”，顯係附會，絶非揚雄本意。

13.15

或問：“德有始而無終，與有終而無始也，孰寧[①]？”曰：“寧先病而後瘳乎[②]？寧先瘳而後病乎？”

［注釋］

①孰寧：《法言音義》説“天復本作‘孰愈’”，今從之。“孰愈”謂

“哪一個好”。

②瘳（chōu）：病愈。

［譯文］

有人問：“履行道德，有始而無終與有終而無始，哪一個好呢？”揚子説：“你是寧願先生病然後治愈呢？還是寧願先治愈然後又生病呢？”

［按語］

問話是一個二難選擇，故揚雄以“病”“瘳”爲喻作答。揚雄的意思是，踐行儒家道德是伴隨人們終生的事情。即如《禮記·中庸》所説：“道也者，不可須臾離也。可離，非道也。”

13.16

或問：“大？”曰：“小。”問：“遠？”曰：“邇[1]。”未達[2]。曰：“天下爲大，治之在道，不亦小乎？四海爲遠，治之在心，不亦邇乎？”

［注釋］

①邇：近。

②達：謂“理解”。

［譯文］

有人問：“什麼是大？”揚子説：“小。”又問：“什麼是遠？”揚子説：“近。”問者不能理解。揚子説：“天下是够大的了，要使天下太平安樂就在於堅持聖人之道，事情不就小了嗎？四海是够遠的了，要使四海安定和睦就在於要用心思考，問題不就近了嗎？”

［按語］

揚雄的意思是説，天下治亂的責任繫於人君一身，治國的事務雖然繁重，但衹要能够堅持聖人之道，事情就變得簡單多了。“四海”是指國家周邊的鄰邦，要處理好與這些鄰邦的關係，就得善於用心思考，問題就變得切近多了。這裏包含着樸素的辯證思維。

13. 17

或問：“俊哲洪秀①？”曰：“知哲聖人之謂俊②，秀穎德行之謂洪③。君子動則擬諸事④，事則擬諸禮。”

［注釋］

①俊哲洪秀：可能這是當時用於褒贊别人才德卓异的話。

②知：同“智”，智慧。哲：深知，猶言“深刻理解”。俊：才幹杰出。《説文》：“俊，材千人也。”《尚書·皋陶謨》“俊乂在官”馬融注：“才德過千人曰俊。”

③秀穎：美好出衆，猶言“出類拔萃”。《廣雅·釋言》：“秀，茂也。”茂猶美也。《正字通》：“士才拔類者曰穎。”洪：大也。李軌注：“禾秀穎則實結，人崇道則德聞洪大。”

④擬：揣度，猶言“掂量”。《説文》：“擬，度也。”段注：“今所謂揣度也。”

［譯文］

有人問：“什麽是俊哲洪秀？”揚子説：“能够深刻理解聖人之道的就叫做‘俊哲’，德行出類拔萃的就叫做‘洪秀’。君子做什麽事情都會掂量是否該做，做起事來則要掂量是否合乎禮的規範。”

［按語］

揚雄堅持“才德兼備”的人才標準。他認爲，所謂“俊才”，應該表現爲具有超人的智慧，而超人的智慧，應當表現爲對聖人之道的深刻理解；所謂“洪德”，應該表現爲卓异的道德，而卓异的道德，應當表現爲一舉一動都要合乎禮的規範。

揚雄的人才標準，是他“知行統一”觀念的反映。“才”是理論水平，“德”是實踐成果；前者是“知”，後者是“行”。知與行相比較，揚雄更關注行。所以他指出，君子對自己的每一步行動都要認真掂量，掂量自己所做的事是否合乎禮的規範。

13.18

或問：“群言之長？群行之宗？①”曰：“群言之長，德言也；群行之宗，德行也。”

［注釋］

①長（zhǎng）：猶“首”，謂“最優美”。宗：猶“根”，謂“最根本”。

［譯文］

有人問：“各種言論中最優美的是什麽？各種行爲中最根本的是什麽？”揚子説：“各種言論中最優美的，是合乎道德的言論；各種行爲中最根本的，是合乎道德的行爲。”

［按語］

强調言、行都要合乎道德。其所謂“德”，就是儒家的“禮”。

13. 19

或問："泰和[①]？"曰"其在唐、虞、成、周乎[②]？觀《書》及《詩》，温温乎其和可知也[③]。周康之時[④]，頌聲作乎下，《關雎》作乎上[⑤]，習治也。齊桓之時[⑥]，缊而《春秋》美邵陵[⑦]，習亂也。故習治則傷始亂也[⑧]，習亂則好始治也。"

［注釋］

①泰和：最和諧，是説"人的喜怒哀樂最合乎常理"。衹有在最和諧的社會環境中，人們纔能自由地表達自己的思想感情。儒家憧憬"中和"的社會環境，《禮記·中庸》："喜怒哀樂之未發，謂之中；發而皆中節，謂之和。"所謂"發而皆中節"，是説人的喜怒哀樂感情的表達都能合乎常理，换言之，贊美和諷刺都能説到問題的要害處。暴政則"鉗民之口"。

②成、周："成"謂成湯，"周"謂周公。

③温温乎：温情脉脉的樣子，是説"没有過激的言辭"。

④ 周康之時：西周康王時代。儒家宣揚，由於周公輔佐成王，遂有"成康之治"。

⑤《關雎》：《關雎》是《詩經》的開篇之作。毛傳云："風之始也。所以風（諷）天下而正夫婦也。"有人認爲，《關雎》的緣起，是因爲周天子貪戀女色而誤了早朝，故有大臣作詩以諷。

⑥齊桓之時：齊桓公在位的時代（前 685—前 643 年）。

⑦缊：碎麻，故以喻"亂"。邵陵：亦作"召陵"，地在今河南郾城一帶。公元前 656 年春天，齊桓公率諸侯之師伐楚，楚採用外交手段抵禦齊師，最後兩國罷戰，在召陵訂立盟約。

⑧習治：習慣於治世，是説"看慣了太平的世道"。傷：謂"懼怕"。始亂：禍亂之始，猶言"禍亂的端睨"。下文"始治"結構同此。

［譯文］

有人問："什麽時期社會最和諧?"揚子説："大概是唐堯、虞舜、成湯、周公執政的時期吧？觀看《尚書》和《詩經》，從那些温情脉脉的言辭上大概就能了解到它們社會的和諧。周康王時期，民間一片歌頌盛世的聲音，朝廷上却有人寫作《關雎》批評君王的過失，這是因爲人們看慣了君王執政的英明（而容不得他有半點過失）。齊桓公時期，因爲天下大亂，所以《春秋》對'邵陵之盟'也予以贊美，這是因爲人們看慣了戰亂不息（而珍惜和平環境）。所以人們過慣了太平的日子就會懼怕禍亂的政治苗頭，過慣了戰亂的生活就會珍惜安定的政治機會。"

［按語］

揚雄認爲，社會的治、亂，都會反映在文化典籍上；衹有在最和諧的社會條件下，人們纔可能最真實地反映自己喜怒哀樂的感情。

最值得注意的，是揚雄給我們透露了自己内心深處的一個秘密：文化典籍上被批評的人或事，未必是壞人壞事，被肯定的人或事，未必是真正的好人好事，因爲作者要受到"習治"或"習亂"的影響。他憧憬"泰和"，盼望能有一個言論自由的社會環境，因爲他生活在一個"言奇者見疑，行殊者得辟（罪），是以欲談者宛舌而固聲，欲行者擬足而投迹"（《解嘲》）的亂世。

13.20

漢德，其可謂允懷矣①！黄支之南、大夏之西、東鞮、北女②，來貢其珍。漢德其可謂允懷矣。世鮮焉！

荒荒聖德③，遠人咸慕，上也；武義璜璜④，兵征四方，次也；宗夷猾夏⑤，蠢迪王人⑥，屈國喪師，無次也。麟之儀儀⑦，鳳之師師⑧，其至矣乎！螭虎桓桓⑨，鷹隼䮽䮽⑩，未至也。

［注釋］

①允懷：確實令人親愛，意爲“使人願意歸附”。“允”，誠也。《論語・公冶長》“少者懷之”注：“懷，親愛之也。”

②黄支：古國名，一般認爲其地在今印度泰米爾納德邦境内。大夏：古國名，其地在今阿富汗東北部。東鞮（tī）：亦作“東鯷”，古國名，其地在今東南沿海一帶。北女：汪榮寶《法言義疏》疑爲“北夷”之誤。

③荒荒：通“皇皇”，美盛貌。

④璜璜：猶言“堂皇”，即所謂“師出有名”。《白虎通・瑞贄》：“璜之爲言，光也。陽光所及，莫不動也。”又：“璜者，横也。質尊之命也。”

⑤宗夷：猶“衆夷”。《易・同人》“同人於宗”荀注：“宗者，衆也。”猾夏：擾亂中原。《廣雅・釋詁》：“猾，擾也。”

⑥蠢迪：猶言“驚擾”。“蠢”、“迪”皆“動”義，大動之，故猶“驚擾”。《説文》：“蠢，蟲動貌。”《爾雅・釋詁》：“迪，作也。”郝疏：“動、作義同。”王人：即“王民”，君王和臣民。

⑦麟之儀儀：麒麟一樣的仁者姿態。“麒麟”是古代傳説中的仁獸名。“儀儀”謂容態，《廣雅・釋訓》：“儀儀，容也。”

⑧鳳之師師：鳳凰一樣的王者風範。“鳳凰”是傳説中的神鳥名，并且被認爲是百鳥之王。“師師”謂學習的對象，猶言“榜樣”。《尚書・臯陶謨》“百僚師師”注：“師師，相師法也。”

⑨螭（chī）虎：猶言“猛虎”。“螭”似龍而黄（見《説文》），又用以指猛獸。此處取其“猛”義。桓桓：威武貌。

⑩鷹隼（sǔn）：猶言“猛鳥”。鷹隼都是所謂“鷙鳥”（見《説文》），

隼似鷹而小，但捕食獵物“每發必中”（見《埤雅》）。㹀㹀（zǎn）：猛禽迅飛突襲獵物的狀貌。

［譯文］

大漢的德政，可以説確實能使遠人歸附了！黄支國以南、大夏國以西，以及東鞮和北女等遠國，都來向漢朝進貢他們的珍寶。可以説漢朝的德政確實能使遠國歸附了。這樣的盛世是少有的。

朝廷憑借偉大而美好的聖德，使遠國之民都能仰慕，這纔是治國的上策；而憑借武力以堂堂皇皇的名義，出兵征討四方，這衹能算是治國的下策；讓八方蠻夷侵擾華夏，驚擾天子和臣民，使國家蒙受屈辱、軍隊遭到毀滅，那就是大大地失策了。

朝廷能够以麒麟一樣的仁君姿態、鳳凰一樣的王者風範屹立於華夏，不就實現了治國的最高理想嗎？如果衹是擁有像猛虎一樣威武、像鷹隼一般善戰的武力，就還没有實現治國的最高理想。

［按語］

揚雄名義上頌揚“漢德”，實際上是在歌頌王莽的對外政策。王莽自從執掌朝政以來，就對四方“遠人”採取了一系列懷柔政策，“厚遺其土”是其手段之一。到平帝朝，黄支、越裳氏等國先後獻給漢朝白雉、黑雉、犀牛等珍禽异獸。此時的匈奴和西域諸國，儼然藩臣，對漢朝廷俯首貼耳，言聽計從。因此被揚雄認爲是少有的政治局面。

揚雄爲什麽説使“遠人咸慕”纔是朝廷治國的上策？這裏主要有兩個方面的原因。其一，“遠人咸慕”符合孔子“遠人不服，則修文德以來之”的王道政治思想。其二，“遠人咸慕”即“四表之歡心”，得“四表之歡心”是人君盡孝的最高境界，揚雄在

《孝至·序》中説："孝莫大於寧親，寧親莫大於寧神，寧神莫大於四表之歡心。"

13. 21

或曰："訩訩北夷①，被我純繢②，帶我金犀③，珍膳寧餬④。不亦享乎⑤？"曰："昔在高、文、武，實爲兵主⑥。今稽首來臣⑦，稱爲北蕃⑧，是爲宗廟之神、社稷之靈也⑨。可不享？"

［注釋］

①訩訩：猶言"喧喧嚷嚷"。《廣韵》："訩，衆語也。"北夷：指匈奴。

②被：同"披"。純繢（huì）：彩繪的絲織衣物。《説文》："純，絲也。"《漢書·東方朔傳》"狗馬被繢罽"注："繢，五彩也。"

③金犀：戈矛與甲胄。"金"指金屬，代指戈矛等進攻性武器。"犀"指犀牛，犀革可製甲胄等防禦性武器。

④寧餬：即"醍醐"（精純的牛奶）。見湯炳正先生《法言汪注補正》。

⑤享：俞樾認爲"享"是"厚"字之誤（見《諸子平議》卷三五）。《太平御覽》卷八四九亦引作"厚"。今從之。

⑥高、文、武：漢高祖、漢文帝、漢武帝。兵主：主要的戰爭對手。

⑦稽首：一種頭至地的跪拜禮。《尚書·舜典》"禹拜稽首"孔疏："稽首爲敬之極，故爲首至地。"

⑧北蕃：即"北藩"，北方的屏障。

⑨是爲宗廟之神、社稷之靈：意思是説，能使匈奴歸附成爲漢朝北方的屏障，這就是宗廟社稷神靈也期望的結果。因爲在高、文、武三朝，爲了抗擊匈奴的入侵和騷擾，用於戰爭的開支巨大且傷亡慘重；如今"厚遺其王"以德化使匈奴臣服，朝廷的花費遠不及用於戰爭的巨大。

［譯文］

有人説："喧喧嚷嚷的匈奴，身上披着我漢朝賜予的彩繪絲織衣物，手上拿着我漢朝賜予的戈矛和犀甲，嘴上吃着美味喝着醍醐。我漢朝給予他們的不也太豐厚了嗎?"揚子説："從前在高祖、文帝、武帝時代，匈奴實在是我們主要的戰爭對手。現在他們前來跪拜稱臣，自稱爲漢朝北方的屏障，這是漢朝宗廟社稷的神靈也期望的結果。怎麽可以不給匈奴豐厚的待遇呢?"

［按語］

出於對國家長治久安、百姓安居樂業的利益考慮，在民族關係問題上，揚雄始終堅持反對戰争、擁護團結的基本立場。在揚雄看來，對待包括匈奴在内的"遠人"，除了施以德化之外，給予他們優厚的經濟待遇也是必要的。這充分體現了揚雄對王莽外交政策的擁護，應當説，這也是他"頌莽美新"的具體表現。

13. 22

龍堆以西①，大漠以北②，鳥夷獸夷③，郡勞王師④，漢家不爲也。朱崖之絶⑤，捐之之力也⑥。否則，介鱗易我衣裳⑦。

［注釋］

①龍堆：即"白龍堆"，沙漠名，在新疆以東、天山南麓。

②大漠：或稱"瀚海"，指蒙古高原的大沙漠。

③鳥夷：即"島夷"，指東部沿海一帶的居民，下文"朱崖"即屬島夷。《尚書·禹貢》"陽鳥攸居"曾運乾注："鳥當讀爲島。'島夷皮服'、'島夷卉服'，古今文本皆作'鳥'。"揚雄《解嘲》"勃解之鳥"顔師古注：

“鳥字或作島。島，海中山也。”獸夷：指今東北地區的居民。該地居民以狩獵爲生，故稱“獸夷”，亦稱“夷貉”。

④郡：謂“屢次”、“多次”。王念孫説：“郡者，仍也。仍，重也，數也。”（《讀書雜志》十六《餘編》）

⑤朱崖之絶：謂朝廷放棄對朱崖的討伐。“朱崖”亦作“珠崖”，今作“瓊崖”，即海南島。漢武帝以來，朱崖之民屢叛朝廷，朝廷也多次發兵征討，均耗資巨大而收效甚微。漢元帝初元二年，朱崖又叛，元帝詔問群臣對策，賈捐之上《諫伐朱崖疏》，被元帝採納。“絶”謂“放棄討伐”。

⑥捐之：賈捐之，賈誼曾孫，時待詔金馬門。

⑦介鱗：即“甲鱗”，猶言“魚鱉”，指以捕撈魚鱉爲生的“島夷”之民。衣裳：上衣下裳，即上身穿衣服、下體繫圍裙。這是中原夏族的服飾，借以指代中原居民。

〔**譯文**〕

爲了對付龍堆以西、大漠以北和東南沿海、東北地區這些遠方的异族，頻繁地動用朝廷軍隊，這是大漢朝廷不應當幹的事情。從前朝廷放棄討伐朱崖，是賈捐之努力的結果。否則，朱崖的島夷一定會用他們的生命換取我中原百姓的生命。

〔**按語**〕

從漢武帝開始，漢朝發動了多次開疆拓土的戰争。這些戰争對中國多民族國家的形成具有非常重要的作用；但是，戰争給各族人民造成的灾難和損失也是非常巨大的，有時甚至危及漢族中央政權。其中“朱崖”島夷對漢朝軍隊的反抗尤爲激烈，以致漢元帝不得不接受賈捐之的建議，不僅停止了討伐“朱崖”的軍事行動，而且廢棄了“朱崖郡”的行政建制。

在開疆拓土問題上，揚雄始終堅持儒家“德化”的擴張原則，反對血腥的戰争，更反對統治者不顧百姓死活的窮兵黷武。因此他告誡當權者謹防“介鱗易我衣裳”。

13. 23

君人者，務在殷民阜財[①]，明道信義[②]，致帝者之用，成天地之化[③]，使粒食之民粲也、晏也[④]。享於鬼神，不亦饗乎[⑤]？

［注釋］

①殷：富。阜：多。殷、阜均使動用法。

②信：同“伸”，伸張。

③天地之化：謂“天地化育人類和萬物的功能”。

④粒食之民：猶“粟食之民”，指以五穀爲食物的中原百姓，以區別於以漁獵爲生的“島夷獸夷”。粲：猶“明”，謂“明禮義”。晏：猶“安”，謂“生活安寧”。

⑤享於鬼神，不亦饗乎：意爲“人君將上述政績獻給鬼神，不正是鬼神最希望得到的嗎”。《詩經》毛傳：“祭神曰享，神食其所享曰饗。”

［譯文］

作爲統治百姓的帝王，其主要責任在於使百姓富裕、財物充足，彰明道德、伸張正義，發揮帝王治理國家的作用，成全天地化育生靈的功德，使中原百姓明曉禮義、生活安寧。帝王能以這樣的政績獻給宗廟中的鬼神，不正是鬼神最願意接受的嗎？

［按語］

本章明確地表達了揚雄的治國理念。揚雄將“殷民阜財”作爲帝王的首要責任，其次是“明道信義”。因爲生存是第一位的，所謂“衣食足而禮義興”。所謂“成天地之化”，即所謂“天地有好生之德”，實質是“戒殺”，就是不要輕易發動戰爭，因爲這既是富民安民的根本保證，也是儒家王道理想的具體體現。揚雄還特別提醒帝王，這樣的政績纔是對祖宗最好的祭祀，纔是真正的“寧神”，纔是最大的孝心。

13. 24

天道勞功①。或問：“勞功?”曰：“日一日勞②，考載曰功③。”或曰：“君逸臣勞，何天之勞?”曰：“於事則逸，於道則勞④。”

［注釋］

①勞功：意爲“運動不已而有所成就”。《國語・越語》“勞而不矜其功”注：“勞，動而不已也。”

②日一日勞：據汪榮寶《法言義疏》，當作“日一曰勞”。“日一”謂太陽每一天的運動。古人憑直覺，誤以爲太陽在繞地運行。實際上，一個“太陽年”，就是地球圍繞太陽公轉的一個周期，這個周期大約365天。

③考載：謂“成歲”，即太陽運動滿一年。“考”猶“成”，《詩經・衛風・考槃》“考槃在澗”毛傳：“考，成也。”“載”猶“年”猶“歲”，《爾雅・釋天》：“夏曰歲，商曰祀，周曰年，唐虞曰載。”功：謂“以勞成歲”。太陽運行一周天，完成春夏秋冬四季交替，也完成了天地化育萬物的功能，故曰“功”。《説文》：“功，以勞定國也。”用於“天”，則“以勞成歲”曰“功”。

④於事則逸，於道則勞：意爲“從任職治事上説，天什麼也没有做；從化育功能上説，天勤勞不止”。司馬光説：“天則無爲自然而萬物生成，君則垂衣端拱而百姓安，是其逸事也。天則陰陽往來，生生日新；君則求賢訪道，一日萬機，是其道勞也。”（司馬光《法言集注》）

［譯文］

天的大道是運動不止而獲得成功。有人問：“什麼是運動不止而獲得成功?”揚子説：“太陽每天都在運動，這就叫做‘勞’；

運動一周天而成四季，這就叫做‘功’。”又問：“人世間人君無爲而人臣辛勞，（天猶如人君，）爲什麼還會辛勞？”揚子説：“從任職治事上説，天什麼也没有做；但從化育萬物的成就上説，天就辛勞不止了。”

［按語］

“勞功”是揚雄提供給人君的治國原則。“勞”是“勞於道”，即在行政綱領、選賢任能這些大事上要深思熟慮，不可懈怠；“功”是“求實效”，這個實效就是上一章所説的“殷民阜財”等治國理念。以“天道”喻君道，其寓意深刻。一是强調“勞功”是人君的天職，是不可推卸的責任；二是説明“勞功”非刻意的行爲，衹需順乎自然、合乎天理人情，於無爲處得之。

13.25

周公以來，未有漢公之懿也①，勤勞則過於阿衡②。漢興二百一十載而中天③，其庶矣乎④！辟雍以本之⑤，校學以教之⑥，禮樂以容之⑦，輿服以表之⑧，復其井、刑⑨，勉人役⑩，唐矣夫(11)！

［注釋］

①漢公：安漢公王莽。王莽於漢平帝元始元年受封安漢公。懿：美好。

②阿衡：上古官名，商湯王的得力輔臣伊尹曾任此職，故以“阿衡”代伊尹。

③漢興二百一十載：劉邦於公元前 206 年稱帝，“漢興二百一十載”則是漢平帝元始四年，即公元 4 年。中天：猶“如日中天”，謂漢朝强盛達於極點。

④庶：猶“幸”，謂天下人之幸事。《詩經·檜風·素冠》“庶見素冠”

毛傳："庶，幸也。"

⑤辟雍：周王朝爲貴族子弟設立的大學。《禮記·王制》："大學在郊，天子曰辟雍，諸侯曰頖宫。"本之：謂"培養人才的根本"。

⑥校學：猶"學校"。按漢朝制度，郡國的學校曰"學"，縣、道、邑、侯國的學校曰"校"。教之：謂"推行儒家的教化"。

⑦容：修飾，猶言"提高道德修養"。

⑧輿服：車駕與服飾。表之：謂"區别尊卑等級"。

⑨井：井田制度。刑：肉刑。《法言·先知》："井田之田，田也；肉刑之刑，刑也。"

⑩勉人役：謂"鼓勵百姓從事農業生産"。"役"猶"從事"、"經營"，《左傳·成公二年》"以役王命"注："役，事也。"《國語·鄭語》"正七體以役心"注："役，營也。"又王莽於始建國元年下詔説："减輕田租，三十而税一，常有更賦……其男口不盈八而田過一井者，分餘田予九族、鄰里、鄉黨。"即所謂"勉人役"也。

⑪唐：大，謂"偉大"。《説文》："唐，大言也。"

［**譯文**］

周公以來的首輔大臣，還没有像安漢公這樣道德美好、功勛卓著的，他輔政的勤勞甚至超過了商湯王的賢臣伊尹。漢朝建立二百一十年後的今天，其富强之勢如日中天，這大概是國家的大幸吧！朝廷將辟雍作爲培養棟梁人才的基地，把各地的學校作爲推行教化的場所，用禮樂提高人們的道德修養，用車駕和服飾明確人們的尊卑，恢復井田制和肉刑，鼓勵人們從事農耕，真是偉大得很啊！

［**按語**］

"貶雄派"將這段話作爲揚雄"媚事王莽"的鐵證。"尊雄派"則竭力爲揚雄開脱，如李軌注云："或以此爲媚莽之言，或以爲言遜之謂也，吾乃以爲箴規之深切者也。"所謂"箴規之深切者”，猶言“是規諫王莽應該做的事情”。有人則以爲，揚雄是反話正説，明頌王莽，實思漢德，如吴秘説：“子雲……是睹民思漢德，必有中興之義，且明德之不可已也如是。”（轉引自郭君銘《揚雄〈法言〉思想研究》第171頁）

筆者認爲，揚雄這段話，既非討好王莽的諛辭，也非對王莽所寄予的厚望，更不是反話正説，而是揚雄發自内心的贊譽之詞。至於揚雄爲什麽會對王莽有如此評價，請詳篇首緒論的相關内容。

參考文獻

一、專著

1. 班固《漢書》、范曄《後漢書》，中華書局 2002 年 11 月版。

2. 周嘯天、尤其《史記全本導讀辭典》，四川辭書出版社 1997 年 5 月版。

3. 司馬光《資治通鑑》，中華書局 1956 年 6 月版。

4. 吕思勉《秦漢史》，上海古籍出版社 1983 年 2 月版。

5. 蔡東藩《前漢通俗演義》（下）、《後漢通俗演義》（上），浙江人民出版社 1980 年 4 月版。

6. 李澤厚《中國思想史論》，安徽文藝出版社 1999 年 1 月版。

7. 徐復觀《兩漢思想史》，華東師範大學出版社 2001 年 12 月版。

8. 韋政通《中國思想史》，上海書店 2003 年 12 月版。

9. 馮友蘭《中國哲學史》，華東師範大學出版社 2000 年 11 月版。

10. 余敦康《中國哲學論集》，遼寧大學出版社 1998 年 3 月版。

11. 黄開國等《巴蜀哲學史稿》，四川人民出版社 2001 年 8 月版。

12. 黄開國《國學與巴蜀哲學》，巴蜀書社 2008 年 5 月版。

13. 馮廣宏《天府哲學面面觀》，巴蜀書社 2006 年 9 月版。

14. 孫筱《兩漢經學與社會》，中國社會科學出版社 2002 年 10 月版。

15. 劉厚琴《儒學與漢代社會》，齊魯書社 2002 年 1 月版。

16. 鍾肇鵬《讖緯論略》，遼寧教育出版社 1991 年 11 月版。

17. 蘇志宏《秦漢禮樂教化論》，四川人民出版社 1991 年 5 月版。

18. 中國孔子基金會《孔孟荀之比較》，社會科學文獻出版社 1994 年 9 月版。

19. 揚雄《揚子法言》，《諸子集成》本（七），中華書局 1986 年 5 月版。

20. 汪榮寶《法言義疏》，中華書局 1987 年 3 月版。

21. 鄭萬耕《太玄校釋》，北京師範大學出版社 1989 年版。

22. 韓敬《法言全譯》，巴蜀書社 1999 年 9 月版。

23. 李守奎、洪玉琴《揚子法言譯注》，黑龍江人民出版社 2003 年 1 月版。

24. 郭君銘《揚雄〈法言〉思想研究》，巴蜀書社 2006 年 12 月版。

25. 王青《揚雄評傳》，南京大學出版社 2000 年 12 月版。

26. 藍秀隆《揚子法言研究》，文津出版社 1989 年版。

27. 黄開國《揚雄思想初探》，巴蜀書社 1989 年 11 月版。

28. 鄭萬耕《揚雄及其太玄》，臺灣藍燈文化事業股份有限公司 1992 年 9 月版。

29. 俞樾《諸子平議》，上海書店 1988 年 5 月版。

30. 李澤厚《論語今讀》，安徽文藝出版社 1998 年 10 月版。

二、論文

1. 白壽彝《跋揚雄法言卷十、卷十一》，《北京師範大學學報》1963 年第 3 期。

2. 鄭萬耕《揚雄的史學思想》，《史學史研究》1998 年第 2 期。

3. 韓敬《揚雄及其法言》,《社會科學研究》1982 年第 4 期。

4. 楊海文《揚雄法言的文化守成主義》,《學術研究》1997 年第 9 期。

5. 黄開國《揚雄法言的人論及其意義》,《江西社會科學》1989 年第 4 期。

6. 鄭萬耕《揚雄身心觀述評》,《河北師範大學學報》(哲社版)2004 年第 3 期。

7. 許結《揚雄與兩漢思想》,《中國哲學史研究》1988 年第 4 期。

8. 于迎春《以"通儒""通人"爲體現的漢代經術新變》,《中州學刊》1996 年第 4 期。

9. 黄開國《揚雄的諸子學和儒學批判論》,《重慶社會科學》1988 年第 2 期。

10. 韓敬《論太玄的哲學體系》,《中國哲學史研究》1982 年第 1 期。

11. 黄開國《論揚雄哲學的玄範疇》,《社會科學研究》1990 年第 1 期。

12. 石曉寧《試談法言的思想傾向》,《瀋陽師院學報》1997 年第 1 期。

13. 李英華《"第二部論語"——法言述評》,《孔子研究》1997 年第 2 期。

14. 衛仲璠《〈揚子法言會箋〉前言》,《安徽師大學報》(哲社版)1989 年第 3 期。

15. 許結《論揚雄融合儒道對其文論的影響》,《學術月刊》1986 年第 4 期。

16. 陳朝輝《揚雄思想淺析》,《成都師專學報》2002 年第 1 期。

17. 郭君銘、彭瀾《〈方言〉的創作與揚雄的民族思想》,《中華文化論壇》2004 年第 3 期。

18. 江水中的齊天大聖《揚雄與太玄》,網絡論文 2004 年 6 月 3 日 22 時 30 分發布。

19. 王青《揚雄的政治傾向與經學師承》,《天下論文網》2007 年 11

月 25 日 14 時 27 分發布。

20. 問永寧《從〈太玄〉看揚雄的人性論思想》，《天下論文網》2007 年 11 月 25 日 12 時 59 分發布。

21. 譚繼和《"西道孔子"揚雄的大一統觀與儒風在巴蜀的流布》，《中華文化論壇》2001 年第 1 期。

22. 沈伯俊《在矛盾中追求超越的揚雄》，《巴蜀文化研究通訊》2003 年第 4 期。

23. 束景南《〈法言〉仿〈齊論語〉辨》，《古籍整理研究學刊》1993 年第 3 期。

24. 張兵《儒主道輔，本道兼儒——論揚雄〈法言〉的思想特徵》，《管子學刊》2005 年第 1 期。

25. 問永寧《試論揚雄的姓》，《唐都學刊》2007 年第 3 期。

26. 周金華《揚雄附莽辨》，《上饒師專學報》1988 年第 6 期。

27. 許結《"劇秦美新"非諛文辨》，《學術月刊》1985 年第 6 期。

28. 楊世明《揚雄身後褒貶評論考議》，《四川師院學報》2001 年第 3 期。

29. 姜書閣《揚雄、桓譚、王充間的思想承傳關係》，《湘潭大學學報》1994 年第 3 期。

30. 孟繁冶《劉向、劉歆、揚雄之比較》，《許昌師專學報》1991 年第 3 期。

後　記

知道“揚子雲”這個名字，是在上個世紀五十年代中期，那時候，我剛上小學。上學第二年的農曆二月初二，父親帶着我趕“羅家寺”（後來纔知道應該是“羅禪寺”）的廟會。路上看見不遠處有一座“小山”，上面全是樹，黑蓊蓊的，父親告訴我：“那是子雲墳。下面埋的是漢朝的一位大人物，他叫揚子雲。”郫縣安德鎮的我家附近，也有兩座這樣的“小山”，衹是没有“子雲墳”那麽高、那麽大，墳上也没有那樣高大的樹。它們一座叫“提督墳”（又叫“將軍墓”），墓主叫“沈提督”，據説“提督”是與巡撫（省長）平級的大官；另一座叫“邵公墓”，墓主是前清進士、四川法政學堂監督、川南宣尉使、袁世凱政府法部次長、國民黨國府參議員、人稱“和平老人”的邵從恩先生。在我孩童時代的意識裏，官越大，墳墓越大，揚子雲當的官一定比沈提督、邵從恩當的官都大。

知道“揚子雲”就是“揚雄”的時候，我已經是十七歲的高中生了。距我們學校五六里遠的地方，就是郫縣唯一的山地——平樂山，老百姓叫它“環山子”。環山子是個神秘的地方，在這塊不到三平方公里的淺丘上，千百年來一直流傳着許多美麗、神秘而又動人的傳説。名勝古迹有平樂寺、君平墓、通漢井、仙女洞、鴛鴦池、讀書臺。每一處古迹都有一個神秘而動人的故事，小時候聽得最多的是“羅隱秀才與通漢井”的故事。長大以後纔知道，真正閃灼着歷史的影子的古迹是君平墓和讀書臺。傳説“讀書臺”是西漢大隱士嚴君平青年時代常來讀書郊游的地方，也是他向揚雄傳授《易經》的地方。據説，“平樂山”的得名，就是取“嚴君平所喜歡的山”的意思。嚴君平死後就葬在這裏。我的語文老師是郫縣唐昌鎮人，這是一個方正而飽學的老先生，在一次與他一道從“環山子”春游歸來的路上，老先生告訴我：“其實嚴君平就是個賣卦的先生，原本没有什麽名氣。是他的學生揚雄後來給皇帝當侍從，學問很高深，寫了很多東西，名氣大得很。揚雄在他的書裏頭，把嚴君平誇贊得很了不起，嚴君平這纔有了名氣，而且越來越大。三元場（即今郫縣友愛鎮）的子雲墳，埋的就是揚雄啊!”於是我纔知道“揚子雲”就是“揚雄”。

讀到揚雄著作的時候，我已經是過了“而立”之年的老大學生了。在四川師大（當時還叫“四川師院”）讀書期間，我從《漢書·揚雄傳》上讀到了揚雄的《反離騷》等《漢書》本傳所收録的揚雄著述。起初，讀得非常吃力，最主要的障礙是生僻的字詞。後來，借助於《中華大字典》和《辭源》，纔算讀完了揚雄的這些文章，也就僅僅是“讀完”而已。

1989年初，在郫縣政協任副秘書長的表兄告訴我，郫縣政府要在剛擴建竣工的望叢祠舉辦“四川省第一届揚雄研究資料展覽”。他鼓勵我寫一篇關於揚雄的文章參展。當時的我，還從來没有過研究揚雄的打算，要想寫出真正的研究文章，肯定是來不及了。由於表兄的再三鼓勵，更是出於對鄉賢的崇敬，衹好決定寫一篇介紹性質的文章。花了一個多月業餘時間，終於寫成《揚雄〈反離騷〉今譯》一文。這是我“研究”揚雄所獲得的第一項

“成果”。

讀到揚雄的《法言》，已經是上個世紀九十年代初我晋升副教授以後的事了。在學校圖書館期刊室讀到一些關於揚雄的論文，纔知道王莽“以耆老久次”將揚雄“轉爲大夫”，竟然給揚雄身後帶來罵名；同時也纔了解，竟然有那麽多著名的政治家和思想家對揚雄推崇備至，甚至認爲他可以跟孟子、荀子比肩而立，於是産生了研究揚雄的冲動。無奈當時工作負擔沉重，所承擔的立項研究課題進展緩慢，便衹好打消了念頭。但是，我也就從此開始了關於揚雄研究資料的搜集工作。

進入21世紀以後，工作負擔减輕了一些，所承擔的研究課題也接近完成，我纔正式開始了對揚雄的研究工作。近年來，先後發表了《揚雄“四賦”考論》、《揚雄“莽大夫”身份考論》、《揚雄“美新”原因考論》以及《試論揚雄“中和”的處世原則及其經學師承》等幾篇論文。揚雄確實是一個“謎團”，要真正解開這個“謎團”，需要研究的問題還很多很多。

讀到幾部注釋《法言》的著作，在深受啓發的同時，又總是感到很多的不滿意，於是大着膽子開始了對《法言》的研究。在尋找研究切入點的時候，受到李澤厚先生《論語今讀》體例的啓發，决定採用“注釋、譯文、按語”相結合的方式來解讀《法言》，并將書名定爲《〈揚子法言〉今讀》。謂之“今讀”，就是不僅要爲現代的一般讀者掃清語言上的障礙，尤爲重要的，是試圖幫助讀者認識揚雄的思想，使讀者能够將一個個“話題”串聯起來，既能够從總體上把握揚雄思想，又能够在其一個個“話題”中找到依據。這就是“按語”的作用。很可能這樣的好心，未必能有好的效果，就權且作爲一次嘗試吧。

從2003年至今，歷時七年的研究工作，終於可以擱筆了。想不到書稿付梓前夕，突然有一種不安襲上心來：自己真的“讀懂”了揚雄嗎？自己真的“讀懂”了《法言》嗎？占全書篇幅四分之一強的那些“按語”，會不會對讀者產生負面的影響？尤爲不安的是：在揚雄研究隊伍中，自己祇能算是一個新兵；哲學研究，又非自己的本行，自己對揚雄、對《法言》的那些解讀，會不會是因爲同鄉感情而產生的偏頗甚至偏激呢？不過，我也作好了這樣的思想準備：就當本書是一份答卷，得分高低，我是没有權利計較的，祇希望聽到一個結果就行了。

本書寫作過程中，參考或者引用了不少專著和論文，謹向這些專著和論文的作者，表示衷心的感謝。

本書寫作過程中，作者曾多次受到揚雄故里——郫縣友愛鎮黨委和政府的主要領導以及郫縣教育局主要領導的親切關懷與鼓勵，本書的出版，還得到郫縣友愛鎮黨委和政府、郫縣教育局和郫縣子雲學校的慷慨資助。在此，謹向郫縣友愛鎮徐智勇書記、黄孝成鎮長和郫縣教育局肖德松局長、郫縣子雲學校劉宗林校長表示最衷心的感謝。

最后，要感謝爲拙著作序的黄開國教授。黄先生較我年少，但在上世紀 80 年代就有研究揚雄的專著問世。此後的二十年中，黄先生史有多部（篇）關於揚雄的專著或論文問世。以我所見，蜀中的揚雄研究學者，黄先生堪稱翹楚。拙著的有些觀點，就是受到黄先生著作的啓發和影響而形成的。雖然黄先生年少於我，但在揚雄研究領域，却是我的前輩。今年夏天，當我向黄先生提出不情之請的時候，先生爽快地答應了我的請求。爲了這篇序文，先生通讀了拙著全文，耗時費神不少。藉此，謹向黄開國先生表示衷心的感謝！

圖書在版編目（CIP）數據

《揚子法言》今讀/紀國泰著. —成都：巴蜀書社，2017.12

（揚雄研究系列叢書）

ISBN 978-7-5531-0879-7

Ⅰ.①揚… Ⅱ.①紀… Ⅲ.①古典哲學—中國—西漢時代 Ⅳ.①B234.99

中國版本圖書館 CIP 數據核字（2017）第 258199 號

《揚子法言》今讀 紀國泰 著

責任編輯	黃雲生
封面設計	冀帥吉
出　　版	巴蜀書社 成都市槐樹街 2 號　郵編 610031 總編室電話：(028)86259397
網　　址	www.bsbook.com
發　　行	巴蜀書社 發行科電話：(028)86259422　86259423
經　　銷	新華書店
照　　排	四川勝翔數碼印務設計有限公司
印　　刷	四川五洲彩印有限責任公司
版　　次	2018 年 3 月第 2 版
印　　次	2018 年 3 月第 1 次印刷
成品尺寸	148mm×210mm
印　　張	14.875
字　　數	350 千
書　　號	ISBN 978-7-5531-0879-7
定　　價	58.00 圓